花立三郎

横井小楠の弟子たち

熊本実学派の人々

藤原書店

横井小楠の弟子たち　目次

近代的教養の成立——若き蘇峰の思想形成　455

横井小楠の弟子たち

——熊本実学派の人々

凡例

一　本書収録にあたり、初出時の明らかな誤字脱字は訂正した。発表後の研究の進展により修正が必要な箇所は、短いものは〔　〕で本文中に、長いものは*を付して当該段落末に注釈を記した。

一　各論文の小見出しは一部修正した。

一　引用文の仮名遣いは原文通り、漢字は新漢字に統一した。

一　各門弟の章の扉裏の略歴は編集部にて作成した。また各門弟の章のサブタイトルは本書収録にあたって新たに付した。

横井小楠の弟子たち

一

横井小楠を研究するのに、小楠自身の著作や手紙類等の彼自身の資料を対象とする方法のほかに、小楠の弟子たちを調査・研究することによって、一層小楠の理解はすすめられていくものと、私は思っている。

小楠は多くの弟子たちを養成した。その弟子たちは一致した主義と方針をもって、集団として行動した。この弟子たちの一致した主義と方針が、小楠とのかかわりをもつかどうかを考えるとき、弟子たちの調査研究の意義が明らかになってくる。小楠は弟子たちになにを伝え、弟子たちは小楠からなにを受けついだか、私はこの視点《してん》から、あるいは研究の立場から小楠をきわめたいと思う。むしろ小楠研究は、「小楠とその弟子たち」として捉《とら》えなければならないと思うのである。

しかし、小楠の弟子たちの研究はほとんどなされていないといってよい。何人いたかもたしかでないし、出身層についても決して明らかとはいえない。私は以上述べたような研究方法にたち、弟子たちについて少しずつ調査し、資料を集めてきた。まだまだ判《わか》らないところが多い。それは序の口というところでしかない。しかし、現在わかっているところだけでも整理して、大方の批判指導をうけることは、今後の研究に大いに必要だと考えたので、本書を出す機会に発表することにした。

二

小楠の弟子たちは、地域的に熊本・柳川《やながわ》・福井の三つのグループにわけられる。ここでは柳川・福井の二グループはぶいて、熊本グループだけを取りあげる。ちなみに柳川グループは十八人、福井グループは二十八人程度である。

熊本における小楠の弟子たちは、現在まで私がかぞえあげることのできた数は、六十八人である。これらの弟子名を、私は山崎正董『横井小楠』の『伝記篇』と『遺稿篇』の二冊、元田永孚《もとだながざね》の『還暦之記』、『肥後藩国事史料』、その他から拾いあげていった。

その弟子たちの名前を、次に五十音順に列記して参考に供する。

伊藤荘左衛門　伊藤四郎彦　井上甚十郎　岩男三郎　岩男俊貞　上塚実勝　上塚俊蔵　宇佐川知則　牛嶋五一郎　内野健次　江上津直《つなお》　江口栄次郎　江口高廉　大田黒惟信　緒方三八　鬼塚佑《たすく》　嘉悦氏房　兼坂熊四郎　河瀬典次　河田精一*　神足十郎助　米田《こめだ》虎雄　沢村尉左衛門　下津鹿之助　荘村《しょうむら》助右衛門　竹崎新次郎　竹崎律次郎　津田信弘　徳富一敬　徳富一義　徳永昌龍　徳永和左衛門　内藤泰吉《たいきち》　中西純一　長野濬平《しゅんぺい》　永嶺仁十郎　中山至謙　西田八左衛門　能勢《のせ》政元　野田豁通《ひろみち》　野中宗育　野々口為志　長谷川仁右衛門　林七郎　林秀謙　原田作助　平川駿太　古荘幹実*　不破敬之助　不破源次郎　馬淵慎助　宮川房之　宮崎真雄　三隅寿雄　村井繁三　元田亀之丞　矢島直方　安場保和　山形典次郎　山田武甫《たけとし》　湯地丈右衛門　横井牛右衛門　横井久右衛門　横井左平太　横井大平　横山助之進　吉村嘉膳太　余田正規《よでんただき》

＊河田精一と古荘幹実は二人とも小楠から直接指導を受けていない。

この六十八人の弟子たちはすべて小楠の弟子であることが確実なものばかりではない。村井繁三は、小楠の弟子としてよいものかどうか迷っている。山本十郎『肥後文教と其城府の教育』（熊本市教育委員会、昭和三十一年）に「後沼山津に到り親しく小楠の教を受く」（四四二頁）とあるが、他の諸事にはこの記事はない。彼は小楠につく以上に元田永孚の弟子であり、元田との交友が深く長いのである。小楠の文章にその名が出ることがなく、弟子たちと行動をともにした例もほとんどない。また、岩男三郎と岩男俊貞とは同一人物＊ではないかという説がある。ところが、下田曲水『近代肥後人物史』上（稲本報徳会、大正十四年）によれば、岩男三郎は後各県の知事を歴任し、明治四十二年（一九〇九）五十九歳で死亡している。岩男俊貞は『熊本県議会史』第一巻によれば、熊本県会副議長として明治十六年に死亡とある。とすれば両者は完全に別人であることになる。これも両者の記事が間違いでなければという前提《ぜんてい》のもとでのことであり、ともかく以上のように決して正確の門人名簿ではないということである。それに名前の書き方も、通称で書いたり本名で書いたりして不統一だが、割に知られている方をとった。たとえば、山田武甫（通称五次郎）の書き方に従えば、実兄の牛嶋五一郎は牛嶋頼忠と書くべきであろうが、頼忠の方はほとんど知られていないので、五一郎の方を用いた。

＊岩男三郎と岩男俊貞は兄弟。

三

弟子たちの出身層を考える。六十八人のうち、その出身について全然見当がつかないものが三人いる。宇佐川

知則、原田作助、山形典次郎の三人である。＊

＊宇佐川は会所役人、原田・山形は藩士。

あとの六十五人は、確実にそういえるものと、大体推則《すいそく》できる人物である。この六十五人のうち、藩士すなわち武士出身者が四十四人、六八％が武士出身者である。全員の六十八人に対しても六五％が武士出身者となるのである。医業を実業とする家の出身である内藤泰吉、長野濬平、中山至謙、＊野中宗育の四人は、この武士層に入れた。ただ長野は鹿本郡稲田村の生まれであるので、つぎの豪農層出身とした方がいいかもしれない。武士出身者を六十五人からさし引いた二十一人が豪農出身者である。三二％の割合になり、武士出身者の半数にも達しない。すなわち、武士出身者が豪農出身者より二倍も多いわけで、小楠の弟子はよくいわれるように豪農出身者が多いわけではない。小楠の弟子には武士出身者が多いことが第一に注意されねばならない。

＊中山至謙は村役人の子。

つぎに武士出身者というとき、その石高《こくだか》、武士社会の上下《しょうか》身分が注目されるが、いま少し判らない点があるため全体的なことがいえないのが残念である。米田《こめだ》虎雄は一万五千石の家老の家の出身でこれは例外ともいうべきであるが、下津鹿之助一千石、元田亀之丞四百五十石、津田信弘四百石といった上級武士出身のものが見あたる。一方弟子たちのなかでも中心人物の一人であった嘉悦氏房は三百石、安場保和が二百石、山田武甫は百石の世禄《せいろく》の出身であり、兼坂熊四郎は二百石、荘村《しょうむら》助右衛門は百石、中西純一は松井家家臣であるが二百石の出身である。大体の傾向を打出すには資料不足であるが、普通いわれているように下層軽輩の出身が必ずしも多いとはいわれず、上級層出身者もあり、中流層出身者もあるといったところであるが、総じていえば中流から下層の武家出身者が多かったということがいえるのではなかろうか。

豪農層の分類に入れた二十一人のうち、河瀬典次、竹崎律次郎、徳富一敬（徳富一義、徳永昌龍、江口高廉の三人は一敬の弟）、三隅寿雄、矢島直方らは惣庄屋層の出身である。以上のように豪農出身者が三二％の割合をしめていることは、数においては武士出身者に劣《おと》るが、やはりかなりの数であり、小楠門下生の特質といってよいであろう。

四

ここでは小楠の弟子たちの経歴をたどってみる。

小楠が明治新政府に仕えたように、その弟子たちも明治元年（一八六八）から一斉《いっせい》に中央政府や地方官庁の官職についた。岩男三郎は文部省・司法省出仕、岩男俊貞は磐城平民政局、江口栄次郎は軍務官判事試補、江口高廉は治河掛付属出仕、大田黒惟信は軍務官判事試補、佐賀参事心得、米田虎雄は宮内省出仕、荘村助右衛門は太政官少史、津田信弘は酒田県大参事、徳永昌龍は胆沢《いさわ》県少属・大蔵省権少録、内藤泰吉は軍務官病院局長、野田豁通は軍事参謀試補兼軍事会計総轄・胆沢県少参事、長谷川仁右衛門は徴士《ちょうし》会計局判事、村井繁三は福島県大属、宮川房之は会計官営繕司権判事・治河営繕司知事・徴士、矢島直方は土木大丞・堺県少参事、安場保和は胆沢県大参事・福島県令、山形典次郎は裁判所判事介・寺社掛勘定掛、山田武甫は敦賀県令、横井左平太は元老院権少書記官とそれぞれ官職について活躍した。

彼らのうち数人は明治三年の熊本藩の藩政改革に熊本にはせかえって、実学党政権の樹立維持に協力した。実学党政権の中心になった小楠の弟子たちは米田虎雄、津田信弘、安場保和、山田武甫、大田黒惟信、牛嶋五一郎、嘉悦氏房、竹崎律次郎、徳富一敬、内藤泰吉、中山至謙、野々口為志らであるが、米田・竹崎・徳富・中山・野々口以外は官職をすてて帰郷したものであった。そうして、彼らは協力して、後述するような改革の業績をのこすのである。しかし実学党政権は明治六年まで三年間しかつづかなかったが、その途中でふたたび官職についたものもいた。米田は明治四年に早くも宮内省出仕に、安場は同五年福島県令に、山田は同五年内務省出仕、同六年敦賀県令に、宮川は長崎県権知事に転じていった。

こうして、弟子たちはそれぞれに自分の道を歩むが、明治十年までに官職についたものは多かったものの、それらのうち明治十年以後も官職に長くあったものは米田・岩男三郎、野田、安場の四人にすぎず、他の多くはほとんど野《や》に下《くだ》っていった。

以上のように官職についた人以外は多く産業理財の方面に道をもとめて殖産興業にその力をいたすか、その出身町村にあって町村の発展のために尽力したのである。河田精一、長野濬平などは初めから産業に身を投じたし、井上甚十郎、江上津直は出身町の産業の興隆に努力し、上塚俊蔵、徳永昌龍は戸長・村長として地方政治に貢献《こうけん》し、能勢政元のように金融界に活躍した人もいた。やはり師小楠の実学思想をうけて産業経済の方面にすすんでいった弟子たちも多かったのである。

五

前述したように、明治三年（一八七〇）六月熊本藩藩政改革のために実学党政権が成立した。これはわずか三年間の存続にすぎなかったが、小楠の弟子たちが協力して師小楠の遺志を、いわば「堯舜《ぎょうしゅん》三代《だい》の治《ち》」を実際政治に実践しようと試みたものであった。

実学党政権が早速《さっそく》に手を打った施策《しさく》は、熊本藩領民の生活に直接かかわる雑税の廃止であった。政権が成立した翌月の七月に、藩知事細川護久《もりひさ》の直書《じきしょ》「村村《むらむら》小《こ》前共《まえども》え」が布告《ふこく》された。そのなかで護久は、「中にも百姓は暑暴風雨もいとわず、骨折《ほねおり》て貢《みつぎ》を納《おさ》め、夫役《ぶやく》をつとめ、老人子供病者にさえ、暖《あたた》かに着せこころよく養うことを得ざるは、全く年貢《ねんぐ》夫役のからき故なりと我ふかく恥《はじ》おそる」(『改訂肥後藩国事史料』巻一〇、五六八頁)と百姓困苦の根元をきびしく指摘《してき》して、「いかにもして此《こ》のくるしみをとかんとおも」うので、本税の年貢《ねんぐ》は取りのぞくことはできないが、付加税、すなわち雑税は免除《めんじょ》する、と宣言《せんげん》したのであった。こうして本年貢の三分の一にも達しようという大減税を断行《だんこう》したのである。この布告は徳富一敬が起草《きそう》したといわれているが、「我ふかく恥おそる」などのことばを領民《りょうみん》に発した藩主がかつてあっただろうかと思えば、さすがに小楠門人第一号の徳富一敬の革新の意気にみちあふれた様子を目のあたりみるようである。

この民力休養、雑税免除の布告文公布の過程には小楠門人の強い主張建言があった。山田武甫は、このとき少参事に登用され、郡政係を命ぜられた。彼は建議《けんぎ》していった、「藩中の農民は重い税に苦しみ、やせおとろえて見るに忍びません。今日の改革にあたって真先に雑税を全免して、その苦しみを救い、民に主君の仁政の恵みを受けさせるようにしなければなりません」と主張してゆずらなかったという(下田曲水『肥後人物史』上巻、三九〇頁)。また、この布告文の執筆者といわれる徳富は、明治三年六月二十三日城中で耕地宅地租税改正の大会議があったさい、小楠在世の持論であった税は本税だけで雑税は解放すべきであるという論を持ち出し、これが決定されたのであったということである(『肥後先哲偉蹟(後篇)』七三四頁)。雑税廃止が山田、徳富のいずれの意見によって断行されたかはここでは問題ではなく、いずれにしろ小楠門人たちが先生の「在世《ざいせい》の持論《じろん》」をこのさい実現しようと意気込んだことだけは確かである。

この小楠「在世の持論」を実現しようとした努力としてほかに見逃《みのが》せないものに、「改革意見書綱要」がある。このなかには、鷹場《たかば》の解放、諸拝借銀《しょはいしゃくぎん》の廃棄《はいき》、官銭貸し付けの切り捨て等、小楠が「聚斂《しゅうれん》の利政《りせい》」と批判した藩政の歪政《わいせい》を正そうとした点のほかに、最大の目玉としては上下二院設置の主張がある。ここでは、上院は知事以下の諸役人で構成するが、下院は全藩一般から選出された議員によって構成することになっており、両院会議の政治を行うことを構想《こうそう》しているのである。そして、役人は一切公選によって選出するとも規定されており、いうまでもないことだが小楠の公議政体論の具体的実施案である。この「綱要《こうよう》」は徳富一敬と相談して竹崎律次郎が作成したといわれるものである。ここにも小楠の息吹《いぶき》がきこえてくる。しかし、実学党政権は三年間にすぎなかったので、「聚斂の利政」は解除されたが、眼目《がんもく》ともいうべき二院設置、役人公選は実現をみるに至らなかった。

六

この小楠の「在世の持論」の実現は、その弟子たちによって他県でも試みられた。

明治四年三月、当時胆沢県大参事であった嘉悦氏房は政府に対し「地租軽減ノ建議」(明治四年三月)を行っている。その建議のなかで、嘉悦は、奥羽地方に戊辰《ぼしん》戦争(明治一―二年)の兵火をうけたうえに、二年の凶作《きょうさく》となり、昨年はやっと豊作となったが、一昨年の窮乏《きゅうぼう》を補《おぎな》うまではない。東北の民は貢納《こうのう》の残りで老幼者を養育することもできない状況である。父母が病気になっても薬をすすめることができず、妻子が飢《う》えと寒さにふるえていても衣食をあたえることができない。妻を離別し娘を売ってやっと年貢を納めても足りない位である。私が本県に就任以来、治下数村の民が党を結んで暴動を起こしているが、それも止むをえない事情である。したがって民の救済には減税よりほかはなく、それも急に全国的税則を改正することは無理であろうから、「先ツ仮ニ今時ノ正租ノミト改ラレ度奉存候」（大蔵省文庫「松方家文書目録」所収）と、税は「正租ノミ」、すなわち雑税の廃《はい》止《し》を主張しているのである。この結果、胆沢県において雑税が廃止されたかどうか審《つまび》らかでないが、熊本藩藩政改革における「村々小前共え」の内容を再現したものというべき嘉悦の建言である。「村々小前共え」が公布された以前の三月には、嘉悦はすでに上京し、九月に胆沢県大参事となってこれを実現しようとしたのである。

一方、山田武甫は明治八年（一八七五）二月敦賀《つるが》権令《ごんれい》となって敦賀に赴任《ふにん》した。その業績を残すものとして、福井県立図書館に「敦賀布令書十八」がある。そのなかに、明治九年六月「敦賀県権令山田武甫」の名で出された、「教育会議費用并ニ議員旅費消却区別」「大区会議事規則」「改訂県会議事規則」の三規則が収められている。

これによると、教育会議は、教育県会・中学区会・大区訓導会の三段階からなり、前二者は年二回、大区訓導会は隔月に開催されることになっている。後者二規則の内容には、議事規則として特に目新しいものはないが、大区会・県会があるなら、当然小区会が存在したであろうし、とすれば敦賀県では小区会・大区会*・県会の三段階議会による公議政体が明治九年六月の時期には成立していたことがわかる。なお「県会議事規則」は「改訂」とあるので、実際は九年六月より以前に存在していたことが想像される。もしそうとすれば、山田は八年二月敦賀権令として就任以来、県会の設立に努力して、これが設置に成功していたことになるわけである。明治九年に県会が存在した県は全国で非常に少数であったことを考えると、山田の決断と熱気はやはり小楠「在世の持論」の実現という使命感であったであろう。しかも、県会のほかに教育会議を設置して、大区訓導会・中学区会・教育県会と県会組織にあわせての教育会議体制をつくりあげていることは注意すべきことであり、山田の進んだ近代性を知ることができる。

＊大区小区制は明治五年十一月から施行。

ただ、以上の諸規則が存在するのみで、他に関係資料をみることができないので、県会・教育会議が実際に存在したかについては一抹《いちまつ》の疑問が残らないではない。これは今後の調査にまつほかはない。

＊敦賀県会は、第一回明治八年五月二十二日～二十八日。第二回明治八年十一月十九日～二十五日。

七

敦賀県で山田武甫が県会の運営に腐心しているときに、熊本の県民会では在熊の弟子たちが議員として議会活動に活躍していた。

明治七年一月板垣退助らが「民撰議院設立建白書」を提出して、自由民権運動の幕をあげて以来、熊本でもその翌年民権運動が起こり、その第一の成果は安岡良亮熊本権令に県民会を設置開催せしめたことであった。熊本臨時県民会は明治九年七月二十日から八月二日まで二週間にわたって開催された。熊本の県民会も、敦賀県と同じく、小区会・大区会の二段階を経て選出された議員によって構成されていた。この県民会議員には弟子たちのなかから次の七名がえらばれた。

余田正規、大田黒惟信、徳富一敬、矢島直方、江上津直、井上甚十郎、能勢政元。

議員総数八十九名のうち七名であるから、割合からいえば決して多いとはいえないが、県民会の役員は議長・幹事（九名）・書記（五名）・司計（三名）からなり、議長は大田黒惟信、幹事には矢島直方・江上津直・能勢政元、書記長には徳富一敬、司計長には余田正規が就任して、七名のうち六名が役員となり、しかも議長・書記長・司計長の三重職を弟子たちで握《にぎ》ったのであるから、この議会における弟子たちの位置は大きく、その議会運営は彼らの牛耳《ぎゅうじ》るところとなった。

本議会の重要議案は、区長・戸長の給料増額の件であった。この件は、区戸長の給料は本来ならば国税から支出すべきであるから、民費から支出する以上は、区戸長は官選ではなく民選でなければならぬ、ということが問題となり、区戸長公選の声が強くなって、小楠の弟子たち指導の県民会はついに本議案を否決してしまった。これによっても本議会の様子を知ることができるように、役人公選を要望する自由民権運動の勢いが反映されていたのである。ここに弟子たちの声をきくことは容易《ようい》のことであろう。弟子たちはこうして県民会設置の運動を推《すい》進《しん》し、県民会が設置されると議員となって議会活動による自由民権運動の展開を期したのである。小楠「在世の持論」は議会活動を通じて実現がはかられていくことになった。

それはまた明治十年代の政党活動・議会活動による自由民権運動によって一層強力に推進されることになる。明治十二年（一八七九）全国各府県に府県会が設置された。公議政体論の目標は国会に先んじて、府県会においてその一端が実現されたのである。県民会のように民衆の下からの要望によって設置されたのではなく、政府の政略に基づく府県会設置であったが、これも以前からの民衆の要望のかちえた成果といえなくはない。また政府は地方政治統制の一機関を考えたとはいえ、議会が設置されたことはそれを通じて県政に民の声を通じさせる踏み台となることは出来るわけである。明治三年藩政改革以来念願であった県議会が、九年の県民会（県民会は一回開かれて翌年は西南戦争で自然消滅となっていた）をへて、ここに定着したのである。小楠の弟子たちはここを足場《あしば》にして民権拡大《みんけんかくだい》をねがったのである。弟子たちで議員になったものは次の通りである。

明12　林秀謙　徳富一敬　嘉悦氏房　内野健次　能勢政元
明13　岩男俊貞（副議長）　林秀謙　嘉悦氏房（議長）　矢島直方　内野健次　上塚俊蔵　能勢政元
明14　岩男俊貞（副議長）　林秀謙　嘉悦氏房（議長）　内野健次　上塚俊蔵　能勢政元
明15　岩男俊貞（副議長）　林秀謙　嘉悦氏房（議長）　内野健次　能勢政元　徳永昌龍
明16　岩男俊貞（副議長）　嘉悦氏房　内野健次　徳永昌龍
明17　林秀謙　嘉悦氏房（副議長）　内野健次　徳永昌龍　宇佐川知則
明18　嘉悦氏房　徳永昌龍　宇佐川知則
明19　徳永昌龍　宇佐川知則
明20　山田武甫　内野健次　徳永昌龍　宇佐川知則
明21　山田武甫　内野健次
明22　山田武甫　内野健次（古荘幹実）
明23　山田武甫　内野健次（古荘幹実）
明24　内野健次（古荘幹実）

山田は二十三年七月一日の第一回衆議院議員選挙に当選し、内野は二十五年県会議員を辞した。それ以来弟子たちで県会議員に出るものはなかった。

熊本県会による議会活動のほかに、弟子たちは政党活動によって自由民権運動を活発に展開していった。熊本県における政党は明治十一年相愛社（社長池松豊記）という政党が結成されていたが、弟子たちは政党を結成するにはいたらなかった。十四年政府御用党紫溟会結成が井上毅《いのうえこわし》らによって計画され、その結成に安場保和も参加し弟子たちにも働きかけてきたので、山田武甫などは発起人《ほっきにん》となって、その結成に協力するが、九月紫溟会結成後、同党が官権擁護《ようご》の御用党であることを知るにおよんで、弟子たちはこれを脱会した。そして弟子たちはその支持者とともに直ちに立憲自由党を結成して政党活動に独自の道を歩みはじめたのである。立憲自由党は翌十五年二月、すでに政党結成をはたして自由民権運動を活発にすすめていた相愛社と合党して公議政党を創立し、熊本の民権勢力の結集に成功した。その創立委員には嘉悦氏房、山田武甫、岩男俊貞、古荘幹実、野々口為志、林秀謙、矢島直方などの名がみえる。

さらに、公議政党は九州の民権諸政党の結集をはかり、一ヵ月後の三月十二日九州改進党の創立大会を熊本で開くことに成功した。以来、山田、嘉悦らは九州改進党の領袖《りょうしゅう》として、九州はもとより全国的自由民権運動を推進する大きな勢力となったのである。自由民権運動の大きな目標、条約改正とともに国会開設・地租軽減は小楠「在世の持論」の展開であった。

こうして小楠の弟子たちは、明治十年代県会による議会活動と立憲自由党—公議政党—九州改進党を通じての政党活動によって自由民権運動を強力にすすめたのである。

八

小楠の弟子たちは政治活動のほかに、小楠の富国安民の政策にしたがって殖産興業の道にも大きく力をそそいだ。

嘉悦氏房は、城下町郊外本山《もとやま》村（現熊本市中央区本山）に土地を求め、五、六千坪に桑や茶をうえ、明治八年六月には上益城《かみましき》郡《ぐん》甲佐《こうさ》町に緑川製糸場を設立してその社長となった。

長野濬平は明治二年養蚕の先進地甲武上信の各地を視察、翌年には群馬の養蚕製糸家《ようさんせいしか》として有名な速水《はやみ》堅曹についで研究、その他東北地方も視《み》てまわって、桑苗三万本を買って帰った。彼は藩庁に建言して、荒地をひらいて桑樹をうえること、蚕業伝習のため先進地に伝習生を派遣《はけん》すること、養蚕伝習所を建てることを説《と》いた。藩庁はこれをいれて、四年養蚕伝習生十五名を東北に派遣、彼らの帰来後県下十ヵ所に蚕業試験場を設け、城下町郊外九品寺《くほんじ》村（現熊本市中央区九品寺）の演武場跡に本部をおき、そこでは長野指導のもとに養蚕製糸業がはじめられた。はじめは器械三座であったが、六年には桑園も拡大され、器械も六座となって、生糸と蚕卵紙は輸出するまでになった。しかし、これは一夜の大暴風に一切が崩壊してしまった。

彼はくじけず、同八年嘉悦らと協力、甲佐町に緑川製糸場をつくり三十六釜の器械をすえた。ついで秋蚕社を組織し、四度目の東北歴遊をこころみ、火力育法をもちかえり、これを実施して成績をあげた。しかし、これもやがて失敗に終わった。彼は不撓《ふとう》の意気で回復に努力し、二十四年停業中の工場を借受け、ここでふたたび器械製糸の操業をはじめたところ、にわかに隆盛にむかい、二十六年には九品寺に熊本製糸合資会社をおこし、今日の隆盛の基礎をきずいたのである（荒木精之『熊本県人物誌』日本談義社、昭和三十四年）。

徳富一敬は明治七年飽田《あきた》郡大江村（現熊本市中央区大江）の自宅に絹織工場を建て、織物教師野田多鶴を招いて織物事業を起こした。河田精一は家族とともに同家に寓居して同心協力、熊本織物協会を設立して、絹織業を創《はじ》めた。以後河田は徳富一家の後援をうけて協会の経営にあたり、二十七、二十八年ごろは隆盛をきわめ、多数の男女職工をやとうまでになり、熊本県絹織物業界の先覚者功労者となった。

河瀬典次は明治三十六年、熊本県知事江木千之より表彰状をうけているが、それには要旨次のような事績が書かれている。はやくから蚕糸・製茶・織物の三業に志し、明治四年桑苗を信州から取りよせて蚕業《さんぎょう》をはかり、生徒を養成し、秋蚕種貯蔵やその飼育法《しいくほう》を研究し、蚕業茶話会を設けて蚕業の進歩をはかった。茶業では宇治製法を伝習、生徒を養成、磚茶《たんちゃ》会社を組織して磚茶の海外輸出を試みた。織物業では織物伝習場を設け、生徒を養成し、織物同盟会をおこして斯業を振興した。三十有余年終始一貫実業に精励したというのである。養蚕製糸業は長野濬平との共同事業であり、磚茶会社の社長は山田武甫であって、彼ら小楠の弟子たちは協力して殖産興業に力をつくしたのである。

山崎正董は『伝記篇』に、「上塚俊蔵・同実勝・内野健次・鬼塚佑・緒方三八なども蚕糸業の普及や農事の改良に力めたことによって有名である」(一一九五頁)と書き、矢島直方も「農園を経営し大いに品種の改良・製茶の事に貢献した」(同前)と明らかにしているように弟子たちは実業にいろんな形で参加しているのである。

竹崎律次郎が旺盛《おうせい》な進取性をもって、熊本洋学校教師ジェーンズの指導協力をうけて、米国種の乳牛を飼育して牛乳をしぼりバターをつくり、野菜の種子を米国から取りよせて、トウモロコシなど何十種も試播し、落花生を作ったり、西洋鋤の使用を試み、牛種の改良、果樹栽培にも熱を入れて、熊本産業界の先覚者的業績を果たしたことはすでに有名なことである。熊本農業の改良発展につくしたことでは古荘幹実を見逃すことはできない。平川駿太は農学に専心し、『天蚕飼育法《てんさん》』を著し、上益城郡甲佐に農桑学舎を開いて生徒の養成にあたった。江上津直と井上甚十郎はともに山鹿郡《やまがぐん》山鹿町にあって、山鹿温泉を改築し、製糸・絹織物業・製茶・酒造業の改良をはかり、果樹・ハゼを植栽する等町政に尽力貢献する等の仕事を残し、八代《やつしろ》の中西純一は古麓《ふるふもと》のミカン栽《さい》培《ばい》に努力し、八代ミカン栽培の祖となるほどの業績をあげた。

変わったところでは、能勢《のせ》政元は芦北郡《あしきたぐん》佐敷《さしき》(現芦北町)にあって、明治十四年芦北銀行の前身佐敷商行を組織、この地方の金融界の重鎮となった。

九

小楠の弟子たちは教育方面にも輝やかしい業績をあげた。明治三年の藩政改革の一環《いっかん》としての教育改革で、これまでの封建制下の教学であった時習館、再春館を廃して、熊本洋学校と古城《ふるしろ》医学校を創立した。医学校は漢方医学を廃棄して西洋医学を採用するものであり、洋学校は封建教学を捨てて西洋普通学科による基礎教養の習得を期するものであった。両校とも西洋人を招いての教育には、小楠の弟子たちが師から受けた西洋文化の積極的摂取の姿勢がうかがえる。

さらに西南戦争後の荒廃のなかから青少年の精神的救済と明日の日本の方向を示す役割をもって野々口為志、嘉悦氏房らは広取学校を、明治十年十月いちはやく設立し、「語学ヲ講明シ以テ広ク知識ヲ世界ニ取ラント欲」したのである。また、明治十二年十二月には山田武甫、宮川房之、徳富一敬は共立学舎を創立して、洋学志望以外の学生の教育をはかったのであった。

小楠の熊本における弟子たちは、師小楠の「在世の持論」の実現をはかって、政治・産業・教育の方面に活躍し、政治面では公議政体の実現をめざして自由民権運動の中心となり、産業方面では養蚕・製糸・農業にわたって熊本県産業の先覚者・功労者としての業績をあげたのである。その実体の詳細は今後の研究にまたなければならないが、熊本県の近代化のために尽した「横井小楠とその弟子たち」の業績は高く評価されてしかるべきであろう。

明治初期における中央と地方

——熊本実学派の思想と行動

一　横井小楠とその弟子たち

幕末の開明的思想家として知られた横井小楠には、決して数多くはないが[1]、忠実にして熱心な弟子たちがいた。彼ら弟子たちは、師小楠の思想を継承し、それを実地に実施しようとした。師小楠について、その思想を吸収したのは幕末であり、これを実地に実現しようとしたのは明治であった。明治維新は政治・社会の大変革であったが、その革命を通してもなお、小楠の弟子たちは小楠の思想の継承と実現をはかった。ここに明治維新における、断絶と継承の様相をみることができるのである。

断絶は、幕藩体制が崩壊して、統一国家が成立したことである。そういった体制の大変革を経ても、なお実現の価値があったところに、小楠思想の真髄があった。弟子たちは、いわば幕藩体制下の所産である小楠思想を、明治近代統一国家のなかに実現しようとしたのである。

小楠の最も早い著作に、「時務策」の一篇がある。一八四三（天保十四）年作[2]といわれているが、小楠はこのなかで、江戸時代の封建藩主が自藩の財政立直しのために、広く藩士・領民に強いた「節倹」策を評して、次のようにいった。

扨其節倹の本と云は、聊も官府に利する心を捨て、一国の奢美を抑え、士民共に立ち行く道を付くるを云事なり。凡て是迄被二仰出一たる節倹は、上の御難渋に因て諸事御取〆に被及、御家中手取米を減ぜられ、又は町・在に懸け寸志銀を取らるる道行にて、一トロに云へば、上の御難渋を下より救ひ奉る故に節倹を行はせらるると云筋に当り、是は節倹と云ふにて無く聚斂の政と云ふ者なり。聖人の道の節倹は、上下持合ひ不便

利に暮し立ち行き付る事にて、聊も上一人の便利を謀る筋合には非るなり。(3)

これは、「士民共に立ち行く道」を基本としたもので、これが「治国の大本」だとする小楠のその後長く持論となっていくものである。「士民」という考えも小楠思想の特色の一つとなるが、この「士民」の生活がつねに小楠の思想の根幹にあった。儒教治国の根本思想に基いたものであるが、この「士民」の生活を大事にする思想は、発展して、治国の方針は「士民」の声を聞く態度となって、小楠の今一つの根本的思想を形成している。同じ「時務策」のなかで、先に引用した文章の後に、次のような文章を読むことができる。

総じて政事は、(中略)民の耳目の向ふ方に導くときは、如何成る厳敷法令も悦で用るものにて、又人情に逆らひ耳目の向はぬ方なれば、差障も無き些少の事も承引せざるなり。(4)

「民の耳目の向ふ方」とは、「民」の興味・関心・意見の向う方向ということであり、ひいては世論の向うところであろう。「士民」の生活を大切にすることと、「民の耳目の向ふ方」に導くことが、小楠治国の基本思想にかたまっていくこととなるが、この両者はもともと同根のものであり、「士民共に立ち行く道」は「民の耳目の向ふ方」に導くことに外ならないのである。根は一つであるが、政策自ら分れて政治、経済の問題として、その後の小楠思想の展開を考えてみたい。

小楠はよく「天下の人材と天下の政事を共に致(5)」すといっているが、衆議世論の声をきき、これを政治に反映させるという政策論は、次第に政治的意見として表現されるようになる。それの早い発言が、一八六二(文久二)年の「国是七条」である。その第五条に、

大いに言路を開き、天下と与に公共之政を為さん。(6)(原漢文)

とある。これは幕府への建言であるが、政策としての実現を期待しての発言であった。もとより幕府のとるとこ

ろとはならなかったが、小楠もすぐの実現は期待していなかったろう。同時にこのころ、小楠と幕府の要人大久保忠寛や勝海舟の間には、共和政治運動が生み出されていった。共和政治運動というのは、「日本国中共和一致の御政事」ということであって、この「日本国中共和一致」というのは、林竹二氏によれば、「政権を朝廷に返して、前将軍をふくむ諸侯が連合して国政に責任をもつ政治の体制」(7)を意味していた。

しかし、この「日本国中共和一致」の構想は、議会的な制度の設立を明確に打ち出していたわけではない。王家驊氏(8)がいうように、列藩と幕府との、または、幕と朝との共和の政治といった意味であったに相違ない。この「日本国中共和一致」の構想は一八六三年にいよいよはっきりしてきたものであるが、それはせいぜい列侯会議程度のもので、議会制度の設立を構想したものではない。この点で王氏は小楠の構想には、「民」はまだ全く含まれていない、と断言しているのに反して、林氏は、「列藩共和は、幕府専制から人民共和に向かう第一歩だという期待が、小楠になかったとはいえない(9)」と述べて、両者の意見は相違している。王氏がいうように、列藩共和の段階では小楠の思想に「民」はまだ含まれてはいなかったといってよいだろう。それでは、小楠の思想において「民」の構想がまったく含まれていなかったかどうかについては、慎重な検討が必要であろう。のちに詳しく検討するが、私は、この問題は、小楠だけでなく、その弟子たちにまで及んで考察されなければ解決できないことだと思っている。

ところが、ここに芝原拓自氏の発言がある。「(松平) 慶永らは、政事総裁職に就任したころから、諸大名、旗本で構成する『ハルリモン』(Pariament 上院)、諸藩士から選抜された『コンモンス』(Commons 下院) の制度をもうけ、内治外交を天下公共に議せよという構想をねっていた(10)」というのである。小楠が「国是七条」を慶永に提出したのは、慶永が政事総裁職に就任した直後のことであり、両者は同じころの出来事である。慶永らの「ハルリモン」「コンモンス」の構想に小楠が参与していないことはありえないので、この上下議院の制度についての考察検討は、小楠の当時の構想のなかにも浮上し、その後もつづけられていたものと思う。一八六七（慶応三）年、政治担当能力を完全に喪失した幕府をまえにして、時局打開の方法をめぐって、武力討幕路線と公議政体路線が厳しく対立した。薩長を中心とする武力討幕路線に対して、土佐藩・越前藩等は公議政体路線をかかげて争った。土佐藩の推進する公議政体路線は、坂本龍馬の「船中八策」を根幹とするもので、坂本の公議政体論はいうまでもなく小楠―勝海舟―坂本の思想系列の成果である。公議政体路線は、公議世論を背景に平和的手段で時局の打開をはかろうとする政策で、坂本は「船中八策」のなかで「上下議政局」の設置を主張した。

そして小楠は、六七年十月の大政奉還の一カ月後、隠棲中の熊本の郊外沼山津《ぬやまづ》から、松平慶永に新政について建言した。いわゆる「新政に付て春嶽に建言」と呼ばれる文中で、小楠は初めて「議事院」の設置を論じた。

一大変革の御時節なれば、議事院被レ建候筋尤至当也。上院は公武御一席、下院は広く天下の人材御挙用。四藩先執政職被ニ仰付一、其余は諸侯賢名相聞へ候上追々御登用。(11)

すなわち、一八六七年十一月、徳川幕府が幕権を返上した時点で、議会設置を呼びかけているのである。ここで、小楠の年来の懸案であった「民の耳目の向ふ方」を知り、「広く天下之衆智」を集める制度、政策がようやく具体的になったというべきであろう。小楠の世論主義は、ここに結実されたというべきであろう。この建言が、大政が奉還されて、新政が出発する間ぎわになされたところに意味があるのであって、幕末に醸成されたものが、明治以後にどのように受けつがれていくか。しかも、小楠は一八六九年一月に暗殺されるから、その継承如何は、その弟子たちの言動に見るほかはなくなったのである。そして、前に問題にした「公共政治」に「民」が含まれているかどうかの問題が検討されねばならぬのである。

二　藩政改革

大政奉還の主旨の一つであった衆議世論の主張は、王政復古の号令にも承けつがれ、それは新政府新政の方針として一八六八（明治元）年三月に公布された五カ条の誓文にも高らかにうたわれ、二カ月後の閏四月の政体書には、明らかに三権分立を立て、上下議事院の設置を宣言した。これまでの新政府の新政方針の根本には、幕末の公議政体論が異論百出のなかにあって主導権を握っていたように思われる。

横井小楠は、五カ条の誓文が出た直後の六八年四月、新政府にまねかれ、徴士参与を命ぜられている。政体書作成中には、新政府の要人であったわけだが、小楠が政体書作成に参加していたかどうかは明らかでない。ただ、この新政府要人中に執筆したとおもわれる「時務私案」という一篇がある。(12) 作成時期は「明治元年」とあるだけだが、文面からすれば政体書公布以後と思われる。その「時務私案」のなかで、「議事の制に就きての案」という一項目を立て、「大に議事の制を興さんとせば左の件々弁別し、目今の勢を利導して、所立の本意を復帰せんこと要とす」として、立法・行政の二権が混合することを拒否し、「議政・行政の本意に基き断然其分別を立つべき」ことを強調している。これをみれば、新政府にあっての小楠の第一と関心事は「議事の制」にあったといえそうであり、彼は議会制の確立を強く要望し主張していたとみてよいであろう。しかし、一八六九（明治二）年一月五日にはやくも暗殺されたので、新政府における彼の仕事はみるべきものはなかった。

一八六九年六月の版籍奉還以後、政府は各藩に対し、藩政改革を要請した。「今般版籍奉還之儀ニ付深ク時勢ヲ被為察広ク公議ヲ被為採政令帰一之思食を以言上之通被、聞食候事」(13) と諸藩から版籍奉還の願を聞き入れるという形で、版籍奉還が六月十七日公布されたのである。「広ク公議」を採り、「政令」を「帰一」させることを目的とするとして、ここでも「広ク公議」に基くことを宣言したのであり、公議政体路線が一線を引いて貫いていることを知るのである。そして、政府は八日後の六月二十五日に藩政改革に関する条項を垂示して、速かな改革を諸藩に要求した。

政府の藩政改革の要求に応じて、松代藩、岡山藩、平戸藩、弘前藩等早くも藩制および禄制を改革し、軍制を洋式に改める藩があらわれ、岡山藩のごとく議事院を設置する藩もあったのである。この版籍奉還によって正式に名称が定められた熊本藩においても、速かな藩政改革を当面の仕事とした。

同年十月十八日に職制職名等を改革することから踏み切って、十一月二十五日には禄制を改革、十二月には下大夫士等の称号を廃し、すべて士族および卒と称し、また禄制を改め知行を公収し、廩米《りんまい》を給与することに改めるなど、努力の跡を印した。この十二月の改正の時には、わざわざ改革の趣旨を公表している。「先般各藩大義名分之紊壊ヲ正シ、海外諸国之形勢ヲ察シ、以テ其封土ヲ奉還ス。依テ大ニ公論衆議ヲ被為尽、府藩県一途之政令ニ帰シ、天下ト共ニ綱紀ヲ更張被遊度御主意ニ付、更ニ知藩事ニ被任、随而家禄之制被為定、藩々ニ於而モ維新之御政体ニ基キ、追々改正可致(14)」状況にあるので、本藩においても、この改正の趣旨を奉体し、おのおのその職を尽すべきであると令達して、もっぱら中央政府の方針にそうべき精神態度を示したのである。七〇年三月には扶持米を改革、戸口調書を提出するなど、一応改革の実を示していた。

しかし、これまでの熊本藩のあり方については、きびしい批判や不満非難さえ出ていた。六九年十一月十九日付の東京在駐の大参事佐々木与太郎の藩政府への報告書に次のようにある。まず佐々木は、「維新の宏業予期に反し綱紀皇張せすして、各省意見を異にし、諸藩猜疑して、彼是互に相嫉み国家危機に瀕するの際、薩長大に勢力を張らむとする」と当時の中央政府の混乱の状況を報じて、その間における熊本藩の評判を伝えている。「御藩（熊本藩）之儀今以偷安苟且朋党不和之名を不脱……」と従来からの熊本藩の弱点を指摘している。また、「肥藩或ハ佐竹、久留米等専ら攘夷を称へ、此三藩依然といたし居候而は万国懇信を結候儀も成兼候」と、これも従来からの攘夷の体質の頑固さが指摘されているが、佐竹、久留米藩とともに代表三藩にかぞえられ、それが国際交流のガンとなっているというに至っては、熊本藩も病膏肓に入るというほかはない。そのため遂に次のような事態に立ち至っていると、佐々木は報じている。

肥藩表ニ正義を唱、内実佐幕之念□（ママ）絶。朝旨を順奉いたし不申、夷人と争擾を引起、其乱ニ乗し為る事あらんとす真意之由申唱、早ク御武断、管轄四分之一被減候様との儀一二之大藩より筑ニ内談いたし候処、筑ハ不同意ニ有之候付、右一二之藩筑と快を挟ミ居候由(15)

熊本藩の行動は中央政府の疑うところとなり、討肥論までとびだす始末であった。これでは相当の決意がなければ、藩政改革は不可能であろう。七〇年三月になって、ようやく動きが出てきた。その三月二十八日、藩知事細川韶邦《よしくに》の弟長岡護美《もりよし》が、大久保利通に出した手紙に事情を解く鍵が説かれている。

（前略）当藩に於て知事以下小生輩庶務一新之定意にて苦慮罷在候得共、御承知之通り旧来之陋習容易に破却不得候間、今般拙兄上京に決議、万般、朝旨を奉し大義に依り断然一新之心決にて、異議に及ひ候輩は不得止一刀両断之決を成し候埒にも至り可申、屹度一洗之目的を達し候定意ニ候（下略）(16)

これでみると、護美と、文中「拙兄」とある護久が改革の中心となっているが、その改革がなかなか思うようにいかず、「苦慮」している様子である。ここでも、「旧来之陋習容易に破却不得」といって、「旧来之陋習」を最大の障害としているが、「旧来之陋習」とは、幕末以来熊本藩政権を掌握してきた学校党が、相変らず旧藩主詔邦の下に政権を維持し、旧体制保持をねがう保守勢力を形成し、中央政府の命令にやむをえず改革の手を打ってはいるが、単に形の上だけの改革に止まり、維新改革の精神を理解できず、熊本藩政府は旧態依然たる顔ぶれであった。こういう事態に対し、「異議に及ひ候輩は不得止一刀両断之決」をもって、改革に踏み切る態勢がようやく整ったのである(17)。

ここに、藩政改革を実現できる新勢力として期待されたのが、小楠の弟子たちによって形成されている横井実学党であった。横井実学党政権による藩政改革という構想は、六九年六月の版籍奉還以後早くも持たれていたのではないかと思われる。というのは、次に紹介する「藩政改革意見書綱要」の存在である。徳富蘆花《とくとみろか》に(18)よれば、これは六九年秋に作成されたもので、この「綱要」は、蘆花の父徳富一敬《いっけい》と(19)、一敬の義兄でともに小楠門下である竹崎律次郎(20)が、収穫に猫の手でも借りたいほどに忙しい農村の晩秋に頭をつきあわせ、協力して作成したものであった。

一、諸事尊大之御格合、三百年来養成せし習弊を、脱然と被為破、簡易無造作にして、御三方様御同殿、御台所を一所にして、御膳等も御一所にて被召上、朝道治暮は勿論、種々之御物語等被遊候様に有之候はば、初めて骨肉の愛情も被為尽、如何斗歟御快可被為在、是治教之根本也。尤日用之御膳部等、被減候には不及、鄭重之御格合さへ被破候後は、日々盛膳を被召上候ても不苦候事。

一、人君早々自ら政を聞玉ふべし。古之君主は自ら訴訟迄も聞玉へり。後世程尊大に成り、政迄人に任じ玉ふ故に、愈空位尊大に成り、人情事変に疎く、国家治らざる所以也。よって日々政事堂に出玉ひ、万機自ら聞玉ひ尊大之格を廃し、軽重は不及申、農商にても、御直々情理聞玉ふべし。

一、顕光院様、鳳台院様、御花畑新御殿御一所に御住居、御台所にして、御膳等御一所に而可被召上事。

一、二の丸並宮内御殿取崩之事。
一、御城御天守等取崩、外廻り之門屏丈を残し可申事。
一、枝葉の雑税、惣而御免相成事。
上米　一歩半米　口米三稜　諸出米銀
右は昇平打続一統奢侈に移、漸々会計及不足、且近年国家多事に付而、斯之通租税相増、当時迄御取立に相成り候筋稜々に付、此節之改一切御高覧に相成、一統、朝廷之御一新を難有感戴仕候様、御取計可被遊段、有筋朝廷に可被仰上事。
一、御鷹場一切御解放し之事。
右稜々断然と被仰出候はば、一統難有奉感戴、作心興起一新可致、其上にては治教破竹の如く、上下忽豊に相成可申候。
一、諸官尽皆可被廃、会計局一を残し出納を司るべき事。
一、政府上下二院を建設し、上院は君公等初執政参政諸役人一切出勤いたし、下院は在中は一千名より貳人宛、熊本町五人、其他五ケ所より貳人宛、社寺を除き四民之無差別入札を以相定め、下院に出勤いたし、上院と相対し諸務を議すべし。尤下院議事人は四年を一季とすべし。入札いたし候心得は、形跡に不拘、上下之為に成人物を選み候様、委敷示方可致事。才器次第、上院並在役人に被召仕事。
一、御役人一切入札公選にすべし。
一、諸拝借御捨方之事。
一、会所々々備銭、現有一切政府に集、手数閑散に相成、会所役人減少之事。但し窮民取救、並農具代拝借

等、是迄出方いたし来候稜々有之、御一新に付而は、農工商生産を第一之務といたし候へば、夫等些細之事、論ずるに不及事に而候へ共、臨時急場之事も候間、戸数に応じ米飯を備置可申。

一、会所々々官銭貸付分は、一切捨方之事。

一、御惣庄屋巳下在役人、入札公選にすべし。但入札いたし候心得は、議事人同様にて、前以得斗諭し方可致事。(21)

右第一条から第三条までは、藩知事（藩主）の私生活の改革から、藩政改革を初めなければならないとしているところ、儒教の第一原則からきているにしても、農の階級に属する身が、藩主の私生活から政治姿勢を論ずるなど、つい二年前には思いもよらぬことであった。徳富、竹崎両人がいかにこの改革を根本的なものと考えていたかということがわかるとともに、幕末以来の新興勢力としての豪農層の意欲と革新性をみることができる。第四条、第五条は、封建制の象徴である城の破毀を主張している点、これは他の藩にも例はあるのであるが、このことは明治維新の大変革こそは外ならぬ封建性からの脱却にあったことを証している。それにしても、熊本城の破毀などは、下級武士にしても武士層の思いつくことではなく、やはり豪農層にして初めていえることであった。

第六条は雑税廃止を主張したもので、改革の目玉となるべきものである。窮民救済の主旨に立ち、「民」の「立ち行く道」を最初の施策とした。実学党政権成立後最初に打出したのが、この政策であったのをみれば、実学党が改革の第一歩とみていたことがわかる。第七条の鷹場の解放は、領主の独占を廃したものである。これにあわせて、第一一条から第一三条までの三条にいう諸拝借銀の廃棄や官銭貸し付けの切り捨ては、かつて小楠が「聚斂の利政」と批判した藩の利殖政策に終止符を打つものであり、減税とともに「民」の生活苦からの解放である。小楠の持論の実現にかける意欲をはっきり見ることができる。

第九条、第一〇条、第一四条は議会設置を掲げたもので、小楠においては構想であったものが、ここで初めて具体的に実施策が示されたのである。まず熊本藩に上下二院制の議会を設ける。上院は、藩知事や「執政参政諸役人」によって構成される。これは議事職をもって直ちに政務の執行にあたるので、まさに参議院にして内閣を兼ねるようなものである。このような上院の性格は、「政体書」に規定する議政官上局と同じで、それにならったのであろう。あえて二院制にして中央政府機構に対置せしめたのは、中央政府の模倣という点も否定できないが、かえって同様のものを設置することで、中央政府に対立する地方政府の姿勢を誇示したのであろう。この議会設置は、中央政府にもその事実があり、当時地方政権にも同様の設置を構想したり、実現した藩もあったのだから、熊本藩だけの独創とみるわけにはいかないが、この構想が小楠の弟子たちであるところに、小楠思想の継承状況をはっきりと知ることができる。熊本藩においては、いってみれば当時の流行に従ったということでは絶対になく、小楠の意志がようやくにしてここに具体化の可能性が強くなってきたということである[22]。

それにしても、この議会設置条項を検討するに、これまでの単に上下二院を設置するといった、いわば大まかな構想にとどまるのでなく、下院議員の選出方法まで考え、その選挙区割りを規定している点は注目に値する。それは、徳富、竹崎らの勉強によることであろうが、当時熊本においてこれほどの先進的な考えを持ちえたのは、横井実学党の外にはなく、小楠思想をこれまでに具体的に革新的に進化発展せしめえたことは、小楠の弟子たちの大いなる精華というべきであろう。

さきに王家驊氏の、小楠の思想の背景には「民」はなかったとの説を紹介したが、この「綱要」における議会設置の構想では、「在中」より一〇〇〇名につき二人あて選ぶということは、これは明らかに「民」のなかから、「民」が選ぶことなのである。小楠の弟子たちには、「民」が大きな存在として横たわり、「人民共和」の政治を考えていたと思う。小楠が暗殺されたのが六九年一月、この「綱要」の執筆がわずか一〇カ月後のその年の秋、小楠から弟子への継承を否定できないとすれば、小楠晩年の思想には政治体制の底流に「民」が存在していたと考えてよいと思う。下院議事人の任期を四年とし、投票の場合の心得として、「形跡に不拘、上下之為に成人物を選」ぶことが肝心だといって選挙権の制限をしていないと思われる点は、議会政治や民主主義政治への理解もかなりのものであったといえよう。

以上、「藩政改革意見書綱要」の概要を述べてきたが、その内容は封建制下の政治経済の構造とは全く異った近代的民主的政治経済を指向したものであった。そこに書かれている内容は、すでに世に流布しているものもあり、先覚者の間に論議主張されているものも多いが、それらが小楠を通じて弟子たちに流れ、そこに小楠からその弟子への継承、幕末から維新への大変革を通りながら、なお継承されている事実をみるのである。それでも、下院議事人の選出区割り、在中は一〇〇〇人に二人あて、熊本町（城下町）から五人、その他五カ所から二人あて、といった具体的な実施策は、これは徳富、竹崎両人の協議工夫から生まれたものであろう。小楠は、これまで考える段階には来ていなかったと思うし、その用意もなかったと思う。徳富、竹崎らには、尾佐竹猛のいう藩議院の情報が入っていたものであろう。弟子たちは、師小楠の思想の継承を真剣に考えるとともに、さらにその発展と具体策を努力していったのである。

一八七〇（明治三）年五月になって、熊本藩はようやく改革へ向って動き始めた。五月三日、藩知事細川韶邦《よしくに》が辞表を提出した。「年来之疝積、去冬以来は時々強差発難儀仕候間」[23]ということであるが、藩政改革のための第一布告であることに相違なかった。韶邦の辞表は直ちに聴許され、五月八日世子（実は弟）護久をして家督を襲職せしめるとの辞令が出た。翌九日、護久は在京の藩臣を集め、「只管朝意を尊奉し、一藩の治教を施行いたし度存慮」(24)であると施政の方針を示して、改革の決意を宣言した。このとき、この執行の中心となったのは米田《こめだ》虎雄(25)大参事であった。米田は、肥後藩次席家老米田家の次男に生まれ、小楠の弟子としてその教養を受けてきたものである。十日には、小楠の弟子〔この時点では長岡・元田派〕津田山三郎《つださんざぶろう》(26)を権大参事に任命して、改革のための上層人事を固めた。こうして、横井実学党による藩政改革の緒がつけられた。

護久は藩知事の執令をうけた八日後に東京を発し、五月二十七日に熊本に帰着した。すばやい対応である。そして、六月一日、熊本藩重職の総入替が行なわれた。従来大参事として藩政を掌握してきた松井新次郎、藪一《やぶはじめ》、また権大参事として実権をふるった鎌田軍之助、住江甚兵衛、井沢伝次、松崎伝助、鎌田平十郎、少参事であった井口呈助《いぐちていすけ》、藪作右衛門、村上求太郎、池辺吉十郎、沢村脩蔵らは悉く罷免された。彼らはほとんど学校党、および勤王党の幹部連中であった。これに代って、護久の弟護美が大参事として護久を援けることになり、さらに権大参事には有吉（佐々木）与太郎、米田虎雄、小笠原七郎、道家之山《どうけしざん》、津田山三郎の五人が任命された。有吉は肥後藩第三家老有吉家の当主で実学党であり、道家も実学党に近かった。この五人の権大参事のうち、中心になったのは米田と津田であることはいうまでもないであろう。

ついで六月三日には権少参事試補四人の発令があり、この四人のうち注目すべきは山田武甫《たけとし》(27)である。山田は、小楠門下四天王の一人といわれた人で、この後も横井実学派の首領と呼ばれる存在である。それより早く、やはり四天王の一人嘉悦氏房《かえつうじふさ》(28)も熊本藩政庁に入り、そして特に注目されるのは、徳富一敬、竹崎律次郎、三村伝《みむらでん》の惣庄屋層が民政局大属として新藩庁の重職についたことである。上級武士層だけで構成された旧藩庁首脳に対し、下級武士層と農民層出身の惣庄屋の藩庁入りは、藩政改革の革命性を示すものであった。それとともに、この改革が下級武士層と豪農層の合作によることを象徴するものでもあった。やや遅れてではあるが、遠隔地の胆沢《いざわ》県

（岩手県南部）大参事の安場保和《やすかず》、(29) 会計判事の大田黒惟信《これのぶ》、(30) 土木権正の宮川房之《ふさゆき》等の小楠の弟子たちをそれぞれ引きぬき、実学党でがっちり固めたのである。ここに強固なる実学党政権が樹立した。

横井実学党員による陣容が大体整ったところで、六月十一日護久は藩士を熊本城内に召集して、家督任官の旨を達するとともに、藩政改革の要旨を垂示した。そのさい藩士に垂示した直書は、次のような内容であった。

（前略）方今皇国一致王化大行之日ニ当リ、当藩之風習兎角因循固僻ヲ不免、全ク　朝旨未貫徹様御聴込ニ相成居、右類之藩々有之ニ於テハ不得止屹度御譴責ニ可相成哉ニテ、当藩之議誠以危急存亡之秋ニ立至リ、奉対　朝廷恐懼戦慄之至ニ候。

熊本藩がきわめて「危急存亡」の状態に置かれていることを強調して、根本的改革の必然性を暗示し、そのために詔邦が隠居し、護久が家督をついで、改革に当ることになったと述べて、さらに次のように藩士たちを諭した。ここでは、改革がいかに中央政府の指示によるものであるかを強調している。

以往一藩更始シ、（中略）以人才之黜陟ヲ初メ民政兵制官員禄制等数件之政事順序ニ依テ改正致シ、一藩王政行亘リ候様令勉励候覚悟ニ候條、有官無職之無差別一致、朝旨ヲ遵奉シ、正四位様之尊慮ヲ奉体シテ我等ヲ補佐シ奮発興起致候様頼入候。就而者諸官員ノ進退モ可致候処、私之愛憎ヲ以テ其人ヲ挙措スルニ無之、只其才之長短ヲ以其職之応否ヲ量リ、公論ヲ以テ審択致シ候得ハ、在職之族ハ才力ヲ竭シ専ラ其職ヲ務テ事業ヲ起シ、無職之輩ハ平素之孝悌文武ニ身ヲ委ネ風俗ヲ維持シ、一人モ皇国江忠ヲ尽ササル者無之、一民モ王化ニ服セサル者無之、聖王之大道一藩ニ相立、四海ニ及ヒ、不日ニ春風和気之王国ト相成候様銘々心懸肝要ニ候也。（下略）(31)

改革の覚悟とその種類と順序をあげ、その才の長短に応じて人を登用し、公論をもって審択する方針だと、ここでも「公論」をあえて挙げているのである。この文中にも、「朝旨貫徹」、「王政行亘リ」、「聖王之大道一藩ニ相立」といった文が相並び、中央政府に対する地方政府の独自性は一片もないようである。改革は中央政府の方針に従うのみであるということになり、それでは実学党政権の藩政改革の意味はどこにあったかということになる。熊本藩のみならず、一八六九―七〇年に各藩で行われた藩政改革の意味は、どこにあったかが問題になってくる。熊本藩の場合、これを具体的な例において見るほかにはない。

これより熊本藩は、民政・官員禄制等にわたって順次に改正を行っていくが、それらの実施の過程で、本改革のなかで最大最重要の改革を実行する。それは民力休養という形で、農民の負担の軽減をめざした減税令であった。

新政権が出発して一カ月後の七月十七日、護久の直書という形で、熊本藩農民全体に通達された。

七月十七日左之通藩中江布告

村々小前共江

今度我等知事の重任を蒙候ニ付而ハ朝廷之御趣意を奉し正四位様（韶邦）厚き思召を継て管内の四民うへここえのうれへなく各其処を得せしめむ事を希ふ。中にも百姓ハ暑寒風雨もいとはず、骨折て貢を納め夫役をつとめ老人子供病者にさへ暖に着せ、こころよく養ふことを得ざるは全く年貢夫役のからき故なりと我ふかく恥おそる。いかにもして此くるしみをとかむとおもへども、今直に本免をくつろくることを得ず。

先左之通

一、上米《あげまい》　一、口米《くちまい》三稜（三ノ口米・水夫米《かこまい》・増水夫米《ましかこまい》の三種）一、会所並村出《むらだし》米銭

右稜々《かどかど》を差ゆるしぬ。はた又壱歩半米《いちぶはんまい》は凶年損毛　償《つぐない》の為に備をきしことにさむらへども、向後をさむるに

及ばず。是迄の請免を仮の定免とところへいよいよ農業に精をいれ、老幼養育しあまりあるものは親族組合等の難渋をすくひ、相互に人たるの道をつくすべきもの也。

七月　　知　事[32]

かつての封建領主に、このような内容の布達を期待できただろうか。本免（本来の年貢）免除は無理だが、上げ米から一歩半米までに至る付加税合計八万九八三六石を免除するというものである。なお、知事家禄が新政府によって約三万三〇〇〇石と決定すると、知事家禄をその半分とし、残り約一万六五〇〇石を農民救済に当てた。そのほかにも、鷹場、簗懸場《やなかけば》の解放、夫役の軽減、利殖政策の一環をなした専売制度の廃止、津口陸口《つぐちりくぐち》運上の廃止、農民の商業兼営の許可、農民の家作衣類などの制限撤廃、貧民救済策として貧院の設置等、封建的制約の除去とともに民力休養・貧民救済を主眼とする大改革が実施されたのである。[33]

そして、以上の減税令や諸政策は眼にみえて効果を生み出した。徳富一敬は、その後の著しい現象を、「民力一時に膨張して、従前は一箇の土蔵もなかりし寒村に俄に土蔵の出来るやら、一軒の瓦屋根をも見ることを得さりし貧村に続々瓦屋根を見るに至る等、御解放後未た期年ならずして百姓の富力著しく増加したるを覚へ候[34]」と語っている。

それでは、この破天荒の減税令はどのようにして生まれたか。『肥後先哲偉蹟（後編）[35]』中、「徳富淇水」の項に次の文章がある。

同月（六月）廿三日城中に於、耕地宅地租税改正之大評議有之、小楠翁在世之持論、正租迄にて諸掛雑税解放論、一敬提出、決断に相成候事、同七月藩知事の、民力休養・雑税免除の布告文は、翁の手に成れるものなりと云。

これによると、減税令は、小楠「在世之持論」が徳富を通して、ここに実現したということになる。そして、末尾に布告文を書いたのは徳富（本文では割注）だとあるのは間違いではあるまい。布告文は前述したように藩主の手になるものとは考えられず、徳富だったとすれば十分納得のいくことである。

ところが、これも同書の「山田武甫」の項に次のようにある。

幾くもなく熊本藩少参事に転す。是より先同藩に雑税及津止法と云ふものありて、四民久しく其の苛法に苦しむ。武甫藩主に従ひ、封内を巡視し、其実境を白して遂に此れを廃止す。

以上の徳富と山田に関する二文章を照合すると、二十三日城中における耕地宅地租税改正の大評議会には山田も出席していて、山田も徳富も雑税解放論を主張したものと考えるべきであろう。徳富も山田も、ともに小楠の高弟である。徳富が雑税解放論を主張するとき、「小楠翁在世之持論」を自覚していたなら、山田とて同じであったろう。小楠の高弟が二人ながら強調すれば、小楠の弟子が大半を占める大評議会で反対があるはずはなかったろう。ここに、小楠の思想が、その弟子たちによって見事に開花した事情をみるのである。幕末から維新を通じて思想が継承され、封建社会では考えられながら実現をみなかったことが、維新革命によって変化した社会に実現したのである。小楠の弟子たちの協力によって、小楠の「在世之持論」が実現したのである。ここに小楠という偉大なる思想家を継承する、その弟子たちの強力なる信頼と連帯を見るのである。しかも、山田は一〇〇石の下級武士の出身にして、徳富は惣庄屋の出身である。下級武士層と惣庄屋層の息のあった見事な連携と協力が実現されている。これこそ、この藩政改革の性格を示すものである。

現在、熊本県阿蘇郡波野村、産山《うぶやま》村、阿蘇町と大分県直入《なおいり》郡久住《くじゅう》町に「知事塔」とよばれる九箇（現在は十箇）の石碑が残っている。この塔にはその多くが細川家の家紋九曜星の下に、雑税解放の布告文の全文がきざまれている。その一つのひときわ大きい「知事塔」の背面に、この塔を建てた由来を述べた銘文がある。それには当時農民が護久の減税をいかに徳としたかを、「周ノ民ガ召伯ヲ追慕スルガ如シ」と中国古代の伝承を引いて説明し、「隣藩ノ民ヲ聞ク、皆其民タラン事ヲ冀フ」とまで最大級の賛辞を述べている。[36] また、この護久への賛辞を実証するがように、次の事例も起っていた。

七〇年十一月、豊後日田県で農民の蜂起があり、これを鎮定のため熊本藩より沼田勘解由《かげゆ》が藩兵一小隊をひきいて出張した。その報告に、当時の事情を次のように述べている。

右の一揆と申すは、元と租税の苛を訴へて起りたるものニて、勢頗る猖獗を極め、既に日田の警備隊を襲ふて散々に之を破り、勢に乗して附近の土民を糾合し、総勢将に四五百人ニも及ハんとし、手に々々竹鎗を携へ竹田川原に集合し、先に日田の警備隊より分捕したる大砲数門を備付けて、益々官軍に抗せんとす。(中略)百姓共の主意と申候は、日田の租税者之を肥後の租税に比すれハ、頗る苛重に失するが如し、依りて之を肥後同様に軽減せられんことを請ふと云ふにありし由なり。故に我兵の一たひ其境に臨むや、彼等ハ始より抵抗する意はなかりしなり。斯くて我兵ハ暫く彼地に滞在したるか、日田人民の歓待ハ実に非常の事にて、湯屋杯に行けは、肥後尊隊御湯などと筆太に書きたる札を軒頭に懸けて、兵士を入浴せしめたる位の事に有之候。(後略)[37]

熊本藩の減税布告その他の改革策が隣藩にまで影響している様子が明瞭である。中央政府は、熊本藩の藩政改革を最初はきびしく催促したが、熊本藩政改革の影響がここまでくれば、中央政府としては実学党政権を拒否せざるをえなくなる。

一八七三年安岡良亮が権令として任命、安岡は同年一〇月までに実学党を県庁より一掃してしまった。実学党政権はわずかに三年程度であった。雑税解放という思い切った政策は実施したが、主たる政策であった上下二院の設置は実現する暇はなかった。そして、その実学党の改革は中央政府の指示に従ったというのではなく、小楠以来つちかわれてきた政策の実施であった。それだけに積極的意欲的であった。雑税解放は藩内外に大きな波紋をよび、ついに隣境の一揆を促すにいたって、熊本藩は中央政府の警戒するところとなったのである。実学党は小楠「在世之持論」の実現を図った。しかし、それは中央政府によって拒否された。それで、彼らはなお目的を追って、自由民権運動に身を投じたのである。

三　県民会

一八七六（明治九）年七月二十日から八月二日にかけて、熊本県政史上初の県民会が開催された。この県民会の開催は、前年四月植木中学校(38)を設立して、熊本県自由民権運動の先駆となった宮崎八郎(39)らの運動とともに、熊本実学派の人びとの熱心な請願と運動とによるものであった。熊本実学派のこの間における動きは今一つ明かでなく、宮崎らとの連携協力の点も不明であるが、藩政改革で最重点事として立項した議事院設置の実現に熊本実学派が死力を傾けたことは間違いないことである。

尾佐竹猛『日本憲政史論集』一三八頁に、「藩議院は明治四年の廃藩置県と共に、根抵より廃滅に帰した。しかし発達しつつあった憲政思想の本流は、五箇条の御誓文の拡張解釈としての官僚議会たる左院が此年に設けられたのであるから、各地方に於ても、その機運が醸成したのであった」というごとく、地方民会は各地に起り、七五年十月の段階で、兵庫、神奈川、滋賀、高知、千葉、山梨、名東県にはすでに民会が設置されていた。これからすれば、七六年七月における熊本県民会の開会は決して早いとはいえず、また熊本県独特のことともいえないのであって、むしろ当時の傾向に促された面を否定できない。

熊本では七十年の藩政改革に藩議院の構想が熊本実学党によってつくられ、そして県民会設置の運動が同じ熊本実学派によって促進されたところに、熊本県の特徴を見るべきであろう。しかも、七四年一月の民撰議院の設立建白の烽火に触発されたのはいうまでもないことであるが、七三年に政権の座から追われた熊本実学派[40]が屈することなく、自由民権運動を追い求めていったことに注意すべきであろう。「県会ニ区戸長ヲ以テシ、区会以下ミナ之ニ準ズベシ。仮令イマ強ヒテ選挙人ヲ用フルヲ当然トシ、利益アリトスルモ、其害ハ却テ益ヨリモ多カルベシ。且各国ノ選挙法ナリト主張スルモ、其本邦ノ人民ノ情勢ニ適当スルヤ、僕ハ未ダ之ヲ認メ得ザルナリ」（『明治文化全集』憲政篇）と地方官会議で発言し、区長や戸長を招集して会議を開くことを適当として、公選民会設立に反対した熊本県権令安岡良亮が一年後に民会設立にどうして踏み切ったのか、熊本実学派や植木民権派などの突き上げや不満を考慮してのことであったろう。

安岡県令は、七六年三月熊本県臨時民会規則を制定し公布した。同規則によれば、民会議員の選挙権は男子の戸主全員にあたえられ、被選挙権資格者は官吏、準官吏、代書代言人のほか廃疾者、無宿人、無籍者をのぞく二十五歳から六十五歳までの男子全員とされた。財産による制限は一切設けられなかった。議員選挙の方法は、まず小区会議員を直接選挙で選び、この小区会議員の互選によって大区会議員、大区会議員の互選で県民会議員を選出する三段階方式であった。

この方法によって、四月に小区会議員選挙が実施され、五月に大区会議員、六月に県民会議員が選出された。小区会議員の数は一村一〇〇戸につき五人、さらに二〇〇戸を増すごとに一人増加するという方法で決定され、県民会議員は八九人となった(41)。

七月二十日熊本県臨時民会の開院式が催され、安岡県令は三つの議員、「区戸長月給増額ノ件」「郷備金取扱方法ノ件」「吉区儀節ニ関スル件」の三題を提案した。

審議は翌二十一日よりはじまり、議長は実学派の大田黒惟信《これのぶ》であった。議会の論議は第一議題「区戸長月給増額ノ件」に集中し、反対意見がわき上った。「己ニ民費ヲ以テ区戸長ノ月給ニ当ツレハ、民選ヲ以テ区戸長ヲ挙ノ権利ヲ生セリ」、区戸長の月給増額など論外、その公選をこそ先に決定すべきだという意見が大勢を占めた。すでに六月二十七日の『熊本新聞』では、区・戸長公選問題を提上審議すべしとして、「其（区・戸長）俸給ハ悉ク人民ノ膏血ニシテ、（中略）於此乎、区・戸長ヲ撰フハ、則人民遁ル可ラサルノ権内ニシテ、一県一区ノ内名望ヲ有シ、能ク権利ヲ保護シ、人民ノ為メニ事務ヲ整理スルニ堪タルモノヲ撰フヘシ。官撰ニシテ人ヲ得ヘク、公選ニシテ得ヘカラサルノ理アルカ、吾輩ノ未タ信スル能ハサルナリ」と論じていたが、区戸長公選はかかる民衆の声を背後にして主張する発言であった。最後に採決にはいり、はたして県令の原案に賛成するものはなく、原案廃棄をとなえるものは五四人に達した。議長はこの結果をうけて、原案を取消し、区戸長公選問題を議するよう県令に伺をたてるが認められず、翌ふたたび原案審議を命ぜられた。これに怒った徳富一敬は、「己ニ民会ヲ開カレシ以上ハ、代議士タルモノ、官選区戸長ノ給料ヲ議ス能ハス」と席を蹴って退出する一幕もあって、実学派を中心に民権派が多数を占める民会はついに県令案を否決してしまった。しかし、県令は県民会での決議は参考意見にすぎないとして、九月二日議決を無視して、区戸長月給増額を決定し実施したのである。議会内では公選論が多数を占めたにもかかわらず、その要求を貫きえなかったことは、未だ民権の弱体、議会の非力を示していた。

右の県民会において、実学派の大田黒は議長として会議を牛耳り、徳富は書記長を勤め、司計長には余田正規《よでんただき》が就任、なお幹事には矢島直方[42]、江上津直《つなお》、能勢政元と実学派が顔をならべ、議員においても多数を占める等、県民会における実学派の勢力、活躍は刮目すべきものがあった。

四 自由民権運動

西南戦争後、いち早く自由民権運動に立ち上ったのは相愛社であった。東京から帰郷した池松豊記[43]は、旧植木民権党員を結集し、自ら社長となって一八七八(明治十一)年五月相愛社を結成し、松山守善[44]を副社長とした。熊本県における最初の政党の結成であった。相愛社は、同年九月大阪で開かれた愛国社再興大会には早速代表一名を出席させて、熊本における自由民権運動を展開させていった。

一方、嘉悦氏房らは、七九年十二月私立学校共立学舎を設立して、熊本実学派の結集をはかった。この態勢の整ったところで、同年四月開催された第一回熊本県会を迎え、同党は自らの運動の拠点をそこに見出した。この県会は、三新法に従い全国各府県に設置されたもので、県民会のように民衆の下からの要求によって設置されたのではなく、政府の地方に対する中央統制の政略に基づく、上からの府県会設置であった。しかし、実学派にとっては、七〇年藩政改革以来念願であった県会が、七六年の県民会をへて、ここに定着したのであるから、宿願の達成ということができた。政府は地方を統制する一機関と考えたのであろうが、議会が設置されたことは、それを通じて県政に民の声を通させる踏み台にはなるわけだから、実学派は自らの運動の拠点として、議会活動を通じて民権拡大をねらったのである。初代議長には木下助之《すけゆき》が就任し、木下が玉名郡長に転出後は嘉悦氏房が議長をうけ、副議長も林秀謙、岩男俊貞《いわおとしさだ》ら実学派によって占められた。八〇年より八三年までは、議長嘉悦、副議長岩男の実学派コンビで熊本県会は牛耳られていくのである。自由民権運動が全国的に最も高揚する時期であった。

一方、熊本実学派は自由民権運動の民間運動にも努力した。すでに相愛社は、愛国社の全国大会には必ず代表者を送って、全国運動との提携を怠らず、八〇年四月の国会期成同盟の国会開設の請願運動にも参加していた。ところが、八一年になって、熊本県政界に異変が起った。熊本の保守勢力学校党を代表する佐々友房《さっさともふさ》、木村弦雄《つるお》、白木為直《ためなお》らは上京して、司法判事山田信道、太政官大書記官井上毅、元老院議官安場保和、内務省御用掛古荘嘉門《ふるしょうかもん》らと、新党結成の計画を立てる。

上は明治八年の聖詔を実行して立憲の政体を翼賛し奉るべく、下は流行風潮に成立せる疎暴詭激の邪説を滅尽し、社会の秩序を保ち、道徳智識並び進み、我邦をして東洋の真開明国たらしむ。(45)

政府の考え方をそのまま受け入れたものであり、自由民権運動にきびしく対決する態度を示している。この立党計画は、政府党ともいうべき紫溟会の結成に進んでいく。

同年九月一日、紫溟会の結成式が熊本区で開かれ、主旨書・綱領・仮規則が採択された。綱領は、次の三条である。

第一、皇室を翼戴し立憲の政体を賛立し以て国権を拡張す。

第二、教育を敦くし人倫を正し以て社会の開明を進む。

第三、厚生の道を勉め吾人の独立を全し以て国家の富強を図る。(46)

この紫溟会の結成には、元老院議官安場保和や内務省御用掛古荘嘉門らが帰熊して、在熊の佐々等とともに準備にあたった。学校党中心の結成ではあったが、実学派の山田武甫、宮川房之、岩男俊貞等も参画し、相愛社もまた有馬源内《げんない》(47)と徳徳猪一郎の二人を出席させて顔を立てた。この紫溟会は在熊の政治勢力を結集するという名目で、その大同団結が唱えられたので、実学派も相愛社もその結成の渦中にまきこまれていったのである。かつて実学派の首領格であった安場が音頭取の一人であった関係で、実学派もその結成に参加したが、安場は元老院議官という地位もあってか、初から学校党の井上や古荘等と行動をともにし、実学派の山田、嘉悦等とは離れた立場である。この安場の軌跡は、実学党の一員としては不思議な動きであり、それは長く政府官僚の職にあったための結果なのかと思われるのである。

人民主権、共和制をも企図する相愛社にとって、天皇主権、君主制をとって譲らない学校党は到底提携の相手ではなく、相愛社は結局紫溟会には加盟しなかった。民党をもって任ずる実学派も、やがて学校党と意見を異にし、紫溟会と離れていく。学校党によって占められる紫溟会本部委員と、山田、嘉悦等実学派幹部との政策論争は、この両者の意見対立を浮きぼりにしているが、山田、嘉悦等が、紫溟会本部委員に対する回答文にいう。

第一、主権天皇陛下に存すと云う時は、君主専治を是認するに当るを以て、吾輩之に同意し難く、唯だ君民同治を望むの意を明白に表せんことを望む者なり。蓋し吾輩が考にては、主権は之を君に存す可らず、又た民に存す可らず、之を立法府に存す可し。(中略)他日憲法制定の日には、立法府(立法府は天皇と両院を以て成る)に存せんとす。是れ所謂君主主義にも非ず、民主主義にも非ず、即ち君民同治となり。

第二、質問者が本会の主義は保守か自由かと問ひしには、改進主義と答へられたし。(中略)衣は新様を尊び、食は新鮮を重んず、制度文物も亦然り、宜しく旧例故格現立法制に拘泥せず、維新活発の人情与論に随って、人生の幸福をして極点に至らしむるを務む可し。(後略)

第三、本会の主義中正に在りと云ふを、自由主義なりと回答せられたし。蓋し自由の説は泰西に発し、東漸して吾国に波及す。全国嗷然唱道する実に盛なり。然り而して吾輩が常に信認する自由主義なる者は、立国上の契約其他の戒律を遵守し、所謂道義の区域内に逍遙し、国君官吏人民各々其権を保有し、秩序判然、権限正確、一歩も仮す所なく、一歩も侵す所なく、思想言論出版其他、百般の行為上に不正の牽束を蒙らず、不羈独立するものにして、之を定制自由と言ふ可し。(48)

これによれば、実学派は主権在立法府、君民同治、改進主義、自由主義を唱える立場を確立していることになる。主権とか、君民同治とか、自由主義といった言葉や概念は小楠時代にはなかったものである。小楠はこれらを知らずして逝いた。弟子たちは、当時自由民権運動で主張されていた理念や思想を、小楠から受けた思想を発展させて、自らのものとしていったのである。「自由主義」を説明するところで、「蓋し自由の説は泰西に発し、東漸して吾国に波及す」と述べているが、西洋流の学問や思想を受容しようとする意欲や態度は、まさしく小楠に受けたものである。

転じて、熊本実学派が主張する「君民同治」説は、民権論者の大勢であって、決して一部の急進論ではなかった。竹越与三郎は『新日本史』のなかで、当時の政体論主張の事情を次のように紹介している。「主権已に天皇に存す、故に憲法は欽定憲法にして、天皇之を人民に与ふるものならざるべからず」とする天皇主権、君主主義論に反対するのは民権論者の共通の立場であるが、その民権論のなかにあって、「主権人民にあり、何となれば、国家は人民の為めに存するものなれば也」との強烈な主張は、天皇主権論者ときびしく相対する。しかし、主権人民説は、竹越によれば、「此の如き大胆、無憚の言論を為したるものは、二三の地方新聞に止まま」っていたというのである。これに対して、「東京にある民権新聞は、正経、中和の議論を為せり」とする。

曰く主権とは一国統合政治の大権也。其普通ならざるべからざる、固より法権保守派の云ふ所の如し。唯だそれ然るが故に、天皇と人民と相集って国会を組織し、皇権と民権との湊合致一する所の国会を以て、主権者となさざるべからず。

すなわち、右のごとき「君民同治」説こそが大勢であったというのである。

天下有識の大多数は天皇—人民即ち国会にあるべし、憲法は国約憲法にして憲法制定議会を開くべしと信じたる也。(49)

ここでいう「国約憲法」というのは、「国民と天皇との合約」になった憲法であるのだが、この「君民同治」説が「天下有識の大多数」それはとりもなおさず民権論者の大多数の説であったということになる。とすれば熊本実学派は民権論のなかでも、大多数の説をとっていたことになるのである。私は、熊本実学派が少数派の急進民権説にいかないで、大多数の民権説をとったところに、小楠思想の継承があるように思えてならないのである。一八六二(文久二)年小楠が、勝海舟や大久保忠寛等と練った共和政治運動は、その共和政治というのが、その段階では列侯会議をめざしたものであったにしても、その共和のなかには反対派(特に長州藩)をも含めたものであり、反対派の意見をもうけ入れて、より大勢の落ちつくところにおいて判断、行動を決しようとする態度である、と私はみている。(50) したがって、そこには妥協性、現実即応性的な面も多分にあるが、より大多数の説に従うことを「公」とし、一部の説を「私」としてこれを避けたのである。小楠が公議ということを盛んに唱えたのも、その多くの意見をとるということに外ならなかった。そして、小楠の天皇観も、天皇を積極的にかつぎはしなかったが、また否定もしなかったのであるから、人民を政治の基本にすえる小楠説の行きつくところは、君民同治にあったのではなかろうか。

一八八二年（明治十五）二月、熊本実学派と相愛社は合体して公議政党を組織した。紫溟会と対立するための政治勢力の結成であった。その「公議政党趣旨」には、次のような文章が見うけられる。

皇天ノ微意ハ人ヲシテ自由幸福ヲ受ケシムルニアリ。人類ノ社会ヲナスモ亦其便益ヲ謀ルニ外ナラズ、然ラバ則政治ノ要ハ一国公衆ノ自由権利ヲ拡充シ、其幸福安寧ヲ保全スルヲ以テ其目的ト為サザルヲ得ズ。公衆ノ目的ヲ拡充シ幸福ヲ保全スルニハ、公議ヲ重ジ与論ヲ採ルノ立憲政体ヲ確立スルニ若クハナシ。是宇内各国皆公議政体ヲ嘉尚スル所以也。我国ニ於テモ亦君民共治立憲政体ヲ設立スルハ聖意ノアル所、公衆ノ望ム所ニシテ有司専恣ノ泉源ヲ塞ギ、外人暴横ノ蹤跡ヲ退ケ、国利民福ヲ増進シ以テ不羈独立ノ光輝ヲ発揚セシメントスルニハ、此政体ヲ棄テ他ニ其道ナキヲ信ズ。(51)（後略）

冒頭の「皇天ノ微意ハ人ヲシテ自由幸福ヲ受ケシムルニアリ」には、天賦人権説に近い思想が見られるし、「公衆ノ自由権利」といって権利の概念の確立がいわれ、「公議政体」の立場に立って、「君民共治」の政体を掲げるところ、これまでその足跡を辿ってきた実学派の軌跡の延長であることに相違ない。三〇名の創立委員のうち実学派は一六名で、山田武甫、嘉悦氏房、岩男俊貞、古荘幹実《もとざね》等が名を連ねていた。

公議政党は結成一月後、さらに九州改進党に飛躍する。それまで九州各地に散在し、それぞれ独自の運動を持してきた各政社が、はじめて連合して一つの政党を結成した。これが九州改進党である。この九州改進党は、熊本の公議政党の呼びかけによって結成されたのであって、その創立大会も熊本で行われた。

創立大会の議案起草委員は各地方有志から一人ずつ選出されたが、熊本からは公議政党の宗像景雄（相愛社）、山田武甫（実学派）と人吉の宮原公継の三人が選ばれた。そして一八八二年三月十二日高麗門長国寺で結成大会が行われた。この大会には、熊本の公議政党のほか、福岡県から玄洋社、立憲帝政党、柳川有明会、久留米筑水会の四政社、長崎県から佐賀開進会、佐賀先憂社、唐津先憂社の三政社、鹿児島から自治社、公友社、三州社、博愛社の四政社、さらに大分県の竹田や各地域からの個人参加者五一名が参加した。福岡の玄洋社、久留米筑水会は大会には参加したが、九州改進党には加盟しなかった。創立大会で党則、費用、申合書が決定された。党則中第一章の綱領を次に掲げる。

第一条　吾党は自由を伸暢し権利を拡張するを以て主義とす
第二条　吾党は社会を改良し幸福を増進するを以て目的とす
第三条　吾党は立憲政府を確立することを務むべし
第四条　吾党は広く主義目的を同うする者と一致結合すべし(51)

九州改進党は、創立大会での申し合せどおり、秋期会を九月十一日長崎で行い、翌八三年三月には鹿児島で、八四年五月には福岡と大会を開き、その間次第に体制を整え、九州の自由民権運動の推進母体として強力な運動を展開し、全国的な運動とも連携をとりつつ、その存在を大きくしていった。

しかし、八四年十月に自由党は結成以来三年にして遂に解党し、全国的に自由民権運動はその勢を急速に失った。熊本県会でも、一貫して優勢を保ってきた実学派が大きく後退した。それまで実学派は、常置委員七名中五名、および副議長の座を占めてきたが、八四年四月の臨時県会における選挙で、議長・副議長・常置委員のすべてを紫溟会に奪われてしまった。実学派は、それまでの運動の中心的な場であった県会においても、その勢力を大きく後退させてしまうのである。こうした内外の事情の変化があって、九州改進党もついに八五年五月の久留米大会で解党を決議してしまった。

以上のように、熊本実学派は相愛社と協力して、熊本および九州の自由民権運動を推進した。その間、熊本実学派は常に指導的立場にあった。彼らは、小楠から受けた学問思想の行きつくところが、自由民権運動であることを明確にしていたのである。

注

(1) 熊本における小楠の弟子は、現在わかっているところで七〇人である。このほかに福井、柳川に合計四〇人ほどの弟子がいた。
(2) この説には異説がある。一八四三年説は山崎正董の説（『横井小楠』遺稿篇、一九三八年）であるが、専修大学教授鎌田浩は一八四一年説（「天保期熊本藩政と初期実学党」『熊本史学』四三号）をとなえた。
(3) 山崎正董『横井小楠』遺稿篇。以下『遺稿篇』と略記。
(4) 同右書。
(5) 立花壱岐《いき》あて手紙、一八六二年十一月三日、『遺稿篇』所収。
(6) 『遺稿篇』。
(7) 林竹二『開国をめぐって』、同著作集5、筑摩書房、一九八四年刊。
(8) 王家驊『日中儒学の比較』、『東アジアのなかの日本歴史』5、六興出版、一九八八年刊。
(9) 林竹二、前掲書。
(10) 芝原拓自『世界史のなかの明治維新』岩波新書、一九七七年刊。
(11) 『遺稿篇』。
(12) 同右。
(13) 『改訂肥後藩国事史料』10（以下『国事史料』10と略記）一一頁。
(14) 同右、三一八頁。
(15) 同右、二六三頁。
(16) 同右、四五〇頁。
(17) 幕末の肥後藩は、学校党、勤王党、実学党の三党派に分裂して相争った。学校党は政権党で、肥後藩首席家老松井氏を中心に一八七〇年の藩政改革まで終始政権を掌握し、強大な保守勢力を構成した。これに対し、勤王党と実学党は現状改革という点では革新的として一致するが、勤王党に尊王攘夷を唱え、横井実学党（実学党は横井派と米田派に分裂するが、ここでは横井派だけについて述べる）は開国論を主張する点で根本的に相入れない。勤王党は維新後は開国、文明開化の新政府の方針についていけず、復古的攘夷主義に固執して、一八七六年に神風連《しんぷうれん》の乱をおこし、自滅した。

(18) 本名健次郎。一八六八―一九二七。小説家。徳富一敬の次男、蘇峰の弟。

(19) 一八二二―一九二四。水俣の惣庄屋の家に生まれる。横井小楠門下生第一号、小楠門下三秀才（山田武甫、嘉悦氏房）の一人といわれた。

(20) 一八一二―一八七七。現玉名市の惣庄屋の家に生まれる。妻順子が、徳富一敬の妻久子の姉にあたる。

(21) 高木亮『竹崎茶堂先生』。

(22) 尾佐竹猛は、この地方議会を「藩議院」と称して、一八六九―七〇年における各藩の構想や実施の情況をまとめているが、彼は当時の藩議院設置の意義を次のように述べている。「漸く時勢に目覚めかかった各藩が、何かしら新しき試みとして、単に中央政府の制令を奉じて、此制度を設けたといふに止まるので、藩内の輿論に促されたのでもなければ、藩当局者が此制度の意義を理解したのでもないのである。中央政府から命ぜられて見れば、成程これは善政だといふ位の考で施行したに過ぎないのである。」（『日本憲政史論集』）
当時の藩議院設置の意義が尾佐竹の言のとおりとすれば、徳富・竹崎の上下二院設置の意義はあまりにも明瞭である。熊本藩藩政改革の特異性が浮び上ってくる。

(23) 『国事史料』10、四九一頁。

(24) 同右、四九七頁。

(25) 一八三九―一九一五。明治天皇侍従。

(26) 一八二四―一八八三。江戸留守居役。明治初年酒田県権知事。

(27) 一八三一―一八九三。一〇〇石の藩士。一八九〇年第一回総選挙で衆議院議員に当選。

(28) 一八三三―一九〇八。肥後藩士三〇〇石。緑川製糸会社を設立。熊本県会議員。

(29) 一八三五―一八九九。肥後藩士。福島、愛知、福岡、北海道長官を歴任。元老院議官、貴族院議員。

(30) 一八二七―一九〇一。肥後藩士。熊本藩少参事、八代県参事、熊本県民会議長。日本鉄道会社設立に尽力。

(31)『国事史料』10、五三〇頁。
(32)同右、五六八頁。
(33)前田信孝「激突した城下の維新」、熊本日日新聞社『新・熊本の歴史』6所収。
(34)同右、五七〇頁。
(35)『肥後文献叢書』別巻。一九二八年刊。
(36)森田誠一・花立三郎・猪飼隆明『熊本県の百年』新訂、山川出版社、一九八七年。
(37)『国事史料』10、七〇一頁。
(38)植木町は、現在熊本県鹿本郡植木町。熊本市北方一二キロに位置し、農産物の集散地。
(39)一八五一―一八七七。熊本県玉名郡荒尾村(現荒尾市)の郷士。西南戦争で協同隊を組織して薩摩軍に参加して戦死した。
(40)一八七〇年藩政改革までは実学党の名称を使ったが以後は実学派と呼ぶことにする。
(41)熊本自由民権百年記念実行委員会『熊本の自由民権』、一九八二年。
(42)一八二二―一八八五。土木大丞、堺県少参事。
(43)一八四六―一九二一。東京では『評論』新聞記者として活躍していた。熊本県球磨郡上村村長。衆議院議員。
(44)一八四九―一九四五。弁護士。
(45)『紫溟会歴史抜抄』、能田益貴『楳溪津田先生伝纂』所収、一九三三年刊。
(46)同右。
(47)一八五五―一八九七。肥後藩士一〇〇石。熊本市会初代議長。
(48)『紫溟会歴史抜抄』。
(49)筑摩書房『明治文学全集』77、『明治史論集(一)』一六四頁。
(50)林竹二、前掲書。
(51)朝野新聞、一八八三年二月二十三日。
(52)同右、一八八三年三月二十五日。

牛嶋五一郎——肥後藩海軍近代化の推進者

牛嶋《うしじま》五《ご》一郎《いちろう》（文政四年〔一八二一〕～明治三十一年〔一八九八〕）

肥後藩で代々算学師範の牛嶋家の長男に生まれる。五一郎は通称で、名は頼忠。弟に五次郎（後の山田武甫）。小楠に入門すると共に、西洋砲術の池部啓太にも入門する。後四十三歳で江戸築地の軍艦操練所に入所し、勝海舟の知遇を得る。長州征伐の際に出陣し、西洋汽船の購入を痛感して藩庁に建議する。万野丸が購入されると、副艦長として乗組む。明治元年、奉行副役となって執政会議に参画する。元田永孚と共に新政府支持したが孤立して、奉行副役を罷免され、軍船主任、龍驤艦艦長を短期間勤める。藩政改革が行われると実学党政権が実現し、権少参事に任命されるが。間もなく辞任して隠居する。その後細川家の家令となる。熊本藩の海軍の成立に貢献した人物であった。

はしがき

「はしがき」を書くまでもないが、一つお断りしておかねばならぬことがあるので、書く次第である。

この「牛嶋五一郎」稿は、横井小楠の弟子たちを取り上げている「熊本実学派の研究」の一環である。これまで荘村助右衛門、徳富一敬、山田武甫、兼坂熊四郎、嘉悦氏房と書き進んできた。それぞれ弟子たちの経歴・業績を明らかにしたいと思い、その資料を集めてきた。しかし、なかなか集まらない上に、これから何時までペンが取れるかわからないという不安も明かとなってきたので、まだ不充分ながら現段階でまとめておくことが必要だと思いたったのである。牛嶋についても、資料が沢山集められたわけではないが、現在の資料で私の牛嶋像を描いておくことにした。あとは後進の研究者にお願いするほかはない。その後進の研究者にすこしでも手掛かりを与えられればというところである。

さて、これまでの文献をみると、ほとんどが「牛嶋」の「嶋」の字を、山偏のない島にしている。ところが、熊本県立図書館にある「熊本県公文類纂」八類中に「有禄士族基本帳」という記録があり、そのなかに牛嶋五一郎の長男頼一が、熊本県知事宛に出した牛嶋五一郎の履歴書がはさまれている。この内容は後で転載するが、そのなかでの「ウシジマ」の「シマ」は山偏のある「嶋」である。その長男の書いたものであり、しかも県知事宛に書いた公文書であるから、「牛嶋」が正式のものと思う。したがって、この論稿では「牛嶋」で通すことにする。これまで一般に「牛島」で通ってきているのに異を立てるつもりはないが、牛嶋頼一の書き方に依ったのである。

一　略歴

牛嶋五一郎の生涯の記述は、『肥後人名辞書』（以後『人名』と略記）と『肥後先哲偉蹟（後篇）』（以後『先哲』と略記）に見るだけである。しかも前者の記事は、後者の記述に依ってこれを簡単にしたにすぎない。それでも彼の生涯を早く頭に入れるのには、『人名』が便利なので、これをまず引用しておく。

名は頼忠、通称は五一郎、晩年慎哉と改む。家業を継ぎて藩の算学師範たり。後奉行副役となる。夙に時勢を察して、航海の術を研究し、廃藩後龍驤艦長となる。後細川侯爵家家従となる。明治三十一年十二月歿す。享年七十八。墓は横手長国寺。

『先哲』では、没年は「明治三十一年十二月八日」とさらに詳しく書いて、享年は同じく七八歳とある。それで没年は「明治三十一年」、享年は「七十八」歳が間違いないところとして、生年を割り出せば、生れた年は一八二一年（文政四）である。すなわち牛嶋五一郎の生没年は、一八二一年（文政四）—一八九八年（明治三十一）である。

牛嶋が生れた一八二一年は、横井小楠は一三歳で、小楠の年譜をみると、「始めて経国の志を起す。騎射場の帰途、下津休也と相倶に其の抱負を語り、他日国事の振興に当らんことを約す」（山崎正董『横井小楠・伝記篇』年譜）とある。小楠の立志の年である。小楠門下では最年長の竹崎律次郎は九歳上であるが、徳富一敬・矢島直方は一歳下、大田黒惟信は六歳下、内藤泰吉は七歳下、嘉悦氏房が一二歳下、安場保和が一四歳下で、同じく海軍の世界で交渉の深くなった兼坂熊四郎は一三歳もはなれた年下であった。

牛嶋の墓碑銘を、兼坂熊四郎の兄兼坂止水が書いて、それが『先哲』に載せてあるので、それによって彼の経歴をあたることにしよう。

牛嶋は男二人（男三人か？）、女二人の四人兄弟で、弟は五次郎、後の山田武甫である。

前出の「有禄士族基本帳」をみると、牛嶋家は元禄高一〇〇石とある。けっして高い方ではない。牛嶋家は代々算学師範を家業とし、牛嶋五一郎は父の死をうけて、「安政二年八月十一日父へ被下置候御擬作高百石直に被下置、父跡算学師役被仰付」（『先哲』四六五頁）れた。非常に評判の良い先生であったようだ。墓碑銘に、「教育門人如子、門人敬如父母」とある。

ところが時期は何時だかはっきりしないが、彼に自覚の時期がやってくる。その自覚というのは、「君察時世曰、我業有所未悉、今将博取欧米之長窮其精」ということであった。「博ク欧米ノ長ヲ取リ、其ノ精ヲ窮メン」とは、幕末攘夷論の激しい中で進んだ開明的精神であるが、小楠門下生としては当然の自覚であった。ただこの自覚が、牛嶋の小楠塾入門の時期（嘉永二年以降？）がわからないだけに、小楠塾入門後のことであるかどうかが不明な点が残念である。この自覚に目覚めて彼は直ちに門人数人を引き連れて、池部啓太の門に入った。

池部啓太は肥後藩における洋学の開拓者で、砲術・海軍術の研究では肥後藩第一の指導者であり、かの高島秋帆をして「西洋法弾道之一条においては……日本に比類無之……」と言わしめたほどの人物であった。牛嶋はこの有名な池部について西洋の海軍・砲術の勉強に専念するが、これが彼の生涯の道を決定することになった。家業の和式数学から西洋式科学技術に転じたわけで思い切った転向である。たしかな時代認識を見ることができるのである。私はこれを転向とみる。そして私は転向は、その人にとって大変なことだと思っている。しかも壮年という年齢には重いことだと思う。年齢からいえば、小楠が尊王攘夷論から開国論に転向した一八五五年（安政二）は四七歳であるから、もっと厳しいものであったといわなければならない。師の大いなる決断に牛嶋も深い感動をもったのかもしれない。年齢のほかに牛嶋にとって重いものは、和式算数が祖先伝来の世襲のものであったことだ。世襲の家業を捨てて新しい異質のものに転ずることは余程の認識と決断を要したことだと思う。時代の要請ともいえるが、時代の要請があったにしても、その要請をうけ入れるかどうかは個人の問題であることを思えば、この牛嶋の転向は彼自身の決断であったといえよう。

牛嶋と同じ決断をした人物には、吉田松陰がいるが、さすがに松陰である。彼は一八五三年（嘉永六）、ペリー率いるアメリカ艦隊四隻の黒船を見るや、決然と佐久間象山の門に入る。彼は長州藩の兵学師範の身である。それが一夜にして家学の和式兵学を捨てて洋式兵学に転じたのである。もっとも、松陰と牛嶋との転向の目的は異なるようだが、両文化に対する認識力と比較力とは同じようである。

肥後藩の兵学師範である宮部鼎蔵も松陰とともに象山の門に入ったと、ある本で読んだが、もし宮部が家業の和式兵学から洋式兵学に転じているとすれば、宮部が全国の尊攘浪士の指導者となったのも当然だと思うのである。宮部は一八二〇年生れであるから、牛嶋より一歳上である。同年齢の兵学師範と算数師範とが同時代に生きて、西洋の科学文化にどう対処したか興味のあることである。

ところが牛嶋の開明性は、それだけに止まらなかった。彼は池部塾で数年間勉強しながら、急変する情勢のなかで地方での勉強にあきたらぬ思いをもったのであろう。ある日奮起していった。「奮曰、方今之勢、早当使生徒学航海術。乃託業門人某、躬自率生徒遊江戸。実文久三年五月也。」

文久三年といえば、前年の秋ごろから攘夷の風が急速に高まり、この年三月には将軍家茂は上洛して、四月孝明天皇に攘夷決行を約束し、五月十日長州藩は下関沖を通るアメリカ商船を砲撃して、攘夷に突入した。こういう情勢のなかでの牛嶋の出府である。池部門で砲術を学ぶうちに航海術・海軍の重大性を悟ったのであろう。翌六四年に『海軍問答書』を著す小楠の指導もあったであろう。牛嶋の「先祖附」には、「文久三年五月航海術修行として江戸表へ被差越」とあるから、タイミングのよい江戸遊学であったということになろう。江戸ではすでに一八五七年（安政四）築地に軍艦操練所（初めは軍艦教授所）が設けられており、牛嶋は四三歳にして入所、勉強の再出発であった。

二　幕府の対外交渉を批判する

江戸にあって航海術を勉強中の牛嶋は、一八六三年九月十一日熊本の小楠社中五人に対し長い手紙を書いている。手紙というより探索書ともいうべきものであるが、出府して四ヵ月、全国的眺望の下に時勢について彼の考えをまとめている。牛嶋このとき四三歳である。四十歳代にして新しい学問の勉強に志しており、航海術に対する切実な思いが彼を貫いている。

手紙の相手は、吉村嘉膳太、嘉悦市之進、安場一平、兼坂熊四郎、馬淵慎助の小楠社中である。吉村は未詳、*馬淵は次の年の六四年（元治元）九月七日に、江口純三郎（徳富一敬の二弟）とともに神戸海軍操練所に入所している。

＊藩校時習館句読師（一八二七〜一八六八）。

この手紙は、『改訂肥後藩国事史料』巻四（以後『史料』4と略記）、二六四頁以下に載せるものであるが、長文のため、文意にしたがって文章を切りながら紹介していく。

書き出しの時候挨拶は略するが、「野生無異に修行仕居候間、乍憚御休意可被成下候」とあるところから、牛嶋の勉強に熱心な様子を知ることができる。

然ば長薩変動に付ては、御国も余程動揺仕、所々より御使者をも参り、御国よりも薩・肥・筑へ御使者をも被差立候由。右に付ては御国議等之儀御社中多々御尽力も有之候旨、委細敬承仕り候。必死御尽力之功相顕れ、御国是も相立、此許にも一統御達にも相成、他所向にも幅広く顔を出され候様相成難有事に御座候。薩へは御人撰にて嘉悦君被差越候由。御説も通り、薩も同意にて極々都合も宜敷由、大悦之至に御座候。同所よりは最早此間段々人才も出府いたし候由。御屋敷には御国議相立候迄にて何之手も出不申、可然人体一両人出方之儀、御尽力願処に御座候。

「長薩変動」とは、長州の変動は五月十日下関沖を通るアメリカ商船ペムブローク号に長州藩が砲火をあびせて、攘夷を決行したことである。薩摩の変動というのは、同年七月二日発生した攘夷戦争のことである。前年の六二年八月に起った生麦事件に対するイギリスの報復戦争であった。吉川弘文館『国史大辞典』六によると、「七月二日（八月十五日）明け方の薩摩藩船三隻捕獲を切掛にして正午砲戦開始、その結果薩摩藩側は、城下を焼かれ、全砲台が大破し、藩船三・琉球船三を焼却された。が他方イギリス艦隊でも、旗艦の艦長・副長即死、死者十三、傷者五十にのぼる痛手を蒙り、明くる日湾口へ退き、艦体を応急修理して翌七月四日（八月十七日）鹿児島湾を去った」戦争であった。隣藩である肥後藩では早速、九日に使者を派遣した。使者は長谷川仁右衛門、副使として嘉悦市之進、差添として山形典次郎が従うことになった。長谷川は、小楠が「此者拙藩にての人才にて、小拙格別懇信に候」としている（一八六四年八月六日付勝海舟への小楠の手紙、山崎正董『横井小楠・遺稿篇［以後『遺稿』と略記］四四九頁）ほどの人物、嘉悦は山田武甫、安場保和、宮川房之とともに小楠門下の四天王と呼ばれ、山形は肥後実学党創始者の一人下津休也の実弟であり、三人とも小楠の門下である。

この使者派遣の目的は、「英艦撃攘の状を訪れ、藩主顧慮の意を通ぜしむ」（『史料』3）るためであった。隣藩としての友誼であることに相違ないが、それだけでわざわざ鹿児島まで使節を派遣するのは大仰すぎる。使命がはっきりしないのである。使命不明の不満を嘉悦自身も強く持ったようである。関宇一郎『嘉悦氏房先生伝』（一九〇九年）によれば、彼の不満は相当に強いものがあった。「長谷川氏の薩藩に使ひせんとするや、単に藩公見舞の名を以てし、其の使命の真相奈辺に存するや、茫乎として更に明かならず。先生茲に於てか心中甚だ喜ばず」「長谷川氏を難詰」して、自分の意見を述べていった。わが国は今攘夷・開国に分れて争っているが、一日も早く両論いずれを可とするも、国民挙って同一の歩調を取らねばならないのに、「薩藩孤立して外人と事を構ふるは、妄も亦甚だしと云ふべ」きだ。今回の使命、薩州の「主張を正し、妄を難ぜんとするにあらば可なるも、」ただ「見舞の名分を籍りて、窃かに動静を覗ふが如き用務」であるというなら、自分は副使を辞退する――要旨以上のごとく述べて譲らなかったので、長谷川も藩庁もその意を受け容れて、ともに鹿児島に赴き、薩州が「擅に外国と兵を構ふるを責め、且つ藩主をして自ら上京し、天下の大藩と会合して国是を一定するの急務を説」いたという。「薩藩鄭重に両使を迎へ、直に其説く所に同意せしを以て、彼我両藩より有司をして上京せしめ、前議の貫徹に努めん事を約して帰藩した」ということである。

つぎに牛嶋の手紙にある「彼国是も相立、此許にも一統御達にも相成」とある御国是通達とはなにか。『史料』4、一四五頁に「（文久三年）八月廿日本藩重臣郡夷則公武一和に対する藩主周旋の覚悟を在府の藩士に達す」とあって、「達」の全文が載せてある。

天朝・幕府へ御忠節を被尽、天下之事至当に帰候様被遊御取扱度儀従来之御本位にて、既に御滞京中、公義真之御一和、真之御委任に至不申候ては、万端之混雑此筋より醸成候て、右御基本被為立度御双方へ被仰立候へども、今以凡之御政道先は二筋に相成、各国之人心日を逐紛乱いたし、益切迫之事体に及候付ては、弥以右之御主意実地に不被為在御周旋候ては難相成、依之天朝にても、幕府にても、不可然御処置筋は無御遠慮被遊御諫諍候儀勿論にて、時宜次第御登京御出府も被為在、皇国之ため御丹誠を可被抽と被遊御決心候付、其趣を以先御隣国諸侯方へ被仰合、御同心に候はゞ共に御力を被為尽御覚悟に候事。

右「達」によれば、肥後藩の「国是」は公武一和の立場を貫くことにあるといえる。この方針はこの段階での小楠の立場であり、弟子たちも賛成するところであった。

小楠は、一八六二年（文久二）に書いた幕府への建白のなかで、「公武之御間柄御隔世と相成候ては、天下之人心更に一定仕様も無㆓御座㆒候へば、如何様之善謀良策も難㆑被㆑行所以に以座候。方今之勢天命人心之新に御随ひ君臣の大義を御立被遊、君令臣行之実事被行候へば、皇国人心自然に一致いたし候事は相違有㆓御座㆒間敷、是則御国体之第一義と奉存候」（『遺稿』九八頁）と述べて、人民の生活安定という政治の基から公武一和を主張しているのであった。

ところが肥後藩ではこの「国是」の決定は早かったが、その後の処置が一向に運ばない。薩摩やその他の藩からは、どんどん「人才」が出府してきて、それ相応の動きをしているというのに、肥後藩ではそんな動きは微塵もない。それで牛嶋は「御国議相立候迄にて何之手も出不申」と残念がり、早く「可然人体一両人出方之儀御尽力願処に御座候」と社友に訴えているのである。

京都変動に付いては公武一和之機会に可有御座処、幕府には誠に無人の由にて、諸藩より献策有之度事に御座候。一橋公・板倉表向は和し候形にて、互に己を紛飾し罪を向に帰せ候様なる有様にて、一向和し不申。

併右等之儀を主張いたし候側用人抔、此間は正義之輩押懸け攻落し候由にて、近来は大分都合も宜敷由に御座候。

右文冒頭の「京都変動」とは、一八六三年八月十八日の政変のことである。八月十八日の政変とは、孝明天皇と青蓮院宮とが、公武一和派の公卿・諸侯の協力を得て、長州藩其他の攘夷派の勢力を京都より撃攘したクーデターである。これで、これまで京都を支配していた攘夷派に変って、公武一和派が京都を支配するに至った。これにより一橋慶喜、松平容保、松平春嶽、山内豊信、伊達宗城、島津久光等の雄藩諸侯による参予会議が実現し、諸侯の朝議参加をみるという画期的事態が出現することになって、牛嶋のいうように「公武一和之機会」というに相違なかった。しかし、幕府はこの雄藩指導の公武一和には乗気ではなく、牛嶋に「幕府には誠に無人」といわせるような状態であったのである。

板倉は、時の老中板倉勝静（一八二三―八九）である。備中国松山藩主である板倉は、一八六二年三月から六四年六月までと、六五年十月から六八年一月までの二回、老中に就任している。一橋慶喜は、このとき将軍後見職についていた。彼の後見職は一八六二年七月から六四年三月までであった。

公武一和は、まさに人民の生活安定の面からの立言とともに、外からの危険に対し、内を固める時事策としても、小楠が主張する方針であった。

全体外国応対等之儀、書簡取遣の和解竊に見申候処、誠に虚談且作病等にて、日を延し談判と申埒に至り不申、一箇毎に実に背に汗し申候。追々書簡も出し候内、近来迄も差出し申候由。大意別紙之通に御座候。

近比は御返翰も出不申由に御座候。

目につくのは牛嶋の幕府批判の厳しさである。陪臣にすぎない牛嶋が幕府のやり方をこれまでこっぴどく批判することは、六三年のこの時期にはすでにこのことは普通のこととなっていたのだろうか。それとも、まだ一般のことではなく特異のことであるのか。特異とすれば、小楠社友の間には、これまでに批判精神が養成され、幕府の権威もきわめて客観化されて論議されていたというべきであろう。

思うに、民主主義を維持するためには、批判精神が必要なことは、今日のわれわれにはすでに承知のことである。権力に対する批判者のいない民主主義などありえないだろう。批判精神をもった知識人が育っていくことが民主主義を呼ぶことになるだろう。その点では佐久間象山も勝海舟も大久保忠寛も偉大なる知識人であろう。牛嶋がこれほどの批判者であることは、民主主義が根を広げていることを示すものとして、日本の民主主義のさきがけとみることは無理なことであろうか。牛嶋にしろ、嘉悦氏房にしろ、兼坂熊四郎にしろ、彼らは自分の意見を持って、きびしく時の権力、それは自ら属する肥後藩のそれに対しても、幕府のそれに対しても、遠慮のない批判を呈したのである。小楠社友という小集団にすぎないが、この集団のなかで、民主主義実施のために必要な批判精神旺盛な知識人が輩出しつつあることを、私たちは期待することができるのではないか。

此節京都変動に付ては、酒井公千人以上之人数を引、御軍艦弐艘去二日此許出帆に相成申候。大坂着之上、右船薩へ廻し、泉州を載せ、大坂へ帰帆と申事に御座候。京都の事情も段々と承り込候儀も御座候へども、最早委敷御聴に達し候と略仕候。良之助様は最早御出京に相成候と奉遠察候。此節は御人撰にて、少しは人も被召連候と相考申候。日々御左右相待候へども、未だ御使も無御座候。何も余は後便。万々可得貴意。

色々取紛、荒々如此御座候。以上。

「酒井公」とは、時の老中酒井忠績のことである。酒井は姫路藩主で、一八六三年六月から翌六四年六月まで老中職にあった。幕府は酒井を上京させ、政変後の天機を奉伺し、攘夷実行が遅れている理由を説明し、将軍が明春再上洛して事態を詳しく説明することを要請するためであった。忠績は八月晦日江戸を発し、九月四日入京、ついで十四日参内した。この酒井に対して天皇は重ねて攘夷を督促した。「横浜鎖港之儀、過日以松下式部大輔言上之処、去月十八日京都形勢より今以猶予の趣に有之、違叡念候間、早々帰府所置可ㇾ有ㇾ之様御沙汰候事」（『維新史』三、六四八頁）。

「良之助様」出京の件は、『史料』4に、一八六三年「九月十一日長岡護久、同護美上京の途に就く」（二四八頁）とある。九月二十八日、彼らは入洛している。

右の手紙は、あとは終りの挨拶で終っているが、その先に、（添付書類）がある。右文に「大意別紙之通」とあるものに当るものであろう。

（添付書類）

亥五月九日小笠原図書頭殿より各国公使へ被相渡候書簡

邦内之人心外国交易を好ざるにより、異人を退け港を鎖すべき旨、京師より台命有之、右之義拙者へ委任に相成、委細面晤之上談判に可及候へども先づ此段申入候。

月　日

小笠原図書頭（一八二二―九一）は唐津藩主小笠原長行のこと。このとき老中格、後に老中、外国事務総裁となった人である。

一八六二年後半より六三年に掛けて沸きたつ攘夷熱に、朝廷からも攘夷督促をうけて、将軍が五月十日を決行の日と奉答した、その前日の九日の通達である。欧米諸外国と通商条約を結んで、すでに五年も経っているというのに、今更攘夷の、閉港のといいだしては、諸外国がその対応に困惑し、また憤怒するのは当然であった。牛嶋は、右の幕府通達について、次のように解説をつけているが、牛嶋の達識を知ることができる。

右に付ては、各国より追々書翰も出し候内、プロイセンより先月初書簡差出し申候由。右は、是迄之条約を破り鎖港之儀は如何之主意にて候哉。自国精々相正し候へども、日本に対し不被容の過失は無之様存候。併し過失有之候はば無腹臓御申諭有之度、左候はば条理に復し可申。左無之候ははたゞに人心不折合と申儀は有之間敷、ヶ様〳〵の主意にて人心不折合と申儀明弁有之候様との申出之由に御座候。各国大同小異にて大体一致之由に御座候。先々月米英より申出之大意、此節薩州戦争は談判中不慮に起り候儀にて、尚又押懸け及戦争候儀にては無之候へども、生麦一件の相手、并妻子養育金は幾重にも談判是非受取申候覚悟。併し公辺より御取扱存念通り被成候はば、直談判は先づ見合候との趣の由に御座候。

幕府の破約鎖港の突然の申入れには、各国も大変驚いたことだろう。それでも相手国は割合に紳士的であり、その例としてプロイセン王国の申入れが引かれている。プロイセンの申入れはまずまず順当なものではないか。それでは当時世界一の強国を誇るイギリスはどんな対応をしたか。牛嶋はイギリスの申出を次のように伝えている。

先月初英より申出之大意。世界中生民之困窮は戦争に越候もの無之候処、此節条約を破り、無理に鎖港と申儀は必ず戦争に相成可申。只々開鎖之論に不泥、此処を得斗御思惟勘考有之度との趣の由に御座候。英之人質、麁暴之様にも承り居候処、生民之困窮深く思はしむるの意相顕れ、条理は万国一体と面白く覚申候。

「世界中生民之困窮は戦争に越候もの無之候」とは、言葉の意そのものはまさにその通りである。牛嶋が「条理は万国一体と面白く覚申候」と感激するのも肯けることである。しかも、世界の最強国で、世界支配を狙うイギリスがいうのであるから、牛嶋が「英之人質、麁暴《そぼう》之様にも承り居候処」まるで反対であると感心するのも当然であろう。

しかし、牛嶋はこれは勘違いしているのではないか。「世界中生民之困窮は戦争に越候もの無之候」というのは、これは威し文句なのだ。無理に破約鎖港を実行すれば、すぐに戦争になるぞ、戦争になれば「生民之困窮」は極致となる。イギリスはその「困窮」に陥しいれる戦争に持込む用意はあるぞ、と凄みをきかしているのである。すでにアヘン戦争、アロー号戦争にその恐ろしさは証明ずみではないか。「此処を得斗御思惟御勘考有之度」とは、まさしくその覚悟を迫るものである。牛嶋ほどの人材がこの点を見破れず、大いに感激しているのは不思議である。開国したばかりの世間知らずの日本人の人の好さを示すものであろうか。それとも、小楠一門の共通する理想情態――条理は万国一体という観念の理想に酔ひしれてのことであろうか。

前にも書いたが、通商条約を結んで五年を経た今日、いまさら攘夷・閉港をいうのは余りにも不見識、世界の情勢に目を向けようとしない頑迷さといわなければならない。幕府の信念の欠如が最大の原因ではあるが、天皇・朝廷の政治への未熟、世界情勢への不明が一層事態を混乱させているのである。小楠の「開鎖之論抔徒に閑是非を争のみにて」（勝海舟宛手紙、一八六三年十一月二日。『遺稿』四三八頁）という意見を充分に考えてみなければならないことである。

一長州御所置必多物延引に付ては、蘭を初同盟之国より右長州へ直に推懸け可申段、アルコックより正月之比書翰差出候処、若年寄横浜へ出張に相成談判之趣には、此節御上洛に相成、公武御合体是より所置を付け可申候間、還御迄相待候様申向に相成候所、御尤之儀に付相待可申。併還御之上直に御所置付き不申候はば、無御答推懸可申との趣に御座候。此節勝先生長崎にて談判之趣にては、蘭船四艘・英船壱艘にて長州へ押懸け候との事の由、是は談判之儀筋違からの事にては有御座間敷哉。其儀は、全体合戦相始り候後は軍艦船将之何事も任に御座候へとも、是より命令を下し可申、譬へ国王之命を受け候兵艦たりとも、ミニストルへ通ぜず押懸け候儀は無之掟の由。右之通之儀に付、船将へ直に到談判候へば船将丈け之当座の返答に相成、後日の証に相成候儀にて無御座由。併譬へば下の関を通り候節、長州より致砲発候へば其場にて致合戦候は、当然之儀に御座候。前以議を定め押懸け候節は、ミニストルと同議一決之上、幕府へ建白不致候ては押懸け不申由。還御迄相待候返答後、長州へ押懸け候と申事致建白候事は、未だ承り不申候。右は探索之次第、且愚考之侭致録上候間、宜敷〳〵御取捨可被下候。

アルコックは、イギリスの外交官で当時駐日公使であったオールコック（一八〇九—九七）のことである。彼は一八五八年（安政五）日本駐在総領事に任ぜられ、五九年五月に江戸に着任、公使に昇任して六四年十一月まで日本に駐在した。名著『大君の都』（山口光朔訳、岩波文庫）をあらわした。

若年寄の横浜出張、将軍の江戸還御、勝の長崎差遣等については次節以後で詳しく述べる。

三　小楠の士道忘却事件を報ずる

『史料』4、四八九頁に牛嶋の一八六四年（元治元）二月五日付の次の手紙がある。一八六二年（文久二）十二月の士道忘却事件後の小楠の様子を報じた牛嶋の安場一平宛の手紙である。

旧臘廿七日御仕出し之貴翰、先月廿九日相達し忝々拝見仕候処、御揃弥増御安全、宿本も無異之段被仰下大に安心仕候。扨旧臘十六日、沼山先生御事八ツ後御用有之、被御渡之御辞令等御遣し被下、誠に御互に奉

恐入候御事に御座候。然処右之通り厳重之御沙汰相済、於先生大に御安心に相成伏罪御敬慬之外無他事、左平太兄弟成立次第国家之報恩も出来申候との御講習に相成、当春は左平太兄弟、岩男助次三人航海修業として勝先生へ御頼托に相成、兄弟も決然憤発之次第、先生御事は兎角申迄も無御座候へども誠に奉感戴候事に御座候。右に付ては委略御教書之趣忝々大に安心仕候。

「沼山先生御事八ツ後御用有之、被御渡之御辞令等御遣し被下」というのは、一八六二年（文久二）十二月十九日江戸における事件で、この事件に対し翌六三年十二月十六日処分の申渡しがあった。その辞令は事件の内容を述べ、小楠の取った行動に対して処分を申し渡すもので、その文章を次に引用する。『史料』4、四八八頁から引き写す。

横井平四郎

其方儀傍示犯禁に付ては及達候趣も有之候付、諸事謹慎を加、私之宴会等相憚可申処、去年十二月十九日の夜都築四郎・吉田平之助申談、江戸町家に於て酒宴相催候席に、狼籍者共抜刀にて罷越、見受候はば倶に力を合相当之処分も可有之処、四郎・平之助成行をも不顧其場を立去、未練之次第、士道致忘却、御国恥にも係り、重畳不埒之至に付、屹度被仰付候筋も有之候へども、御宥儀を以被下置候。御知行被召上、士席被差放旨被仰出之。

この申渡文の初の「傍示犯禁」というのは、小楠のちょっとした失策である。山崎正董『横井小楠・伝記篇』（以後『伝記』と略記）五四六頁によれば、一八六一年（文久元）十一月二十六日朝、小楠は近傍に好きな銃猟に出掛けた。その帰途の出来事であるが、小楠が住む沼山津一円の田圃は雁・鴨の来集する沼地で、藩主の放鷹場となっていた。小楠は沼山津村も近くなり、村近くの往還でこれまでも何回かやってきたことであるが、この日も最後の弾を抜いておこうとして、込めて置いた鉄砲を何気なくぶっ放してしまった。そこは禁猟場であったので傍示横目に見咎められたのである。この事件は案外面倒なことになり、四ヵ月後の翌六二年三月にようやく処分が下った。「先平常通相心得候様」で済んだことは幸であった。ところがこの『伝記』の著者山崎正董は、この事件を「若し彼（小楠のこと――引用者）でなかったら、或は横目も大目に見て事なく済ましたかもしれぬ」（五四九頁）と見抜いている。この差図文に「先」の字がなければ無罪放免であったのであるが、「先」が附いたために、監視付という塩梅で多少謹慎すべきことになっていたのである。申渡文の冒頭に、早速このことに触れてあるのは、そのためである。小楠の熊本在住はきわめて窮屈なことであったのである。

士道忘却事件に対する処分は、知行召上げ、士席差放しという極めて重いもので、牛嶋がいうように「厳重之御沙汰」であった。小楠は武士の資格を失っただけでなく、知行召上げられて生活の資まで絶たれてしまったのである。人は苦境になって強くなるというが、小楠は強く生きることを要求されたのである。それとともに、松平慶永や勝海舟、さらに弟子たちから数回にわたって金品の贈与を受けるという師弟愛、友人愛によって支持されてもいくのである。

海舟は、一八六四年二月五日閣老から摂海警衛と摂津神戸村に建てられる神戸海軍操練所（一八六四年五月十四日開設）建設を委託されるが、同月九日急に長崎に行き、まさに下関を攻撃しようとする英・仏・蘭の連合艦隊を迎へ、之と抑留談判をなすべしとの命を受け、坂本龍馬を従え西航して二月二十三日に着崎した。海舟は使命を果して、長崎を辞して陸路熊本に立ち寄った。「海舟日記」の四月六日の欄に次のようにある。

四月六日、熊本着、肥後侯より使者あり。（中略）池辺龍太《（啓カ）》使として来訪、御軍艦拝借の内話を談ず。龍馬を横井先生へ遣はす。

山崎は、勝が熊本に着いた日付は三月六日だとする説があることを紹介している（同上書、八六三頁）が、私はどちらとも決める史料を持ち合せていないので、「海舟日記」に従っておく。このとき、坂本龍馬は沼山津に小楠を訪ね、小楠は坂本を通じて勝に左平太兄弟と岩男を托したのである。四月四日小楠が海舟に寄せた手紙にこの間の事情を説明する。「先以熊本御通行之砌は、坂本生御遣し懇々被㆓仰聞㆒、其上金子拝戴御厚情不㆑浅奉㆓拝謝㆒候。然ば坂本生迄奉願置候養子横井左平太・養弟大平並同藩岩男内蔵允航海為㆓修行㆒差出し、誠に犬豚児之者ども御難題に罷成候義は弥奉㆓恐入㆒候へども、御門下に被㆓仰下㆒、御家来に被㆓召仕㆒被㆑下席万々奉㆑願候。」

坂本はこのとき初めて沼津山に小楠を訪ねたのである。坂本はこの後もう一度沼山津にやってくるが、坂本と熊本、さらに沼山津との関係はこうして小楠と勝・坂本の関係で糸を引いているのである。この訪問は、小楠が「士席差放し」「知行召上げ」という厳しい処分を受けたことについての見舞のために坂本を遣わしたものと思われるが、そのこと自体も友誼の厚いことを思わせるし、またそのとき金子を提供していることに両者の友情の濃やかさは余りにも美しい。小楠はこういった回りの支持に励まされていくが、このとき横井左平太兄弟、岩男等を托する小楠の不屈の精神には圧倒される。

小楠には明日が見えていたのである。「士席差放し」「知行召上げ」という処分は厳しいがそれに対する覚悟はできている。そんなことに心を労するより明日のことが大切である。小楠はすぐに明日への手を打っている。左平太兄弟・岩男の「航海修行」の必要性を充分認識し、明日を迎える青年――明治の青年を育てあげていくことを考えておかねばならぬとしたのである。左平太兄弟は、兄時明の遺子で、時明が一八五四年（安政元）病死したため、小楠が横井家家督を相続し、二人の兄弟は小楠の養子という関係になった。このとき左平太は十歳、弟大平は五歳であった。二人は小楠の薫陶を充分に受けて成長すること十年、左平太は二十歳、大平は十五歳となっていた。

さて、岩男であるが、牛嶋の手紙には「岩男助次」とあり、小楠の手紙には「岩男内蔵允」とあって、別名であるが同一人である。「助次」は助之丞（允）のことで、「内蔵允」とも名乗った。助次＝内蔵允＝助之丞（允）は同一人で一八七二年（明治五）に俊貞と改名、八三年九月二十五日天草郡長在職のまま死亡した。

小楠の処分に対してはやかましく取沙汰されていたが、小楠にはすでに覚悟はできていた。福井にあって、肥後藩の処分の決定を待っていた彼は、六三年六月十五日の日付で在熊の嘉悦氏房・安場保和・横井久右衛門の弟子たちに次のように心衷を書き送っている。「私身分之儀奪俸之国論之段御別書、且江口よりもい才承り申候。誠に痛心之儀は申迄も無レ之候へども、夫等を兎や角申候事にては無二御座一候。是より御知行さし上候儀可レ然筋に候へば、其御取計被二成下一度奉レ希候。其他当然之御取計は御懸合には決して及び不レ申候間、御見込次第に御取計可レ被レ下候。其上にて被二仰越一候へば宜敷事に御座候。呉々も御遠慮等は決て被レ下間敷候。家内暮し方はどうともいたし候間、是又よろしく家内御相談御世話之程万々奉レ希候。（後略）」（『遺稿』八二九頁）

処分の決定は、この年の十二月十六日で、まだ半年後であるという時期に、切腹説もちらつくという事情のなかで、小楠のさすがの心中も揺れ動いたことと思う。「誠に痛心之儀は申迄も無レ之候」とは同情のかぎりだが、小楠はこの心に耐えて、「夫等を兎や角申候事にては無二御座一候」といい切っている。地行取上げは覚悟の前だという気概はなかなかに大したものというべきだ。「家内暮し方どうともいたし候」といい切って泰然たるさまであるが、先途は必ずしも楽観できるものではなかったであろう。一五〇石の下級生活には慣れており、たとえ世禄が失くなっても、一家を支えるだけの目処はついていたのであろうか。これには小楠だけでなく、小楠家内の見事な態度があったことを牛嶋は次のように伝えている。

越前之方へは実弟共列を以彼方御側御用人を以被申上次第等も屢々被仰越、別して安心仕候。且又沼山老人女性には珍敷人物にて、被仰渡之次第聊驚愕之模様無之、却て左平太兄弟を引立られ候旨、先生之御徳化とは乍申感心之至に御座候。誠に師家之不仕合無此上、御互に何とも紙上に難尽儀に御座候へば、先生之御命さへ有之候へば、今日之時勢追々には如何様とも運可申、此処は安心仕居候。愚文愚筆にて心事難尽御賢察可被下候。右に付ては、社中は変態之中多々之御講習も可有之候へども、家内々々は誠に以懇難之由尤之事に御座候。私方老人共は別斗力を落し候と遠察仕候。付ては追々厚く御教示も被成下、大分折合申候由安心仕候。乍此上千々万々御教諭被下候様被仰上可被下候。得貴意度事山海御座候へども、種々取紛、先此節は荒々如此御座候。以上

二月五日　　　　　　五一郎

一　平　様

「実弟共列」が福井に行くことが述べられているが、一八六三年に五月二十四日付宿許へ出した小楠の手紙(『遺稿』四一二頁)に「江口が、山田・宮川かどふか参り候様に申越、如何に成り行申たる哉相待居申候」とある。江口とは、江口純三郎、名は高廉、徳富一敬の第二弟である。小楠の越前行には数度随伴している。山田は五次郎、すなわち武甫であり、牛嶋が実弟と書いているのは、この五次郎のことである。宮川は宮川小源太、名は房之、後に長崎県令となり、自由民権運動期には熊本改進党の首領の一人であった。さらに六月十七日付の宿許への小楠の手紙(同上、四三〇頁)には、「江口列去る九日に京着、江口一人一昨夜此許に参り」とある。しばらく京都にとどまった山田らは七月二日に福井に来ている。「山田・宮川・江口一昨夕参り何も元気宜敷、御安心可ㇾ被ㇾ下候。朝夕何角之咄し合楽申候」(七月四日付嘉悦市之進・安場一平宛小楠の手紙。『遺稿』四三六頁)江口は一度一

人で福井に来て、すぐ京都に引返し、また山田・宮川らと来福したのである。これで牛嶋のいう「実弟共列」の越前行ははっきりしたが、彼らがどれだけ福井に止り、なにをしたかは明らかでない。彼等も彼等なりに、越前藩の重職に働きかけるところがあったのであろう。

つぎに、牛嶋の紹介する「沼山老人」であるが、「沼山老人」とは至誠院、すなわち小楠の兄時明の未亡人清子のことである。前出の左平太・大平らの実母である。小楠は兄時明の死去で、兄の順養子として家督を継ぐことになり、清子を養母とし実の母同様に仕えたのである。山崎正董は、小楠は「兄に対しての如く彼女を尊敬し、「実母の死後は至誠院を家庭の最上位の人として尊敬し、之に対し礼を欠いた行為は何人でも、又些細な事でも許さず、」「旅に出た時も、至誠院の心を或は慰め或は喜ばしめることに力めた」（以上引用は『伝記』一二一五頁より）という。これは小楠の誠実を伝えたものであるが、至誠院自身が小楠より以上のような誠心と尊敬を得るだけの人物であったと思われる。牛嶋が「女性には珍敷人物」と書いていることで明かである。今は父ともいうべき小楠の失脚は左平太兄弟にとっては拭いがたい打撃であったに相違ないが、彼等は見事に立直って勉学に励むのである。これは小楠の指導がよかったとされており、牛嶋も「先生之御徳化とは乍申」と書いている通りだが、牛嶋がこのことを、「被仰渡之次第聊驚愕之模様無之、却て左平太兄弟を引立てられ候旨」と至誠院の指導のためであったことを指摘しているのを見れば、至誠院の偉れた人格がうかがわれよう。実学派にはなかなかに立派な婦人が見受けられるが、至誠院もまたそのうちの一人であったといえる。かかる偉れた婦人があったればこそ、実学派が非勢のなかで良くその社中を守りつづけることができたのであろうとも考えられるのである。

小楠のこの士道忘却事件の衝撃は大きかった。小楠一家はもとより、その弟子たちへの打撃は筆舌に尽しがたいものがあった。一時切腹説も出て、関係者の心胆を寒からしめたこともあったが、最悪の事態は免れた。関係者はひとしく胸をなで下したことであった。「先生之御命さへ有之候へば、今日之時勢追々には如何様とも運可申、此処は安心仕居候」と牛嶋が安心しているのは、社中皆の思いであったろう。「今日之時勢追々には如何様とも運可申」というところに、牛嶋だけでなく小楠社中の不屈の時勢観を見るのである。情勢は必ず変る、小楠先生の世に出る時は必ずあるという歴史観に基く信念に立っている。現実の情勢が永くなく、新しい情勢に変っていくとの歴史観は小楠のそれであり、それはまた師から承けついだ小楠社友のものであった。私はこの短い言葉のなかに、小楠社友の激しい意気込を感じてならない。とともに藩庁の仕打に対する社友の憤りと、いつかは逆転してみせるという自信を見るのである。

いわでものとの感じがするが、この手紙の日付のことである。手紙の中で、「知行召上げ・士席差放し」の処分があった事実を、「旧臘十六日」とあるから、その処分は一八六三年十二月のことなので、この手紙が出された年は六四年に相違ない。つぎに、左平太兄弟・岩男の三人を航海修業のために勝海舟に托したのは四月六日か、三月六日かということではっきりしない。海舟への小楠の礼状が四月四日であるのからすれば、三月六日が妥当のように思える。三月六日にしても、牛嶋の手紙の日付「二月五日」は理に合わない。手紙の内容からすれば、六四年に相違ないのだから日付の間違いであろう。『史料』原本の読み違いか、原本から引用するときの書き違いか、それとも誤植であるか、そのいずれとも現段階では決めかねることである。

この牛嶋の手紙には次の追伸が付いている。

尚々時下随分〳〵御自養専一奉祈候。航海修業の儀、芸業無残所習熟いたし候ても心取次第には又るす同様にて、航海大急務に付て糟粕に無之、文武徳芸を練申候との御講習の趣等委く被仰下忝々感戴仕候。航海一条に付ては段々先生之御著述も被為在候由、何卒御序に少々宛にても御書取御恵贈被成下候様重畳奉願候。

何も余は後便に可得貴意候。以上

牛嶋は、この時期江戸において幕府の軍艦操練所で航海術の修業中である。安場一平は熊本に居たものと思われる。

文中、「文武徳芸を練」とは小楠の持論であって、これら弟子たちは常に小楠の言説を心に温めていたものと思われる。

ここにいう「先生之御著述」は『海軍問答書』のことである。一八六四年（元治元）の著となっている。「小楠は勝海舟と倶に興国の大業は諸侯一致して先づ海軍を盛大にするにあり」（『遺稿』二一八頁）との立場から、当時「島津久光強藩の力に拠り朝廷を戴き幕府を匡正し天下を一新せんとの志」（同上）があったので、本書を草して彼に提出したとされている。その要旨をまとめれば、「方今航海大に開け四海の通路平等よりも便捷にして千万里の所比隣なり、海外の諸夷引き受ずして叶わぬ時勢となり、海軍に過ぎたる強兵あること無し」（同上書、一九頁）とすでに海軍の必要であることは明かだが、「天下列藩の疲弊極」っているとき、「海軍を起さば更に疲弊を重」（同上書、二三頁）ねることになるが、「死生興亡目前に有て一身一国現実の利害急進」し、「不レ可レ云の禍乱方に目前に起らんとす」（同上書、二四頁）る状勢であれば止むをえない。そのためには、「幕府列藩埒く課金を出」し、その課金をもって、銅鉱・鉱山を開き、船材を貯えるの非常の三事業を起して、海軍を興すの大業にあてるべしというにあった。海軍を興すことは、初めは力のある藩より始めるということになろうが、ついには「天下海軍一に帰」することが目的であり、それによって「我が令する所に従て外は以て洋夷の侵寇を防ぎ、内は以て不逞の人心を制」するにいたれば、「正大公共の王道」（同上書、二三頁）が行われようことも期待できるのだとして、小楠の常に希願する王道政治の実現にまで及んでいるのである。小楠によって、海軍・航海術修学の目的を明示されることによって、弟子たちはいよいよその修学の意味を自覚し、修学に熱意を燃やしたことであろう。牛嶋、それに兼坂熊四郎という二人まで、熊本藩海軍、日本海軍興起のため尽大の貢献をする人物が出たのは当然といえよう。

先生が著述をし、弟子たちはそれを写し取っては自分で読むばかりでなく、学友のために写本の労を取ってやるという小楠社友の勉強の有様は見事である。当時の学習の状況は、おそらくこんなものであったと思うが、このように直かにお互に学友が協力し合う状況を見ると、ここに一人の師を中心とする学友集団提携の因を見る思いがする。

四　横浜鎖港問題で幕府混乱の状況を報告する

これも、長い手紙というより探索書といってよい。手紙を書いた相手は、実弟の山田五次郎（武甫）である。五一郎は牛嶋家の長男、五次郎は三男で、五次郎は山田家へ、養子へ入って山田家を継いだ。二人は一〇歳違いの兄弟である。この手紙が書かれたのは一八六四年（元治元）六月二十一日であるから、五一郎四四歳、五次郎は三四歳である。五一郎は前年来軍艦操練所に学んでいて、江戸から手紙を出したのである。

非常に詳しい叮寧な手紙である。全文を掲げる。出典は、『史料』4、八七七頁からである。最初は横浜鎖港問題である。

一　横浜鎖港之儀、還御前大和公帰府に相成取懸之筈にて、外国御奉行被差遣候筈之処、外国奉行より、如何様之条理を以談判致し可申哉、屹と筋道相立不申候ては談判の言葉も無御座候間、御差図を受申度段申出候処、固より何之経綸も無御座候間、返答に、夫は外国奉行之職分に付如何様卒談判可致候様にとの事に御坐候へども、何分取懸之手段も無御坐致因循居候内還御も有之、必多物切迫に相成候処、去る四日惣登城にて是非鎖港致談制候集議有之候処、酒井公を初、板倉公より大和公へ十八ヶ条之難問有之候由。右者無謀之鎖港談判有之候はば忽ち乱に相成可申処、大樹公を初御方々様御除き場等御手配り候哉。且又其埒に至り候はば、江戸日々之入船を押へ可申候はば多人数如何之手段にて養ひ可申哉等を初として、今日実地急務之事柄難問有之候由之処、一具返答も無之無言に付、水戸公よりも却て大和公に責問も有之候由にて、其日は引払に相成候由、其夜直に大和公には兼て之謀主西沢左近将監、小田文蔵等を呼相談有之、翌日登城前日之返答有之候由に御坐候へ共、一事も定論は無之由。右等之儀に付ては太田道淳老も登城に相成候由。其末大和公、太田老へ結び積り、去十八日別紙之御方々御役御免に相成申候。然処廿一日牧野公必死之覚悟にて御登城に相成、大和公に大議論有之、大和公必多負之由にて、遂に翌廿二日大和公より西沢・小田も御役御免に相成申候。

横浜鎖港については前にもちょっと書いたが、これは何とも不可解な問題である。

一八六三年八月十八日の政変で、攘夷勢力を京都から一掃したのに、孝明天皇および朝廷は攘夷を幕府に督促した。政変の翌日に、天皇は京都守護職・所司代に、「迅速可レ奏二攘夷之成功一、厳重御沙汰候事」（文部省『維新史』三、六四五頁）と命ずるのである。さらに諸藩にも、「依レ之勤王之諸藩不レ待二幕府之示命一、速可レ有二掃攘一之由叡慮被二仰下一候事」（同上）と命じたのである。これは徒らに混乱を招くことでしかありえない。「不待幕府之示命」とは政令二途に出ずることであって、諸藩に動揺と困惑を与えることになるだろう。この段階で攘夷というのも無理なことで、孝明天皇および公卿たちの知識不足は否めない。幕府の無力・無策が事態を困乱させたことは勿論だが、孝明天皇および公卿たちの時局への無知無識が一層事態を困難にしているのである。攘夷といっても、条約の破棄などは到底実現できないことであり、外国勢を追い掃うために戦火を交えることも勝算はないとすれば、長崎・箱館は開港のままにして横浜の一港ぐらいは鎖港して、攘夷の実を示したいと幕府は考えたのである。その横浜鎖港だって、幕府には実現の自信はなく、朝廷のきびしい督促の鉾先を避けるための窮余の一策だったのだろう。

時の老中酒井忠績が九月十四日参内した。この酒井に対して、天皇は重ねて攘夷を督促したのである。

幕府は仕方なく九月十四日各国公使と横浜鎖港談判を開始した。この日老中水野忠精・同板倉勝静・同井上正直らは、江戸築地の軍艦操練所でアメリカ公使プリューイン、オランダ総領事ポルスブルックと会見して、横浜鎖港を提議した。しかし、これは米・蘭両国が今になって承諾するはずはなく、初から断るとともに、幕府にきびしい反省を要望した。それでも幕府は、フランス公使ドゥ・ベルクール、イギリス代理公使ニールに会談を申入れたが拒絶された。幕府は執拗にさらに十月八日外国奉行池田長発・同河津祐邦が横浜に行って、フランス公使に鎖港談判のため会見を求めたが、これも拒絶されたのである。幕府のやり方はどう考えても無理である。英・仏・米・蘭等が横浜鎖港を承諾するはずがなく、彼らにとっては幕府のやり方は我が儘としか写らないだろうし、国際信義を守らない非常理と見ただろう。この無理を幕府に強要する朝廷のやり方はなんとも常軌を逸しているのである。

このとき起ったのが、幕府の遣仏使節派遣の問題であった。フランス公使館員の勧めがあり、幕府としても、「使節を欧州へ差遣すれば、其の帰朝に至る迄には少くとも一両年の時日を要するから、其の間朝廷よりの攘夷の督促を緩和し、当面の苦境を打開し得ると考へた」(『維新史』四、二二五頁)のである。こうして一八六三年

（文久三）十二月二十九日、正使外国奉行池田長発・副使同河津祐邦以下全員三四名が仏国軍艦ル・モンジュ号に乗じ横浜を出発した。幕府の使節派遣の目的は、「鎖国の旧習を一変したる結果、国内の人心帰一せざる事情を各国政府に諒解せしめ、国内の民心を鎮静せしめて永く締盟列国との国交を完うせんが為、唯一最善の方法として横浜鎖港の承認を求むるにあった。」（同上書。一二六頁）

一方朝廷は政変後の時局収拾策として、前述したように参予会議を設置した。年明けて六四年早々に参予会議が開かれ、当面の二問題の横浜鎖港と長州処分を解決し、幕府積年の弊政の改期と国政の一新が期待されたが、参予会議は横浜鎖港問題からつまづいた。幕府はすでに横浜鎖港談判使節を欧州に派遣していたので、あくまでその方針を維持しようと欲し、慶喜もこれを強硬に主張して譲らなかった。久光・宗城等は従来通りの開港を要求して止まず、ついに参予会議は何らの成果も生むことなく、三月には廃絶してしまった。

朝廷は将軍家茂にもこの参予会議への出席を希望し、公武合体派の諸大名との協議を期待したので、将軍は六三年十二月二十七日海路江戸を出発、翌年の一月十五日二条城に入った。六日後の一月二十一日に参内したが、朝廷から攘夷を迫られ、横浜鎖港の実現を早急に求められたのである。結局、将軍は二月十九日に奏聞し、参予会議の諸大名の反対を押し切って、横浜鎖港を是非とも成功させる決心であることを明確にした。これによって、「攘夷問題は、一応横浜鎖港のみに局限せられ、長崎・箱館両港の閉鎖及び外国艦船撃攘の如きは姑く之を問題外とせられた」（『維新史』三、六八九頁）のである。これで参予諸大名も政治への意欲を失い、また幕府の当面の糊塗策に失望するものも多かったのである。福井藩士中根雪江・同村田巳三郎が『続再夢紀事』に残す発言は、もっともこの間の事情をいいえたものといえよう。

幕府に於て其遂げ得べからざるをしりつつ、鎖港の命を達せらるるは、所謂人を欺き又自ら欺くものにして、上朝廷に対し下億兆に対し、信義を失はるるの甚しきものといふべく、又朝廷に於て、外国の攘斥すべからざる道理を了解せられず、強て鎖港の命を降さるるも、策の宜しきを得らるるものにあらず。

幕府の姑息策はどれだけ非難されても救われることではないが、幕府をしてこの愚策に追いつめた原因が孝明天皇、および公卿たちにあることも忘れてはならない。前にも言ったように、孝明天皇および公卿たちの頑迷さが、幕府を迷わし、日本国の方針を混乱せしめたことは、はっきりとさせておかなければならないことである。中根・村田がこの点を明確に指摘していることは感服にたえないところであるが、これが一九二一年（大正十）出版ということに驚きを禁じえない。一九二一年という段階で、このような朝廷批判ができたことを考えると、改めて大正時代を見直してみなければならないのかもしれないのである。

それにしても、中根・村田が小楠の門人ではないにしても、福井における思想・政策を共通にする知友であったことを思えば、この二人の発言のなかに、小楠の息吹を感じないではおれないのである。

さて牛嶋の手紙にかえって冒頭の大和公とは久世大和守広周（一八一九―六四）のことであろうか。久世は関宿藩主で、一八五一年老中になり、安政の大獄で井伊直弼を批判して罷免されたが、井伊横死後、また老中に返り咲き安藤信正（一八一九―七一）とともに久世・安藤政権をつくり、公武合体政策を推進して和宮降嫁を実現した練達の政治家であった。六二年六月に老中職は辞していたが、六四年の段階でもその勢威を保持していたのであろう。つぎに外国奉行とあるのは、前出の池田長発・河津祐邦の二人である。牛島の手紙にある「如何様之条理を以談判致し可申哉」という「談判」とは何時のことであるかが、どうも不明である。私が察するに、池田・河津の両奉行は、六三年十二月二十九日に幕府の遣仏使節として横浜を出航しているので、この使節派遣の使命を受けたときのことではないかと思う。

通商条約を結び、横浜・長崎・箱館を開港してきた幕府が、ここで横浜鎖港を申入れなければならぬというのは、どうしても幕府にとっては自己矛盾である。それは理由のない無理な行為である。それでも、将軍はとうとう六四年二月十九日に、朝廷に横浜鎖港を約束してしまい、五月二十日急いで江戸城に帰ったのである。外国奉行が「如何様之条理を以談判致し可申哉」というのは当然のこととしなければならない。

牛嶋の手紙によると、将軍帰城して十四日後の六月四日に幕臣を集めての会議を開き、その会議が紛糾をきわめた。将軍の決定であってもそれが通らないようになったのが幕府の統率力の落ちたことを示しているのであろうが、そう簡単に収るような問題でないことは確かである。酒井公は老中酒井忠績（前出）、板倉公は老中板倉勝静（前出）のことである。水戸公とあるのは水戸藩主徳川慶篤（一八三二―一八六八）である。慶篤は、この四月に横浜・長崎・箱館三港鎖鎖（一時朝廷で三港とも閉鎖の意見が出されたことがあった）に反対する意見を奏請したこともある人物で、その点では横浜一港だけの鎖港にも反対であったのだろう。太田道淳老は掛川藩主太田資始（一七九九―一八六七）のことである。三度老中に任命され、井伊直弼大老の下では外国事務主管となり、外交問題を担当した。牧野公とは長岡藩主牧野忠恭（一八二四―一八七八）のことで、六三年九月から六五年四月まで老中職にあって、外国事務管掌となり外交談判の中心人物であった。この横浜鎖港問題では重大な責任を負っていたのである。それから、「去十八日別紙之御方々御役御免」とあるが、その「別紙」が存在しないのでそこに記された人名はわからないが、幕府は六月十八日、老中酒井忠績、同板倉勝静等を罷免している。二人の老中の罷免者を出すほどであるから、いかにこの横浜鎖港問題で幕府が紛糾し、対立したかが想像できる。大政奉還を三年後に控えた六四年は幕府に事態の処理能力がまったくなく、時勢に追われるばかりで、その右往左往の姿は目を覆うばかりである。因みにつけ加えておけば、わざわざフランスまで派遣された幕府の遣仏使節は、当然のことはいいながら、その使命の達成に失敗し、早々にその年の七月十八日に横浜に帰ってきたのである。もうこうなったら幕府の打つ手が失敗に終る。幕府は腹癒せというわけではあるまいが、「使節が欧州諸国巡歴に要する数年間に、国内の事情も自ら変化すべく、又之を以て朝廷に対して私かに鎖港の責任を回避する手段に供しよう」（『維新史』四、二三八頁）としたのが、「使節が出発後半歳余りにして突如帰朝したので」（同上書、二三九頁）、幕府は両使節を処罰したのである。両使節は無方針・無力の幕府老中の犠牲になったのであって、役人としての苦しさを骨にきざんだことであろう。

この横浜鎖港問題の報告は、要を得た内容だと思う。詳しい情報までつかんでおり、さすがに能力のある人の報告だと感心する。幕府最高部の様子をここまで探索することは大変困難なことだと思うのに、よく冷静に客観的に分析しているところは、牛嶋の凡ならざるところを表している。山田五次郎はこの情報を独り占めすることはなかったろうから、小楠社友の得ていた情報は質量ともに相当のものだと思われる。そして牛嶋の幕府批判はますます厳しくなっていく。

右之通惣御免程に御坐候処、幕府誠に無人世界にて、此跡御乗り居へ《ママ》に相成候御人才は不及申候。最迄御出方に相成候丈け之御人物も無之由、此末如何相成可申哉、只々懸念之至に御坐候。此節大議論と申候ても五十歩百歩にて、御双方共経綸・定論は無御坐由に候へども、今日之処は板倉公之論条理有之候由に御坐候。

幕府の人無きはいよいよ寒気をおぼえるばかりであるが、牛嶋がここまで幕府の内状に通じて、幕府首脳批判ができることは驚きである。弟に出した手紙であるから遠慮なく言ったという点もあるにしても、その批判精神は流石だと思う。牛嶋がこれまでの内容の情報を得られたというのは、やはり軍艦操練所にいるためであろうか。それにしても、この批判精神は各藩にもかなり浸透していたのであろう。

右之通之内乱に御坐候処、外国よりは長州之御所置頻に押懸け申候由。横浜には各国之軍艦大船左之通相揃申候由。蘭・仏・亜一隊宛都合三七廿一艘、英より弐隊二七十四艘、其外にも参り居候由。大抵一隊之人数四千乗候由に御坐候。右は長州へ押懸け候儀日延御相談にて、当時は横浜にて公義より御養に相成居候由に御坐候。誠に歎息之至に御坐候。

長州之儀内々探索仕候得共《（者カママ）》、船之廻り候を望み候居候由。合戦之覚悟にては無之共にては無御座候や。長州人も内々横浜へ入込、直に談判も致し居候由承り申候。是は慥成事にては無御坐候間御探索可被下候。勝先生もどふか其見込も有之哉に、薩人の咄に御坐候事。

長州に乗り込まんとする西洋勢、これを防がんとする長州側の動きが手に取るようだ。

一　先便得御意候大奥之儀は格別なる事には無之由。是は先づ気色も有御坐間敷候へ共、今日ケ様に成行候根発しは、皆一橋公より出候と考られ申候。

案外この「大奥之儀」が政局に影響しているのかもしれないが、今のところそれを探索する資料も時間も持ち合せていないので、このまま原文を引くだけにしておく。なるべく情報をもたらそうとする熱意には打たれる。

一　常州之一揆益々暴行相募り、館林之城を乗取り、結城之城下へも押懸候由。水戸へ取鎮方被仰付候得共手に及び不申候由に付、近国之諸侯へ討手被仰付候。十万石以下二、三万石位之小名迄にて御坐候へ共、都十一頭にて御坐候。最早先日出陣に相成候得共、未だ鎮撫に至り不申候由に御坐候。是は長州に応援有之候由に御坐候。此許にも追々浪人物三、四人宛押られ、余程物騒に御坐候間、還御後も御留守同様矢張新番所御固め等、未だ解け不申候。窮屈なる事に御坐候。根本相固り不申候て枝葉に手の附き候訳無之、只々歎息之至に御坐候。従是先き略。

甲子六月廿一日　江戸より　牛嶋五一郎
山田五二《ママ》郎様

「常州之一揆」というのは、天狗党の乱のことである。水戸藩の尊王攘夷派の中心であった藤田小四郎等は田丸稲之衛門を首領として、一八六四年（元治元）三月二十七日、常陸国筑波山に挙兵した。集まるもの六三名、幕府が「攘夷の朝命を拝しながら逡巡して何等其の実績を挙げ得ないのに痛く憤慨し、今は非常手段を執り幕府に攘夷の決意を促すに如かず」（『維新史』四、九四頁）と考えてのことであった。挙兵に応じて集まるものが急増し、筑波山では手狭になり、東照宮の神殿のある日光山に本陣を移すことになり、四月三日筑波山を降りて隊列を組んで日光へ向った。総勢は二〇〇名近くになっていた。日光奉行は代表者の参詣は認めても参籠は許さず、警護にあたっている宇都宮藩に警護を厳しくするよう命じ、館林藩には出兵を要請した。幕府もまた、四月七日、宇都宮・館林等関東諸藩へ戒厳を命じた。田丸・藤田等幹部は参詣し、そのまま日光山に拠ったが、四月十日幕府は兵を発し日光山を守らしめる強硬な態度に出たため、田丸・藤田等は日光山を去って、四日後の十四日、田丸等にひきいられた天狗党の本部約二〇〇名は、栃木町（現栃木市）の西方太平山の天台宗連祥院多聞院に入った。太平山に拠ること一ヵ月半ばかり、宇都宮藩に働きかけたが、ついにその協調は得られなかった。この間水戸藩主徳川慶篤は使臣を遣わして解散を命ずること数回に及ぶも、天狗党の聴くところではなかった。

本年一月以来京都にあって攘夷を朝廷から迫られつづけて、横浜鎖港を約束させられるに至った将軍は、五月二十日にやっと江戸に戻ってきた。そして横浜鎖港よりも何よりも天狗党鎮圧を優先すべきことを決定する。幕府は五月二十五日、関東・信越の諸藩に天狗党鎮定を命じ、水戸藩主慶篤も攘夷派の執政武田耕雲斎を罷免して、同藩庁は鎮派によって掌握されるに至る。田丸・藤田等は太平山に拠ることを不利として太平山を下ることになり、五月三十日栃木町に入った。それより結城藩の城下町、下館藩城下町をへて六月上旬に再び筑波山に立て籠った。これに対し、幕府は六月九日川越藩（一七万石）を始め宇都宮（七万七八五〇石）・谷田部（一万六三一九石）・下妻（一万石）・壬生（三万石）・結城（一万八〇〇〇石）・下館（二万石）・土浦（九万五〇〇〇石）・府中（二万石）・足利（一万一〇〇〇石）・宍戸（一万石）の十一藩に天狗党追討令を出し、出兵鎮圧を命じた。幕府はさらに二日後の十一日、高崎（八万二〇〇〇石）・笠間（八万石）二藩にも追討出兵を命じ、水戸藩執政市川三左衛門は兵を率いてこれに従ったのである。

牛嶋が手紙を書いた一八六四年（元治元）六月二十一日までの天狗党争乱の状況は、以上の通りである。天狗党の争乱は、「一揆」と見られ、彼らは暴徒・激徒と見られ、牛嶋もそういう見かたをしていると思われる。兼坂熊四郎の手紙でも、天狗党争乱のことを第三者的立場で突き放した書き方であったが、牛嶋もまた同じ態度だといえる。開国の立場に立てば、筋のない攘夷党のかかる行動は暴行としか思えないのであろう。思うに、天狗党の暴行は幕末史にどんな意味があるのだろう。その暴動が幕府の崩壊を早めたことになったのは認めるにしても、幕府崩壊後の新日本建設にどれだけの構想があったのであろうか。

五　肥後藩海軍の起り

前回の六月二十一日付の牛嶋の手紙以降、事態は急変した。七月十九日には禁門の変が起り、それが因となって七月二十四日に征長の令が下った。第一次長州征伐であるが、この征長の令をうけて、肥後藩では先方隊として備頭沼田勘解由が八月十六日率兵小倉に向っている。（『国事史料』五、二〇四頁）総勢二〇〇〇人を越える大部隊である。牛嶋も出陣を命ぜられ、軍艦操練所を退所して、小倉におもむいたものと思われる。そこで牛嶋が痛感したことが、肥後藩に西洋汽船がないことであった。彼は同僚外二名と話し合って、一八六四年（元治元）建議に及んだのである。それは次のような内容であった。

今度長州御征伐に付け下関口より之先鋒被為蒙仰候処、差寄御人数渡海之儀、御関船にては何程に可有御座哉。長州へも兼て異船之備に海岸筋には厳重に台場等を設有之候由に付、和船にて乗付候儀者無覚束候処、西洋船所持之諸藩は機を見変に応じ、最寄〳〵に乗渡り候節、此方様御人数而已渡海不仕候ては先鋒之名義にも背候而已ならず、公辺への御奉公筋も何程に可被為有哉と奉恐入候次第に奉存候。依之何卒於此許至急に洋船御買上に相成候様奉存候。左候はゞ私共一列未だ航海術習熟も不仕候へども、右船乗廻り御人数渡海之御用丈け位は力成に相勤り可申奉存候間、此節柄右等之御奉公をも仕度志願に付、此段不閣御内意申上候。以上。

八月

国友弐右衛門
牛嶋　五一郎
小野　敬蔵

一八六四年の段階で、肥後藩に西洋汽船はなかったのである。池部啓太等が洋学を習い始めてからも数年が経ち、牛嶋自身も池部の門に入ってから数年を経ているのに、西洋汽船の必要を感じなかったのであろうか。

国友の消息は明らかでないが、小野はこれも「先祖附」によると、一八六二年（文久二）から藩命により江戸で航海術を修業し、六四年四月一時帰国したが、五月出府し、六月から航海術修業のため国許より派遣された留学生の引廻しを命ぜられていた。

この建言が効果を発揮したのであろう、翌月の九月六日には牛嶋等両人は次の辞令を受け取った。

各儀今度於長崎表蒸気船御買上に相成筈之段申来候付、用意済次第御国許へ被差下候。此段可及達旨候条可被奉得共意候。以上。

九月六日　　柏木文右衛門

牛嶋五一郎殿

小野　敬蔵殿

（『史料』五、二六二頁）

右九月六日付達の前か後か、日付ははっきりしないが、肥後藩最初の西洋汽船万里丸が九月付で購入された。万里丸は一八五九年フランスで製造されたもので、長崎のグラバーより一二万五〇〇〇ドルで購入されたという。三檣バークの蒸気船（内輪式）で、大砲四挺（施条砲）を備えているという。

以上の万里丸についての記述は、現在熊本県立鹿本高校教諭瀬戸致誠氏の論稿「幕末維持期における洋学の受容――肥後藩の洋船を中心にして」（財団法人宮嶋利治学術財団発行『宮嶋クリエイト』第五号所載、一九九三年）によって書いたものである。この瀬戸氏の苦心の研究によって、幕末・維新期の肥後藩の洋学受容の様子がようやくわかってきたが、氏によれば、かなり低迷したものと理解されてきた幕末における肥後藩の洋学受容の実態も、西洋砲術伝習・大砲鋳造・海軍伝習・医学伝習などの実態を追求していくなかで「肥後藩も、西南雄藩を凌ぐとまではいかないまでも、かなりのレベルに到達していたことを解明できた」（一〇八頁）ということであるから、大変心強いことである。さらに私は肥後藩の西洋汽船購入の遅れを書いたが、瀬戸氏によれば、肥後藩が蒸汽船購入の関心を持ち始めたのは、万里丸購入よりも一〇年以上も前のペリー来航直後の一八五三年（嘉永六）八月のことであったということだから、肥後藩もこの面については割に早く反応していたことを知った。

牛嶋等が下国を命ぜられた日から約一ヵ月後の十月三日、牛嶋らは万里丸乗組を命じられるのである。すなわち、万里丸は九月中に無事購入が相済み、いよいよ船員が乗組運転ということになって牛嶋等が乗船を命じられたと思われる。

覚

学校方

御奉行

牛島五一郎

右者今度御買上之蒸気船乗方仰付、右に付て之御用筋暫之間一切引請被仰付。御軍艦所御取建之上は、日々同所へ罷出、御役々無伏蔵申談候様。尤航海術引廻之儀は於江戸被仰付置候通相心得候様可被達候。以上。

十月三日

なお牛嶋のほかに、前出の小野敬蔵や古山左内・緒方十右衛門が同日同文の辞令を受けて、新購入汽船への乗組を命ぜられている。古山・緒方は今のところ経歴がはっきりしない。文中「御軍艦所御取建之上は」とあるのについては、『史料』5、三四五頁—三四六頁に次の記事がある。

其方共支配上林源左衛門二男上林三二郎儀、今度御買上之蒸気船乗組被仰付、日々仮軍船所へ罷出、諸事航海術引廻之面々申談候様可被達候。以上。

十月七日

奉行所

御裏方

御用人衆中

覚

源左衛門二男
上林　三二郎

右者今度御買上之蒸気船乗組被仰付候様、且船場一丁目永田兼次郎宅懸屋敷において仮軍艦所被極候付、日々同所に罷出、航海術引廻之面々へ諸事申談候様御達有御座度奉存候。已上。

十月

小野　敬蔵
大田黒　権作

大田黒権作は大田黒惟信の弟であるが、これによって、肥後藩仮軍艦所が設置されたことがわかる。永田兼次郎なるものについては詳細は不明だが、船場一丁目とあるので坪井川沿いに軍艦所が造られたのであろう。この坪井川を上下して有明海に通じたと想像される。こうして、この仮軍艦所が万里丸への乗艦・運転の訓練所となったのであろうが、これ以上はこの訓練所についての資料は見当らない。

この仮軍艦所において訓練が数十回なされたのち、ようやく乗艦試乗となるのである。『史料』5、三九二頁に次の辞令がある。

池部　啓太

右は今度御買上之蒸気船試乗方被仰付候間、船将之場相勤候様被仰付旨。

牛嶋五一郎　小野敬蔵　淳助養子　大田黒権作

右同断、試乗方被仰付候間、右啓太へ差添致輔助候様被仰付旨。

右同断、試乗方被仰付候間、二等士官之場にて被召仕旨。

杢助弟　緒方十右衛門

淳源左衛門二男　上林三二郎

文内弟　古山左内

右同断。三等士官之場にて被召仕旨。

右之通先月廿八日及達候。

右之通候事。

十一月

この辞令によれば、単に試乗命令だけではなく役職まで決定されての試乗である。肥後藩もいよいよ海軍建設に乗り出したというべきである。肥後藩最初の西洋軍艦の艦長は、やはり肥後藩洋学の先駆者である池部啓太が就いた。牛嶋・小野・大田黒三名が「補助」、すなわち副艦長ということであろうか。緒方が二等士官、上林・古山が三等士官というところである。以上七名の幹部士官で最初の万里丸を動かしたわけである。肥後藩も軍艦出発にあたって、直ちに七名の技術者を集め得るというのは、それだけ準備が早くなされていたことを示すものというべきである。

さて、軍艦の試乗であるが、それは何処でなされたのであろう。仮軍艦所が熊本府船場にあって坪井川を下って行くなら、飽田郡高橋村の沖の有明海であろう。瀬戸氏も高橋沖を推定されているが、私も賛成である。かくして、肥後藩最初の西洋軍艦万里丸は海上に乗り出したのである。それは一八六四年（元治元）十月のことである。瀬戸氏は前出の論文のなかで次のように評価しておられる。「この試乗こそ、長崎海軍伝習・江戸の海軍操練所での伝習、あるいは『順動丸』での伝習などを受けた肥後藩の人達の技術を集積して行われた。肥後藩最初の、自前の蒸汽船航海であったと思われる。」

この万里丸の高橋沖の試乗こそは、肥後藩海軍の発祥[1]、である。この肥後藩海軍の発祥に、牛嶋が深く重く関わっていることに注意すべきであり、熊本実学党が幕末においてこの方面では藩政に深く参加していたことを認めなければならないのである。

牛嶋がその後何日まで万里丸副艦長の役についていたか審かでない。しかし、池部に異動がある。池部は一八六五年（慶応元）三月三日に、万里丸艦長を辞退している。その辞退理由を「御内意之覚」として書いているが、もともと「砲御師範」として繁多であるところに、「船将之人体無御座」き事情であるので不安である、というのが、その理由の要点である。そして池部はその覚書の最後に、「牛嶋五一郎列夫々御役被仰付候間、最早私儀者御免被仰付被下候様奉願候」（『史料』5、七四一頁）と書いているのである。池部は、砲術の世界では自らの第一人者的地位を認めながら、航海術の世界には不案内であることを自覚し、航海術では牛嶋が肥後最高の地位にあることを認めているわけである。それゆえ池部は自らその任でないことを自覚し、その地位を牛嶋にゆずったのである。牛嶋がいかに当時航海術の世界で高く評価されていたかが知られる。しかし、牛嶋が池部のあとをついで万里丸の艦長になったという記録はない。[2]

六　肥後藩副役奉行となる

牛嶋は一八六八年、明治元年になって、藩の重職に就いた。初に引用した『人名』には、「後奉行副役となる」

と誌され、『先哲』には「明治元年藩政改革、君為奉行副役」（四六四頁）とある。さらにその「補」文には、「慶応四年閏四月廿二日御奉行副役、御足高四百石、御用人之勤稜兼勤」とやや詳しく記している。牛嶋が初めて藩で重用されたのであり、従来の海軍・航海の世界における重用ではなく、まさに藩政の中枢に入ったことになる。

この間の事情を元田永孚は、つぎのように解説している。

閏四月十四日藩ノ召命アリテ、側用人兼奉行ト為ル。神谷矢柄側用人兼小姓頭ト為リ、牛島五一郎副役奉行ト為リ、従来ノ側用人ハ奉行ヲ兼ネ、奉行ハ用人ヲ兼勤シ、君側政府ヲ一体ニシテ、政治二無キノ趣向ニ出テタルナリ。（『還暦之記』、『元田永孚文書』第一巻、一〇三頁）

『還暦之記』の日付と、さきの『先哲』の日付が異っているのは、おそらく「閏四月十四日」は元田の任命の日付で、牛嶋の任命の日付は八日後れの閏四月二二日ということであろう。

側用人兼小姓頭となった神谷矢柄は実学党員であり、この外実学党員でこの改革のとき登用されたものには道家角左衛門や下津休也がある。〔元田は神谷、道家を実学党と見なしていない。〕下津は大奉行となっている。従来学校党で独占されてきた重役に実学党が少数ながら登用されたわけである。このことを元田は、次のように評価している。「実学ノ党論政路ノ塞カリトナリシヨリ以来、之ヲ初メテノ撰任トシ、朝廷復古ノ風動ニ因ル所トス」と。新政府出現の改革の先に動かされて、肥後藩にも改革の風が吹き、実学党に属するものが、藩の要職に就いて藩政に参加したのは、これが初めてのことであった。

小楠の書簡集のなかに一通の元田宛のもの（『遺稿』、六四六頁）がある。この手紙は年代不明となっている。そこでまず内容から見ていくことにする。

忝々拝見仕候。先以一昨日之御黜陟、官府一致之御趣向、殊に御三殿御一致、大政府も同様恐悦無レ限之

至に奉レ存候。縷々被ニ仰下一候通り、とても此面々にて持届候筋にては無レ之、先きの処は兎もあれ、今日之勢誠に難レ有次第に奉レ存候。将又郡勘監察御黜陟可レ有レ之段、是にて格別人心も大動可レ仕候。

以上は小楠の手紙の前半であるが、なんとなく小楠は、元田のいう人事異動をいっているように思えてならない。元田の文言、「君側政府ヲ一体ニシテ、政事ニ無キノ趣向」と、小楠の手紙にいう、「官府一致之御趣向」とは符節を合わせるようである。小楠の賞揚する「大政府」は元田、牛嶋等実学党の入った藩庁を指し、「とても此面々にて持届候筋にては無レ之」というのは学校党だけの政権をいっているのではないかと思えてならないのである。この改革の話がおこり、元田は小楠にその門下生の推薦を依頼したものと思われる。それに対して小楠は牛嶋を推したのである。

同社其人物無レ之儀は誠に恥入申候。牛島五一郎儀は御注文に相当いたし候人物、外に比類は有ニ御座一間敷、昨年小拙御家老衆応接之時も撰挙いたし候。此人御目附被ニ仰付一、御試被レ遊度、良公子は定て御承知と奉レ存候。御奉行被ニ仰付一候ては道家以上に上り可レ申候。此段は左馬介殿へ言上可レ被レ下候。(以下略)

良公子は長岡護美、道家は道家之山、左馬介は米田虎雄である。それにしても小楠の牛嶋を信ずることの厚き、驚くばかりである。小楠からこれほどの信頼を受ける牛嶋その人は、それだけの才幹の人であったのである。

ここまで読み進んでくれば、この年代不明の小楠の手紙は一八六七年(慶応三)十一月二日の日付となるのではないかと推察される。

一八六八年(慶応四)五月十五日、上野に拠った彰義隊が破れて、新政府は奥羽越列藩同盟を討つために追討軍を北上させ始めた。岩倉具視は、わざわざ去就定まらぬ肥後藩に書を投じて、細川護久の率兵上京を促した。このとき実学党の安場一平(保和)が帰藩して、中央情勢を報告した。彼は初めから新政府軍に従って江戸に行き、江戸開城の後、甲州地方の鎮撫に当っていたが、元田によれば、「我藩ノ或ハ時勢ニ疎ク方向ヲ誤ランコトヲ懼レ、馳セ帰」（同上書、一〇六頁）って藩庁に具申するためであったという。ときに六月初旬のことである。藩主韶邦は、特に奉行・用人等重職を呼んで、その意見を問うた。元田によると、大方の意見は大勢観望論であった。「会藩義憤固守シテ東国諸藩連合応援セバ、天下ノ事未ダ知ルベカラズ。我藩宜シク兵ヲ出スコトナク、漸クニ勢ヲ見テ動クベシ。澄之助君上京ハ病ニ託シテ猶予ヲ願ハレテ然ルベシト。」（同上書、一〇六頁）

これに対し、元田は、新政府の追討は大義名分がはっきりしている。わが藩も速かに兵を出して、新政府を助けるべきである。安場の報告もそうではなかったか、と真向うから多数意見に抗弁した。この元田の意見を支持したのは牛嶋五一郎だけであった。出席する者七人のうち五人が「勢ヲ見テ動カザルノ論」であり、「出兵上京ノ儀」を主張するものは元田と牛嶋の二人であった。佐会論は学校党の大勢であり、これが一般にひろがって、上京論の実学党の元田・牛嶋は孤立するに至った。たまたま古荘嘉門・竹添進一郎の二人が奥州の情勢を視察して帰ってきた。彼等二人の報告は、「会津・米沢・仙台諸藩連合シテ薩長ニ抗シ、天下ヲ挽回スル」（同上書、一〇七頁）という意であった。

この古荘・竹添の報告は驚きである。古荘は後に第一高等学校長となり、貴族院議員までなった人であり、竹添もまた朝鮮公使、東京大学教授となり一代の碩学と謳われた人である。この凡庸ならぬ二人の鋭才にして、情勢の判断、未来の予見を誤るのである。学校党という保守勢力にあって佐幕思想に拘束されたのか、彼らの報告は完全に肥後藩庁の判断を誤らせた。肥後藩はこのとき、「勢ヲ見テ動カザルノ論」に決し、佐会論さえ台頭した。ここで元田は辞職を願出て、これが認められて、中小姓頭に転じ、元田の妹婿の神谷矢柄も用人を免ぜられて小姓頭に専任し、そして牛嶋は副役奉行を免職となったのである。

前にも書いたが、元田・牛嶋の登用は実学党が初めて肥後藩の重職になった異例の改革であった。ことに牛嶋は小楠門下生としては最初の藩政参加である。学校党の独裁下に長く押えられつづけてきた実学党がようやく政権に参加したものであり、二年後の実学党政権へ道を開くものであった。わずかな期間であったがその意義は大きい。

七　肥後藩軍船主任を命ぜられる

牛嶋が奉行副役罷免となった時期は、元田も『還暦之記』で明記しておらず、他に記録もないのではっきりしないが、彼は同年五月三日肥後藩軍船主任を命ぜられている。それで、これは私の推定だが、牛嶋は奉行副役を免ぜられると同時に軍船主任を命ぜられたのではないかと思う。あるいは、奉行副役から軍船主任へ転じたと考えてよいかもしれない。ていのいい奉行副役の罷免であり、学校党主力政権から実学党員の追い出しであるが、奉行副役という重役をただ単に罷免ということは、一八六八年五月というすでに新政府発足の時期においては出来なかったことと思われる。したがって、牛嶋の得意とする海軍の世界に転ぜしめたものと思う。牛嶋はまた古巣に戻ったわけである。

さて牛嶋の軍船主任任免の記録は『史料』8、六一六頁にある。「明治元年機密間日記」のなかにある記事である。

五月三日付で鎌田軍之助は、「御軍艦御用主立に成申談候様被仰付置候処、被遊御免候。」との辞令を受けて、「御軍艦御用主立」というのがどんな役職なのか私にはわからないが、海軍の責任者ということであろう。この鎌田の罷免の辞令に続けて、牛嶋の任命辞令が書かれている。次のようにある。

口達

牛島　五一郎

其方儀御軍艦御用受込被仰付之。以上。

五月三日

この牛嶋の辞令の意味もよくわからない。「御軍艦御用」を言付かったのであろうが、その「御用」がどんな役職なのかわからない。

鎌田が罷免されて、その後に牛嶋が就いたと考えてよいと思うが、両者の役職の記述を比べてみると、鎌田のは「御軍艦御用主立」となっていて、牛嶋のは「御軍艦御用」とあるだけである。「主立」が有る無しの違いであるが、両者の辞令が並んで掲げられているところを考えると、牛嶋のそれは後から出るだけに「主立」が略されたのではないかと思われる。牛嶋の辞令も「御軍艦御用主立」だと考えてよいのではないかと思うのである。

そうすれば、今度は「御軍艦御用主立」とはどんな役職かが問題となる。私たちにはなじまない役職名である。『史料』8、六一六頁における鎌田・牛嶋の罷免・任命の件を伝える見出しには、「五月三日本藩軍船主任を牛嶋五一郎に命ず」とある。これによれば、かつて「御軍艦御用主立」と呼ばれた役職名は「軍船主任」ということになる。すなわち、牛嶋はここになって肥後藩海軍の重要な地位についたことになる。

前述したように肥後藩海軍の起りのときに深く貢献した牛嶋が、ここに至って肥後藩海軍の重要の地位についたわけである。そしてこのことは、肥後藩の政治面からは完全に閉出されていた実学党が、海軍・航海・砲術の方面では指導権を握っていたことを示すものである。西洋文化、とくに科学技術の受容の面では、肥後藩は実学党によらざるを得なかったということである。これはまさに二年後に実現する実学党政権へ道を切開くものであった。

八　龍驤艦長となる

一八七〇年（明治三）六月、熊本藩の藩政改革、実学党政権が実現する。これによって熊本藩政を牛耳る役職は、初めて実学党によって占められたのである。大田黒惟信・安場保和・嘉悦氏房・宮川房之という小楠社友や、実弟の山田武甫も要職についたが、牛嶋の名はこれら重職者たちの間に見当らない。彼は、軍船主任をそのままつづけていたものと思われる。新政権が牛嶋を軍船主任に止めたのは、龍驤艦問題があったからではないかと思う。

龍驤問題については、また瀬戸氏の研究によって考えてみたいと思う。前出の瀬戸氏の論文によれば龍驤艦問題は、一八六六年か六七年ごろ肥後藩がイギリスに甲鉄艦を注文したことに始まる。この甲鉄艦が龍驤艦になるわけである。(3)

龍驤艦は、一八七〇年（明治三）一月七日に長崎に入港したという。龍驤艦製造の交渉から、長崎への来着まで接渉の任に当ったのは軍艦総奉行溝口貞幹であった。溝口貞幹は、家老・大奉行として幕末に名を馳せた孤雲の長男である。貞幹本人の事蹟は未詳であるが、龍驤艦を受け入れると、そのまま初代艦長となった。このとき溝口を補佐したのが、大田黒権作で、大田黒は溝口艦長の下に副艦長となった。これによれば、この龍驤艦受け入れのとき、牛嶋はこの業務にすこしもタッチしていないことになる。軍船主任というのがどんな役職なのか審かでなく、軍艦総奉行とどういう関係にあるかもわからない。おそらく軍艦総奉行が海軍の最高位であり、したがって溝口貞幹が龍驤艦受け入れの業務にあたり、差し当り艦長にもなったのであろう。しかし溝口貞幹は航海術を習得していたわけでもなかったろうから、実際の業務は、軍艦や航海術に精しい牛嶋が当ったのではないだろうか。軍船主任はむしろそういう実際の業務に当る役ではなかったかと思う。事実当時熊本藩で軍艦を綿密にチェックできるものは、牛嶋以外にはいなかったであろう。

この龍驤艦は、熊本藩が入手して、それほど間も置かず明治政府へ献納されることになる。その経過は次の通りである。

『史料』10、三四九頁に、小橋恒蔵という人の手記「小橋私記」の一部が引かれている。それによると、一八七〇年一月二十三日、熊本藩知事細川韶邦が小橋を召喚して、「英国に嘱託製造せしめたる軍艦長崎に廻着」したので、「朝廷に献納の斡旋」をせよと命じた。ところがどういう手違いからか、熊本藩の受領が遅れて、諸附属品の受取りが済み、乗組員が乗組んだのは三月六日のことであった(『史料』10、四六九頁)。

そして、四月十二日熊本藩はようやく龍驤艦を献納したのである。公用人小橋恒蔵は、韶邦の命を受けて軍艦龍驤丸献納の申請書を太政官に提出し、また献白書をも提出した。その献白書は今は消失しているが、その要点が『史料』10、四六九頁にあるので、引用しておく。明治初年の海軍興張の意義を一般にどう考えていたかを知ることができるであろう。

其要に曰、四環面海の本邦は、海軍を興張するを以て目下の急務とす。速に巨艦大船を要港に羅列せしむるに非ずんば、一旦変起るに臨で、緩急機宜に応じて自衛の策を立る能はず。況や絶海万里の風浪を破て、経略進取の大策を施し、神聖の遺業を拡充するを得むや。早く海内の全力を挙て海軍興張を謀るべく、其微

意を表せむと欲し、先此一小艦を献ず、云々の意を略記せしものなりき。（後略）(4)

当時の風潮としては、「自衛の策」を立るためには「経略進取の大策」を施さなければならぬということが自明のことであったのである。

それより約一ヵ月後の五月八日、熊本藩は龍驤艦献納の手続を終了した。四月一日、韶邦の弟護久は肥後国飽田郡百貫石沖で龍驤艦に乗艦、長崎・兵庫・横浜を経て、同月十六日品川沖に着艦、こうして品川沖へ廻航された龍驤艦は五月八日完全に献納となったのである。

瀬戸氏によれば、この献納は諸藩においても行われたことであったという。前年の六九年、諸藩が版籍を奉還したさい、その軍艦も私有するべからずということで献上がなされた。鹿児島藩の春日・乾行、山口藩の第一丁卯・第二丁卯、佐賀藩の日進なども同年に献納されたのである。

龍驤艦が献納された五月八日に、牛嶋は龍驤艦艦長に任命された。副長は緒方十右衛門、航海長は成松覚之進である。護久が乗艦して品川沖まで廻航した際、龍驤艦運行の責任者は牛嶋ではなかったかと思われる。『史料』10、四九四頁に、五月七日付で牛嶋に熊本藩奉行所からの達が載っているが、その文に、「今度御献上之御軍艦明八日御受取に相成、乗組員之儀は暫之処御雇に相成候段、兵部省より口達有之候」とあるから考えて間違いないと思う。すなわち、牛島は軍船主任として、万里丸運行の責任者、実質的には艦長として実際の運行にあたり、献納されるとそのまま移行されて、政府軍艦龍驤艦の初代艦長になったのである。瀬戸氏が書いていられるように、「『龍驤』を熊本藩が所有していた時代の艦長は溝口貞幹、副長は大田黒権作であり、政府に献艦後の初代艦長は牛嶋五一郎であったことになる」（前掲、「幕末・維新期における洋学の受容」一一九頁）のである。

龍驤艦は二五〇〇トン級の当時最大クラスの蒸汽船で、しかも、政府軍艦の初代艦長となったことは、牛嶋五一郎の生涯最高の時期であったろうと思われる。

一八七〇年八月七日のことであるが、龍驤艦副長に兼坂熊四郎が任命されている。それまで副長の緒方の代りになったのか、副長一名増員によるものかわからないが、小楠塾同門の牛嶋と兼坂とが、艦長・副艦長の地位を占めて日本海軍草創に協力する姿は偉観であろう。この時期は六月に実学派政権が樹立され、七月に「村々小前共へ」を布告して、雑税廃止の大改革、民生重視の新政策を打ち出しているときであり、実学派が最も意気盛んなときであった。

しかし、牛嶋の艦長は長くつづかず、同年一一月艦長を辞じている。七ヵ月の短い期間であったが、辞任の理由はわからない。

結　語

牛嶋の晩年については一つの記録がある。前述の「有禄士族基本帳」の「ウの部」に牛嶋の簡単な履歴がはさまれている。牛嶋の長男頼一が書いたものである。それほど長いものではないので、全文転記する。

改正禄高等調

一、元高知行　　百石

改正高弐拾八石七斗

従前四等官軍艦船将之場

牛　嶋　慎　哉

一、明治三庚午年四月軍艦献艦に付直に艦長拝命[5]。同十一月依辞表免職。　旧名　五一郎

命　牛嶋五一郎

任大属

辛未正月七日　藩庁

一、同年同月十七日郡務掛拝命

其方儀宮村七五三跡郡務掛被申付候也

正月十七日　少参事

牛嶋五一郎殿

一、同年二月四日権少参事之場拝命

権少参事之場出仕申付之

辛未二月四日　藩庁

一、同年四月廿日監察掛拝命

監察掛被申付之

本職は是迄之通

辛未四月廿日　藩庁

一、明治四辛未年十月十七日依辞表免職

其方儀内意之趣に付免職務候也
十月十七日
熊本県
牛嶋五一郎殿
一、同年十二月七日依頼隠居、長男牛嶋頼一まで家督無相違被下置候。
一、明治五壬申年二月八日細川護久雇被申付候。
一、同年七月慎哉と改名。
明治四辛未年十二月七日家督
右慎哉長男　牛嶋頼一
旧名　熊太郎
一、明治五壬申年五月実名を相用ひ頼一と相唱へ申候。
右之通相違無之候。以上
熊本区
第一大区七小区内坪井九拾七番地　士族
明治七年二月十日
牛嶋頼一
白川県権令安岡良亮　殿

ここで注意すべきは、明治四（一八七二）年二月四日権少参事に任命されていることであるが、これで牛嶋も実学党政権の要職について、実弟山田武甫らとともに、藩政改革に参加したことである。ただ権少参事になって、どんなことを為したか明らかでないことが残念である。

それから「明治五壬申年二月八日細川護久雇」とあるのは、『先哲』四六四頁に「五年二月細川公家従」にあたるだろう。家従としての牛嶋は、「主理財十余年以老辞、有賞賜」(同上)であったという。

牛嶋の人となりについては兼坂止水が次のように書いている。

君事母孝、飲食衣服無不尽心。母衰老負背逍遥園中、昏定晨省。清温之厚情、人皆感之。君性温和、與物不競。未嘗見慍色。而持守頗厳、恭倹自将。独酷喜飲、当其酣暢之時、唯背歓容耳。(同上書)

以上不充分な資料で牛嶋五一郎の生涯をまとめてみた。間違いのところは訂正していただくとして、牛嶋を真向うから取り上げたものは、これが初めてである。これによって牛嶋論が起ってくれれば幸である。

横井小楠の弟子として学を成し、学校党時代の肥後藩政権・実学党政権にも参加し、さらに熊本藩・日本の海軍の興起に重要な貢献を果した人物として改めて評価されるべきだと思うのである。

注

(1) 幕末に肥後藩が買い入れた洋船は次の七船である。万理丸(一八六四年)、凌雲丸(一八六六年六月)、奪迅丸(一八六六年七月)、泰雲丸(一八六七年四月)、神風丸(一八六七年六月)、静海丸、龍驤丸(一八七〇年四月)。以上は瀬戸致誠氏の前記論文に依る。

(2) 瀬戸氏前記論方一一九頁。

(3) 龍驤艦については、肥後藩の注文による新造説と、外の目的で既に造られていたのを廻した中古品だという説があるという。瀬戸氏の前記論文によると、氏はこの新造か旧造かを明らかにしたいと手を尽くしたが、「結局、新造か旧造かについては明らかにしえていない」ということである。

(4) この建白書の浜文と思われるものを、防衛研究所蔵の『明治三年公文類纂巻之十』の中に発見した。「細川熊本藩知事　上表写」と題された一丁半にも足らぬ短い文章である。ほとんど間違いない建白書と思われるが、まだ検討が十分でないので、ここでは引用を控えた。

(5) 龍驤艦献納は五月八日であることは間違いないのだから、ここで四月とあるのはなぜなのか不明である。

荘村助右衛門——日本最初の受洗者

荘村省三《しょうむらしょうぞう》（文政四年〔一八二一〕～明治三十六年〔一九〇三〕）

熊本藩士。通称は助右衛門。二度も熊本を訪れた吉田松陰と出会っている。四十歳ころから何度も長崎を砲術関係の研究で訪れ、坂本龍馬の手紙にも登場し「木戸孝允に会いたい」と伝言を伝えているほどである。また、熊本藩庁へも龍馬との話し合いの内容を報告している。長崎で英語を教えていたフルベッキとも蒸気船購入で交流があった。慶応二年には長崎で日本聖公会初代主教のウイリアムズ（後に立教大学を創立）から洗礼を受けたが、後にキリスト教を棄教している。

明治維新後、政府に登用され、太政官吏となる。太政大臣・三条実美付属の調査員として、不平士族の動静探索に尽力している。後に大蔵省御用掛判任心得となり、大蔵卿・大隈重信が失脚するまで情報を寄せている。

小楠暗殺時の護衛の一人であった下津鹿之助は、後に荘村の婿養子となって、家督を継いでいる。また、東京在住の頃、安場保和に頼まれて水沢出身の後藤新平を書生として住み込ませた。だが人使いの荒さに音を上げ、飛び出したという。晩年は熊本に戻り、近所の若者たちに回想談を面白可笑しく語っていたという。

一九五四年十一月七日付の『熊本日日新聞』に、当時八代市史編纂委員をしておられた高田素次氏によって、肥後藩士荘村助右衛門が一八六七（慶応三）年に撮った写真と数多くの資料が発見されたことが報ぜられている。その記事によると、荘村は一八六六（慶応二）年、長崎でウイリアムズ宣教師によって聖公会（新教）の洗礼を受けた二人目の受洗者であったということであり、その荘村は「後藤新平伝」に出てくる一八七〇（明治三）年に太政官少史、さらに三条実美の秘書となった荘村省三と同一人物であることが判明したとある。

ウイリアムズ（一八二九—一九一〇）というのは米国聖公会宣教師で、一八五九（安政六）年日本布教のため長崎に着任、一八六一（文久元）年には日本最初の新教礼拝堂を建設、一八六五（慶応元）年聖公会伝道会社の日本および中国伝道の監督となった（中野善達、『洋学史事典』）。そのウイリアムズが後年書いた『教会歴史問答』に、長崎で初めて日本人に洗礼を施したのは、一八六六年二月肥後の武士ショームラであったと記述されている、というのである。このショームラなる肥後の武士が荘村助右衛門であった。

荘村は一八二一（文政四）年肥後藩士の子として生まれた。荘村家の石高は百石前後であった。時習館に入って勉強したが、やがて江戸に出て松崎慊堂の塾に入った。江戸遊学の様子やその後数年間の経歴は今のところ不明である。時習館在学中であろうか、横井小楠の塾に通って小楠の弟子となっている。横井実学党の一人として青少年期を出発したわけである。

荘村が幕末の歴史に登場してくるのは一八六三（文久三）年のことである。その年の五月のことと思われるが、荘村は兼坂熊四郎、大田黒惟信らとともに国老小笠原備前をたずねて、増田八十六とその弟子たちを大砲鋳造のために江戸から下藩させるべきことを進言している。この事は実現して、その年の七月荘村は増田とともに砲器火薬（手元込大砲）研究のため長崎に出張を藩から命ぜられている。この二つの記事はともに『改訂肥後藩国事史料』巻四に記載されていることであるが、荘村が長崎に行ったのはこのときが初めてであろうか、そして彼はこのとき翌年にかけて一年以上は長崎に滞在したと思われる。

荘村はこのときフルベッキを知り、聖書を与えられている。そして、この年の八月ウイリアムズについて、毎夜十時すぎまで漢訳聖書をともに読んで、キリスト教について教えを受けたという。

この一八六三年は荘村は数え年で四十三歳であるが、この年の事歴は以上の事以外には知ることができず、翌六四（元治元）年についてはさらに記録はない。わずかに前記の『改訂肥後藩国事史料』巻四に一つの記事がある。荘村が河瀬典次らとともに勝海舟を長崎の旅館におとずれて、小楠に托された『海軍問答書』をとどけていることである。海舟は五月開設予定の神戸海軍操練所建設準備のため二月下旬に長崎にきていた。海舟はこのときの長崎行の途中熊本にたちより、坂本龍馬を沼山津の小楠のもとにやって、その意見をもとめている。『海軍問答書』はその返答の意味があったと思う。河瀬も小楠の弟子で、荘村はその案内役をしたのであろう。

その後荘村は熊本に帰っている。そして翌六五（慶応元）年の春先きと思われるが、ふたたび長崎にやってきた。西洋兵書をウイリアムズが彼のために借り入れた旨の通知を受けたからであった。こうして長崎にあって西洋兵学、洋式操練を研究するのである。

今度の荘村の長崎滞在は前回よりは長くなった。一八六五年から六七（慶応三）年まで三年間にかけて彼の動静を知るに足る記事が『改訂肥後藩国事史料』巻五―七に散見されるのである。いまそれらの記事を箇条的に拾いあげてみることにするが、これによって荘村の長崎滞在の動静を知ることができよう。

一八六五（慶応元）

五月二日　英人グラバを訪い、薩藩英国留学生の消息を得たり。（巻五）

五月三日　米人宇利也牟期（ウイリアムズ）、将軍進発につき援兵を英仏に借らんとするの議ある由を荘村助右衛門に告ぐ。（巻五）

十月二十六日　在長崎荘村助右衛門は、越前藩士瓜生三寅が三国軍艦摂海入津、外国条約勅許等に関し英国船将と問答せし要領を藩政府に報告す。（巻六）

一八六六（慶応二）

四月二十八日　在長崎本藩士荘村助右衛門、天草動揺に関する事情を在国坂本彦兵衛に報ず。（巻六）

六月十一日　在長崎荘村助右衛門、英国公使パークスの行動に関するフルベッキの談話を奉行道家角左衛門に報告す。（巻六）

八月三日　在長崎荘村助右衛門は閣老小笠原長行の動静、諸藩兵の小倉撤退及本藩の銃器弾薬購入等に関する報告をなす。（巻六）

八月六日　在長崎荘村助右衛門は幕府軍艦の集合、閣老小笠原長行の長崎退去、小倉戦争当時幕府軍艦逡巡の状況等を奉行田中八郎兵衛等に報告す。（巻六）

一八六七（慶応三）

五月十四日　我藩荘村助右衛門長崎より書を坂本彦兵衛に贈り、土佐藩坂本龍馬と談合の顚末を報じ且つ其所見を陳ぶ。（巻七）

さて、このように並記してみると、ただちにわかることはこれらはすべて探索書であるということである。荘村は一八六五―六七年間の長崎滞在中は探索の仕事も行っていたことがわかる。荘村が探索を目的とした探索掛という役目をもっていたかどうかははっきりしないが、探索の仕事は大いに果していたわけである。荘村の長崎滞在は肥後藩留学生の監督ということであった。留学生の監督といった役向は、あるいはこういった表向の役目のほかに探索方という重要な役割をもっていたのであろう。上にあげた報告書の内容まで紹介し検討する紙数はないが、その内容をみるかぎり荘村はなかなか敏腕な探索方であったことがいえる。

荘村は再度にわたる長崎滞在の間に、坂本龍馬、桂小五郎、大隈重信、副島種臣らと知り合っている。桂の坂本への手紙に出てくることであるが、一八六七（慶応三）年九月四日付の手紙であるから、土佐藩が将軍慶喜に大政奉還をすすめるべく画策しており、それに対抗して薩長が討幕の計略をしきりにおしすすめているときである。桂はその手紙のなかで「外の大芝居」と書いているが、これは討幕の計略のことであろう。この計略に荘村を加えるかどうかという問題を取り扱っているわけであるが、桂は結局肥後藩の態度があいまいで同志とするにたらないと断言しているのである。これは、肥後藩の態度あいまいということで、荘村個人の責任ではないことであるが、肥後藩士、なかでも横井実学党の人びとの置かれているむつかしい立場が察知できることである。

さて、前述した『教会歴史問答』にウイリアムズが洗礼をあたえたと書いているショームラが荘村であることをつきとめたのは、日本聖公会歴史委員の一人であった前島潔という人であり、それは一九三五（昭和十）年のことであった。前島氏は一九四四年になくなられているが、氏は苦心の調査の跡を『基督教週報』に「資料探訪記」として残されている。この前島氏の記録によれば、ウイリアムズは荘村について、彼はまだ真理には無知であるが教えるに足る気性をもち、新しいことを学ばんとの熱心が顔にあらわれている、と本国聖公会に書きおくっているとのことである。ここには「熱心なる求道者」荘村の姿がえがかれている。前述したように一八六三年八月荘村はウイリアムズの門を夜ひそかにたたいてより、ウイリアムズが六六年三月帰米するまでその門に出入りして教を受け、いよいよ決別ときいて切にウイリアムズに洗礼を希うたものであろう、というのである。こうして荘村は日本最初の受洗者となったわけである。小楠門下としての荘村がキリスト教入信者となることはありえないことではない。

師小楠によって開かれた海外への関心が、荘村において非常に強かったことを証明する事実はほかにもある。わが国新聞の父といわれるアメリカ彦蔵ことジョセフ・ヒコは一八六四年四月から凡そ一年半横浜において日本最初の新聞『海外新聞』を発行したが、この新聞を早くから定期に講読したのは、肥後の荘村と柳川の中村という藩士の二人だけであった（近盛晴嘉『ジョセフ＝ヒコ』吉川弘文館）。海外の情報に敏感であったことは、横井実学党の一人として充分にうなずけることであるが、それにしても僅か二人のうち一人という位に熱心であったことは、前島氏がいうように、「文明開化に憧れた其頃の頗る進歩主義の人物」と評価してよいことであろう。すなわち、幕末における荘村助右衛門は西洋兵器や洋式操練を研究し、キリスト教の入信にふみきり、いち早く『海外新聞』を定期講読するという、当時先端を行く進歩主義者であったといってよいだろう。

前島氏は探訪の最後にいたって、荘村が菩提寺真浄寺に葬られていて「久遠院晩翠日寿居士」という戒名があたえられていることを知って憮然たる思いになる。「維新前後志士先覚者が熱心に洋学を究めた心持は、治国の道として是れまで儒学に求めたものを、更に勝れる洋学に発見せんとしたに外ならない」のであって、キリスト教にしても、キリスト教を「救霊の道」として受け入れるのではなく、「文化の促進、治国の方策」として歓迎したのだと、幕末明治初期の信仰意識を解明して、幕末日本最初の受洗者も最期は仏教徒として葬られるという矛盾した生涯に一応の解釈を下している。

この件についてはいろいろの解釈ができるであろう。荘村のあり方を容認する余地も十分あるわけだが、やはり残念ながら明治になってから彼は信仰を捨てた。あるいは彼は節を変えて再び仏教に逆戻りした不信漢か、という疑問非難の声は消えないようである。

そこでまっさきに私は荘村のキリスト教への入信そのものを問題にしなければならないのではないだろうかと思う。荘村の入信は目的を達成するための手段ではなかったのか。彼が探索の役目を十分に果していること、それが非常に敏腕であったことなど考えると、彼は情報を得るための入信あるいはウイリアムズへの接近ではなかったかとの疑問が起ってくる。これは日本最初の受洗者という名誉(?)を抹消する心配もあるので、この程度にしておくが、事の真相を見抜くことはむつかしいものである。

徳富一敬――革新的な藩政改革の提案者

徳富一敬《とくとみいっけい》（文政五年〔一八二二〕～大正三年〔一九一四〕）

蘇峰、蘆花兄弟の父。徳富美信の長男で、十六歳で熊本に出て、六年間時習館で修学。最も早い時期に小楠の門弟となっている。薩摩の軍事関係の調査に出かけてその結果を藩庁へ報告する。この頃から郡内の取締り役に任命され、郡内の行政に関わるようになる。薩英戦争の際には、小楠門下生と共に、薩摩へ出かけ戦争の状況を探索して藩庁へ報告している。その直後には、越前福井藩の使者に会うため長崎へ出かける。また藩庁の命令で球磨・日向・飫肥地方へ探索に出かける。この後、何度も薩摩への使者のお供で出かける。

明治維新後に藩政改革の上書を藩庁に提出すると、奉行所書記兼録事に任命され、民政少属、大属と昇進し、小楠主義を標榜して藩政革新の一角を担う。明治四年に熊本県典事となり、明治天皇の九州巡行の際に世話係を務める。熊本の上林町に私立中学・立学舎を設立して漢学を教授する。また、長男・猪一郎が大江義塾を創立すると、漢学を教授する。

明治十九年暮に上京して赤坂に住み、二十九年以降は湘南逗子に老龍庵を建て余生を送る。今日、水俣にある淇水文庫は、蘇峰が父の記念に水俣に寄付したものである。

はしがき

徳富蘇峰は、かって「天保の老人」に比較して、「明治の青年」の時代を謳歌したが、蘇峰はこの「天保の老人」のなかに、わが父一敬も入れていたことであろう。しかし、一敬はこの天保の時代には青年であった。まさに天保の青年であった。しかも、この天保の青年こそが、幕末維新の動乱を壮年期にむかえて、時代を一身に背負っていくわけである。天保の青年は、そういった意味で、はなはだ興味あるテーマなのである。

私はかねて横井小楠を研究するにあたって、小楠を知るためには、その弟子たちの行状と思想との研究がなされなければ、小楠を十分に知ることができないと思ってきた。その小楠の弟子たちは、多くは天保の青年である。さもなくば、少年である。天保の青年たちが、いかにして小楠の薫陶をうけ、幕末維新に壮年として全幅の力をかたむけて、小楠の遺志を実現していくか。これを問うことこそ私は歴史だと思っている。さらに、天保の青年と明治の青年との違いを究めることは、日本の近代の出発を知るうえで、きわめて重要なキーポイントだろうと思う。そこには、伝統の文化のなかに、どうやって西洋文化を摂り入れていったかという、重大な問題もふくんでいる。

私は折にふれて、小楠の弟子たちの資料を集めてきた。そのなかで、徳富一敬の資料はわりに残されている。これは、蘇峰という偉大な資料収集家がいたがためであろうと思うが、しかし、断片的な資料をどうまとめるかが問題であった。ここにようやく資料解釈にも目途がつき、資料処理にもなんとか方法がついたので、ひとまずまとめることにした。それでも、ここでは資料報告が主となり、資料を時間にそって並べる程度にしかできなかった。時間と紙数の関係で、ひとまずは資料紹介ということにさせていただく。私が集めた一敬の資料を次にあげておく。

諸記録　嘉永四年（一八五一）—明治十年（一八七七）

筆記第一　抜萃帳　天保八年（一八三七）起筆

第二筆記　抜萃帳

書窓筆記　覚書、書抜帳　明治末—大正三年（一九一四）

随意備忘録　明治十五年（一八八二）

吾不与斎漫筆　明治十六年（一八八三）

優遊録　明治十年（一八八六）—明治三十七年（一九〇四）

淇水詩艸　徳富猪一郎編　明治二十四年（一八九一）

随感漫筆　同右　大正三年

なお、このほかに「淇水老人遺愛」書として二五冊ばかりの書物が、水俣市蘇峰記念館に残されている。これらの遺愛書は、一敬の読書傾向、関心の所在を知るのに重要な資料だが、今回はこの分析まではできなかった。

今回の報告では、幕末までの時期に重点をおいた。一敬の明治以後の活躍については、昭和六十三年度報告書「十九世紀における日本と中国の変法運動の比較研究——横井小楠と康有為を中心として」に報告ずみであり、また、明治十年代の活躍については拙者『徳富蘇峰と大江義塾』（ぺりかん社、昭和五十七年）のなかで詳述しているからである。あわせて読んでいただければ、一そう一敬の理解には役立つことだろうと思う。

小楠の弟子たちの資料は、なかなか集まらない。集め始めて相当の時間が経っているが、資料が不充分で困っている。しかし、それでは何時までたっても書くことができないので、そろそろ書き始めていこうかという気になってきた。その第一号が結局は徳富一敬になった。以下山田武甫、安場保和、竹崎茶堂等々と書きついでいきたいと思っている。書きついで、これが一つの小楠人脈という形になれば幸だと思う。大山脈とか、一きわ高い秀峰ぞろいということにはならないが、一つの歴史を形づくるものにはなるだろう。

この研究によって、私のこころざすテーマは、中央と地方、伝統と他文化、承継と革新、地方エリートの役割といったものである。明治以後の横井実学派の活躍は、全国的にみても、たしかに特異な現象だと思う。そのあとを綿密におうことが、右のテーマの一つ一つを明らかにしていくものだと思っている。右のテーマのなかでも、彼らの教養の基礎になる儒学のうえに、彼らはどうやって西洋の文化を消化していったか、これを個人々々において究めたいと思う。

一　一敬の青少年時代

一敬の生い育ちから修学時代はどうであったか。幕末動乱の時代に青少年期をすごす一敬が、どんな学習によって自らを確立していったか。それを、一敬自らに語らせることによって、その実相を探っていくことにしよう。

一敬は、前掲『諸記録』のなかに、自身の修学時代の履歴を記録している。次に、それを掲げる。

文政五壬年九月廿四日、外祖父徳永栄蔵翁の宅におゐて誕生、同年十二月尊大君津南奉職、天保四巳年ヨリ未年まで、尊大君同僚赤沢氏の宅ニ読書、習書として寓居。

天保八丁酉春二月、教授近藤英助先生之家塾ニ寓ス。同十三寅八月退帰。

天保十三寅八月、於佐敷、尊大君代役被仰付。同年十一月親迎伊藤又次。嫡女有故。同十四年、冬離別。代役中、日奈久新地、計石新地等御用懸有ル。日奈久新地ニ付銀三両御賞賜田一反請抔。被下置候。計石新地ニ付金子三百疋右同。断。弘化二巳七月、横井先生江入門。水道丁横井家江寓ス。
嘉永元未尊大君辞職。津南之新宅ニ移居。同二春二月十五日親迎矢島忠左。衛門四女
嘉永年四辛亥九月、小楠堂横井先生当主退帰。同十月五日水俣旧宅ニ移。（以下略）

徳富家は、肥後の国の最南端、隣藩薩摩藩と境を接する水俣（現水俣市）の地にあり、代々惣庄屋をつとめていた。身分は郷士であり、苗字帯刀を許され、一領一疋であり、郡筒小頭であった。郷士として役人であるが、反面、「土地の所有者」であり、「一方では地主であり、他方では自作農」(1)であった。徳川幕藩体制のなかで、幕末にあらわれてきた新しい階層、豪農であった。彼らは、惣庄屋としては、百姓の利害を代表する役割であったが、手永会所に出仕して、肥後藩庁差配の代官の仕事を補佐する役割からすれば、藩支配機構の末端の役目をになっていた。いうならば、純粋の「侍でもなく、百姓でもなく、全くの合の子」、どっちつかずの身分、立場であった。徳富氏は水俣では、どの程度の家であったか。「当時水俣にて予の家は格式に於ては、先づ第三番目であったろう」と、徳富蘇峰はその著『蘇峰自伝』(2)のなかで書いている。第一は深水氏で、これも代々水俣の惣庄屋であった。次は、一敬の家の本家の徳富家である。この家は中小姓格であった。その次の三番目が、一敬の家であるというのである。

蘇峰にいわせると、その徳富家の七代の当主美信の長男として生れたのが、一敬であった。右の引用文に、「尊大君」とあるのが、美信であって、その美信は、寛政十年（一七九八）五月五日出生、文政五年（一八二二）十二月、津奈木惣庄屋兼代官を命ぜられ、天保十一年（一八四〇）佐敷郷に転じ、同じく一五年ふたたび津奈木

郷に復し、弘化四年（一八四七）水俣に帰った。在職二五年。明治十八年（一八八五）七月十七日、水俣に逝いた。享年八十八歳であった。

美信の妻、すなわち一敬の母直子は、肥後国芦北郡津奈木郷（現熊本県芦北郡津奈木町）徳永昌長の娘である。直子は、里に帰って一敬を生んだ。『蘇峰自伝』によれば、「徳永氏もやはり家格に於ては、予の家とほぼ同じものであったろう」という。

「尊大君同僚赤沢氏（赤沢丑右衛門）」は、いまのところ不明だが、おそらく一敬はこの赤沢氏について、読書習書の手ほどきをうけ、『小学』や『論語』等の古典の素読を学んだのであろう。その赤沢氏就学の期間は、「天保四巳年ヨリ未年まで」であるという。「未年」は天保六年であるから、二年間の期間だということになる。天保四年は、一敬数え年で十二歳であるから、十二歳から十四歳までとなる。十二歳の始学となれば、随分遅いことになる。他人についての正式の勉強は遅れたようであるが、おそらくその前に家庭教育があったのではないか。蘇峰はその『蘇峰自伝』のなかで、母の膝の上で唐詩を習い、『大学』『論語』なども母から習ったと書いているから、一敬もその母から、蘇峰と同じく七、八歳ぐらいから習い始めたのではなかろうか。郷士、惣庄屋の家では、武士の家と同じように、その子供の教育には注意をし、武士の子に劣ることのないよう努力したものと思われる。

この家庭教育の上に、他人の指導を受けることになったのであろう。「読書、習書」を指導した赤沢氏は、美信の同僚とあるから、本職の教育者ではないだろうが、家に一敬を置いて指導するくらいであるから、教育するだけの学殖と自信は持っていたのであろう。そしてここで学んだものは、儒学の古典の素読を中心とした、基礎的な、初歩的な知識であったであろう。赤沢氏宅に寓したのは二年間で天保六年に辞している。つぎに近藤に就いたのは天保八年であるから、少なくとも天保七年のまるまる一年は何をしていたのであろう。また家庭教育に戻ったのか、それとも自学自習の一年間であったのか。
近藤英助塾に入門したことで、一敬は初めて高名な学者について正式に学問の道に入ったことになる。近藤英助（一七七四―一八五二）は名は昌明、淡泉と号した。初め医員として藩に仕え、禄七〇〇石をもらった。寛政十二年（一八〇〇）時習館訓導となり、天保十二年教授職に任ぜられ、時習館六人の教授のうちの一人となった。三代に仕えて服職六〇年という。以上の近藤の経歴は『肥後人名辞書』(3)によって書いたのであるが、一敬の文章では、一敬が天保八年近藤塾に入ったとき、すでに近藤は教授であったように書かれているが、『肥後人名辞書』では近藤が教授職に任ぜられたのは天保十二年である。どちらが真実かということだが、『肥後人名辞書』の典拠となったと思われる『肥後先哲偉蹟（正・続）』(4)をもたしかめてみたところ、こちらも天保十二年となっている。したがって、これは一敬の思い違いの可能性が強い。
さきの一敬の履歴文で天保八年に近藤塾入門、五年間同塾に在塾して、天保十三年に退塾したと思われるような書き方になっているが、実際はこれとは事情が異なっている。一敬の文章によると、次のようにある。

学問の儀ハ天保八年丙正月、近藤英助殿へ入門仕、同二月より右英助殿家塾へ相詰、同九月より時習館講堂出席御免被仰付、勤学行候処、天保十三年寅年八月、御総庄屋代役被仰付候ニ付、近藤先生塾引取申候。

（以下略）

右の文章で明らかなように、一敬は近藤塾に入って半年後には、藩校の時習館に入学している。時習館教師は、藩校に勤めながら、自宅で生徒を集めて塾を開くことを認められていたが、一敬がその近藤塾に入塾したということは、あるいは時習館入学への準備であったかもしれない。
時習館は肥後藩の藩校で、宝暦五年（一七五五）創設され、学寮を時習館といい、武芸所を東榭・西榭と称した。藩士の子弟を皆ここに入れて、文武の芸術を学ばせたのである。学生修学の次第は、十歳前後から句読斉に入り、孝経、四書五経の素読を学び、十五歳ぐらいになり左伝を独読できるようになって蒙養斉に移り、やや文義を解するものを講堂に転昇させたのである。この講堂の級で大かたのものは時習館を卒業ということになるのであるが、学生中特に俊秀なるものは、居寮生と称して、常に館中に寝食させ、藩費を給して、専ら勉学させた。横井小楠、元田永孚、井上毅など凡てこの居寮生であった。

一敬が近藤塾に入った天保八年は、十六歳である。津奈木における赤沢氏についての修学が、句読斉、蒙養斉修学に相当するものと認められて、年齢はやや早いものの講堂に飛び越し入学したものと思われる。一敬は、純粋の士ではないが、郷士であるので、時習館入学が許されていたのであろう。これは、もう明治になってのことであるが、肥後国荒尾郷の郷士宮崎八郎も時習館に入学している例がある。一敬が一〇〇キロ近くも離れた水俣から熊本にやってきて、他人の家に寄食しながら時習館に学ばねばならなかったのは、田舎郷士が藩士に伍して生活し、活躍していくためには、時習館在学という資格がどうしても必要であったからであろう。時習館に入って丸五年、一敬は二十一歳で退学した。講堂五年の修学は、十分の時間をとれたものということができよう。

時習館を退学しなければならなかった理由は、一敬が天保十三年八月になって急に父の代役を命ぜられて、佐敷へ行かねばならなかったからである。急に代役を命ぜられた事情は後で考察するが、こうして父の代役として惣庄屋の仕事を三年間勤めるが、今度はまた飜意して、弘化二年（一八四五）七月城下町熊本の横井小楠の塾にはいっている。ときに一敬は二十四歳である。そして嘉永四年（一八五一）九月まで、実に六年間、小楠の指導を受けたのである。時習館修学五年よりも、さらに長い時間をかけている。この小楠塾修学の意味するものは、なにか。いろいろ考えられるが、非常に大きな意味をもっているように思われる。

第一に、一敬は惣庄屋代役となって職についたのに、あらためてまた学習の道に、なぜはいったのか。時習館での五年間の修学は決して短かくはない。普通ならそれで終ってよいものである。それなのに、なにが一敬をふたたび学習へ駆り立てたのか。第二には、学問再学習の対象を選ぶに、なんで横井小楠としたのであるか。ほんの四、五年前に実学ののろしをあげたとはいえ、まだ小楠はそれほど高名とはなっていなかったであろう。むしろ、時習館の学問に依拠する学校党支配の社会に異を立てて、小楠は世間を狭くしている時代である。そんなとき、小楠門人第一号となった理由はなにか。しかし、これは後で検討する。

一方一敬は、文学のみならず武芸の習得にも精進した。一敬は、嘉永五年(一八五二)一月書いた記録のなかに、自分が習得した武芸の種類を書きあげている。

一　劍術　天保四巳年山東半兵衛殿江入門、稽古仕候事。
　　　　　天保十亥十月、五法相伝仕候。弘化四未十月より夕榭出席被差免、嘉永二丙十月三日、先相伝仕候事。
一　躰術　江口源次郎方へ天保二卯年入門仕候事。(右源次郎方死後、当師役江口次郎方指南で受稽古)
　　　　　弘化四未九月より夕榭出席被差免候事。
一　炮術　太田流吉津次右衛門方へ天保七甲二月入門、稽古仕候事。
　　　　　天保十四卯五月尽目録相伝仕候。嘉永三戌五月、当師役鵜川伝左衛門方より目録相伝仕候。
一　居合　星野龍助殿へ天保九戌六月入門、稽古仕候事。
　　　　　天保十二丑八月中段相伝仕候。(当師役星野次郎作ト成ル)
一　算術　甲斐太喜次方へ天保八酉十一月入門、稽古仕候事。

一敬が指導をうけた各武術の師についての研究はまだ十分でないので、不明の点も多いが、それぞれに当時一流の人についているようだ。山東半兵衛〔貞吉〕は不明だが、熊本に時習館師範の山東家がある。天保四年（一八三三）に入門とあるが、この年は津奈木赤沢氏宅に寓居する年であるから、山東半兵衛は津奈木の武術家であったのであろう。体術師範の江口源次郎も不明。天保二年（一八三一）には、一敬はまだ水俣にいるはずであるから、江口は水俣在住というのであろうか。吉津次右衛門は佐敷の人で、代々次右衛門を名乗る砲術師範である。鵜川伝左衛門についてはは詳細はわからない。居合の星野龍助（一七六四―一八三九）は当時著名の武術家であった。伯耆流居合、四天流組打、揚心流薙刀の三芸の師範であった。『肥後先哲偉蹟後篇』(5)にのせる文章によると、星野龍助は、「風姿英偉、芸術卓絶、有驚人者、門人影従、祖業大振」とあるので、その人物を推することができるだろう。その子星野九門は父以上の武術家だったらしく、「三芸皆神に入り、武道に悟入」したほどの人物で、後に武徳会範士に推され、大正五年（一九一六）に没している。一敬が星野龍助へ入門したのは、天保九年（一八三八）六月であるから、龍助は翌十年七月に没しているので、龍助に指導をうけたのは一年ほどで、その後は九門に師事したと思われる。星野次郎作というのは、この九門のことであろう。算術の甲斐多喜次（一八一五―一八九八）は、名は隆義、後一衛と改め、慎軒と号した。禄一五〇石。「数学を以て西海に鳴る。算学、測量、天文、暦道の師範たり。受学者一万余人に達す。嘗て自ら測器精簡新儀を製す」(6)とあるから、相当の数学者であったのであろう。

以上のように、一敬が師事した武術家は、当代一流の人物であったといってよいであろう。しかも、剱術、体術、炮術、居合術と当時流行していた武術の多くについて学んでいるのである。そして、それぞれについて目録相伝を受けているというのは、一敬がいかに真剣にそれらの術を身につけようとしたかがわかる。その多くの芸を身につけたことに驚くが、当時の武士たちが、彼らが武士として当時の社会に生きるためには、文武にわたって沢山の教養を身につけなければならなかったことがわかる。一敬は郷士であったが、郷士である以上、武士と同じ教養を要求されたのであろう。別の見方をすれば、郷士たる一敬に、武士たる藩士たちの子弟に劣らぬよう真剣に努力している、真摯なる豪農層青年の生き方を見ることができるのである。

右の四芸のうちで、私が注目したいのは炮術である。この炮術を一敬が学んだというのは、あるいは当時の青年武士達の必要な教養であったのかもしれないが、単に劔術、体術ですませなかったところに、一敬の時代に対する意欲をみるような気がする。この吉津の炮術は太田流炮術ではなかったかと思われるが、一敬の別の記録によると、「西洋法高嶋流炮術並操練、慶応元年丑五月廿七日池部啓太方へ入門兼学仕申候事」として、池辺に入門していることに特に注目しなければならぬと思う。

池部啓太（一七九八—一八六八）、名は春常、如泉と号した。肥後藩士、食禄一〇〇石。数学師範となり、また西洋砲術を研究発明し、その師範も兼ねた。早く長崎に学んで、西洋砲術を研究し、幕末肥後藩における西洋砲術家として知られた。(7) 小楠もその偉才を買ったのであろう、門人二人を池辺について学ばせている。一敬が慶応元年（一八六五）になって西洋砲術に切り替えたのは、時期としては遅すぎる気がするが、四四歳にしてなお新たな勉強に立ち向っていく一敬の進取性は見るべきものがあろう。あるいは、それも時代の要求であったといってよいかもしれない。

こうして、一敬は、天保二年（一八三一）十歳のときに体術修行のため江口源次郎へ入門して以来、天保十三年（一八四二）父の代役を命ぜられて時習館を退学するまで一一年間、二十一歳の年まで文武両面にわたって、まじめに勉強をつづけたのである。赤沢氏について文を学ぶより二年早く武の道にはいっている。すなわち、それぞれの道に一〇年以上をかけ、しかもそれぞれに数科目の勉強を成就して、初めて一人前の武士として、郷士として社会に出ることになったのである。

二　一敬小楠堂に入る

一敬は、時習館を退学して、次に小楠堂に入門するまでの三年間職につく。この期間の意味が大きい。それでは、どんな役職につくのか。これも『諸記録』のなかに、彼が書き付けた「覚」から引く。

天保十三寅七月御惣庄屋代役被仰付、同苗在勤中、弘化四未五月まで六年相勤申候事。

一　佐敷手永計石新地手永開ニ引受、築留被仰付候旨ニ付、父同様心配仕候旨ニ付金子三百疋、弘化元辰年被為拝領候事。

一　日奈久於海処新地出来、御用被仰付、出精いたし候旨ニ付、銀三匁、嘉永元申十一月被為拝領候事。

（以下略）

計石にしても、日奈久（現在は八代市）にしても、不知火海沿岸で、いわゆる干拓事業にあたったことになる。父美信「病中故障等の節代役相勤候様被命」とあるから、美信このころ、とかく病気がちであったのだろう。天保十三年（一八四二）から弘化四年（一八四七）まで六年間在勤したと書いているが、弘化二年（一八四五）七月横井小楠の塾へ入門して、熊本に出てきているのであるから、三年間ということではないかと思うが、こんな簡単なことで計算違いもあるまいから、なんらかの事情があったのであろう。

この三年間の勤務に対して、「金子三百疋」「銀三匁」といった褒美をもらっていることであるから、一敬はまじめにこの仕事に出精したことであろうと思われる。だから、この仕事が嫌だとか、面白くないということではなかったのである。それなら、なにゆえに三年間の勤務で打ち切り、またふたたび学習の道に入ったのか。ここのところは、十分に検討しなければならないだろう。

まず、その理由として、常識的に考えられるところは、父美信が健康を回復して、一敬の代役の必要がなくなったことである。これは十分ありうることである。では、暇となった一敬が行きつくところは、学問の道しかなかったか。この疑問が残る。この理由を説明するような資料がなにもないので、たしかな理由づけは大変むずかしいのだが、私には一敬にもっと積極的な学問への理由があったように思えてならない。

一敬の三年間の惣庄屋代役としての新地開拓の仕事の状況はどうであったか。一敬が勤勉振りは衆人が認めるところとなり、それが「金子三百疋」「銀三匁」となったことは前述した通りだが、他人にはそう見られるほどに熱心に仕事に打ち込みながら、一敬には物足りなさがあったのではないか。自分自身に対する不満であり、不安である。自分に満足できなかったのだと思う。

「新地開」や、「築留」といった事業の技術的な面について、一敬がどれだけの知識と能力を持っていたかは知ることはできない。そのことについての自分の力倆不足を感じたことがあったであろうことは、二十一〜二十四歳という年齢からいって否定できないと思うが、しかし、それが主たる理由だとは思えない。なぜかならば、その方面の知識技術については、当代一流の甲斐慎軒に五年間ついて勉強していることでもあるし、またその方面の科学技術への再入門ではなく小楠堂への入門であったことで証明されよう。一敬は干拓事業に惣庄屋としてたずさわりながら、いろいろな問題や悩みにぶつかったと思う。

第一に、この干拓事業に駆り出されている人夫は、ほとんどが百姓である。かねて百姓の生活実態については知らない一敬ではなかったが、実際に仕事のなかに見る百姓の生活は困窮をきわめていたのではないか。その困窮の状態にある百姓に対して、いかなる救済策を立てたらよいのか。それが一朝一夕で事がすむようなことではなく、かつ一敬一人で解決できるような単純なものでないこともわかってきたのではないか。

第二に、惣庄屋という先祖からうけついだ役職についての役割りと責任について、一敬は疑問を持ったのではないか。前述したように、「侍でもなく、百姓でもなく、全くの合いの子」という、どっちつかずの身分、立場である惣庄屋として、藩の命令を執行するために多くの百姓を使役するとき、一敬は数々の矛盾と苦悩とに陥ったに違いない。二十一歳から二十四歳という多感な青年期である、いわんや最初の役職であり、社会的仕事である、一敬の思いは最も痛切であったろう。

第三に、これが最大の理由であろうと思うが、一敬は自分の哲学を持ちたかったのである。深刻をきわめる百姓の生活の救済、惣庄屋代役という地位身分の社会的役割りと責任、これら今の自分にとっての喫緊の問題に対処しうる哲学が欲しかったのである。両問題ともに、すぐに解決できる問題ではなく、直ちに方策がでてくるものでもない。その解決方策が欲しいのだが、しかし、そのまえにそのような具体的問題に対処しうる哲学がなければならない。ただ、文章や語句を解釈するだけで終る学問では駄目であるし、また新地を一メートル伸ばすにどういう技術を持ってすればよいかという技術的処置で事すむことでもないのである。現実の、目の前に置かれている困難、底深い問題に立向える哲学が要求されるのである。

以上が弘化二年(一八四五)、一敬二十四歳の心境だと思う。私は、以上のような心的問題が、一敬をして再学習に踏み切らしたと思っている。一度、惣庄屋代役として実際の役職についてみて、初めて知った実際の困難事であった。そして、困難事の解決にこれまで勉強してきた時習館での学問が何も役に立たないことを知り、新しい学問への欲求が激しく起ったのである。実際の事実から起った、実際の問題を解決しうる、もしくは解決しようと現実に立ち向える学問が必要なのであったのである。

このとき、すなわち弘化二年の七月、一敬は、小楠堂に入門した。そして城下町熊本の水道町の横井家に寄宿した。さきに書いた一敬の心境から、小楠の下に走ることは当然のように思えるが、それでもなお一敬が小楠を選んだ理由については、検討しなければならない問題点があると思う。ここで一敬が再学習をするとすれば、時習館の師範以外の名の知られた私塾が熊本には事欠かなかった。そういうなかで、なぜ小楠を一敬は選んだのか。小楠は時習館の居寮生塾頭にまでなった秀才であったことはよく知られておるし、また三、四年ぐらい前に、肥後藩次席家老長岡家の嫡子米田是容らと五人で研究会を始め、時習館の学問に反旗をひるがえし、詞章記誦の学問ではなく、躬行実践の道としての実学を求めた一群の人々の中心人物であったことは知られていたが、まだ一人も弟子はとっていなかった。そんな小楠に、一敬はなぜ最初の門人として飛びこんでいったのか。小楠時に三十七歳、ようやく壮年に達したとはいえ、実学の狼煙をあげたのも三、四年前にすぎず、小楠をして一世に名を知らしめる開国論もまだ唱えていない時期の小楠である。その小楠を一敬はなぜ選んだのか。開国論を主張する開明思想家としての小楠、それがまっとうな小楠像であるが、それ以前の小楠、すなわち攘夷論者である小楠に、一敬をひきつける何があったのか。

一敬はたしかに小楠門人第一号であった。それほど実際性を求めた一敬が打ち込んだ小楠の学問であるから、やはり一敬を引きつけた所以は、小楠学の実学性であろう。私は、小楠学の実学たる所以は、一敬・矢島等数人の豪農層、郷士達が門下に入ってきて、いよいよその真価がみがかれていったと思うので、一敬入門のとき、一敬等をひきつけるほどの実学性が小楠学にあったろうかということに、いささかの疑問を残す。しかし一敬を引きつけるところをみると、一敬は実際学より求めるはずはないと思われるから、このことから小楠学の実学性をかえってみることができるかもしれない。

三　一敬の役職時代

小楠堂を退いた一敬は、惣庄屋には就いていない。役職の履歴を書いた最初のものに、安政二年（一八五五）の記事がある。

差　出

私儀諸役人段徳富太善次悴ニ而御座候処、嘉永五年子十二月御郡代衆御手付横目当分被仰付、在勤中一領一疋被仰付、田浦手永請抔被仰付相勤居申候処、当卯三月津奈木・水俣・久木野三手永請抔助勤兼帯被仰付、同五月唐物抜荷改方御横目被仰付（在勤中諸役人段被仰付）、御手付横目佐敷御目付等兼帯被仰付、水俣・久木野受抔被仰付、当年まで田浦受抔等都合四ヶ年相勤居申候。

一　文武芸之儀去ル丑年書上置候通ニ御座候。

一　私儀当卯三十四歳ニ罷成申候。

一　当前之御用筋相勤居申候。

右之通ニ御座候。以上。

安政二年卯五月　　　徳富太多助　花押

右は、一敬が郡代に書き出したもの。これによると、小楠堂を退塾して、郷里に退いたのが、嘉永四年九月のことであったから、一年以上の空白をおいて、一敬は役職についたことになる。安政二年の執筆であるので、嘉永五年（一八五二）の就職から四年にわたる履歴である。一敬の勤務が精励恪勤であったろうことはいうまでもなく、早速「一領一疋」をあたえられ、「諸役人段」の取扱いを受けていることからもわかることである。もっとも、「一領一疋」などの待遇は、郷士に対する藩の政策であったことも考慮されねばならぬことであるが、それにしても、小楠堂在学六年、小楠の指導を十分に受けた一敬には、当時の心境を知る資料はなにもないが、もはや惣庄屋代役時の迷いはなかったろうと思う。小楠実学の哲学をうけて、時代や制度に対する考え方も、百姓に対する見方も、一つの定見となっていたろうと思う。就職の年の翌年にはペリー来航の衝撃をうけて、時代変革の手答えをしっかりと感じていったものと思う。

つぎの引用文は、やはり右引用文と同種のもので、しかも翌年のものであるが、このように履歴書を一年ごとに書き出さねばならなかったことがわかるし、一年ごとに一敬の役職もひろがっていくことを知ることも無駄でないと思い、重複の点もあるがここに引く。

指　出

私儀、諸役人段徳富太善次悴ニ而御座候処嘉永五年子十二月御郡代衆御手付横目役当分被仰付、相勤居申候処、安政二年卯六月唐物抜荷改方御横目被仰付、在勤中諸役人段被仰付、御手付横目并佐敷御目附手付兼帯被仰付、水俣、久木野請抔被仰付、同年七月芦北御郡中櫨、楮《こうぞ》惣見〆兼勤被仰付、当年まで都合五年相勤居申候事。

一　文武芸稽古之儀、是まで追々書上申候通ニ御座候。

一　私儀、当辰三十五歳ニ罷成申候。

一　当前之御用筋相勤居申候。

右之通ニ御座候。以上。

安政三年辰五月

徳富太多助　花押

その後の履歴を知るには、つぎの文章があるので、これを引く。

覚

私儀文久三年亥四月水俣手永櫨方助役并井樋見〆被仰付、在勤中一領一疋被仰付候事。

一　慶応二年寅二月、水俣手永御家人、御郡代内武芸世話役被仰付候事。

一　同年正月産物倡方御用懸被仰付候事。

一　同三年卯二月水俣手永銃隊組引廻当分被仰付候事。

一　同二年寅八月水俣手永御備向并御家人自勘備等、速ニ御軍備筋相整フ様被仰付候事。

右の文章は慶応四年（一八六八）四月に書かれたものであるが、末尾四行ばかりは省略した。この文章中注目すべきは、慶応二年八月、「水俣手永御備向并御家人自勘備等、速ニ御軍備筋相整フ様」命ぜられていることである。第二次長州征伐に備えてのことと思うが、惣庄屋は産業方面の実際の担当者として重要な末端役人であるとともに、郷士として辺境警備の役も負わされているのである。一領一疋はそのための取扱いであり、軍備は自弁で用意しなければならなかったのである。慶応三年二月には「水保手永銃隊組」の指揮もとらねばならなかった。しかし、第二次長州征伐に従軍はしなかったようである。以上のように、一敬は惣庄屋代役として、また郷士としての職務をも果していたのである。

四　一敬の探索行

一敬の幕末における仕事のなかで、惣庄屋代役としてのそれのほかに、探索という仕事がある。これは惣庄屋代役という仕事にも劣らぬ注目すべき任務であるが、しかし一敬というとき惣庄屋代役であり、豪農という面だけが余り表面に出て、一敬が探索の仕事もしたということは意外のことと思われるのが普通である。

一敬はやはり覚書のなかに、自分の探索行を列記している。以下がそれである。

一　嘉永六丑十二月鹿児島表へ罷越、寅正月廿八月熊本に帰着仕候事。

一　文久三亥六月鹿児島表へ罷越、同七月六日熊本に帰着仕候事。

一　同年七月長崎表へ罷越、同月廿九日右同断。

一　同年八月長崎表へ罷越、同月廿五日右同断。

一　慶応二年寅十月鹿児島表へ罷越、同月十六日罷帰候事。

嘉永六年（一八五三）から慶応二年（一八六六）までの一四年間五回の探索行である。さすがに近くで鹿児島行が三回、長崎行が二回となっている。一四年間に五回にわたるというのは、かなりの回数ということができよう。しかも、文久三年（一八六三）のごときは、六月から八月まで毎月、鹿児島と長崎へ、その長崎へは七月、八月と二回も出向いているのである。隣藩ともいうべきところにしろ、かなりの行動だといえよう。

右の探索行のうち、詳細がわからぬものが多いが、文久三年六月の鹿児島行と、同年七、八月の長崎行は、一敬の別の記録もあるので、この記録を紹介しながら、内容を検討することにしよう。長く引用文を書きつらねることになるが、本報告は資料紹介を主とするものであるから、繁をいとわず挙げる。
まず、鹿児島探索行である。

各儀今度遊学として、御隣国江被差越候付出立之儀、都而見合居候様申聞置候処、最早何時も勝手に致出立候様可及達旨候条、可被得其意候。以上。

六月十九日

中山新兵衛
藤本　常記

矢島　源助殿
徳富太多助殿

右は、いわば辞令みたいなものであろう。

矢島源助は、一敬の妻久子の兄であるから、一敬にとっては義兄にあたる。兄になるといっても矢島源助は一敬と同じ文化十四年（一八一七）生れで、同じ齢の四十二歳である。しかも、源助も近藤英助の門に学んで、一敬と机を並べた間柄である。そのうえ、小楠門に学んだ一敬は、すぐに源助を小楠門に引き入れた。近藤塾で同門であり、親友の関係であった源助を真っ先に引き入れて、小楠のもとで学ぶ喜びをともにしたかったのであろう。

矢島家も、徳富家と同じように、惣庄屋の家柄であった。矢島家は肥後藩益城郷津森村にあり、源助の父矢島直明（一七九四―一八五五）が非常に名の知られた人であった。『肥後人名辞書』に、「通称を忠左衛門と云ひ、諱は直明、郡代附横目役、唐物抜荷改方横目（今日の税関吏）等を経て、芦北郡湯浦郷及び下益城郡中山郷の総庄屋となり、治績大に挙る」とある。同じ惣庄屋として、徳富家と矢島家とは、かねて交際の間柄であり、直明が湯浦郷に赴任していたときは、水俣や津奈木に距離的にも近いわけで、徳富美信と矢島直明は親しく交際していたと思われる。やがて、両者は、一敬と矢島久子の婚姻によって姻戚の間となるのである。

矢島源助は、この直明の長男である。同じく『肥後人名辞書』に、「初め近藤英助の門に遊び、後横井小楠の塾に入る。実地に応用し、努めて利用厚生に心を尽し、明治維新に際し、東京に召され、土木の大丞に任じ、堺県権参事官となり、又左院議官となる。次に福岡県大参事官七等判事となる。官を辞して郷に帰るや、又道路を通じ、産業を起し、村治に功績を挙ぐること少からず」とある。この経歴は、源助がきわめて行政の才に偉れていることを証明しており、維新後の県外においての活躍をみると、肥後藩外にも広く知人をもっていたと思われる。源助はまた、順子（竹崎茶堂の妻）、久子（一敬の妻）、津勢子（小楠の妻）、楫子（日本基督教婦人矯風会会頭）、貞子（河瀬典次の妻）といった偉れた女性たちを、その妹にもっていたのである。

尚々駒井権之助も同道、薩摩江差越候様奉行道家角左衛門殿より被申付候間、出立。松橋より乗船、廿日に北川内まで乗。引返、大藪村滞留。鹿児島まで手数、往復相障。廿七日より入込候処、七月二日鹿児島ニ而英吉利船七艘と戦争相始、翌三日ニハ戦相止候間、三人モ夜白通行ニ而引返、七月六日暁熊本着。夫々言上相障、日記写差し出候処、太守様、御連枝様江道家殿より被差出候事。

右は、一敬が今度の鹿児島行を心覚えにしたためたもので、あまりに概略であるため、疑問の点が多い。たとえば、なぜ大藪村に止宿したのか、それから「鹿児島まで手数、往復相障」とあるが、「手数」「相障」の内容が不明である。さらに、熊本に帰着して、「夫々言上相障」とあることの中身がやはりわからない。* 幸に、『改定肥後藩国事史料』に、この鹿児島行のより詳しい記事がある。ここでいう「日記」に当るものであろう。

＊薩英戦争の見聞日記。

なお、同行者駒井権之助は、＊どんな人物かくわしくはわからない。その名前からして、おそらく陪臣であろう。その藩士が、徳富、矢島という二人の豪士と行を共にするのである。おそらく、藩士駒井権之助の主たる目的は、二人の豪士の行動の見張り、監視役であったろう。肥後藩、あるいは他藩でも同じであったかもしれないが、惣庄屋などを探索に出すときは、その見張り役として同藩の武士をつけたものであった。

＊小楠門弟で家老・長岡監物是容の家臣。

六月十九日

熊本出立。夜五時比松橋江着。河瀬典次江出会仕候処、同人儀昨夜薩州竹内五百都、洋中藻萍江（筑前江亡命之薩人ニ而此節御許免帰参被仰付候）典次出会いたし、駒井権之助、矢島源助、徳富太多助薩州江罷出候筈に付、彼是都合宜相頼候段咄合候処、五百都列快受合、十八日之夜出帆仕候由承候間、直に出船仕候。

約文中の松橋は、現在の熊本県下益城郡松橋町である。熊本から南方への行程では、多く松橋から乗下船した。河瀬典次（一八三〇～一九〇四）は、下益城郡河江、上益城郡沼山津、飽田郡池田、飽田郡横手の惣庄屋河瀬安兵衛の次男。矢島貞子を妻としたので、矢島源助には義弟にあたり、小楠・一敬とは相婿となる。小楠の門下で、小楠に随従して、その面倒を見、家事向の世話もした。維新後は、小楠門下生と協力して、蚕業、製茶、織物の三業に志し、それぞれ会社をおこして斯業の振興に尽力した。

同廿日

朝四時、此水俣江着船。直ニ竹内列旅宿承合候処、今暁出立、大口通之様参候由ニ付、矢島源助馬ニ而山川口御番所江（薩州ナリ）夕八時比駈付、竹内列江面会、関所入込之儀話合候処、彼是懇切ニ心配いたし呉候得共、別段取締之砌ニ付城下伺なしニ而は成兼候趣申聞候。当節時務之趣大略之処、竹内江打懸候処、至極同意ニ而、一日江早く入込候ハヽ、有志之面々江引合等周旋いたし可申と申聞候間、暫杯など取遣いたし、引返候途中、駒井、徳富、行合、右之趣申聞、引返し、大藪村止宿（小川口より二里半）。

矢島源助が、山川口御番所など薩州役所や役人などとは交渉にあたっているが、先にもいったように、源助がより多く薩摩藩にも知人を持っているということであろうか、* それとも源助がより行動的であり、外交的能力に才たけていたというのだろうか。とにかく、ここでは源助の活躍に負う所が多い。

＊小楠門下に薩摩藩士がいた。

六月廿一日

往来写一通、並何某々々江面会之用事有之、鹿児島江罷越申度段々書付一通紙面相添、山川口御当人丸田利兵衛迄人遣候処、委細致承知、早速時付を以城下表江相伺候間、様子分り次第、水俣吉左衛門迄押立使を以知せ越可申段返書参候。

廿二日より水俣江引取、様子相待居候処、廿七日之夜入込支無之段、丸田より申越候事。

六月廿八日

鶏鳴より水俣出立。山川口江入込、諸手数いたし、大口江夕七時比着いたし候処、先日差出候書付ニ、僕名前洩居候間、駒井列三人は差通候得共、僕ハ猶又城下伺なしニ而は難差通段申聞候。此夜大口止宿（水俣より大口迄八里）。

いろいろと差支えが起って、この鹿児島行なかなか難渋である。それでも、なんとか切り抜けて、薩摩藩内の大口に入りこみができたのは七月のことであった。

七月朔日

払暁より出立。六ッ半比重富へ着。駒井権之助同所人馬所役人へ懸合、同船ニ而薩蒸船青鷹丸江乗込、五代才助航海家ニ而、人才也、松木安右衛門己前ハ恒庵ト申医生ニ而蘭学研究も出来候五大州打廻候人也へ逢候処、両人共ニ大慶而相話候稜々左之通

五代（一八三五―一八八五）は、名は友厚。幕末には海外に渡航して世界貿易への視野を広げ、維新後は実業界に乗り出して、名をあげ、ことに大阪実業界の基礎をつくる。松木は弘安、後に寺島宗則と改め、外交官として名をなす。一敬らが五代らに会った翌二日未明、青鷹丸は他の藩船二隻とともに拿捕されて薩英戦争はおこった。薩英双方に被害があって四日に終ったが、五代、松木両人はイギリス軍の捕虜となった。

一　五代、松木、六月十六日青鷹丸乗組、鹿児島出帆、同廿三日崎陽（長崎）江着。同廿六日同所出帆、廿七日鹿児島江帰帆いたし候由

一　英人ノ話ヲ五代承リ候由ニ而、六月十一日長州江英船参候節、長州より使節船差出、先頃より追々之発炮ハ、勅ニヨッテ不得止事儀ニ而、最早、勅命丈ケハ相済候事ニ付、此節ヨリハ炮発ニ及不申由、長州使者申入候間、英船も無事故罷通候由、英人長崎ニ而之話。

一　同英人ノ話ニ、仏良察、米利堅ノ論ハ、長州鏖ニセズンバ止ムベカラズノ説之由。

一　独逸製蒸気船五代乗居候青鷹丸也ハ、去年霜月上海江五代参候而、直相談を以、当三月、八万五千ドルニ而買入候由通例之便ヨリハ、二千ドル下直、蒸気船一ヶ年之諸入費三千四百両役人手取迄惣計也。

一　薩先々侯以来、調所笑左衛門差入心配を以、旧来ノ炮術兵制を廃し、西洋流炮術兵制ニ改革いたし、漸々盛ニ相成居候処、御当代ヨリ古流ノ貝太鼓火縄筒御用ニ而、別ニ一種ノ兵制ヲ御拵ニ相成、天山流炮術家青山善助専ラ御用イ有之候由青山ハ先年御改革後ハ隠逃イタシ居候由之処当時ハ桜島傍ノ小島台場モ同人受持ニ而天山流之大筒を位置イタシ候由。五代抔ハ余程不得意之模様ニ見受申候。

一　集成舘御城下十七八丁東御別園之傍ニ而先候ハ必多度裏道より御入有之候由工作場也弥以隆盛尤反射竈ハ相止ム。

一　京師近状如何と相尋候処、五代答ニ、叡慮飽迄姉小路ハ悪逆と被為思召上候由。転法三条公弥以暴意を振イ、中山侍従復職之申立有之候処　叡慮ニ中山復職いたし、自然国乱を生シ候歟之処、御苦悩ニ被思召上、若国乱を生シ候ハヽ、三条家を重科ニ可被処との叡慮ニ被成御坐候由。

一　青蓮院宮様御隠逃之思召ニ被為入候由、五代、松木慨嘆仕候。右之件々、対話三時計りニ而食物外ニ手当ナシ。パンニ白砂を添差出候間、食之上陸ニ臨候処、英ノ大炮船桜島前より重富・大崎之方ニ押向参候を、五代指シ、彼レ則大炮船ナリト申聞候。

一　いつれも白金坂重富より御城下江本道を越、鹿児島、下り揃申候処、口々ハ堅メ之兵士有之、間道を通路ニ相成居候間、夫を経、御城下江罷出候処、御家中市中共ニ諸道具取片付、畳立具共ニ舟ニ積込、或ハ荷男女老幼近在江逃候もの夥敷、右往左往之躰ニ而、間《ママ》屋等も止宿抔出来候模様ニ無之候間、矢島源助上町会所江罷出、大久保一蔵殿列何某々々江面会仕度用向有之罷出候処、此御模様ニ而ハ止宿所等相対相談も出来兼候間、如何様卒心配頼入候処、町奉行差図ニ而、町年寄応対いたし、西田町会所へ止宿候様ニ相成、七ッ過何れも落着申候処、街上鞍馬之往来頻ニ有之、市店取片付、外城々々より兵士人夫之入込、誠ニ終夜騒々敷有之候事。

一　加治木屋敷竹内五百都列江今夕着いたし候段、紙面遣候処、見聞通之次第ニ而、何分今晩迯兼候間、明日中ニハ如何様卒操合面会可仕、と返書参ル。

一敬らが、そのまま青鷹丸に五代らと話しこんで翌日に及んでおれば、一敬らもイギリス兵に捕えられていたかもしれない。それはともかく、一敬が集めた情報は、薩摩、長州、京都、イギリスに関する多様の、しかも最新のものである。これを彼らは帰熊して、藩庁に報告する。こうして肥後藩は各地の情報を集めていたわけである。幕末急変のときには、特に最新の詳細の情報を必要とした。全国各藩の情勢はもとより、海外の情報も必要としたのである。それゆえ、各藩は、盛んに探索を各地に派遣した。肥後藩も、一敬らと同じく沢山の探索を派遣したのである。一敬や矢島源助のほかに、小楠門下生もいろんな形で派遣されている。小楠の全国や海外についての情報は、こうして門人からもたらされるものが多かったであろう。小楠の手紙に門人の誰れ彼れが訪ねてきたと書いてあるのは、このことを証するものであろう。

さて、鹿児島から帰った一敬は、休むひまもなく、翌七月、また矢島源助とともに、今度は長崎へ出かける。

> 七月九日より、矢島、自分同道、長崎へ罷越候様、道家殿より被仰付候間、直ニ出立、七月廿九日ニ帰着。言上、書付等、夫々相達候事。

このときの報告書が残っていれば、長崎行の目的、その成果等を見ることができるであろうが、今のところ、この報告書を見ることができないので、どのような探索行であったか知ることはできない。

次の八月の長崎行については、一敬の別記事がある。それを引く。

> 八月十五日、越前御奉行三岡八郎、鹿児島仕出之早打着。直ニ出船。長崎へ十六日着。越前御家老岡部豊後、御用人酒井十之允、御奉行三岡八郎と八月廿一日浪平港館ニ而御対談。岡部より内密之辞令、監物殿江直ニ言上、書翰相渡候様との事ニ付、八月廿五日熊本帰着、直ニ備前殿江目通いたし、得斗言辞申述、書翰差出候事。

これは、福井にいた小楠が、越前藩にすすめて例の挙藩上洛の計画実行にあたり協力を要請するため、薩摩、肥後へ特使を派遣することになった、その越前藩特使を迎えた記事である。このときの行程を、山崎正董『横井小楠』伝記篇は次のように記している。

七月五日に岡部豊後を正使、酒井十之丞、三岡八郎を副使として福井を出発せしめた。岡部一行は藩船黒龍丸で三国を出港して八日敦賀出帆、同十九日長崎に到着し、肥後藩より派遣された徳富太多助の出迎えを受けて、同人から薩藩では此の月の朔日と二日に英船と戦った事を始めて聞いた。乃ち彼等は先づ肥後に向ふ事とし、途中二手に分れて倶に二十一日長崎を発し、島原を経た酒井、三岡は二十五日に、茂木を経た岡部は之に一日後れて熊本に着く…（後略）

岡部らは藩主細川慶順に会い、春嶽父子よりの親書を呈した。それより越藩使節等は熊本を辞して薩摩に向い、薩藩にも春嶽父子の親書を呈した。両藩とも、春嶽父子の出京協力の要望を了承した。こうして、越藩使節派遣は成功したわけであるが、意外にも越前藩の藩論が一変して、挙藩上洛の計画は挫折した。そして、小楠も福井を見限り、沼山津に帰ったのである。

それにしても、越前使節を長崎に迎えるのに、一敬が派遣されたのは、どう考えたらよいのだろう。小楠が計画した案をもって越藩が動いているので、その門人第一号たる一敬が遣わされたというのであろうか。たとえ小楠門人第一号といっても、最下級の地方役人にすぎない一敬が出向くのか。しかるべき藩士が、その役を果すのが適当なような気がする。あえて一敬が派遣されたのは、それだけの然るべき人物と一敬が見られたためと考えるべきであろうか。

さきにあげた五回の探索のほかにも、何回かの探索行が見られるが、十分な調査ができなかったが、一敬がこのように探索に派遣されたことは、それだけの力倆をもった人物であったといってよいと思う。

五　一敬の政治活動

明治になって、一敬の生涯の最盛期を迎える。

一敬の記録に、次の二文がある。

明治二巳二月廿八日より、早川助作殿同道薩州行。三月七日帰。*
明治二巳五月二日より、米田虎之助殿随従、薩州行。十七日帰。

*明治元年十二月〜明治二年九月芦北郡代、明治三年三月大参事試補、同十月権大参事。

右の二回の薩州行のうち、早川は今のところ不明だが、五月の薩州行は大きな意味を持つ気がする。このとき一敬が随従していった米田虎之助（一八三九―一九一五）は、肥後藩次席家老長岡監物（米田是容）の次男として生まれた。若くして小楠の薫陶をうけ、横井実学党政権発足にあたっては、権大参事として知事以下三番目の地位につく人である。もとより小楠同門ということで、一敬も米田の知遇をうけていたであろうが、この時期に米田に随従していく薩州行はいかなる意味をもつのだろう。その意味を証する記録がないので、断定的なことはいえないが、*私は明治二年の米田と一敬の薩州行は、一年後にやっと実現した実学党政権樹立の先触れと思われてならない。明治二年の段階で肥後藩では、旧政権党に代って実学党による政権の樹立、そしてその改革の断行がささやかれていたのではないかと思っていたが、ここに米田と一敬との結びつきがはっきりして、私の想像が確証されたような気がする。

*砲器、火薬費用捻出のために芦北の木材を薩摩へ売るため。米田は藩政改新のため。

早々引出相勤可申罷

其元儀今度御改正引除調被仰付旨候条可被得其意候。以上。

明治三年六月十六日　　河添源右衛門

徳富太多助殿

明治二年（一八六九）六月、版籍奉還が行われ、諸侯がそのまま知藩事に任ぜられた。肥後藩は正式に熊本藩と命名され、細川韶邦が知藩事に任命された。同時に中央政府は各藩に藩政改革を命じた。順調に改革の段取りが進んだ藩も少なくなかったが、熊本藩の改革は容易にはかどらなかった。江戸時代以来の保守勢力学校党がそのまま韶邦を擁して政権を握っていたのでは、改革や開化は不可能であった。それで、ひそかに政権勢力の交代が計画された。韶邦に代って弟の護久が知藩事となり、その弟護美が大参事となり、政権担当勢力に小楠の弟子たちが当る、いわゆる実学党政権が樹立したのは、明治三年六月のことであった。一敬ら小楠の弟子たちが表舞台に躍り出た快挙であった。右の一敬への辞令は、水俣地方の惣庄屋として地方役人であった一敬が、城下町熊本に出て、熊本藩庁の役人として重用されたことを証している。

すぐ翌月には、次の辞令が出ている。

其方儀会計局御用兼勤被仰付旨、従藩庁御達有之候条、可被奉得其意候事。

七月十七日

そして、さらに翌八月三日には「民政少属」に任ぜられ、またさらに閏十月八日には「大属」となっている。ともかく一敬は熊本藩の重職となったのである。この間に一敬は、どんな仕事をしたか。いいかえれば、実学党政権はいかなる改革を新行したか。ここのところを、『肥後先哲偉蹟（後編）』に掲載する「徳富一敬自伝」には、次のように書いている。「同三年」とあるのは、明治三年のことである。

同三年六月藩庁に於て奉行所書記にて録事兼務、熊本城下え転居被命、同月廿三日城中に於、耕地宅地租税改正之大評議有之、小楠翁在世之持論、正租迄にて諸掛雑税解放論、一敬提出、決断に相成候事。

実学党政権の藩政改革第一号が七月に早くも打出されるが、それは右文中にある大評議で決定して出された「諸掛雑税解放」の布告であった。その布告は、七月十七日、知藩事の御直書という形で出された。

七月十七日左之通藩中江布告　村々小前共江

今度我等知事の重任を蒙候ニ付而ハ　朝廷之御趣意を奉し、正四位様（韶邦）厚き思召を継て、管内の四民うへここえのうれへなく、各其処を得せしめむ事を希ふ。中にも百姓ハ暑寒風雨もいとはず、骨折て貢を納め、夫役をつとめ、老人子供病者にさへ暖に着せ、こころよく養ふことを得ざるは、全く年貢夫役のからき故なりと、我ふかく恥おそる。

いかにもして此くるしみをとかむとおもへども、今直に本免をくつろくることを得ず。（以下略）

略した後半の文章には、「上米」「口米三稜」「会所並村米銭」といった雑税の名をあげて、これを廃止するといった内容のものである。私がここに引用した「知事布告」は、旧藩主や藩士などが書ける内容ではあるまい。この布告文は、前掲の『肥後先哲偉蹟（後篇）』の記事によれば、「同七月藩知事の民力休養、雑税免除の布告文は、翁の手に成れるものなりと云」とある。すなわち、一敬は、惣庄屋としての自らの体験や実見にもとづいて、その師小楠の「在世之持論」である雑税解放を書き込んだのである。ここには、小楠が在世のとき、つねに主張しながら実現できなかった持論を、その弟子たちがこれを承継したのである。幕末から維新当初にかけて承け継がれた精神の持続を実証するものといえよう。明治三年十一月から十二月にかけて、豊後日田県（幕領）や豊後岡藩などに農民蜂起の動きがあるが、それらは「何方も租税熊本藩同様相成との申立……」（『改訂肥後藩国事史料』一〇巻）を押し立てての農民の立ち上りであった。これによって、熊本藩雑税廃止によって、熊本藩の農民がこれを恩恵として喜ぶとともに、熊本藩の政策が隣藩領に大きな影響をあたえたことが明かである。

小楠「在世の持論」で、雑税廃止論とならんで重大なことは公議政体論、すなわち議会政治の実現であった。小楠は慶応三年（一八六七）十一月、松平慶永に対し、新政について建白書をさしだしているが、[8]そのなかで二院制議事院の設置を主張している。これをうけて竹崎律次郎（一八一二―一八七七）と一敬とが協議してつくりあげた「改革意見書綱要」（徳冨蘆花『竹崎順子』）がある。この「綱要」は蘆花の書き方では、明治二年晩秋である。前述したように明治二年に改革が考えられていたことを、この事実はまた証明するものである。この綱要は一〇箇条からなるが、その六条に、藩内に上下二院を設け、上院は知事以下の諸役人、下院は一般選出の議員で構成し、両院の合議による政治を実施する。そして、七条から一〇条には、藩庁役人から惣庄屋以下村役人まで一切入札公選のこと、と書きこんである。小楠が望んで実現できなかったことを、いまやその弟子たちはこれが実現できる時代が来たとして、心はやる思いで「改革綱要」にあげたものと思う。

しかし、この熊本藩に上下二院の設置は実現できなかった。実学党政権はわずか三年の存在にすぎなかった。実学党政権の存続が、中央政府にとって不都合とみられたのである。明治六年（一八七三）に中央政府から安岡良亮権令が派遣されて、実学党政権は一掃された。雑税廃止は実現できたが、二院制の設置はその実現の時間がなかったと見るべきであろう。

しかし、野に下っても小楠の弟子たち横井実学派は、議会政治実現の意欲を失いはしなかった。彼らは安岡県令に働きかけて、ついに熊本県民会設置に成功した。[9]明治九年七月二十日から八月二日にかけて開かれた熊本県臨時民会では、横井実学派が主導権を握った。議長には実学派の大田黒惟信がつき、一敬は書記長のような役務についた。この会議で一敬は重大な働きをし、横井実学派はそれなりに重い存在を示すが、当時の力関係で、その意図することを実現することはできなかった。

明治十年西南戦争が終り、そのあと、明治七年に発足していた自由民権運動がいよいよ昂揚期を迎え、横井実学派も自由民権運動に議会設置に念願をかける。明治十二年に初まった熊本県会に多数の議員を送りこんで、議会活動によって自由民権運動を展開するとともに、県内外の民権勢力と提携して公議政党[10]や九州改進党を結成して、政党活動に活躍する。

しかし、一敬はこの僚友たちの政治活動を横にみて、彼は一切の政治活動から身を引く。そして教育に打ちこむのである。明治十二年僚友嘉悦氏房らと共立学舎を設立し、またその長男猪一郎が十五年三月大江義塾を設立するや、これに協力するという形で、まったく教育活動、学校活動に沈潜する。この大江義塾時代が十九年までつづくが、その十九年末一敬は猪一郎の上京にしたがって、東京に移り、それ以後は猪一郎の世話を受けながら大正三年(一九一四)九十二歳の長い生涯を終わるのである。

注

(1) これまでの引用文の出典は、徳富蘇峰『わが母』(民友社、一九三一年)である。
(2)『蘇峰自伝』は中央公論社、一九三五年刊。
(3)『肥後人名辞書』復刻版、青潮社、一九七三年。
(4)『肥後先哲偉蹟(正・続)』、『肥後文献叢書別巻(一)』、歴史図書社、一九七一年。
(5)『肥後先哲偉蹟(後篇)』、『肥後文献叢書別巻(二)』、歴史図書社、一九七一年。

（6）前掲『肥後人名辞書』。
（7）同右書。
（8）徳川慶喜が慶応三年十月十四日大政奉還の願を出した一ヵ月後、そして王政復古の号令が出る一ヵ月前の十一月に、小楠は沼山津にあって、此の文を草し、門人をして松平慶永に呈せしめた。その中に、一大変革の御時節なれば、議事院被建候筋尤至当也。上院は公武御一席、下院は広く天下の人才御挙用。と、きわめて短文ながら、二院議会の設立を提言している。
（9）熊本県民会設置の成功は、熊本実学派だけの運動によるということではない。前年、すなわち明治八年四月に出発した植木中学校に拠る民権党や、その他の動きが一緒になって、安岡県令を追いこんだと考えられる。
（10）植木中学校に拠った民権党は、西南戦争後、相愛社という政党を結成し、横井実学派と並んで熊本県下の自由民権運動を推進するが、政府党の紫溟会に対抗して、明治十五年二月実学派と相愛社は合同して公議政党を結成する。翌三月、公議政党が中心となって、熊本で九州改進党の結成大会を行い、九州各県の民権勢力の結集に成功した。

〈補1〉徳富一敬の研究

一

徳富一敬は、大江義塾で教えた。大江義塾はその長男猪一郎が校長であり、自由民権主義を教育方針とした私立学校である。

猪一郎が大江義塾(一八八二―一八八六)を、二十代の青年で運営することができたのには、一敬の老熟の経験と識見による支持と援助があったことを否定できないであろう。

猪一郎がみずから筆をとったとされる『大江義塾沿革一斑』(1)(以下『沿革一斑』と略記する)に、一敬の役割の大きかったことを証する事例がたびたび見うけられるが、猪一郎はわが父への感謝と敬畏の心をこめて、これらのことを書きこんだと思われる。

大江義塾は、一八八二(明治十五)年三月出発はしたが、なにしろ新設の学校の困難さがあるうえに、「大江義塾ハ謀反ヲ教ユル所」なりとして「四面皆ナ楚歌ノ声、其攻撃刺衝ハ愈甚シク」という状況であるのに、入校してまだ日の浅い塾生たちは、「其天下ノ攻撃ニ敵スルコトナドハ思ヒモ寄ラズ」、ただ「寄合」の塾生ばかりで、「一人ノ頼母敷青年トテハナカ」ったのである。これは、「義塾第一困難痛苦危険ノ時代」であって、設立のときから八三年春までの間であった。この「困難痛苦危険ノ時代」を堪えさせたのは、「猪一郎父子及ビ二、三ノ有志」であった。ここには、一敬が表面に出てこないが、「猪一郎父子」というところに、一敬の存在をみのがすことができないであろう。そのためか、「義塾ノ性質風習漸ク一新」して、「同志ノ士」も「陸続義塾ノ門ヲ叩ク」にいたったのである。

しかし、義塾の危機は、すぐにまた訪れた。それは、まえに数倍する危機であった。一八八四（明治十七）年、文部省は徴兵免除の特権を公立学校だけに限った。そのため、私学の生徒には争って官立校に転出するものが出た。当時私学最大の雄であった済々黌も、そのため生徒数が減少した。大江義塾も同じであった。「今ヤ義塾ニ留マル者ハ、唯妙令ナル微弱ナル少数ノミ」。いまや義塾はまた「亡滅衰亡ニ瀕」することになった。「嗚呼、義塾已ニ死セントス。吾人ハ最早ヤ其望ミ此迄ナリ。夫レ義塾ヲ奈何セン」というほどであった。

この危急を救ったのは、義塾に残った少数の少年たちであった。彼らは、「殆ンド一人ヲ以テ数百人アルガ如く、「実ニ塾中幾千ノ壮士アルガ如」くふるまって、すこしも衰えることがなかった。そして、このとき、これらの少年をもっとも力づけたのは一敬であった。一敬は「老タリト雖モ、其ノ有為慷慨ノ気少シモ衰」えず、「其ノ雪ノ如キ白髪ヲ揮ヒ、凛然タル精神ヲ奮ヒ、此ノ少年等ヲ奨励シ、鼓舞シ、誘導シ」た。「其ノ凛然タル慷慨ノ弁、其ノ奥歯ヨリ震ヒ出ヅル者、今尚ホ眼ニアルアリ」と『沿革一斑』は書き残している。この志強き少数の少年たちと一敬との強靱なる協力奮起によって塾運もようやく挽回し、「勢気漸ク盛」んになって、八四年三月十九日、紀元第三期をむかえるまでになったのである。

この危機切抜けは、じつに「此等ノ少年ト老翁トノ力ニ依」ったのであると、『沿革一斑』は高く評価し、これによって義塾は、「精神元気ハ勃々トシテ興」り、将来への「希望」も立ち、義塾をして「盟テ彼ノ長州松下村塾タラシメザル可カラザルノ基礎ヲ定」めることができたという。ここでは、一敬は塾の中心人物としての任務をになっていた。かかる危急のときこそ、一敬の長い経験と持続の志操とが必要であったのである。

それでは、一敬は危急のときだけの存在であったのだろうか。それとも特別扱いの人だったのだろうか。

一八八二年三月八日、猪一郎が熊本県令富岡敬明あてに提出した「私立変則中学校設置伺書」[2]では、教員欄には、猪一郎ひとりが書かれていて一敬の名はみえない。また、八五（明治十八）年一月二十九日の「私立大江義塾規則改正伺書」[3]においても、教員欄に一敬の名はない。

早川喜代次は『徳富蘇峰』（一九六八年）のなかで、教員一覧表をかかげ、一敬を「顧問」とした。一敬自らは、「徳富一敬自伝」に、「同（明治—花立記）十五年より大江義塾漢学部教授嘱託、同十九年閉塾迄相勤」[4]と書いて、「嘱託」をもって自任していた。しかし、一敬は危急のときだけの存在でなく、顧問、嘱託でもなく、日常の教育活動において積極的に塾生たちに接していたのである。

八二年三月十九日の開校式のとき、猪一郎の祝文朗読ののち、一敬は立って挨拶をし、実学を説いて塾生たちを激励した。「私は昔横井小楠先生の門人となり、東奔西走してきたが、ただ肥後を思い日本を思う念からだった。諸君は今日より東西両洋の学を併せて学び、学理をきわめるばかりでなく、これを実地に応用されることを切望する」[5]。

八六（明治十九）年一月十一日、開校式（始業式）、がおこなわれた。教員、生徒あわせて五〇余名をまえに、演説、祝文などもあって、非常に盛況であった。第一に演説したのは、一敬であった。「目的ト学術ト併行セザル可ラザルコトヲ痛ク」論述したが、その意は「普通学ヲ重ズル」にあったと、『雑誌』[6]雑報欄は報じている。このとき猪一郎も最後に演説し、「勤惰上ニ就テ直接ノ警戒」をあたえ、「今ヨリ幼児子ヲフリ捨テ共ニ研カン大丈夫ノ魂」と、和歌ともいえないものをつくって、塾生を督励したという。「両説共ニ頂門ノ巨針ニテ、満座ノ胸中ノ幾多ノ波瀾ヲ撼動シタル様子ヲ見受ケタリ」とは、かの雑報子の感激するところであった。

八六年四—五月の「教員出席簿」[7]には一敬の名が第一番に書かれてあり、一敬は毎日出勤している。他の教師、人見一太郎、神山充家らと変らない、第一線の教師なのである。一敬は八二年が数え年六十一歳であった。

二

徳富一敬は一八二二（文政五）年九月二十四日、御惣庄屋徳富美信の長男として、熊本県芦北郡津奈木に生れた。母の里徳永氏の家であった。横井小楠の門人第一号であり、おそらくは小楠より最も信頼された一人であった。[8] 幕末にあっては、国事に奔走した。その概略は一敬が自ら『徳富一敬自伝』[9]にしたためるところである。一敬がもっともその政治の表面に出てきたのは一八七〇（明治三）年の藩政改革であった。藩政改革は、実学党政権で断行された。一敬は、最初は奉行所書記に召出されたが、漸次官等も昇進し、七等出仕になった。七等出仕は権参事と同等で、地方官としてはまず次官格であった。[10] 有名な、近代熊本建設の方針を書いた「藩政改革意見書」[11]は、一敬と相談して、義兄茶堂竹崎律次郎が書いたものであった。この改革案は、後には中央政府も困惑するほどに進取的であった。それ以上に一敬の功績とすべきは、「熊本県知事布令」の執筆である。『徳富一敬自伝』によると、七〇年六月二十三日城中において、「地租税改正之大評議有之、小楠翁在世之持論、正租迄にて諸掛雑税解放論、一敬提出、決断に相成候事」[12]となり、同年七月民力休養、雑税免除の布告文となったのである。この布告文は一敬の手になったとされているが、内容はきわめて異例のもので、小楠の弟子にして豪農出身者としての本領が明確に出ているものである。このときが、一敬にとって、政治的に最も晴れの舞台に立ったときで、熱心に働いた。藩知事は細川護久、大参事に長岡護美、権大参事に米田虎雄その他の要職に大田黒惟信、山田武甫らがすわったが、これら実学党の領袖株が上部にあっても、改革の基本構想は豪農層の一敬や茶堂の創出したものであった。しかし、それは中央政府の方針で翌七一年には廃藩置県となり、七三年には権令安岡良亮が派遣されて、実学党は全員政権の座から一掃されてしまい、実学党の改革案は完成されないままに終った。

一敬がもう一度政治の檜舞台にあがって活躍したのは、一八七六（明治九）年の臨時県民会であった。臨時県民会は七六年七月二十日開会されたが議員八九名、要職は実学党が占めた。議長は大田黒惟信、幹事長白木為直、書記長徳富一敬、司計長余田正規で、白木を除き全部実学党であった。会議は八月二日に終り、これが最初にして最後であったが、それ相当の功績はあげたのであって、一敬の活躍も見るべきものがあった。

西南戦争が終ってからは、一敬はもはや政治活動に出ることはなかった。山田武甫や嘉悦氏房など、ともに小楠門下で親しい友である人たちが九州改進党の領袖として、九州自由民権運動の中心にあって活躍する姿を横にみながら、一敬はもっぱら共立学舎や大江義塾の教師となって教育運動に専心した。

近親者のみる一敬像は、ひとしく同じような像をえがきだしている。

徳冨蘆花は、その作『富士』[13]のなかで、一敬の父美信は、「正直小心」な一敬をあまり気に入らず、次男の一義を愛した、と書いている。一義は才子で、小楠にも深く愛され、その秘書として一八五一年九州、中国より大坂、京都、名古屋、越前など小楠にしたがって遊歴したほどであった[14]。

蘇峰はその『蘇峰感銘録』のなかで、四人の恩人として父一敬、横井小楠、新島襄、勝海舟をあげ、「四恩堂でも建てて四恩人の記念を遺したいと思うてをる[15]」と書いて、父一敬を敬慕しているが、この蘇峰が見る父の姿も、美信のみるところと大差はない。

一敬の写真をみる人は、だれでも、「有徳の君子」として必ず好感をもって見るであろうしいかにも「温厚篤実」の相を表わしていると、蘇峰は書いている。一敬があまりに「謙虚の美徳」を発揮しすぎたため、蘇峰は子どものときから、父の言行について、「子供心に、不足とか不満とかいふではないが、何やら少しく歯痒く感じてゐた」のである。一敬は、「自己の意見や主張などは極めて明白に、言ふべきところは言ふてゐたが、積極的に進んで自分の主張を遮二無二行はんとするが如き迫力は見受けなかった」し、いいかえれば、「己を没却することが余りに甚しかった」のである。『蘇峰自伝』のなかでも、一敬を「直面目」「正直」「重厚質実」の語をもって評し、「篤厚の君子」[16]とする。これが、蘇峰のみる父一敬の姿である。

蘆花も、同じような父の姿をえがいている。才子肌の諸弟のなかで、「父は独り不器用且小心」[17]とか、「正直小心な父」というのが、蘆花の一敬像である。「意地強い」猪一郎に対し、一敬は「気の弱い父」[18]であった。妻久子も、一敬を愛しながら、夫の「清廉と仁愛」を認めていたが、「気魄の不足」に不満であった。[19]

この近親者の一致してえがくところによってわれわれは、小心にして誠実という一敬像をもつことができるであろう。ただ私は、それだけではすまされない一敬の積極面を次節以下においてみていきたいと思う。

一敬は学に長じていた。小楠門下の三秀才は徳の山田武甫、学の徳富一敬、智の嘉悦氏房とされた。蘇峰は、一敬の努力家たるところを伝えている。「父は九十三歳にして死するまで、或は新聞を切抜いて貼りつけ、或は新刊書を読み、常に自ら修養することを怠らなかった」[20]ここには、ただに小心であるとだけはいえない、強固な意志力と、自己改革を求めてやまない精神があるのではないか。あるいは教育家としての資質をみることができないだろうか。蘇峰は「父なかりせば、とても予は予の今日を見ることは出来なかったことを思い、今更思慕の念に堪へない」[21]と書いていた。

三

一敬の文章は、公表されているものはきわめて少い。武藤厳男『肥後先哲偉蹟』後編に収められた「徳富一敬自伝」、山田武甫らと創立した共立学舎[22]の建学の趣旨をのべた「共立学舎主義」、それに前出の「熊本県知事布令」と数首の漢詩・和歌類があるだけである。

ここに一敬が大江義塾時代に書きとめた『随意備忘録』と『吾不与斎漫筆』の二冊の小冊子がある。ともに逗子市・徳富家の追遠文庫に所蔵されており、未発表のものである。一敬を知るための貴重な資料であり、私は以上二冊を取りあげて、義塾の教育にあたる一敬の態度を浮び上らせたいと思う。

『随意備忘録』(以下単に『備忘録』と略記)と題する一冊は、三六枚の小冊子で、和紙に墨字で書かれている。表紙には、「淇水軒主」と署名があり、かたわらに「明治十五年壬午六月上旬起筆」と添書してある。終りがはっきりしないが、「十八年十一月四日草記」の文章が時期的に最後のものであるので、大体この頃までのものであろう。

『吾不与斎漫筆』(以下『漫筆』と略記)は『備忘録』に抜萃するかたわら、勉強する書物や事項について、あるいは時折りの考えを書き記したメモ帳である。冊子の体裁は『備忘録』と変らず、こちらは一八八三年の起筆で、最後は一八九九年に及んでいる。ここでは八六年までの文章についてふれることにする。

『備忘録』に書きとめられた文章をみると、漢籍あり、泰西の書物あり、新聞雑誌ありで、じつに多彩にして関心の広さに感銘するところであるが、一敬が現時に必要とする学問について明確な判断をもっていたことと、知識教養が一辺にかたよってはならぬことを弁知していたことを示していよう。そこには、一敬につぎに引用するような学問観があったのである。

学問ノ解　　　　　　　　　　　　　　　　　　　　　　徳富一敬

夫普通ノ学ハ、人身ノ組織ヨリ心ノ解躰、人生日用ノ取弁欠ク可カラザル事件ヲ識認シ、社会ノ交際条理ノ当否ヲ弁ズルコト、各精疎アリトイヱドモ、上下一般了得スベシ《(ママ)》。此レハ是学問ト云マデモナキコトナリテ、普通ノ学ハ社会ノ進否ニ随ッテ高卑アルベシ。偖有志タルモノノ学トハコレニ止マラズ、各其目的トスル処ノ科学ニ従事シ、日夜困勉研究練磨ノ功ヲ以テ、終ニ実物ニツイテ先人未発ノ件点ヲ発明シ、其実効社会ニ布施スル社《コソ》、学問ノ功ト云ベシ。因テ思、漢学ナルモノハ、則チ普通学ノ最ナルモノニテ、其足ラザル処多端ナルヲバ、洋学以テ此レヲ完備スベシ。只其普通学ニサヱ不完ナルニ、特ニ洋学ノミヲ以テ学問トカ学者トカ心得ルハ、誠ニ浅果敢ナルコトナリ。其洋書ト云フモ、全キヲ以語レバ、原書ヲ修為シ、其理ノ詳ナルヲ識取ス可キコトナレドモ、時過ギ、ソレニ不及カ、又ハ事故アリテコレニ及アタハザレバ、○釈ト実物ニツキテモ又科学ヲ了シ不得コトアル可カラズ。吾性質愚昧、老テ今日に至リ始メテコノ理ヲ悟リタルヲ覚。併テ不学無術、其引証徴拠スル材料ニ乏シク、専ラ憶測ノ想思ヲ以テ、教育ニ関スル事件ヲ筆記ス。其取捨ニ至リテハ後賢ヲ俟ト云爾。明治十六年癸未八月日南久[23]ニ於テ書

（『漫筆』）

一敬の学問の本質は、「終ニ実物ニツイテ先人未発ノ件点ヲ発明」することにあり、これこそ小楠直伝の実学のあるべき姿であって、その学問の態度は、「普通学ノ最ナル」ものとして漢学を中心にたて、その「足ラザル処」を洋学によって「完備」させることにある。この学問的態度をもって、勉強に立ち向っていったのである。

抜萃文章のなかで多いのは、漢籍からの抜萃と、新聞雑誌からのそれである。

まず、漢籍についての勉強の様子をさぐってみることにしよう。ただ私の漢籍への不十分な知識のため、十分の分析ができず、かたよった報告にならないかを恐れる次第である。

漢籍からの抜萃は、まさに随意に書きとめたというべきもので、統一したものは見られない。「諸葛亮知人之道」「屈原伝」「儀礼巻四飲酒礼第四」などのように短いものが多いなかで、まとまって抜萃されたのは、『荀子』『管子』である。

『備忘録』が書きだされた一八八二年の記録が終って、翌八三年の一月十三日の起筆第一に書きつけられているのが、『荀子』から引いた四篇である。書き抜いてある文章四篇は、勧学篇第一から一篇、修身篇第二から二篇、不苟篇第三から一篇である。巻第一、巻第二と初の方だけの引用であるが、『荀子』全篇は彼の愛読の一冊ではなかったかと思う。八三年の書きだしに『荀子』より四篇をえらんだのは、彼の『荀子』への傾倒を示すとともに、彼の八三年にかける決意をあらわすものであろう。

〇君子も生まれつき異なるには非ず、善く物に仮るなり。(24)（勧学篇）

〇道義の重ければ、則ち王公をも軽んず。（修身篇）

〇蹞歩《きほ》して休まざれば跛鼈《はべつ》も千里、累土して輟《や》まざれば丘山も崇《たか》く成り、其の源を厭ぎて其の瀆を開けば江河も竭《けつ》すべし。〔而るに〕一進一退し一左一右すれば六驥《き》も致かず。彼の人の才性の相い県たるは、豈で跛鼈の六驥の足に与けるが若くならんや。（修身篇）

〇公は明を生じ偏は闇を生ず、端愨は通を生じ詐偽は塞を生ず。誠信は神を生じ夸誕は惑を生ず、此の六つの生ずる者は君子はこれを慎しむ。而して禹と桀との分かる所以なり。（不苟篇）

書き抜かれた四篇は、すべて勉強修身の内容である。修養段階にある青年に最もふさわしい内容であるとともに、また青年を相手に勉強せんとする一敬の、老いてもなお衰えさせまいとする自己向上の自戒としたのであろう。

金谷治によれば、孔子にはじまった儒家思想は、一方で孟子にうけつがれるとともに、他方では荀子によって継承発展された。[25] 一敬が荀子にひかれたのは、荀子にみられる「迷信の打破、人間の主体的努力の強調、人間性の弱点の率直な指摘[26]」といった、その思想の「現実的実際的な性格」にあったのであろう。そして、荀子の思想の特色は、孟子の主観主義に対する「客観的形式主義」であり、その重点は、孟子のような先王の道義的心情にはなくて、「先王以来規準とされてきた礼義や法制という外的性格の強い規範[27]」にあったと、金谷は規定するが、それは一敬がもっとも親近する考え方であったろう。また、尊敬してやまぬ師小楠の思想に相通うものを感じていたに相違ない。私がそうみるのはつぎに紹介する『管子』の思想と相通ずるものがあるからである。一敬が小心であるだけならば、あるいは孟子につながり、それより流れた正統的儒家思想に興味をもつと考えられそうだが、彼があえて性悪論をとなえる荀子に心ひかれたところに、私は大いに注意させられるのである。一敬には、民衆全体の生活への関心と、権威へ対する反撥とがあるのではないかと思う。

『管子』からは、『荀子』よりもさらに多くの抜萃がなされている。じつに四五篇の文章を引き、『管子』への勉強の深さをみせており、『備忘録』は『管子備忘録』といっても差支えないぐらいである。一敬が、なぜ『管子』にこれまで打ちこんだのか。一敬は、『管子』をいかにみていたのか、それについては、彼につぎの一文がある。

読管子弁　　徳富一敬

湖海其底凸凹アリトイヱドモ、水面平。人賢愚アリトイヱドモ、斉シク其生ヲ保存センコトヲ希フ。是天地ノ間、万物万事皆平均ヲ以テ常経トスルユヱンヲ見ル可キナリ。「其平均ナルヤ道アリ」。人各自由ヲ欲セザルナシ。其自由放恣ナレバ、甲快シテ乙快ヨカラズ。丙伸テ丁縮マル。是レ社会ノ乱梯ニテ、平均ヲ求ムトイヱドモ得可カラザル也。先人深此理ヲ悟リ、天地ノ条理ニ由リ、人性ノ固有ニ基キ、各分願ヲ得セシムルノ政ヲナス。是則王道ナリ。コノゴロ西洋自由ノ説サカンニ行ワレ、其基ヅク処便宜ト道義ノ二ツニ跛レ、諸名家錯々論説アリ。吾ガ輩ハ道義感情主義ヲ信執スルモノナリ。

如何トナレバ、天性固有ニ基ヅキ、公平無私ノ心ヲ以テ条理ノ存スル処ヲ行フ。故ニ甲乙丙丁各怨嗟ノ声ナク、人々其処ヲ得テ国安寧ナルヲ以テナリ。因テ自由政治ト王政ナルモノ、其主義同一ニシテ二教ナキコトヲ了ス可キ也。是ヲ以覇政干渉ノクミス可カラザルコト弁ヲ俟タズシテ瞭火ヲ見ルガ如シ。

今朝諸君ト管子ヲ講読ス。其前ニアタリ聊カ陳腐ノ小言ヲ述ベザルヲ得ズ。夫レ読書ハ其ノ著者ノ主義趣向不識不知読者ニ感深スルモノニテ、虚心平易、予メ将迎ナク淡然ナレバ、其照ス処ニ誤謬少シ。夫レ管子ハ諸君モ知ラルル通リ便宜主義ニシテ、道義ヲ仮リ用ユルモノ也。故ニ其著述スルトコロ深ク弁明セザレバ、必ズオ互執ル処ノ主義ニ反対スルニ至ル可シ。併経済兵事其他事実ノ上ニ至リテハ、亦取ル可キ件々アルベシ。ソレハ講習ノ席ニオイテ取捨ノ義ヲ分明スベシ。諸君其勉旃。明治十六年癸未八月日南久ニ於テ書

（『漫筆』）

『管子』からの抜萃文を通読して感ずるのは一敬は『管子』の政治と経済の実際に学ぼうとしたと思われるのである。『管子』は、「政治家を以て立った人であって、その重んずる所は政治論・経済論にある」[28]から、一敬もそこに見るところがあったのであろう。たとえば、「国に四維有り。一維絶つときは傾き、二維絶つときは危く、三維絶つときは覆り、四維絶つときは滅ぶ」[29]（牧民第一）、「田租は百に五を取り、市賦は百に二を取り、関賦は百に一を取る」（幼官第八）など、政治の法を重んずべきことを述べた文を多く引いている。『管子』は法家の首に

数えられ、「人君の重んずるものは法である。法は即ち人君の柄であって、若し此を臣下に委ねるとき国は乃ち滅びるものとする」[30]。しかし、その法は「自然の法則」より導き来るという以上、一敬はそこに王政を見ていたであろう。一敬が『管子』に探ろうとしたのは、王政をしく政治論であった。

法は「人君の柄」であっても、この柄を持つ人君の心は正しくなければならない。それゆえに、一敬は人君の心のあり方に注目する。「之を治むる者は心なり」（内業第四九）と、人君の心の大切なるを注意し、「兼愛して遺す無き、是を君心と謂ふ。必ず先づ順教すれば、万民風に郷ふ」（版法第七）として、君心のあり方を『管子』のなかに求めていくのである。

王政の根本は民の心に順うにある。「政の興る所は、民の心に順ふに在り、政の廃るる所は、民の心に逆ふにあり」（牧民第一）。「国は有する所なり、民は君たる所なり」（君子下第三一）。これらの引用には、民権の思想を持ったものの眼があると思う。一敬は、『管子』の政治論のなかに王政の原則を見出して、引かれたものと思う。『管子』のなかには、政治の原則だけでなく、警察や保甲、土功や殖産等政治の実際が書かれておる点が、実学の立場にある一敬の同感するところであり、そこに民権を重んじ、民の幸福を目標とする民主政治に通ずるものをみてとったのである。ここに、一敬は東洋の王政論と泰西の自由主義の一致点を見出した。東洋と西洋の両学兼修の学問観の成立する所以である。

漢学の「足ラザル処多端」なのを、洋学で「完備」するために、一敬はつとめて泰西の文献を読み、泰西思想の吸収に心がけた。大江義塾の塾生たちが愛読した『西洋品行論』[31]や、同じスマイルズの『西国立志篇』は、一敬にも愛読の書であったらしい。『西洋品行論』の第一巻二六から、つぎの文章を引く。

自ラ警醒シ、自ラ規法ヲ立テ、之ヲ守リ、自ラ統治管轄スベキヲ要ス。

自主独立の人格を確立するということで、民主的個人をめざしたもの、この意図は『西国立志篇』からの抜萃文にもうかがえる。同書からは三文が引かれているが、その一つ、「希蠟人ノ語曰、三物、一資質、二学問、三事実上ノ練習」をあげるにとどめる。人間形成の原則をあげたものとみることができよう。

しかし、泰西思想については、当時日本に最も盛んに移入されていたスペンサーをもって代表せしめることにしよう。一敬もスペンサーを熱心に勉強したのである。

○斯辺鎖氏著述書

哲学五部　第一原理論　第二生物原論　第三精神原論　学政経理談　第四社会原論　第五道義原論　道徳之原理

以上は一八八二年の記事で、スペンサー勉強のメモであろう。「スペンサーの著作は明治前半期に於いては非常に多く紹介[32]」され、日本で最も多く読まれたものは、『社会平権論』であって一敬もこれを手にした。本書が英国で出版されたのは一八五〇年、一敬が読んだ訳本は、松島剛訳『社会平権論』で、六冊からなり、第一巻の出版されたのは一八八一年五月のことであった。「時恰も国会開設論の盛んな時であり、自由民権の強く叫ばれて居りし時なれば、本書は非常な歓迎を受け、此の消息を聞ける民権論者などは、未だ出版せざるに既に書肆に押しかけ、之が一日も早く出版されんことを要求した[33]」ということである。板垣退助はこの書に心酔して、これは民権の教科書なりといい、谷干城、後藤新平なども本書を読んで教を受けたという。このような本書は、「明治初期の文献として有数のものであり、記憶すべき文献にして、全体で六冊約八百頁程のもの[34]」で、その内容は、「大体著者にとっての正義論であって、物理学の概念を取りて社会力を仮定し、力の平均状態を研究したる者、即ち各個人平均の状態にある社会を研究したる者にして、謂はば社会理想論[35]」であり「進化論を以て其の根本思想となし、全体として個人主義的の調子が高く、社会に於いてある可き人間の関係を論じたるもの」[36]である。一敬もまた、少からぬ影響を本書からうけたのであろう、四篇の文章を書きうつし、短い評文一篇をものとしている。

抜萃文四篇のうち初め二篇は、松島訳『社会平権論』から引いている。

○社会ノ文明進歩シテ、人ノ男女同権ヲ承認スルニ至リタルノ時ハ、人情既ニ変遷シテ同権ヲ実行セシムルニ足ルノ時ナリ。事物状態此極ニ達スルトキハ、夫妻相争ハズシテ相譲リ、互ニ自己ノ権理ヲ張ラズシテ互ニ侵略ヲナサザランコトヲ務メ、各我意ヲ張ルコトナカルベシ。是相互ニ其権理ヲ重ズレバナリ。其主義トスル所ハ、利己ニアラズシテ利他ナリ。其競争スル所ハ勝利ニ非ズシテ謙譲ナリ。其恐懼スル処ハ凌辱ヲ為スニアリテ凌辱セラルルニアラズ。乃チ家内ノ相和シ相合スルヤ遠ク今日ノ上ニ出ヅ可シ[37]。

○自治ノ力「即自制ノ力」モ亦タ他ノ百力ト均シク作用ニ由リテノミ開発セラルベキガ故ニ、何人ヲ不問成人ニ至リテ其情ヲ制セント欲スル者ハ、先ヅ其幼時ニ其情ヲ制スルコトヲ学バシメザルベカラズ。然ルニ抑制教法ニヲイテハ児童ヲシテ其後年ニ処スル自治ニ慣レシムルコトヲバ務メズシテ、児童ノ為メニ法規ヲ設ケテ之ニ従ヘト命ズルモノナリ。又此法ニ於テハ、児童ヲシテ自カラ其言行ノ区域ヲ定メ、而シテ之ヲ踰ヘザルコトヲ務メシメテ以テ他日父ノ軛ヲ脱シタル時ノ準備ヲ為サシメズシテ、児童ノ為メニ其区域ヲ画シ、汝之ヲ踰ユレバ罰アリト言フモノナリ。斯ノ如クンバ数年ヲ不出シテ自主ノ人トナルベキ児童ヲシテ、成ル可ク自主ノ人タル性格ヲ得ザラシムル者ナリ[38]。

前文は男女同権について論じたもの、封建的男女差別の生活習慣のなかになお生きていた一敬がかかる文章を書き写していたということは非常に興味あることだが、ここではその事実の追求はやめて、一敬が将来の日本社会の正義を求めたものとしておこう。後文は自治の力、自制の力の必要なるとともに、それは幼時に育成すべきことをいったもので、幼時教育の人生における重要さをいったものであろう。

第三、第四の文章については、その出典を知ることができなかったので割愛する。

一敬は、スペンサーを勉強して、大いに感ずるところあったとみえて、スペンサーについての考えをまとめている。一敬のスペンサー観をみることができるであろう。

斯辺鎖氏ノ説ク処、最下動物ヨリ説キ起シ、蒙昧ノ小児、平凡的人民通情ノ現象ニ及。其著明ナルコト、人々日常切近ニアリ。故ニ絶頂ノ好風景ヲ認識シテ、険路ノ流汗ヲ忘ルルノ思イヲナス。

明治十八年十一月四日　（『漫筆』）

この文章を書いた年月日からいって、スペンサー学習の最後に書きつけたものであろう。

一敬は、スマイルズの『西洋品行論』『西国立志篇』を読み、スペンサー『社会平権論』に非常な熱心さを示し、その他泰西思想の吸収に熱意をもやした。儒教主義に立って泰西自由主義を受け容れることによって、将来の日本に生きる道があると信じ、その学習を自らにも課し、塾生にも要求したのである。一敬には、現在に立つ視点があったと思う。東西両学兼修の必要も現在の視点から出てきたと思う。現在を重視することは、実学の本旨であろうから、それゆえに、一敬は時事問題に関心をよせ、新聞雑誌を綿密に読んだ。

新聞雑誌から、抜萃された件数は三一件、報知新聞五、自由新聞三、東京経済雑誌七で、その他は出典不明である。一敬は新聞を真理を識得する手段とみ、学問の対象として、熱読しこれを書きとめていった。

○学問トハ、智者賢人ノ確《マヽ》言訓語ヲ知リ得ルマデニアラズ。普ネク世界ノ各邦ニ通ジ、現象ヨリシテ万世ニ亘リテ一定不動ノ真理ヲ識得センコトヲ要ス。其着手用功ハ何ノ点ニアルカ。吾近頃得之。新聞紙是ナリ。

此則現象ノ写真タリ。コノ緒ニ付テ推考セバ、必ズ其窮ル処アラン。コレ格物ノ導火ト知ル可シ。

明治十八年九月　（『漫筆』）

○新聞紙ハ学問ノ端緒。統計表ハ学問ノ資本也。

明治十八年九月　（『漫筆』）

新聞雑誌からの抜萃で眼につくのは、統計や数字の類が多いことである。たとえば、日本全国人員、日本の官員数、全世界人口といったもの、欧州各国国会議員の割合、英国下院議員数は六、七年後にひかえた国会開設への強い執念か。英国之富、日英農地比較、米利堅合衆国財産、米国現金銀流通高、合衆国紙幣政府製造、米国財政、魯西亜国皇領地、普国形勢論等あげてくれば、世界の強国の政治経済への関心の深いことを示している。日本の経済産業にたいする興味も強烈である。抵当公債証書仮定価格、東京熊谷鉄道費、日本貨幣流通高、明治十四年全国出来米、日本全国造酒量など眼につき、「上総房州の乾鮑製法により村富を増すの記事」「石油の祖スコットランド人ゼームス・ヨングの略歴」「横浜よりリバプール、マルセーユ、サンフランシスコまでの航海日数、費用」等は一敬の関心の多彩なのに驚くが、実学の徒の真骨頂を示すものか。

この『備忘録』の最初の抜萃文は、「日東捕鯨会社総代後藤徳章氏の答辞」である。抜萃したのが不思議に思われるタイトルであるが、要点はつぎにあった。

本邦捕鯨ノ術タル、唯旧習ニ因リ、僅ニ其来ルヲ待チ、之ヲ海湾ニ漁スルヲ知ルノミ。未ダ西国ノ法ノ如ク、巨艦軽舸、之ヲ洋中ニ逆ヘ、或ハ鏢、或ハ砲、之ヲ驚濤逆浪ノ間ニ斃スルヲ識ラズ。徳章私事久ク此ニ慨スル所アリ。広ク同志ヲ結ビ、資金ヲ募リ、一社ヲ創設シ、以テ西国ノ漁法ニ依倣シ、本邦未曽有ノ事業ニ従事セントス。

旧習を打開し、西法を入れて新しい用法をもって、大いに捕鯨業を飛躍させせんとするところに一敬の共鳴する点があったと思う。一敬が老齢にあっても、なお前向きの姿勢を維持しようとの意欲がみえる引用である。

「感受ノ作用。願欲ノ作用、意念の作用。合併力。差別力。記憶力」（自由新聞）には、一敬の勉強の心構をみることができ、東京経済雑誌からの次の二文、「信憑ハ資本ナリトハ、近時経済学士ノ称スル所ナリ。之ヲ用ユル、濫ニ失スルコト一歩ナレバ、非常ノ禍害惨毒ヲ流ス」。「学問トハ、智者賢人ノ吐露セシ雅言訓語ノ類ニアラズ。普ネク世界ノ各邦ニ通ジ万世ニ亘リテ一定動スベカラザル自然ノ法則ヲ発見スルニアリ」からは、泰西的学問の吸収と理解につとめている一敬の努力が目にみえるようである。『第十九世紀ノ青年ト其教育』『将来之日本』的学問の雰囲気のなかに、一敬は決して異邦人的存在ではなかった。かかる父であったがために、猪一郎も義塾においで存分の勉強と教育ができたのであり、上記の二著も書きあげられたのではないか。

ここには、従来いわれていたのとは異った一敬像がある。第一に、一敬は師小楠の教義を承継して、開明的学問観を発展させ、政治・経済の問題に大きな関心をよせ、殖産実業の面を重視していた。実学の学問的継承者として、その努力を大江義塾時代に尽したのであった。第二に、一敬はその実学的学問の立場から、漢学を中心とし、その「足ラザル処」を洋学で完備するとの日本文化の在り方について、明確な判断を提供している。漢魂洋才ともいうべきものであろうか、日本文化論の一類型を明治の初期に自ら提示したものであろう。

四

『漫筆』は、一八八三年八月、日奈久秀雲楼で起草された。それから大江義塾時代書きつがれてさらに東京時代にまで及び、最後は一八九九（明治三十二）年六月二十三日で終っている。

大江義塾時代、すなわち一八八三―八六年間の文章は、一一篇ある。八三年二篇、八四年一篇、八五年六月―十一月八篇となっている。以上の一一篇のうち、五篇は前出したので、残り六篇と、『備忘録』のなかに、「体験要録」と題してまとめられている随想四篇と、合わせて一〇篇をここでは取扱かう。これらは、一敬が自分の意見を書きとめた数少い文章の幾篇かである。

（一）自修自反の二篇がある。（一篇は略）

○自脩ノ要点ハ自反ニアリ。自反トハ何ゾ。融会解悟、是ナリ。其融会解悟ハ、気僻私欲固有ノ徳性ヲ賊害スルトキ、大勇力ヲ以テ是レヲ克去知行兼待チテ、此ノ解悟融会ノ地ヲ得ルコト疑ナシ。異端ナガラ西行ノ修行ヲ見テ聊感会スルコトアリ。自由ノ真理ニ志スノ士、豈可恥一沙門乎。明治十六年未二月廿七日記

（『備忘録』）

泰西自由主義の「自由ノ真理」も、仏教でいう「解悟融会ノ地」と同じとし、それは儒学の真理にも通ずることを前提としている。一敬の学問観の特色をにじませる。

（二）品行論三篇　人倫の説はやはり儒学の立場にあるというべきか。

虎譲論　　徳富一敬

堯典曰、允恭克譲。大禹謨曰、満招損、謙受益。周易彖伝曰、天道虧盈而益謙。論語曰、夫子温良恭倹譲。又曰、能以礼譲治国乎何有。其他謙譲ノ語枚挙ニ不遑。以此数語支那道徳之基礎謙譲ニアルコト明燎ナリ。然ルニ孔子畢生ノ着眼仁タルコト、一丁不分ノ児童モ是レヲ知ル。造次於此顛沛於此スト云ヘリ。然ルニ其嘗仁不譲於師トイヱル、是孔子真ニ着眼ノ地ニ憤発激励、毫モ遅疑猶予ナク人々吾カ自主自立ノ見識ヲ以テ、

勇往奮進ヲ誘導スル気象可見ナリ。

明治十七年草案　（『漫筆』）

○恕トハ己レヲ推シテ人ニ及ストハ、古人ノ解ナリ。熟ラ此ノ工夫着手ヲ考フレバ、向フノ身ニナリ代リテ省レバ、其不欲トコロモ適切分明ニナル也。是レ余ガ経験ノ説也。

明治十八年七月　（『漫筆』）

○報本反始ハ進化ノ培養物ノ最ナルモノナリ。

明治十七年十月四日　（『備忘録』）

(三)読陶淵明伝　徳富一敬

帰去来辞曰、既自以心為形役。奚惆悵而独悲。悟已往之不諫、知来者之可追。寔迷途其未遠。覚今是而昨非。又自祭文曰、陶子将辞逆旅之館、永帰於本宅ト。此ノ数語ヲ閲シテ其為人ヲ知ルニ足レリ。淵明資性淡純閑雅寡欲ニシテ其識見一本之班観的ニ暁通シ、万殊之作用ヲ不詳悉。彼ノ曽点ト一般矣。然文辞塵埃之外ニ超然タリ。此支那後世ニ至ルマデ賞シテ不措所以乎。

明治十八年六月　（『漫筆』）

(四)漢籍の視点

漢籍聖人ヲ以テ純正的ノ道義真物ヲ代表ス。マタ其載スル処多ク達人賢明、又ハ極悪邪底ノ人タリ。凡人平常ノ現象乏シク因テ其階級高低アリテ、日常通用ニ的合スルコト稀少也。

十八年十一月四日草記　（『備忘録』）

(五)教育の力

愛国忠君、其志趣或ハ一トナシ了ル。是誤謬甚シキモノナリ。愛国ノ的例ハ、何尹是レナリ。故ニ太甲ノ如キ人君モツイニ善ニ移リ、徳ニ居リ、殷ノ国祚ヲ全クスルニイタレリ。忠君岳飛ノ如キニイタリテ、看スヽ其功成ニ垂ントシテ、彼ノ○○○○秦檜ガ所為タルコト知リツヽ、班軍死ニ処セラル。吾レ疑之。熟々考ヱテ其旨ヲ得タリ。是無他。忠君ノ教育ニ依テ此身ヲ殺シ、ツイニ宋ノ社稷モ塵滅ノ基ヲナセリ。嗚呼教育ノ法話深可不研究哉。

明治十八年十一月十七日記

（『漫筆』）

（五）政体論

百事勉強スル人ヲ以、先ヅ善類ト定ム可シ。懶惰ノ人、先ヅ悪種ト認ム可シ。社会ノ始中終、自カラ文明ノ度ニヨッテ組織スルモノナリ。封建君主専治ハ人群ヲナス以上、必ズ如此モノナリ。文明進ムニシタガッテ、人権平等ノ思想ヲ生ズ。此代議政体立憲治法起リ、自治ノ制起ルユヱンナリ。君民同治共和政治ハ其国体ノ起因スル処ニヨッテ適度アリ。必ズ共和ヲ以第一等トナス可カラズ。

明治十六年未五月

（『備忘録』）

一敬の洋学勉強の程度を示す、一敬の政治論である。最後の「必ズ共和ヲ以第一等トナス可カラズ」からすれば、一敬のよるところは、「君民同治」か。「共和政治」を抑えるところは、塾生のなかに「共和政治」支持の声の強いのを意識しての発言であったろう。[39]政体について実学党は「君民同治」[40]を主張してきたが、なお一敬はその意見を持続していたものとみえる。

以上の文章のほかに、「光風霽月之素以可画。経天緯地之文而已矣」。（明治十八年九月、『漫筆』）の一篇があるが、総じていえば、一敬の教養の基礎は、深く儒学にあるというべきであろう。漢籍よりの抜萃が多く、考え方も儒学的思考の文章が多い。儒学的知識人といってよいであろう。それが、洋学の吸収に努力し、一八八〇年代の時勢に生き、青年の指導にあたらんとする意欲は、六〇をこえる老人と思えぬ気概がある。儒学の素養のうえに、洋学をうけ入れた、新時代の明治的知識人の一類型をみるのである。もとより明治新時代の指導者となった福沢諭吉や、民権論者としての植木枝盛ほどの洋学の吸収はなしえなかったが、開明的儒学に生きた明治の地方知識人の典型というべきであろう。伝統的儒学思想を守株する固陋の学校党的知識人とははっきり異るものであって、豪農階層に生れ、実学的儒学の深い教養と、洋学に対する開明性によって、よく民権教育を推進することができたのである。

最後に、一敬が青年に呼びかける演説を引用する。これは、大江義塾の塾生へではなく、共立学舎の生徒に呼びかけたものである。一敬が新日本をつくる青年を育てようとする意欲あふれる叫びである。この訴えは、そのまま大江義塾の塾生にも向けられるものであった。

一八八四年一月十一日、共立学舎始業式で演説したもので、『熊本新聞』八四年一月十七日号から二回にわたって連載されたものである。

有為ノ涵養　　　　　　　　　　　　徳富一敬演説

満堂諸君、老夫ガ故高本翁ノ「一樹花飛一樹開。春風欲暮鳥先回。老夫何事猶扶杖。白首支離日々来」ノ詩ヲ誦シ、此演壇ニ登テ愚意ノ在ル所ヲ演述セシハ、実ニ昨年今月今日ノ事ナリキ。夫レ日脚ハ隙過ク駒ト歩ヲ早メ、一年ノ光陰ハ真ニ夢幻ノ如ク、益々吾人ノ老ヲ促シ、今ヤ満頭ノ髪ハ霜又霜ヲ加エ皮肉ハ千々ノ細波ヲ畳ミ、毎ニ鏡面ニ対シテ輒チ未ダ嘗テ驚歎セズンバアラズ。吁吾人ガ有形体ハ詢ニ老衰ニ瀕セル哉。夫レ然リ、然リト雖ドモ吾人ガ無形体、即チ霊魂ト思想トニ至テハ聊カ昔日ニ異ナル所ナキヲ覚フルナリ。是レ今日唐突ヲ顧ミズ本題ヲ出シ諸君ノ清聴ヲ煩ハス所以ナリ。抑モ人間社会就中青年学士社会ノ間ニ於テ其ノ発達ヲ致シ其ノ運動ヲ率ユルニ尤モ必要ニ且ツ尤モ貴重ナルモノハ、何ヲ以テ之ヲ推ス邪。諸君ノ意見ハイザ知ラズ、老夫ハ断ジテ云ハントス。曰ク、有為活潑ノ精神是レナリト。今夫レ不是底ノ有為ハ姑ラク措テ論ゼズ、善良底有為ノ実体ヲ解剖シテ精視細検スレバ、蓋シ二様ノ区別アルヲ発見スルナリ。一ヲ気節ノ有為ト云ヒ、一ヲ義理ノ有為ト云フ。請フ進テ之ヲ説カン。気節ノ有為トハ、所謂燕趙悲歌ノ士ト一般ニシテ、多ク慷慨激昂ノ風ヲ帯ビ、国家ノ禍乱ニ当テハ腕ヲ扼シテ起チ、有司ノ専横ヲ観テハ怒髪冠ヲ衝キ、或ハ死ヲ鴻毛ニ比スル等一モ壮烈ノ行ニ非ザルハ莫シ。然レドモ、理ヲ察スルノ明、事ヲ処スルノ法トニ至テハ欠漏ヲ免ルル表幾ンド希レニ、躁急ニ失シ狂妄ニ失シ、申徒狄、子路ノ轍ニ陥ルモノアリ。一把ノ乾柴ニ火スルガ如ク、忽チ熾ニシテ忽チ灰滅スルモノアリ。義理ノ有為トハ、特リ気概ノ一点ニ依ラズ、動作進退常ニ義理ニ拠テ之ヲ決シ、一事ヲ興スニモ必ズ計画ヲ精ニシ、一業ヲ創ムルニモ必ズ経綸ヲ密ニス。故ニ失墜ノ弊ナクシテ多ク功効ヲ樹立スルナリ。

諸君ハ藤田東湖翁ノ詩ヲ見ザル乎。「白髪蒼顔万死余。平生豪気未全除。宝刀難染洋夷血。空憶常陽旧草盧」ノ詩ヲ読マザル乎。東湖翁ハ実ニ此詩ノ精神ヲ以テ水戸闔藩ノ子弟ヲ薫陶シタリ。於是乎、気節ヲ負フノ士王愾ニ適スルノ人ハ一時勃然トシテ輩出シ、殆ンド天下ヲ震動スルノ勢ヲ成セリ。然レドモ、此等ハ果シテ何ノ事業ヲ興シ何ノ功効ヲ建テ何ノ利益ヲ及ボシタル乎ヲ索考シ来ルトキハ、僅カニ十余ノ壮士ガ飛雪紛々ノ中、桜田門前ニ於テ当時ノ大奸賊ナル井伊侯ヲ斬殺シタルノ一事ヲ見ル耳。従是以後ハ漸ヤクニ撕尽燼滅ニ属シ、天下ノ人々復タ水戸ニ道ハザルニ至ル矣。諸君ハ村田清風翁ノ詩ヲ見ザル乎。「細味仁心乃是城。

静思義気忽為兵。了来管楽無他術。摩枕時過孤鶴声」ノ詩ヲ読マザル乎。清風翁ハ実ニ此詩ノ精神ヲ以テ、長州衆多ノ子弟ヲ培養シタリ。是ヲ以テ或ハ今日ヨリ長州出身ノ人ニ多少ノ批評ヲ加ハユル者ノ、二百年来凝成シタル徳川府ヲ倒シ、封建ノ制度ヲ改革シ、以テ明治維新ノ大功業ヲ済セシハ、彼ノ清風翁ノ子弟ナル木戸孝允等諸士実ニ牛耳ヲ執リシニ非ズヤ。惟リ然ラズ、今日ニ方テモ廟堂枢要ノ地ニ居リ政海波濤ノ間ニ立チ政治ノ機関ヲ司トルモノハ亦タ其ノ培養ヲ受ケタルモノナリ。

夫レ東湖翁ノ薫陶スル所ハ気節ノ有為ト謂ハザル可ラズ。清風翁が培養スル所ハ義理ノ有為ニ近シト謂ハザル可ラズ。而シテ其ノ実蹟ノ顕ハルル所、彼レガ如ク甚ダシク異同ヲナスモノ果シテ如何ゾヤ。蓋シ気節有為ノ義理有為ニ及バザル遠キ所以ニ由ル歟。若シ果シテ老夫ガ見解ヲシテ誤リナキモノトセバ、則チ義理ノ有為ハ復タ今日ニ涵養セザル可ラズ。其ノ之ヲ涵養スルノ道如何。程伊川ガ横渠ニ答ヘタル義理ニ涵泳スルノ一言以テ之ヲ蔽ヘル者ノ如シ。今夫レ義理ニ涵泳ストハ、甚ダ高遠又タ甚ダ深奥ニ人々容易ニ得テ為ス可ラザルノ感ヲ惹クノ諸君モ、或ハ無シト保セズ。然レドモ、決シテ然ラズト思考スルナリ。大凡ソ諸君ニシテ事物ニ触ルルノ際ニ当テ、以テ聞ク可クシテ聞キ、以テ聞ク可ラズシテ聞カズ、以テ見ル可クシテ見、以テ見ル可ラズシテ見ズ、以テ思フベクシテ思ヒ、以テ思フ可ラズシテ思ハズ、以テ進ム可クシテ進ミ、以テ進ム可ラズシテ進マズ、一々精細ニ良心ノ判断ヲ下シ、其ノ自ラ安ズル時ニ於テ、所謂仰不愧俯不怍ノ気象ヲ発出シ勇往敢為セバ、此レ即チ義理ニ涵泳スル事ナリ。(尤モ此ノ間ニ於テ、智育ヲ励ミ是非善悪ヲ弁析スル流ルガ如ク淹滞固渋スル無カラシメザル可ラズ。又タ乃チ体育ヲ励ミ、鶏鳴夙ニ起キ新鮮爽快ノ空気ニ運動シ、或ハ氷霜ヲ踏テ兎ヲ山丘ニ逐ヒ、或ハ筇ヲ雲外巍魁ノ高峯ニ曳キ、其ノ筋骨ヲ健全ニシ、其ノ精神ヲ旺宏ニシ、有為ノ運歩ヲ助ケザル可ラズ。然レドモ義理ニ涵泳スト云ヘバ、是等ハ自然其ノ中ニ包含スルナリ）。此ノ如クシテ源泉混々不舎、昼夜深ク磨キ厚ク礪キ永ク積累スルニ及ンデハ遂ニ偉大ノ良果ヲ結ビ、天ヲ掞カシ地ヲ動シ江海ヲ浅クシ山岳ヲ低クスルニ至ルモ亦タ未ダ測ル可ラズ。若シ不然無謀狂激単ニ気節ニ依頼シ血ヲ以テ自由ヲ沽フ等ノ言ヲ作シ真正義理ノ涵養ヲ欠クトキハ、終ニ久遠ニ勝エズシテ水戸藩士ト跡ヲ同フスルニ至ラン。豈可不深思而猛省哉。

嗚呼、吾人ハ已ニ六十三歳殆ンド頽然タル一禿翁ナリ。雖然有為ノ気象ニ於テハ敢テ恒人ニ後レザルノ精神ナレバ、棺ヲ蓋フ迄ハ活潑ナル俊髦諸君ト共ニ講究切磋シテ怠ルコト無ラント欲ス。諸君以テ如何トス。

注

（1）水俣市立図書館淇水文庫所蔵の『大江義塾資料』（以後『資料』と略記）八巻にふくまれている。
（2）『資料』一〇。
（3）『資料』一八。
（4）武藤厳男『肥後先哲偉蹟』後編、七三五頁。
（5）前掲早川『徳富蘇峰』。
（6）一八八六年刊、『資料』一四。
（7）『資料』二〇。
（8）『蘇峰自伝』六頁。
（9）前掲『肥後先哲偉蹟』後編。
（10）『蘇峰感銘録』一九四四年刊、一二頁。
（11）『竹崎茶堂先生』同伝記編纂会、一九三〇年。
（12）前掲『肥後先哲偉蹟』後編、七三四頁、「熊本県知事布令」は本書七三六頁に全文が掲載されているので参照されたい。
（13）『蘆花全集』第一六巻、四八頁。

(14) 前掲『蘇峰感銘録』四九頁。
(15) 同前、二〇頁。
(16) 『蘇峰自伝』一七頁。
(17) 前掲『富士』四八頁。
(18) 同前、五七頁。
(19) 同前、五二頁。
(20) 前掲『蘇峰感銘録』二五頁。
(21) 同前、二六頁。
(22) 一八七九年、大江義塾に先立つこと三年に創立され、一八八五年大江義塾より一年前に閉鎖された。「共立学舎主義」は七九年十一月十五日付となっている。なお山本十郎『肥後の文教と其城府の教育』(一九五六年)四四九頁に載せる「共立学舎主義」は同じものである。
(23) 芦北郡日奈久温泉(現在八代市)のこと。一敬はよくこの温泉湯に行ったようである。
(24) 『荀子』の書き下し文は、金谷治『荀子』(岩波文庫)による。
(25) 金谷治『荀子』解題、岩波文庫下巻、四二七頁。
(26) 同前、四二七頁。
(27) 同前、四三一頁。
(28) 狩野直喜『中国哲学史』、岩波書店、一九五三年刊、二三八頁。
(29) 『管子』の書き下し文は『国訳漢文大成』本による。
(30) 『西洋品行論』は、イギリス人スマイルズ(S.Smiles 一八一二―一九〇四年)の著作“Character”(一八七一年)を中村敬宇が訳述したもので、全一二冊からなり、一八七八年六月から一八八〇年二月のあいだに全冊が出版されたものである。『西国立志篇』は、“Self-help”(一八五九年)をやはり中村敬宇が訳述したもので、一八七〇年に出版された。欧米各国でもわが国でも、『西国立志篇』が多く読まれた。大江義塾では『西洋品行論』の方が盛んに読まれた。
(32) 下出隼吉「『社会平権論』解題」明治文化全集第二巻『自由民権篇』所収。
(33) 同前。

(34) 同前。
(35) 同前。
(36) 同前。
(37) 明治文化全集第二巻『自由民権篇』二九四頁。
(38) 同前、三〇五頁。
(39) 大江義塾雑誌に載せる塾生の文章のなかには、「共和政治」を支持する声が聞かれるのであって、主権論においても、人民主権を主張する声が多かったようだ。その点、一敬との意見の相違をみる。
(40) 一八八一年から翌年にかけての紫溟会結成の過程で、君主政治を固持する学校党に対して、共和政治を主張する相愛社はその結成からはなれていき、実学党も主権は立法府にあるとして君民同治を唱えてはなれていった。

内藤泰吉——西洋医学を普及させた苦労人

内藤泰吉《ないとうたいきち》（文政十一年〔一八二八〕～明治四十四年〔一九一一〕）

玉名郡南関郷吉地村の医師・内藤桂寿の三男。兄の医業の手伝いの合間に、小楠の門弟・長野濬平に学問を学ぶ。同じ門弟の竹崎律次郎の仲介で小楠の門に入り、小楠の紹介で寺倉秋堤から西洋医学を学ぶ。『海国図志』について小楠と議論して、小楠が開国論へ転換することに貢献するほど学問・見識が深まる。小楠が招聘されて福井に行く際には、留守家族の世話を任される。長崎に出て蘭語を習い、小楠に同行し江戸に行き、士道忘却事件では小楠の身を案じる。その後、再び長崎で学び、小楠の甥・左平太と大平兄弟の洋行に尽力する。明治維新の際には、藩の軍医として同行し、小楠暗殺後は、熊本で開業する。後に藩立病院の創立に尽力し、発展に努める。藩立病院が廃止されると、通町病院を開院し西南戦争後は明十橋際に病院を開いた。後年には東京の長男の許に移り住んだ。長男・游は工学博士、次男は『星の王子さま』の翻訳者、フランス文学者の濯、娘・タエの子は政治評論家の内田健三である。

はじめに

内藤泰吉には、幸に自伝『北窓閑話』(以下『閑話』と略記)がある。小楠の弟子で自伝のあるのは、他に徳富一敬がある。徳富のは『肥後先哲偉蹟(後編)』(以下『先哲』と略記)七三三頁以下に「徳富一敬自伝」として掲載されている。それは一敬直筆のものに違いないが、編者によれば「未定稿」とされているものである。『閑話』は内藤の自伝ではあるが、彼自身が書いたものではなく、長男游の聞書である。その刊行は「昭和二年八月(筆記は明治三十年八月)」で、内藤泰吉死後一七年も経ってのことである。游の偉れた文才によって、なかなか中身のある内容で、伝記として信頼できるものとなっている。それで私はもっぱら『閑話』によって、彼の活動を追っていくことにする。外に内藤の伝記を取り扱っているものとしては、『肥後人名辞書』(以下『人名』と略記)に二一一字の短文からなる略伝と、下田曲水『近代肥後人物史』には九五〇字ほどのやや詳しい叙述があるが、その内容はともに『閑話』以上に出るものではないので、本論では取り上げないことにした。

一 南関時代

内藤泰吉は熊本県玉名郡南関町に生まれた。

内藤家は、肥後の国玉名郡南関郷吉地《よしぢ》村に居住以来、代々医を業とし、父桂寿まで丁度四代になる。俺はその三男で、文政十一年一月十四日の生まれてある。十六歳まで長兄伯斎・次兄有績と一緒に家で読書の稽古をした。

吉地村は現在熊本県玉名郡和水町に属する。内藤が生まれた文政十一年（一八二八）は、かのシーボルトが帰国に際し、国禁の地図を海外に持ち出そうとして発覚、罪にとわれて国外追放された事件が起こった年である。内藤は徳富一敬・矢島直方には六歳の年少、長野濬平には五歳の年少、山田武甫には三歳の年長、安場保和には七年の年長である。

十六歳まで長兄、次兄と家で読書の稽古をしたとあるが、おそらく当時の吉地村には藩校時習館の分校（郷学）も設置されておらず、寺小屋もどうであったろう。もっとも医師の家の出身であるから、寺小屋があったにしても入校することはなかったろうと思うが、それだけに家にあって父や兄について勉強したのであろう。内藤家は医を家業とする家として、子弟教育する教養を持っていた吉地村有数の知識的家庭であったろう。代々内藤家の教養を維持すべく、父は子に、子は孫に伝え、兄は弟に教えるというように内藤家は独特の教養を育て上げていたのであろうが、十六歳まで家の中ばかりの勉強では、どうしても狭く頑固にならざるを得ないであろう。もし内藤にこのままの状況が続くならば、いかに彼にすぐれた才質があるにしても開化することはむつかしかったであろう。はたして内藤にもようやく転機がやってきた。

天保十四年、十六歳のとき、医者仕習のため熊本に出で、射場町の富田宗栗先生の門に入った。行徳文卿はその時、富田家に来ていた。存命中の友人では、行徳が最も旧い交りである。折角富田家に入門はしたが、内が難渋ゆえ続いて居る訳にはゆかぬ。熊本に居たのは三年間僅か百日くらいであった。

富田宗栗については、手元の人名辞書にもその名を見ることができないので、残念ながら通りすぎさせてもらう。行徳文卿は熊本ではあまりにも知られた人である。行徳については『先哲』で四頁以上にわたりやや詳しい解説があるが、ここでは余り深入りせず、この『先哲』の履歴記事を要約している『人名』の記事を紹介する。

行徳拙軒　名は直温、文卿と称し、拙軒は其号なり。元平橋氏、出でて行徳氏を嗣ぐ。眼科医を以て名あり。傍詩文を能くし、詩社閏余会を興して其牛耳を執る。明治四十年八月没す。享年七十五。(後略)

行徳は小楠の弟子ではないが、長い親交の人であった。右『閑話』の引用文の最後のところ、「熊本に居たのは三年間」とある、その「三年間」はいつからいつまでか。右の文章に引きつづいて、「弘化三年、十九歳のとき、父は中風に罹られて医業が出来ぬ。兄伯斎に随ひ、南関坊田の出張所にゆき、調合を手伝った。時々兄の代診を務めたこともあった。」とある。

右によれば弘化三年に熊本に引き上げて南関に帰ったと思われる。それまで三年間ということであるから、その三年間は天保一四年(一八四三)から弘化三年(一八四六)までのことであろう。

弘化四年、二十歳のとき、長野濬平が南関に来て塾を開いた。長野は俺よりも五歳の年長である。医業の余暇に読書の不審を解いてもらった。

長野は小楠社友の先輩であり、後に熊本蚕業界・製糸業界の大立者となる人物である。長野が南関にやってきた事情については、中川斎『桑蔭長野濬平』によると、天保十二年(一八四一)木下初太郎[1]が総庄屋として南関に赴任してきて、南関文学の衰微を嘆いて、有志数人と協議し、教導師を招いて文運を興さんことをはかった。木下は幕末総庄屋のなかでも特に秀れた業績をあげた人であるが、この木下の眼鏡に適った教導師の一人が長野であった。このとき長野に出逢い、長野の指導をうけたのは、内藤にとって大きな刺激であったろう。長野はすでに近藤淡泉塾[2]に入り、少なくとも四年間の儒学修学を積んでいた。

しかし内藤の運命を決した小楠との出逢いは、内藤が二十一歳のとき、竹崎律次郎が嘉永元年(一八四八)南関にやってきた〔兄・木下初太郎に会うためか？〕ことに始まるのである。竹崎は内藤を小楠に結びつけた。

俺を小楠先生に紹介してくれたのは竹崎であった。愈々其の年の十月に、熊本の相撲町の小楠堂に入門することになったが、全く学資がない。

南関の知人からやっと五〇匁を借りて熊本に出て、小楠塾に入ることは入ったが、苦学をするほかはなかった。その苦しい状況を『閑話』で次のように告白している。

在塾中は筆耕を勤めて学資を足した。其の頃十行二十字詰一枚を写し、賃が七文であった。後ち徳富多太助の助言で、一枚十一文にした。筆耕を勤めたことが殆ど三年に亘った。あるときは、朝の四時頃から夜の十二時過ぎまで四十枚を写し詰め、肩が凝って手が動かぬこともあった。こんな始末で、着物は洗い晒しの着のみ着の儘、大小は無論借り物であった。入門後三年間は更粟飯を喰ひ、夜具が薄いので、寒中は矢島源助に同衾させてもらった。

まるで若いころの勝海舟の苦学を思い起こさせるものがある。小楠門下でこれほど苦学をしたのは珍しいのではないか。弟子たちのうち徳富家や矢島家のような豪農の出身者は生活はわりに豊かであったし、武士にしても、たしかに下級武士に相違なかったが、それでも百石以上のものが多かったので、なんとか苦学をやらずにいけたのではないか。内藤はそのなかで苦学をやらなければならなかったことは、不運なことであったかもしれないが、それがまた内藤を大成させることになったのかもしれぬ。家の事情は苦しく、内藤は熊本に出ることをあきらめていたのであろうが、竹崎律次郎（茶堂）が新しい情勢を切り開いてくれた。

小楠塾は当時熊本城下町相撲町にあった。小楠は二年前の弘化三年（一八四六）家兄に従って相撲町に移り、邸内に一室を拵えて居室兼諸生会読の場所とした。さらに翌四年、家塾を新築し二〇余人の諸生が寄宿していた。

内藤が入門したときも、大体こんな状態であったと思われる。このころは実学党に対する諸方面からの迫害がいよいよ加わっていたときである。しかし内藤はこの迫害を事ともしなかった。

二　西洋医学を学ぶ

内藤は医者である。小楠門に入って経学の道に勤学力行しながら、嘉永五年（一八五二）二五歳のとき、当時熊本で奥山静寂[3]と並んで蘭方医学の権威とされた寺倉秋堤[4]に就いて西洋医学の勅強に入った。医学の素養はあるとはいえ、その医学は和漢医学であった。二五歳からの西洋医学による再出発はなかなかの苦労であったろう。「嘉永五年二十五歳のとき、先生の紹介で寺倉秋堤氏の門に出入りし、医学を修むることになった」（『閑話』六頁）と内藤が証言しているので、内藤の西洋医学入門は小楠の奨めであった。

小楠は西洋医学には早くから非常な関心を示して、将来の日本の医学・医術は従来の漢方医学を止めて蘭方医学を採るべきだと考えていた。小楠は塾生のなかで医学に関係あるものは、塾内に起居して小楠学を勉強しながら、当時熊本府内で有名な西洋医学の奥山静寂と寺倉秋堤の門に通わしたのである。[5]小楠門下生で医学に関係あるものは内藤のほかに、野中宗育と中山至謙がいた。小楠は内藤と野中を寺倉に、中山を奥山に学ばしたのである。[6]寺倉・奥山は熊本の近代医学の開拓者ともいうべき人である。ここに小楠を介して、内藤・野中・中山という新進の西洋医学者たちが寺倉・奥山の耆宿に育てられて、相ともに熊本の近代医学を築いていくのである。彼らの医学が今日の熊本の医学に流れ込んでいることは否定できない。

いいかえれば、小楠が内藤・中山・野中の三門弟を西洋医学習得に派遣したことは、熊本近代医学確立のために間接的な貢献をしたことになり、古城医学校設立へ道を開き、文明的文化的役割を果たしたのであった。そして、小楠の西洋医学・医術の学習は決してその知識・技術のみを得ることではなかった。その根底には経学があったのである。そのことは、内藤が寺倉の門に入るとき、小楠の内藤に与えた言葉に躍如としている。以下山崎正董『横井小楠・遺稿篇』（以下『遺稿』と略記）七二五頁より転記する。

内藤泰吉に告ぐる語

一　士・農・工・商及医其職異なりといへ共、苟も道を学ぶものは皆士なり。士にして志家職にあり、士と云ふべけんや。家職を卑として勉ざるは、分を知らざるなり。思はずんばあるべからず。

一　西洋の書を読むは、第一彼諸国之治乱・興廃・政事・兵道及士風・人物に至る迄詳に研究し、天下の見聞を広めずんばあるべからず。彼れ医書のみを読むは俗医の陋なり。

一　我国以前の外寇専唐国を相手にせしに因て、軍備中必儒者の手当あり。今日は専西夷にあれば、通弁を学び緩急の用に備ふるは、要洋医之役なり。学ばずんばあるべからず。

一　東洞吉益氏云、医者非レ医二一人之病一、当下医二天下一之医上。達哉言。如レ此志を立業を勉む、方に是真医と云べし。

嘉永三年八月書以与二泰吉子一　　横　平識

三　小楠を開国に転ず

小楠は安政二年（一八五五）に開国論に転じたということが定説になっている。内藤との長い激しい討論の結果だとされている。すなわち、それまで非常に熱心な攘夷論者であった小楠が、攘夷論から開国論へ転ずるのに内藤が深くかかわっているというのである。内藤が小楠の開国論への転換に関わったとして、どんなかかわり方をしたかを考えてみよう。

内藤が寺倉門に入る一年前の嘉永四年（一八五一）六月に、小楠は上国遊歴の途中、親類にあたる名古屋の横井次郎吉に送った書面のなかで、激しい攘夷説を書きつけている。「振起三千年神州男児之士気、一洗六大洲禽奔獣蹄之醜夷、是謂大丈夫之志。」（『遺稿』二〇九頁）小楠は肥後尊攘派の中心であった宮部鼎蔵・永鳥三平らときわめて親しく往来していたことを山崎正董は指摘している（『伝記』二六〇頁）。それほどに熱心な攘夷論者であった小楠が、内藤・中山・野中の三人の弟子を西洋医学習得に西洋医学者の下に勉強にやらせたということを、どう考えたらよいだろう。横井次郎吉に激しい攘夷説を送った翌年に内藤等を西洋医学門に送っているのである。西洋医学門入門については、内藤らの自主的懇請によったのか、小楠の慫慂によってなのか、その事情は明らかでないが、小楠の許容があって初めて実現したことは間違いないだろう。

なぜ激しい攘夷論者である小楠が弟子三人を西洋医学習得に行かせたのであるか。小楠が早くから西洋医学に関心があったと、いうほかには理由を明らかにすることはむつかしい。ただ、こういう事例を考えてみると、小楠は攘夷論者であるといっても、攘夷に陥没して他をかえりみる余裕がないといった硬直だけの人ではなく、つねに自己をかえりみ、批判することのできる人、そして周囲の変化を鋭く見抜くことのできる人ではなかったか。それが攘夷にかたまっていながら、西洋医学を見るだけの余裕が生まれたのであろうと思う。西洋医学とはどんなものであろうという好奇心が出発であったろうが、医学の上で西洋医学の必要性を見取るまでになっていたのであろう。こうして弟子たちが西洋医学塾に通い始めて小楠の西洋医学や西洋・西洋人に対する見方、考え方が変わってきたのではないか。

三人の医学生は小楠塾に寄宿して通学したのだから、小楠塾に帰ったら、小楠に報告し、お互いに情報をかわしつつ討論をかさねたに違いない。小楠もこの医学生たちの報告会・討論会に出席して耳をかたむけたであろう。そこで聞く人体の様子、あるいは人体解剖図なども見たことであろう。西洋医学についての話をきくにつれて小楠はここにこそ「格物致知」の実際を見る思いがしたであろう。小楠の西洋を見る目がすこしずつ変わっていったと思われる。内藤たちが西洋医学門に学びはじめて一年後の嘉永六年（一八五三）六月にペリーが来航したのである。もとより小楠は大きな衝撃をうける。小楠の西洋観に変化が見られる。「夷虜応接大意」に示された通りである。これも弟子の医学生たちに西洋医学の内容を知らされて、西洋学・西洋観に変化が見られていたためであると私は考える。

しかし、小楠の攘夷論が動揺したわけではない。むしろ激しくなったといっても良い。ペリーの来航で反動的に攘夷論が強くなったといえるのである。嘉永六年八月七日付伊藤荘左衛門への手紙は、ペリー来航についての初めての反応を書いている。「弥以夷船御打はらひに決し、誠に以重々目出度御事飛立斗に悦申候」（『遺稿』二〇四頁）と攘夷感情を剝き出しにしている。それから八日後の八月十五日に藤田東湖に出した手紙は小楠の攘夷論の頂点を示している。このときはペリー来航の詳報が小楠にも入手できていたであろう。

此時に於て列藩総て老公様の尊意を奉じ、二百年太平因循の幣政を一時に撤回し、鼓動作新大に士気を振興し、江戸を必死の戦場と定め、夷賊を虀粉に致し、我が神州之正気を天地の間に明に示さずんばあるべからず。是今日大に馮河を用候の機会、誰か疑を容べけんや。(『遺稿』二〇四頁)

右の文章を読んで、その攘夷論の激しいことに驚かないものはないであろう。これほど激しい攘夷論の人が、弟子に西洋医学を学ばしていることをどう考えたらよいであろう。吉田松陰のように攘夷の徹底のために西洋の技術を学ぼうとする態度であるか、それとも佐久間象山のように「東洋の精神、西洋の芸術」といった功利的立場に基づくものか。小楠が内藤らを西洋医学門に学ばせた当初はこういう立場だったかも知れないが、内藤らの西洋医学の話を聞くにつれ、西洋医学観や西洋観・西洋人観が次第に変わってきたのではないか。その変化の表れが、東湖に出した先の手紙の二ヶ月余に『夷虜応接大意』となって具体化するのである。内藤らを西洋医学門に学ばせてから一年半にして『夷虜応接大意』に達したのである。それからほぼ一年後の手紙にはさらに開国論に近づく内容の手紙がある。

安政元年九月二十日付の越前藩士吉田悌蔵への手紙である。この手紙の初めの方に、「人事の変態不一定事にて、今日は又今日之当然を尽し可申事に御座候」(『遺稿』二二五頁)とあるが、この考えは小楠の基本の考え方で、攘夷論者であった場合も、開国論者となった場合も変わりない。この立場がさらに徹底してというべきか、あるいはこの立場から外交問題を見るように変化したというべきか、小楠の開鎖観が確かに変わったと思われるのである。小楠は引き続き、「勿論今日に相成、今更戦に被引返候事は事勢に於て出来申間敷、先和議は和議にして致し方無御座」(同上)と書いて、すでに日米和親条約を結んだ今日の事態に対処すべきであるというのである。いまさら和戦を議論するのは無駄なことであるから、この現実に対して「今日之当然」を尽くすことは何かということになる。小楠にとって次の考えが生じてくるのである。

惣じて和と云ひ戦と云ひ遂に是一偏之見にて、時に応じ勢に随ひ其宜敷を得候道理が、真道理と奉存候。既に墨夷に和を許候へば、英夷にも何にも許さねば成り不申候へば、墨夷に許さるる時に一決するが戦の道理なり。最早墨夷に許し大計を誤たるなれば、今日之勢必ず和を絶之論は事勢を不知と可申か。

（『遺稿』二一六頁）

「時に応じ勢に随ひ其宜敷を得」とは、小楠の基本的態度であるが、「時に応じ勢に随」うにしても、時勢は大きく分かれて攘夷か開国かの選択肢がある、そのなかから開国を選択するには開国に向かう関心があるからであろう。その関心の醸成はすでに述べた通りである。このような心境・関心の変化のなかで三年間がすぎたのである。

内藤らが西洋医学を学び始めてから三年間、ペリー来航を中にして、この三年間は、西洋医学への強い関心と必要性から『夷虜応接大意』を経て開国に転ずる開国交易論と、江戸遊学以来一六年間高め続けてきた熱烈な攘夷論との二路線が小楠の心のなかに走っているのをみることができる。そして、この三年間はこの二路線がからみ合い、打ち合って強弱の戦をかさねた時期と考える。動向からいえば、小楠が攘夷論から必死に抜け出て、ついに開国交易の理に到達する苦悩の道程である。

小楠が良く読んだ『近思録』巻三に次の一文がある。

須下是今日格二一件一、明日又格中一件上。積習既多、然後脱然自有二貫通処一。

小楠は攘夷論と開国論の二つの考え方のなかで激しい葛藤相剋をつづけた。「今日一件に格」り、「明日又一件に格」るという「積習」の苦しみを過ごしたのである。その長い「積習」の結果、ようやく「脱然」として自ら

「貫通の処」に達したのである。「脱然」として「貫通」した動機は、内藤との百日以上に及ぶ激しい討論であった。

ここのところを、内藤は幸に自分の口で残してくれている。ただあまりに簡単過ぎて判断に困るところがあるが、なにしろ当事者の言であるだけに貴重である。次に関係の部分を全部引用するが、とにかく凄まじいまでの勉強である。

安政二年二十八歳のとき、先生は海国図説により、愈々開国論を主張さるることになった。俺を相手に毎日談が始まる。昼飯を忘れたことが百日も続いた。先生は兵法で談される。俺は医術を以て之に応じ、大いに啓発する処があった。此の対談以来、先生の学意が大いに判って来た。

右の『海国図説』は『海国図志』の誤だが、小楠が内藤を相手に討論・勉強の凄まじさは、百日も昼飯を忘れるほどであったという。それは百日以上の日々の討論の続きを想像させるものであるが、一六年間の長い信念を変えるわけだから、長い生みの苦しみがあることは当然であろう。過去三年間の疑問・昏迷・不安等から脱出するための激しい陣痛である。

それにしても、内藤が「医術を以て」応じたというのはわかるが、小楠が「兵法で談」したというのは、どういうことであろう。このときは小楠は攘夷論者であるから、日本を守り敵を討つ立場からの兵法を展開したというのであろうか。いろいろ考えてみるが、この兵法の内容を把えることはむつかしい。しかし、専門家について学ぶこと三年間の内藤の西洋医学・医術の合理主義、リアリズムに対して、和式兵法の上に『海国図志』の兵法を練りあげたにしても、小楠の兵法が、はたして太刀打ちできたのであろうか。おそらく小楠の質問・疑問が多くして、内藤がこれに応ずるというかたちであったろう。小楠の太刀打ちに応じうるだけの知識・議論を内藤はすでに具えていたことであろう。それが百日以上も続いたということは、小楠がいかに多くの問題をかかえていたかということであり、その攘夷論がいかに強靭であったかを示すものであるが、その堅城がここにおいて一挙に崩れ落ちていったと思われる。内藤の西洋医学や西洋文化についての知識は、小楠の知識、思想を変えさせるまでに上達していたのであろう。小楠が内藤に説伏され、どうしても敵せぬ内藤の議論のまえに、小楠は翻然と一六年間に積み重ねられた積年の疑問不明を開明できたのではないか。そのために内藤という恰好の相手がいたことは幸であった。内藤は小楠を相手に長い鋭い討論にも耐えええて、小楠を考えなおさせるほどの力量を身につけていたのである。小楠の弟子の中には、小楠の思想・学問を受け継いだ思想家・学者は出なかったが、内藤は違った分野であったけれども、小楠のその面を受け継いだといえないだろうか。内藤の考え・意見がまとまったかたちで見ることができないのが残念であるが、小楠の意見に変更を促すほどであったのだから、整然と整理された合理的理論を展開したことであろう。

四　長崎遊学

安政六年（一八五九）八月四日付の小楠の手紙、在熊の甥左平太・倫彦（大平）兄弟にあたえたものに、次のようにある。

内藤又は野中に論語にても何にても経書の会相頼、解文に心懸け肝要に候。（『遺稿』二九三頁）

このとき小楠は第二回（安政六年四月〜十二月）の応招で福井にいた。この年、左平太は一五歳、大平は十歳であった。小楠はまだ幼い兄弟の勉強が気になったとみえる。内藤も野中も小楠塾から寺倉塾へ通っていたものと思われる。小楠塾は四年前の安政二年に相模町から郊外の沼山津に移転していた。内藤が小楠塾に入門したのが嘉永元年であるから安政六年の今日まで一一年間小楠塾に在塾していたのである。さらに翌年の万延元年四月十九日付福井からの小楠の手紙の末尾に、「泰吉・宗育に此節も書状出し得不レ申」（『遺稿』三〇七頁）とあって、二人はなお小楠塾にいたと思われる。

万延元年（一八六〇）二月小楠は福井へ行った。この年は福井で越年し、翌文久元年三月には江戸に行って春嶽・茂昭に会ったりして、ふたたび福井にもどり、熊本に帰ったのは、一〇月一九日のことであった。『閑話』では、万延元年二月「先生はまた越前に往かれ、其の冬に帰られた」とあるが、「其の冬」というのは内藤の記憶違いであろう。

この万延元年の滞福は、越前藩の藩政改革にたずさわり、『国是三論』を著すなど、小楠にとっては多忙な充実した年であった。この小楠の滞福中に、おそらく藩政改革の一環としての行事であったろうか、越前藩の医者四、五名が長崎に遊学した。これを知って小楠は思いつくところがあったのであろう、福井から手紙をよせて、内藤にも「長崎に遊学せよ」とすすめたのであった（『閑話』八頁）。内藤はオランダ語が出来ないので多分に躊躇したが、ともかく長崎に行って様子をたしかめてこようということになった。「然るに俺は蘭語が出来ぬから、一先ず長崎に行き、松本（良順）先生に逢って相談したら、出来ずとも反訳書で差支えないとのことで、二十日ばかり滞在して沼山津に帰った。」（同上）小楠の万延元年十月五日付の宿許への手紙のなかに、「泰吉長崎に参り候由、先月中には帰り申したると奉レ存候」とあるので、内藤が長崎に様子を見にいったのは万延元年九月のことであったろうか。

松本良順の説明で安心した内藤は、長崎遊学を決意し、年明けた文久元年一月長崎におもむいた。

文久元年の正月、長崎遊学準備のため、矢島源助の世話で福田春蔵を介し、山鹿の江上・井上両家より金子八拾円を借受けた。嘉悦其の他の友人からそれぞれ餞別を受けた。（『閑話』八頁）

福田春蔵（一八〇六―一八七六）は『人名』によると、「山鹿郷総庄屋となり幣政を釐革し、水利灌漑の便を図り治績」を大いに挙げたということである。山鹿町（現在は山鹿市）の江上津直・井上甚十郎はともに小楠の弟子で、山鹿町での豪商である。嘉悦は市太郎（氏房）で、同門である。同開の援助を受けて、内藤はそれから長崎で一年半ばかり勉強した。

文久二年五月、越前藩の三岡八郎（由利公正）が小楠を迎えにきた。内藤が小楠の供をすることになり、六月に長崎より熊本に帰った。

五　文久二年小楠に近侍

文久二年六月十日ごろ小楠は四たび春嶽の招きで、大平と内藤とを伴って福井におもむく途中、春嶽の急便に迎えられて小楠だけが出府した。大平と内藤とはそのまま一旦福井に落ちつき、二〇日ばかりして出府し、小楠と同居した。ところが江戸に小楠と同居中に、内藤はコロリ病にかかるのである。文久二年閏八月八日付宿許への小楠の手紙に、「泰吉先日末コロリ相煩、一旦よ程気遣いたし候得共都合よろしく快く相成中候」（『遺稿』三八三頁）とあるような容態であった。

この年の七月、八月のころは春嶽が政事総裁職の重職につき、それを小楠は補佐して「国是七条」を建じ、幕政改革にまでも役割を演ずるなど、非常に忙しく重要な時期であった。その時期に内藤は小楠に随従して、その活躍を内外ともに支えたものと思われる。内藤はこのとき、小楠の打ちとけた相談相手となったのではないか。難しい交渉、会話のなかで神経を磨り減らして帰ってくる小楠の気をやすませる事に内藤は腐心したことであろう。

小楠が幕政にもタッチして、公武合体、開国の説を主張すれば、当然反対派ににらまれるようになる。文久二年十月のある日の事件を、内藤は『閑話』のなかで語っている。

十月のある日、長州人周布政之助、中村九郎、桂小五郎の三人が先生に面会に来た。先生は直ぐに莨盆を提げて玄関に出迎へられ、応接間で談が始まると、遂に激しい議論となり、先生に斬り掛けん計りの語気となった。先生の傍には脇差があるだけである。俺は刀を執って、障子の外に潜み、万一彼等が手を出せば、障子を蹴って躍り込み、先生の危難を救ふ積であった。然るに何時となく笑語に変はり、一同愉快な顔附で帰って行った。（『閑話』九頁）

右の話は『続再夢紀事』にも載せるところであるから事実であろう。なお冒頭の「十月のある日」とあるのは「九月」ではないかと山崎正董は疑っている（『伝記』六一五頁）。当時春嶽は小楠の意見を受けて条約破却論で幕論をまとめようとしていたときであった。

この年は年もおしつまって、かの士道忘却事件が起る。内藤は『閑話』にやや詳しく語っているが、近侍者の話として信頼性は高いであろう。書き出しの同年とは文久二年のことである。

同年十二月十九日の晩景、先生は都築四郎、吉田平之助離杯のため、日本橋上槇町*の料亭で宴会を催ほされて居た処に、二人の兇徒が斬込んで来た。先生は二階の階段の際に居られたので、兇徒と行違いに階段を降り、其の場を脱出して難を遁れられた。俺が常磐橋邸に居ると、道路に沿うた窓の外に先生の声が聞える。

早く大小を取ってくれといはるる。早速窓を開けて大小を渡すと、今度は門を開けといはるる。俺は番頭の村田巳三郎に通じて、千本弥三郎、近藤某と共に先生につき、現場に掛け附けた。兇徒は逃げ去って居らぬ。都築と吉田は大創を受けて倒れて居る。直ぐ手当てをして龍の口の肥後邸に送り附けた。先生は兇徒が自分を斬りに来たものと信じ、両人の負傷を気の毒に思ひ、翌朝俺を代理として二人を見舞はせられた。吉田は兇徒の顔に見覚えがある。何かの怨恨を持ったものに相違ないと云ふ。吉田の創は程なく癒えたが、不覚を取ったという件で、家禄を没収されて浪人となった。

（『閑話』一〇頁）

＊『閑話』では「日本橋上槇町」とあるが、小楠の手紙では「お玉ヶ池桧物町」とある。

吉田は肥後藩の江戸留守居役で、吉田が近く京都に赴くので、その送別の宴であった。小楠が「少しも敵に立向かはず且つ盟友を死地に残して独り脱出したのは武士に有るまじき振舞で士道忘却だとの非難が囂々と肥後藩側に起」（山崎正董『横井小楠・伝記篇』六七六頁。以下『伝記』と略記）ったというが、この非難は太平洋戦争が終わるまで熊本社会で唱えられた非難であった。戦争が終わるまで、小楠は武士ではない、と片づけられていた。理由は小楠の行動は卑怯だということであろう。このとき素手でも立ち向かわなければならぬというのであろうか。素手でも立ち向かうことが勇気があるというのであろう。武士の道は人命を軽んじすぎはしないかと、私には思われてならない。このときの小楠の行動は決して恥ずべき行動ではないように私には思えるのである。似たような状態のとき、逃亡して命の助かっている人も決して少なくはあるまい。暴虎馮河の勇に走ることなく、現実に対処する冷静な態度が必要だったのではないか。人を斬り自分を殺すことで事を解決しようとする方法は断じて無くすべきであろう。

しかし、これは思いがけない事件であった。小楠はなにはさておき越前藩士にまもられて、二十二日中早にて福井に向った。内藤・大平は四日後に後を追った。文久三年（一八六二）一月十二日付の宿許への小楠の手紙は、この間の事情を説明している。

然ば大平列先月二十六日出立にて昨夕此許に到着仕候。下々迄聊も中分無二御座一壮健に罷在り、御安心可レ被レ下候。大平・泰吉出立前日に両人共に春嶽様御前に被レ為レ召段々御慰労被レ遊、御手づから拝領物も有レ之誠に難レ有御事に御座候。

（『遺稿』四〇一頁）

大平と内藤は小楠に後れて文久二年十二月二十六日江戸を出発して、翌三年十月十一日夕方に福井に着いたというのである。

小楠と内藤・大平の三人の生活を思いやって、国許から大平の兄左平太と兄嫁至誠院の甥不破源次郎とが文久三年二月三日に福井にかけつけてきた。新来の二人とも近い身内であり、心置きない関係に小楠も心安まる思いであったろう。

しかし、情勢は決して安泰ではなかった。将軍上洛ということで、将軍後見職一橋慶喜や政事総裁職松平春嶽らは早く京都に入って、将軍の上洛を待った。その将軍も三月四日に入京、二条城に入った。幕府としては外国に対し破約攘夷を断行することは国際信義にもとり実行不可能であることを朝廷に説得することにしていたが、朝廷、ことに孝明天皇の攘夷熱に押されて、十一日には賀茂上下神社攘夷祈願の行幸に将軍を初め幕府要職、諸大名まで供奉するという始末で、時局の指導権は完全に朝廷に握られて、幕府は攘夷の方向に追いつめられていく。この状況に憤激した春嶽は、このような形勢では将軍はその職を辞するほかはないと主張したのであるが、これは幕府において容れられるはずはなく、それならということで辞表を提出、慶喜らの百万慰留するのもきかず、三月三十一日無断で帰国してしまった。春嶽帰国の報はすぐ福井に飛んで、福井を驚倒させた。小楠はこれに応じて直ちに処置をとった。三月二十日の宿許への手紙にいっている。

然ば京師御所置弥以外国御拒絶に相決し誠に恐入奉ㇾ存候。春嶽様へは御役御断にて明廿一日に京師御初駕と只今申来り候に付、只今より源治郎・泰吉を京師に大早にて遣し、私存念を小野殿・敬之助迄申達し候。源治郎は直に御国へ帰し候筈にて、泰吉は引返し候事に御座候。

（『遺稿』四一〇頁）

源治（次）郎は敬之助の弟で、肥後藩の京都留守居に勤務していたのであろう。このとき泰吉らがもたらした小楠の「存念」とはなにか、この手紙ではわからないが、五月二十四日付在熊社中への手紙のなかに書いている小楠の主張がそれに当たるであろう。

攘夷拒絶之義は既に天下に布告に相成候事に付、今更争に不ㇾ及、此上之処は在留の夷人を京師に御呼寄、将軍様・関白殿下を初め歴々之御方御列座にて談判被二仰付一、彼等之主意を得斗御聞取、其上にて何れ道理可ㇾ有ㇾ之、其道理に因て鎖とも開とも和とも戦とも御決議被ㇾ成候へば、彼是共に安心之地に至り可ㇾ申候。

（『遺稿』四一七頁）

右の意見をもって、春嶽初め一藩を挙げて上京し、朝廷・幕府に言上する、いわゆる挙藩上洛の計である。この思い切った計画も実現間際になって崩れてしまった。小楠はあやうく熊本に急ぎ帰えることになるのである。

六　外様御医師御雇となる

江戸以来、小楠苦境のとき近侍して小楠の相手をしていた内藤にも、ついに小楠の許を離れるときがきた。『閑話』一一頁に次のようにある。

文久三年、三十六歳の五月、先生の従弟不破源次郎が肥後藩の奉行右田才助の命を受けて、俺を京都肥後藩邸の医師に推薦した。

小楠の文久三年五月二十四日付の国もとへの手紙に、「内藤も京師より被呼出、去る七日に此許出立仕候」(『遺稿』四一二頁)とあるから、内藤は五月七日京都へ向けて福井を出発したのである。京都肥後藩留守居の命を受けて上洛、彼は京都肥後藩留守居掛りの医師となった。ところが五月二十二日の内藤より小楠宿もとへの手紙(『遺稿』四一三頁)によると次のようにある。

　此節は御用にて此表え罷出申候処、去る十六日に御達御座候て外様御医師御雇被㆓仰付㆒、二条詰被㆓仰付㆒被㆓召仕㆒難㆑有仕合に奉㆑存候。

五月七日に福井を出発した内藤は五月十日京都に着いた。着いた当初は京都肥後藩留守居掛りの医師に任命されたのであろうが、その後幕府お抱えの外様医師に任命されて二条城詰となったというのである。

内藤が初めてその本職である医師の道で立つようになったのである。小楠門に入ってから一五年、その間内藤は小楠の膝下でみっちり指導され、また福井・江戸と近侍して小楠の活躍を支えてきた。それは長い師弟の交わりであった。

内藤はそれから慶応元年(一八六五)五月まで二年間京都に居た。その間外様医師の職にあり、二条城に詰めていたのであろう。この二年間の彼の様子を知らせる資料はほとんど無い。医師としての業績もまったくわからない。『閑話』一一頁に、「元治元年三十七歳、俺は京都に居た」と書いているので、この元治元年を中心に二年間京都に在住したことは疑う余地がないだろう。ただ、元治元年八月二十六日付の横井左平太が神戸より在熊の小楠にあてた手紙のなかに、「京師様子は内藤より申上候と奉㆑存候」(『遺稿』四四五頁)とあるので、このとき内藤は熊本に帰ったようだが、これは一時帰郷であったろう。
『閑話』一二頁に、「慶応元年、三十八歳の五月、京都の任期満ち、熊本に帰った」とある。ここで内藤は外様医師の職を辞して帰郷したのである。帰郷は嘉悦氏房と一緒だった。「当月十五日前後には嘉悦・内藤帰府いたし候間い才事情も相知れ可レ申候」（小楠の手紙『遺稿』四五五頁）。

七　長崎再遊学

『閑話』一二頁に次のようにある。

　八月再び長崎に出掛け、ボードインの眼科治療を参観した。

慶応元年八月のことであるが、これから、翌慶応二年九月熊本に帰るまで、内藤は一年間長崎で医学の勉強をした。眼科と産科の勉強に力を入れた。慶応元年十二月二十二日付の矢島源助への手紙には次のようにある。

　近頃は眼科・産科両条の伝習別して精密、殊に眼科は日々病人も多少入込み候上の伝習に有之候故各別《ママ》分明、来陽中にも相済可申候歟。

産科の勉強については、次のように書いている。

　産科吾業とする処にあらざれども、医たる者其理の精微を究めずんばあるべからず。惣じ而婦人病十に七八は産前産後の病証原因と成り来候事故、弥研究可致訳なり。

産科の勉強は小児科まで及ばねばならなかった。内藤の研究心は尽きなかった。

　産科を学ぶの余業には学児の体質を知るは自然の勢にして、彼是来陽中には業を終へ候半と見積仕居申候。

こうして内藤は、眼科・産科・小児科を勉強し、医師としての技術を習得していった。彼が長崎にいた慶応元年、二年という時期は実にはかり難いときであった。内藤は先の手紙の初めに、「爾後は事勢不意に変態を重ね、一切落着不在、衰世の気運実に室町と跡を同うし、難如何勢に御座候」と書いている程で、幕府の最後は目前にきているが、人びとにはまだ見えず、まさに「衰世の気運」と見えたであろう。時局に対する見識はさすがであるが、その「一切落着不在」ときに、西洋医学の習得に打ち込む内藤の姿は、鉄砲の音をききながら英学の講義をつづける福沢諭吉の姿にも似て、時代を見通した人というべきであろう。

内藤はこの長崎遊学中、西洋医学習得のほかに非常に有意義な仕事をしている。横井左平太・大平兄弟をアメリカに密出国させたことである。『閑話』一二頁にこうある。

慶応二年、三十九歳、尚ほ長崎に滞在した。四月、先生の二姪左平太及び大平が亜米利加行を決した。俺は大平の友人某に、旅費として金百五十円を借受けにいった。某がいふに、四五日前大平が辞書を借りに来て、当分返却が出来ぬかも知れぬといって帰った。そのときこれは意味あり気なことと気付いたが、今始めて其の訳が判ったとて、大に喜び、その妻女の衣類長持を妻の実家に預けて、金子を調達してくれた。洋行の準備万端は、野々口又三郎(為志)と相談した。

こうして左平太兄弟はアメリカ遊学ができたのである。四月二十七日付の左平太の手紙(『伝記』八九九頁)によると、「内藤・岩男引受心配仕呉申、一百五十両余俄に借用仕候」とあるから、兄弟と一緒に長崎に遊学していた岩男俊貞も渡米に協力してやったことがわかる。さらに徳富蘆花は「旅費と学資は門人といふ中にも葦北の徳富兄弟が父太善次を説いて貯蔵の古金や山を売って弁じました」と『竹崎順子』に書いていれので、徳富兄弟も協力したことになる。小楠社中の親密さが示されている。この二人の兄弟の渡米遊学は大きな効果を生み出すことになるのだから、内藤・岩男・徳富兄弟らの協力は大きな意義あることであったといえよう。

慶応二年九月内藤は熊本に帰った。

此年の九月に、長崎より熊本に帰り、先生を沼山津に訪ね、医術を開業する積で、本荘村の柿の蔓に宅を探した。（『閑話』一二頁）

内藤は開業を決意したが、その前に今一度京都に出たいと考えて、竹崎律次郎に相談したら、竹崎は大いに賛成してくれた。そこで勇んで小楠に相談したら、小楠は意外にも反対した。「其の決心で、沼山津の先生の意見を叩いた。然るに先生は不賛成を唱へられ、最早年も四十になるから、早く開業して一家をなすがよいといはれる。三日間沼山津に泊まって相談し、漸く先生の許諾を得た。」（『閑話』一三頁）もう四十歳にもなるから早く開業せよという小楠の忠告はもっともと思う。しかし、内藤には小楠の反対が意外でもあり、不服でもあった。それでも三日間かかって説得して承諾を得るところはさすがだと思う。内藤はもはや小楠の下をはなるべきではないかと思ったのであろう。独立して自分の道を歩むべきと心に決したのであろう。小楠も手離すべき時と思ったのであろう。まことに別離の思いをともに持ったと思う。別れに小楠は次の詩を内藤に送った。

久矣交遊君亦老　相逢相別迹何奇　把レ杯共説平生事　不レ識今朝是別離

まさに二人の師弟「交遊」は長いものであった。これまでに師の傍にあって指導を受けることができたことは、内藤にとって無上の幸福であった。多くの弟子のなかにあっても最も長いうちの一人であったろう。それだけに内藤の小楠に対する思いは相当に深いものがあったに違いない。内藤はその特別の思いを次のように述べている。

二十歳から四十歳まで、永年先生に非常の世話になり、実に久しい師弟の間柄である。（『閑話』一三頁）

言葉は短いが、万感の思いに充ちた言葉である。内藤は小楠の下を去っていった。

終わりに

内藤は慶応三年（一八六七）三月京都に出発した。翌明治元年には戊辰戦争に従って東北地方を転戦した。それ以来内藤は自らの道を歩み始める。本稿は紙数の関係もあって、内藤が小楠の下を去ったところで終わることにする。以下は略年譜をかかげて、彼の業績をしのぶことにする。

明治元年一月　肥後藩軍医として東海道鎮撫事に従って東下。

同年七月　京都に帰り軍務館病院局長を被命。間もなく久我建通大納言指揮の遊撃隊に従い、奥羽戦場に転戦する。十二月京都に帰る。

明治二年二月　軍務官病院副頭取を被命。八月病院廃止され、医員を免ぜられる。十二月熊本に帰る。飽託郡本山で開業。

明治四年四月　新設の古城《ふるしろ》医学校の幹事として運営に当る。古城医学校はオランダ人マンスフェルトを教師とした熊本最初の西洋医学校である。小楠社友の中山至謙も教導として協力していた。

明治八年十一月　古城医学校は私立となり、府内通町に移り、通町病院と改称。内藤は治療主務となり、岩男俊貞・嘉悦氏房・林秀謙らの小楠社友たちが評議員となって協力する。

明治九年六月　通町病院を辞し、本山村の自宅で開業する。

明治十一年四月　山田武甫の世話で府内明十橋畔に医院をおこし、九月に開業する。

明治四十四年八月〔二十八日午後十一時〕死去。八三年七ヵ月の生涯であった。

注

（1）木下初太郎（竹崎律次郎の実兄）『人名』によれば、熊本県玉名郡伊倉町（現玉名市）の人。玉名郡中富郷、南関郷、坂下郷の総庄屋となり、専ら心を民政に傾け、頗る治績があったという。幕末・維新期の貴重な資料となった「木下初太郎日記」を残した人である。

（2）近藤淡泉、通称英助。世禄七〇〇石。藩校時習館訓導を経て教授に任ぜられ、時習館六教授の一人となる。

（3）奥山静寂（一八一七―一八九四）緒方洪庵に就いて学び、その塾長となる。弘化三年（一八四六）熊本に帰えり、開業医となる。後侍医となり、かたわら蘭学蘭方を教授し、熊本における斯界の鼻祖と称せられたという。

（4）寺倉秋堤（一八一四―一八八四）坪井信道に就いて西洋医学を修め、侍医となる。

（5）小楠門下生に洋医学を学ばせる『海西日報』明治二十三年四月二十五日付の記事に次のようにある。

奥山静寂・寺倉秋堤の両氏が多年の苦学其の業を就し、藩に帰りて業を開くや、泰西の文化は漸く新芽を生じ、両氏に従って学を受けるもの少なからず。而して此等の人々は尚ほ志を励まして遊学し、中山至謙氏は身を下益城郡中山郷の馬医より起り、高邁の眼眸は遠く凡俗に出て、多年の志望時至りぬとて蹶然として起ち、寺倉氏の紹介によりて坪井信道氏の門に遊び、内藤泰吉氏は身を玉名郡南関郷の村医より起り、横井沼山先生に沼津山に従ひ、大いに啓条する所ありて自制を看破し、先生の教に従って長崎に遊学して、業をボードイン氏に受く。（下略）

（6）小楠門弟に洋医学を　例へば内藤泰吉・中山至謙・野中宗育等は塾内に起居していながら、内藤・野中は寺倉秋堤、中山は奥山静寂の門に通って医学を学んだ（山崎正董『横井小楠・伝記篇』一三九頁）。

河瀬典次——師の身近に仕えた律義者

河瀬《かわせ》典次（天保元年〔一八三〇〕～明治三十七年〔一九〇四〕）

小楠の信頼が厚かった地方行政の功労者・河瀬安兵衛の次男に生まれる。小楠が沼山津に転居する以前の門弟同志の手紙に登場しているので、少なくとも嘉永年間には入門している。嘉永六年に「諸国物産取調」の全国巡遊に出かけ、途中は実学党の津田と同行して吉田松陰と遭遇している。その頃には、沼山津で水害を防ぐため溝渠や堤を築いている。小楠の後妻・津勢の妹・貞と結婚し、翌年には、小楠の最初の福井行に随行して、小楠の世話に当たっている。河瀬は小楠のために情報収集に努力し、長崎へは勝海舟を訪ねて「海軍問答書」を届けるなど、誠心誠意仕えている。小楠が新政府から召命を受けると共に京都に赴く。

明治維新後は、酒田県権知事・津田山三郎のもとで権大属となり勧業主任として産業振興に尽力した。酒田県廃止後は帰県して白川県権小属となるが、県庁から実学党が一掃されると、実業家として、養蚕・織機・製茶業を営む。その間しばらくは敦賀県で山田五次郎のもとで中属として産業振興に関わったこともあった。

一　父河瀬安兵衛のこと

河瀬典次の父親は河瀬安兵衛といった。典次は安兵衛の次男である。

安兵衛については、『肥後人名辞書』は、「名は東郁、惣荘屋となり在職五十年、功績甚多し。明治八年十二月十四日没す。年八十」と簡単な叙述にとどめているが、惣庄屋在職五〇年、その跡をたどれば、熊本県阿蘇郡野尻手永（天保四―天保八）、下益城郡河江手永（天保八―弘化二）、上益城郡沼山津手永（弘化二―安政六）、飽田郡（現飽託郡）池田手永（安政六―明治二）、飽田郡横手手永（明治三年一月―同三年七月五日）の五手永惣庄屋を歴任した。(1) 五手永にわたり、通算三七年間勤務したというのは、安兵衛がきわめて有能であったことを証するものであろう。

山崎正董は、安兵衛は「小楠とは親しき間柄であった」（『横井小楠・遺稿篇』〔以下『遺稿』と略記〕六二八頁）と紹介しているが、これを証明するような小楠の手紙がある。元田永孚へあてた慶応二年（一八六六）十二月十一日付のものである。

（前略）御国之情態一統金礼一切乏敷候故米を初諸物必死と滞り、夫の上三百五十目と云大坂目当なり莫大の御双場根段被㆓相立㆒候より、在中一統何方も上納さし支へ大困窮に落入候。米・粟・たばこ等の品物持ちながら、如㆑此の仕合は誠に珍事と被㆑存候。殊に阿蘇南郷等の北地は下た地キヽン《(飢饉)》に相違無㆑之のみならず、去々年来宿駅の人馬に疲居候て必死の困窮、一切御役人聞入無㆑之故内牧会所には不㆓容易㆒張紙、坂梨には付火、又は二個村より強訴之打立等も可㆑有㆑之風聞、甚以恐敷、党民も起り可㆑申、大に気遣事に御座候。右等の次第一日も早く二の丸（長岡監物）承知に相成申度、河瀬安兵衛能々事情承知致し候事故、速に安兵衛被ニ呼寄一下情聞取に相成度呉々奉レ存候。熊本も御案内通り御蔵切手一切買方出来不レ申候にて御承知可レ被レ下候。此処置は預弐百万両も作り出し、在中諸物借り根段を立、何物にも寄らず、質に取り、来年に至りうりさばき候上割り返し可レ申候。御家中切手も同様也。然し只今弐百万両之札無レ之事故、在中は先切手を出し置取りさばき、札之出来次第に引替ればいと安き事也。左候へば官府にては人情之自然に随ひ、札をふり出し諸物をさばき、何之心配もいらずして一国人心の信を取る事にて、順風之上に帆を懸る勢也。是等の所置、定て河瀬心付も可レ有レ之、何より〳〵一日も早く同人被ニ呼寄一、得斗下情聞取に相成候様呉々御心配奉レ希候。様々拝話も御座候へ共大略仕候。以上。

（『遺稿』四九六頁）

右の手紙を読む人は、安兵衛に寄せる小楠の信頼の深さを感得しない人はないであろう。世情騒然たる時、民情をもっとも知る人というだけでなく、時の救済家としても小楠は安兵衛の手腕を高く買っているといえよう。それは安兵衛が惣庄屋として示した実績によったのであろう。手腕のある惣庄屋は民情をよく知るとともに、その民情に適した施策を打つことのできる人たちで、小楠のいう真の実学者なのである。小楠は安兵衛のような惣庄屋によって、民性とその施策を吸収していたのであろう(2)ことに安兵衛は小楠と親しい友人であり、それは安兵衛の子典次に対する小楠の強い親近感となっていったと思われる。

子どもの典次にとっても、安兵衛は尊敬すべき父であった。典次が後年書いた自らの履歴書（後述）を、自分の「教養ノ素因」は父安兵衛の薫陶の賜であると尊敬と親愛の気持をもって書き出し、その後小楠の「誘導ニ依」って「殖産興業」の任に当ること五〇年以上と、自らの生涯を締めくくっている。ここに典型的な小楠門下実学者と姿を見るのである。

二　小楠随順の時代

河瀬典次は天保元年（一八三〇）に生まれ、明治三十七年（一九〇四）二月七日に死んだ。七四年を生きた。河瀬典次についての資料はほとんどなかった。徳冨蘆花の『竹崎順子』のなかに、「かつ子が林七郎の三度目の妻となった其年に、季《すえ》の妹のさだ子も小楠門下河瀬典次に嫁しました。これで矢嶋の七人娘は、それぞれに相手が定まりました」(3)とある程度であった。山崎正董も『横井小楠』上・下巻でふれてはいるが、ほんの簡単な記事にすぎない。第一、その生没年さえ知ることができなかったのである。

それが伝を得て、今は一六年も前になる昭和五十六年（一九八一）八月、河瀬松三氏をお訪ねした。松三氏は、典次の孫にあたる方である。典次の子が三平、その三平の子が松三氏である。三平は矢島直方の三男で、典次にとっては義理の甥となる。

松三氏の御好意で、典次の生没年がわかり、彼の経歴を知る資料を拝見することができた。履歴書一通、知事表彰状一枚、小楠と妻貞子にあてた各々一通ずつの典次の手紙、古い新聞記事等があった。なかで貴重なのは「履歴書」であった。

「履歴書」はＢ４型用紙五枚に筆で書かれた典次自筆のものである。執筆年月日は不明だが、「履歴書」で「明治三十五年十一月」の記事が最後であるので、これは明治三十五年十一月以後に書かれたものである。そして、この「履歴書」は、前記江木千之熊本県知事から明治三十六年十月五日表彰状を受けるために差出された履歴書と思われるので、この履歴書は、明治三十五年十一月以後、表彰状を受けた明治三十六年十月五日以前に書かれたものと思われる。

その履歴書によっても、典次の明治以前の生活はよくわからない。小楠塾入門の時期もわからない。典次の七五年の生涯を考えてみるに、小楠が暗殺された明治二年（一八六九）は典次は三十九歳である。この三九年のうち小楠塾入門以後は小楠の弟子として、あるいは普通の弟子以上に親密に小楠に随従していたと思われる。典次が二十歳ごろ入塾していたとすれば、二〇年ばかり小楠に随従し、小楠死亡以後独立したというべきであろう。

小楠随従時代の典次については詳細はわからない。「履歴書」と、小楠の手紙と、山崎正董『横井小楠・伝記篇』（以下『伝記』と略記）に散見する記事とを綴り合せて、典次の姿を追ってみるほかはない。

なお、これからは河瀬典次の書き名は「河瀬」としていくことにするので御了解をえたい。

1　物産取調のため諸国を巡遊する

「履歴書」のなかに次のような記事がある。

嘉永六年自費ヲ以テ諸国物産取調トシテ巡遊シ、四百余日ノ視察ヲナシタル結果、養蚕・製茶ノ葉ノ益々必要ナルヲ認メ、桑園ヲ起シテ、斯業ノ端緒ヲ開キ候。

嘉永六年（一八五三）といえば、六月にペリーが浦賀を訪れる。河瀬はこの報道を聞いて巡遊に出発したのではないか。なにかペリー来航が河瀬を動かさずにおかなかったと思われる。河瀬このとき二十三歳である。父の影響か、小楠の誘導か、早くから河瀬には殖産興業の志があった。それが勉強のために「諸国物産取調」の巡遊となったのである。しかし、その巡遊についての記事はすこしも残されていない。

ところが『伝記』二九四頁に山崎は、嘉永六年吉田松陰が海外視察の目的を以て長崎に来船中のプチャーチンの率いる露艦に搭乗せんがため、九月十八日江戸を発して西行中、静岡荒井駅で津田山三郎と河瀬に遭遇したことを紹介している。松陰はこの二人の肥後藩士に詩一篇を作って贈別(4)したことも書き加えている。

津田と河瀬は江戸へ東行する途中であるが、津田は小楠から言いつかった役目を荷っての出府道中であった。津田が小楠から言いつかった役目を説明する小楠の手紙二通がある。一通は、嘉永六年八月十五日付の藤田東湖への手紙である。

(前略) 此時に於て列藩総て老公様の尊意を奉じ、二百年太平因循の弊政を一時に挽回し、鼓動作新大に士気を振興し、江戸を必死の戦場と定め夷賊を虀粉に致し、我が神州之正気を天地の間に明に示さずんばあるべからず、是今日大に馮河を用候の機会、誰か疑を容べけんや。然は小子輩一番に馳参り聊の御力とも相成るべきの処、我が国体是迄敬上の事共何ともかとも言語に述られ申さず候。俗論頑固有志者少も動かれ申さず、真に恥心限りなき事に御座候。夫故同志中津田山三郎と申もの罷出、国体事情内実御相談仕り、小子輩念願の事共委細御聞取成下され度千々万々奉二願上一候。(後略)　(『遺稿』二〇四頁)

初めの「老公様」とは、いうまでもなく徳川斉昭である。小楠が二年後に開国論に転ずるまでの後期水戸学に心酔したときの斉昭に対する傾倒と、その影響下にある攘夷論一辺倒の心情は、ここに明白に露出している。「我が国体」とは、ここでは肥後藩の藩論のことであろう。肥後藩はもとより幕府の方針に従うことが大勢で、「俗論頑固」というのはその意味で幕府追随主義が強いことを示しているといえよう。自分がまっさきに駈けつけたいが、藩情が心配なので、自分は熊本をはなれられない事情にあるから、代りに津田山三郎を出府させるというのである。

今一通は、前の手紙に二日遅れて、越前藩の重臣鈴木主税と吉田悌蔵宛に送ったものであり、内容は前の手紙とほとんど変らないので、この転載は省略する。津田出府の理由はこれで諒解できたと思うが、わからないのは河瀬の津田との同行である。これについて山崎は「河瀬典次の出府目的は詳かでないが、彼は小楠の門弟で而も同志の事だから津田に同行したのではあるまいか」（『伝記』二九五頁）と理解に苦しんでいる。しかし、この疑問は前述の河瀬の全国巡遊を考えればすぐ氷解できることである。すなわち、津田の出府の時期に河瀬の全国巡遊の時期を重ねることができて、両者同行ということになったのではないかと思う。

河瀬のこの全国巡遊は「四百余日」、一年以上にわたる大旅行であった。この津田との同行、出府がその出発とすれば、嘉永六年九月から安政元年末にかかるわけである。河瀬はおそらく一人旅であったろう。かつて小楠も二年前の嘉永四年（一八五一）二月から八月まで徳富一義と笠安静とを伴って上国遊歴を行なっている。当時の人にとっては遊歴というのは非常な勉強であったに様違ない。いわんや実学においておや、というところである。

2　安政四年（一八五七）六月、小楠の手紙をもって肥前に至り、村田氏寿に渡す

村田氏寿は福井藩の重臣である。小楠招聘のため松平慶永の旨を受けて動いた人である。慶永の「平四郎此表へ参呉候様致度、此使其方之申付候間早速罷越可レ致二心配一候」（「氏寿履歴書」[5]）との命を帯びて、村田は安政四年（一八五七）三月二十八日福井を出発し、五月十三日熊本に着いた。村田が小楠に面会して、慶永の内意を伝えると、「平四郎無二異議一御請申上」（「氏寿履歴書」）げたということである。小楠は臥龍風雲を得て天に上る思いであったろうか。「無二異議一御請」というところに、小楠の躍る心がうかがえる。

それより村田は沼山津の四時軒に数日滞在して、鹿児島・長崎をまわり佐賀に至っている。佐賀を発って帰国

の途に就いたのは、六月の半ばごろである。この村田の佐賀滞在中に、河瀬が小楠の手紙を持って訪れたのである。

その河瀬に托した小楠の手紙というのは六月一日付の手紙で、『遺稿』二四九頁に載せるものである。手紙の前半は、村田が薩摩の事情を報じてやったのに対して謝意を述べたものであるが、末尾に次のように河瀬に手紙を托することを断っている。「御内談一条に付て御別後段々勘考仕候処御座候て、此節河瀬典次肥前迄遣し申候。い才は典次より御咄合可ㇾ仕候間左様御承知可ㇾ被ㇾ下候。（後略）」「御内談一条」とはもとより小楠招聘の件であるが、このとき河瀬は充分に小楠の意を聞いて、これを村田に伝えたものと思う。こういうときに河瀬が使として遣わされていることに、私は小楠と河瀬との親密さを思うとともに、小楠の河瀬に対する信頼の深さを知るのである。

3　安政四年（一八五七）、矢島源助とともに柳川におもむく

一刻も早く小楠を福井藩に送り出したいと焦っている小楠門下の柳川藩士池辺藤左衛門は、安政四年十月十日付で在江戸の橋本左内に手紙を送った。その手紙の初めの方に、河瀬・矢島源助の両名が、在柳川の池辺を訪問したことを報じている。

扨先之頃は村田君御西遊に相成、弊地にも御経過被㆓成下㆒、緩々得㆓拝晤㆒社中一統大慶仕候。御内密之御一件奉㆓拝承㆒、天下之御美事乍ㇾ恐感賞之余り流涙之仕合に御座候。其後肥後之方え被㆓仰入㆒候処、至極御図合宜敷参候由村田君御状にて拝聞仕候。乍ㇾ恐是全御誠意のしからしむる所にて、感泣仕候御事に奉ㇾ存候。然処先月末頃熊本河瀬典二《（ママ）》・矢島源助参候て近来之事情等申聞候儀御心持迄申進候。御勘考可ㇾ被㆓成下㆒候。

（『伝記』三九一頁）

河瀬に同行した矢島源助は直方、矢島家の長男で、河瀬の妻さだの兄、小楠の妻つせの兄でもある。河瀬と矢島とは義兄弟、小楠とも義兄弟であり、そこで小楠は大切な内輪話をこの二人に頼んだのであろう。池辺もこの二人から詳しい話を聞き、小楠の心境を知ることができ、熊本の事情もわかって、左内に喜びの手紙を書いたのである。河瀬松三氏のお手紙には、「師の小楠先生から『他国に使して君命を辱めざるものは、夫れ典次か』という評言を得ていたということも聞いています」とあるが、小楠の河瀬に対する、単に心易いとか、身内といった感情だけでなく、真に信頼するに足る人物として信頼していたと思われるのである。それだけ河瀬は小楠の信託に耐える人物であったのである。

4　安政五年（一八五八）小楠の最初の福井行に随行する

小楠は安政五年三月十二日(6)熊本を出発し、四月七日に福井城下に着いた。随行者は河瀬のほかに安場保和と池辺亀三郎（藤左衛門の弟）の三人であった。小楠は五〇人扶持をあたえられ、着福直後から続々押掛ける来訪者の面接、藩校明道館への出席、会読などで、ほとんど寸暇もない忙しさだった。この状態を見て、安場はこの分なら安心だとして五月十七日に帰熊の途に就いた。あとには河瀬と池辺が残り、二人が小楠の世話にあたった。河瀬のことであるから、誠意のこもった、手の行届いた世話ができただろうと思うが、この間における河瀬の行為をあかす直接の資料はなにもない。

ただこの間に出した小楠の手紙のなかに、河瀬の行動を紹介したものがある。それを次に引用してみよう。その小楠の手紙というのは、安政五年六月十五日付の、小楠が一族の横井牛右衛門にあてたものであった。小楠が応招第一回の福井入をなして、その近況を報じた第一報であった。その手紙の追伸のなかに河瀬が出てくる。

（前略）大野は小藩には候へ共、内山七郎右衛門弟柳助と申人殊之外人傑にて当時専被レ用、蝦夷を開き方に甚だ力を入れ、先日典次を遣し、内山に応対いたし、い才承り申候処、中々趣向広大驚入申候。

（『遺稿』二五九頁）

大野藩は越前大野郡におかれた藩、藩主は土井氏で四万石の譜代大名である。その藩士内山柳助については、福井工業大学三上一夫教授の御教示を受けて、私の理解したところで次に紹介する。(7)

嘉永六年（一八五三）七月、ロシア提督プチャーチンが長崎に来航して、開国・通商と千島・カラフト（現サハリン）の国境画定を幕府に求めた。幕府は安政二年（一八五五）十月全国諸藩に蝦夷地開拓を希望するものを募った。大野藩では早速蝦夷地開拓に進出することを決定した。

大野藩では天保一三年（一八四二）藩政改革に着手していた。その主導者に任命されたのが内山良休・隆佐の兄弟であった。内山隆佐（小楠は柳助と書いているが、三上氏に従って隆佐とする）は江戸に出て佐久間象山などに師事し、兵学や経世の学を修めた。作事奉行・藩校明倫館教授などを歴任して、嘉永三年丹生《にう》郡の西潟に代官となった。当時日本海域は異国船が出没し、緊迫した情勢下に沿岸防衛を指揮した隆佐は、海防の重要性を肌で受けとめた。蝦夷地進出を決定した直後の同年十二月、隆佐は江戸に赴き、「伺書」を幕府に提出し、翌安政三年二月幕府から開拓許可を得て帰藩した。良休は蝦夷地用懸、隆佐が蝦夷地総督に任命され、蝦夷地の本格的探査を同年五月から開始した。隆佐は、この探査の結果を建白書にして箱館奉行に提出した。そのなかで隆佐は、「長崎や下田の両港と比べて『渺乎タル孤島』も同然と、箱館の孤立した無防備さを指摘し、はなはだ『寒心ノ至』と憂慮し」（「内山隆佐」六頁）ていると三上氏はまとめている。

大野藩の開拓魂は、さらに北蝦夷（または奥蝦夷）と呼ばれるカラフトに及び、安政四年（一八五七）には調査隊を派遣した。調査隊は北緯五〇度線より少し北のホロコタンまで現地探査を行ない、同時に南下を策するロシア人の動きについても調査した。この調査に基づいて大野藩は開拓願を箱館奉行に提出、翌安政五年三月、幕府はカラフトの西海岸ライチシカからホロコタンにかけての開拓漁業の権利を大野藩に許可した。直ちに同藩は藩士一〇名、領民数十名の開拓団を編成してカラフトに送り、ウショロに開拓基地を設けた。

以上は、三上氏「内山隆佐」によって要点を書きとめたのであるが、河瀬が話を聞きに行ったときの隆佐は、サハリン開拓団を派遣して、その事業の管理にあたっていたときであろう。隆佐も、この誠実な肥後藩士の頼みに心よく詳しく知識をかたむけたことであろうと思う。小楠が一年後にまとめた『国是三論』のなかの「強兵論」でのロシアについての知識を構成するものの一つに、この河瀬の隆佐談の報告があったことは否定できないことであろう。「魯国の日本に通じて慇懃を致し、又蝦夷の経界を論ず、其の根拠知るべき也。黒竜江は我北蝦夷の薩哈連《サハリン》に隣すれば、其の馬　頭《ウラジオストック》繁盛に到らば、諸州の船舶日本海に輻輳して、英・魯の戦争も亦数年ならずして日本海面に起らんとするの勢あり。」（『遺稿』四四頁）

小楠の関心の強大にして知識の博いことを知るとともに、これをささえる弟子河瀬の努力も察することができる。小楠にとって当時の急変する情勢に即応するための情報の収集はなによりも大事なことであった。河瀬の情報調査はなお続くのである。小楠の同じ手紙の終りの方に、次の記述がある。

（前略）将又銅山数箇所、鉛山一箇所何も殊之外宜敷、典次参り見申候。（後略）

河瀬は小楠のために情報の収集に懸命の努力をした。それは河瀬だけでなく、他の多くの弟子たちも小楠への情報の報告を怠っていない。小楠が「明に今日之事情に通じ」（『遺稿』二四二頁）る実学を唱道する以上、より多くの、より早い、より正確な情報を必要としたことはいうまでもない。その情報収集に小楠塾一同が一団となって協力したのである。そのなかで河瀬は、小楠の秘書的役割をもっとも有効に果したのではないか。

ところが思いがけない事件が藩主松平慶永の上に起った。安政五年（一八五八）六月十九日の日米修好通商条約締結、同二十五日の将軍世子発表をめぐって慶永が思わぬ災厄をうけたのである。この慶永遭厄の原因とその後の越藩状況について、小楠は早速安政五年七月十六日付で国もとの横井牛右衛門・同久右衛門へ報じている。牛右衛門も久右衛門も肥後三横井家の当主で、肥後藩に仕えた小楠社中の人である。その手紙は、『遺稿』二六三頁に掲載されている。

それによると、安政五年七月五日、松平慶永が隠居・急度慎、松平茂昭が家督相続という処分を受けたのである。この処分と同時に一橋慶喜が登城差留、尾張徳川慶恕《よしたみ》が隠居慎、水戸徳川慶篤が登城差留叱、徳川斉昭が閑居とそれぞれ処分を受けている。この処分の原因は日米修好通商条約締結に際しての違勅問題と将軍世子問題であった。井伊大老の強引な条約締結・紀州徳川慶福の将軍世子発表に対し、反対派の徳川斉昭・慶篤父子、尾張藩主徳川慶恕は早速抗議し、慶永も激しく井伊大老の処置を責めたため、これらの行為への報復として、さきの処分が執られたのであった。越前藩にとっては晴天の霹靂、「未曽有之大変事」であった。熊本でも「さぞかし粉々たる事」で不安であろうから、事情説明のため、小楠は河瀬を国もとに帰らせることにした。河瀬は、春嶽遭厄の件を聞いた七月十五日の翌々日の七月十七日に福井を発った。熊本に着いたのは、小楠の七月二十九日付宿許への手紙に、「典次帰り、一、三日内に着仕り可ㇾ申」（『遺稿』二六七頁）とあり、さらに八月八日付永嶺仁十郎宛の小楠の手紙にも、「当月三、四日頃は到着と被ㇾ存候」（同上二六八頁）とあるのから考えて、八月三、四日ごろであったろうと思われる。熊本に帰った彼は、小楠の家族や小楠社友の人びとに、今度の事件について詳しく説明したことであろう。それは旅の疲れをいやす暇もない忙しさであったに違いない。

彼は国もとの人たちに越前藩の事情を伝え終ったら、すぐ福井に引き返す予定で、当初八月末には熊本を出発するつもりであった。八月八日付の国もとへの小楠の手紙に、「尚々典次も当月末には御許出立致し候事と被レ存、来月半には委細御様子承り可レ申と大に相待申候」（『遺稿』二七一頁）とある。小楠は九月半ばには河瀬が福井に帰ってき、国もとの事情がくわしく聞けると、首を長くして待っていたのである。

そこに、八月十九日付の河瀬の手紙が、九月二十三日小楠のもとに届いた。「去月十九日典次紙面、二十三日到着仕候。」（九月三十日付、小楠の国もとへの手紙。『遺稿』二七五頁）

その手紙には大変なことが書かれていた。一つは、河瀬が病気をして熊本発が遅れるということであった。「尚々典次も病気と承り、如何と被レ案候。」（九月三十日付小楠の手紙、『遺稿』二七六頁）福井から熊本への長旅から休む暇もない忙しさに疲れてしまったのであろう。

今一つは、小楠の弟永嶺仁十郎が八月十七日急性流行病で急逝したことであった。小楠はこの手紙を受け、「遙かに弟の死を悲しみ、老母の悲歎を思い遣り、余所の見る眼も笑止な状態に、越藩の人達も同情の涙を濺」（『伝記』四六九頁）いだと山崎正董は伝えている。小楠は九月三十日宿もとへ手紙を送って、「先以仁十郎事流行急症にて十七日死去之段承り候て前後忘却、唯々夢の様に御座候て何とも可ニ申上一様無ニ御座一候」（『遺稿』二七五頁）と哀惜の情を伝えている。

小楠が九月二十三日河瀬からの手紙を受取って、まだ悲しみに沈んでいる九月二十五日の夕方、竹崎律次郎が小楠の仮寓を訪れた。竹崎は、河瀬の代りとして来福したのであって、小楠の門弟ではあるが、また相婿の間柄で、他人ではない心安さがある。小楠も九月三十日付の手紙で、「竹崎参り候て大に宜敷事に御座候」（『遺稿』二七六頁）と喜び、「竹崎着にて万事之御様子も具に承り責て安心仕候」と歓迎の意を表わしている。

竹崎が来福して、四一日経った十一月五日に河瀬がようやく着福した。「典次も五日に到着、御許の事共い才承り大に安心仕候。竹崎両人に相成万端大に便利宜しく、日夜咄しいたし暮申候」（十一月九日付、小楠の国もとへの手紙、『遺稿』二七七頁）と急に賑になって、心通いあう師弟三人の生活を伝えている。

しかし、弟永嶺仁十郎の急逝の痛手は大きく、国もとの母親の様子も心配であり、小楠の熊本への帰心は押えようもなく、福井藩の滞福の希望も押し切って、安政五年（一八五八）十二月十五日小楠は竹崎・河瀬の二人を随え、越前藩の三岡石五郎・榊原幸八・平瀬儀作の三士とともに福井城下を出発して帰国の途についた。大坂までは陸路、大坂からは船で下関にわたり、それより道を急いで翌安政六年一月三日に沼山津に帰着した。

河瀬は小楠の第一回の福井行に終始随行したことになる。安政五年三月十二日熊本を出発してから、翌六年一月三日に帰熊するまで約一〇カ月である。途中熊本に帰って、また福井におもむくという二往復をやっている。これは身体に無理を強いることになったのであろう、彼は病気になっている。それでも回復したら、また福井に行くのである。河瀬の師小楠に対する誠実心からであろうが、彼の小楠に対する忠勤振りには敬意を表するばかりである。

5　長崎へ勝海舟を訪れる

河瀬は元治元年（一八六四）小楠に頼まれて、長崎にいた勝海舟を訪れ、小楠が書いた『海軍問答書』を届けている。四月四日付の勝宛の小楠の手紙に、その間の事情を次のように書いている。引用のところは手紙の後半の部分である。

河瀬典次罷出、拙著さし出候事と奉レ存候。兼て御高話承り居候上平生之志願に有レ之、閑散に任せ認候事に御座候。只今に成り候ては天下之人情海軍にも異議は無レ之、自然之勢に候へ共、唯々廟堂一決万牛回首とも可レ申哉。近々京師之伝報承り、誠に因循之極に落入甚遺憾に奉レ存候。必竟は又天下列藩疲弊之極に至り候へば、海軍之事も総て費用を厭ひ候人情、是又致し方も無レ之勢に御座候へば、此費用を弁ずるの術尤以大切と奉レ存、拙著には三件之事を申立候へ共、御取り起に相成候得ば必しも三件に限り候事には有二御座一間敷、外に肝要之事も一、二ならざる儀と奉レ存候。此段之経綸は本邦はいまだ開闢之昔にて御座候へば、いか計之事業を起し候儀も難レ計、方今之疲弊を変却仕大富国と相成候事は決て疑惑無二御座一候。乍レ然是等之着眼は口に発しがたき時勢に御座候へば、先船を造る用意迄三件を出候事に御座候。何分可レ然御用捨奉レ希候。

(『遺稿』四四一頁)

右『海軍問答書』の大意は、方今万難危急のとき、万難を排して天下一致の海軍を興すべきであり、その達成のために非常な決心で専ら倹素につとめ冗費を省き国力を強兵の一途に注がねばならない。そのための莫大の費用は、幕府・列藩が均く課金を出しあい、この課金を元として、次の三事業を起すべきであるというのである。

一　銅鉱を開く。　二　鉄山を開く。　三　船材を貯ふ。

以上が『海軍問答書』の大意であるが、外難迫る国家非常の時、海軍を興してこれに備えねばならぬということは、小楠・海舟のかねてから一致した考えであった。諸藩割拠の体制のなかで全国的防備を要求する海軍を興すことは非常に困難なことであるが、この要求が引いては幕藩体制の否定、統一国家実現に向っていったのである。

6　小楠の京都行に随行する

①京都へは内藤も居候事にて心強く有レ之候。竹崎か、典次かを同道之心組に有レ之候事。（明治元年［一八六八］一月三日、在米の横井左平太・大平宛の手紙、『遺稿』五一七頁）

②自然登京被二仰付一候はば宮川・河瀬もうち立申候間、乍二御苦労一御出懸被レ下度存候。（明治元年一月十三日、玉名郡横島村の竹崎律次郎宛の小楠の手紙、『遺稿』五一七頁）

③当地逗留之社中山田五次郎・宮川小源太・河瀬典次・西田八左衛門・能勢道彦・岩男作左衛門・江口純三郎・同英《ママ》次郎皆々無異に居候間安心可レ有レ之候。（明治元年九月十九日付、在米の横井左平太・大平宛の手紙、『遺稿』五六四頁）

④明日河瀬出立にて、……此許之儀並私いたみの次第前書に認置、且河瀬より委細御承知可レ被レ成、略仕候。
（明治元年九月二十日付宿許への手紙、『遺稿』五七〇頁）

以上四通の手紙は小楠の京都行に関する手紙である。慶応三年十二月十八日小楠は明治新政府から召命を受け、翌四年三月再度の召命により京都に行くことになる。

右の四通の手紙で判断することはむつかしいが、小楠が熊本出発のときは河瀬と竹崎律次郎・宮川小源太（房之）の三人が随行し、京都では多いときは③に述べるように八名の弟子たちが集まっていたようである。河瀬は熊本出発の初めから随行し、京都でもつねに小楠に近侍して、その病気の看護にあたった。

その河瀬が、④の手紙によれば九月二十一日帰郷のために京都を出発するという。五月下旬以来九月まで小楠の長引いた病気もやっと回復し、十五日から出勤するようになった様子や事情を小楠の家族に話して安心してもらうためである。こんな使はやはり河瀬である。彼を含めて八名の親しい門人たちがいても、内輪のことを気易く頼めるのは、河瀬以外にはいないのである。

こうして彼は九月二十一日京都を出発して沼山津に帰り、小楠の家庭や社友の人びとに小楠の様子を詳しく説明したことであろう。そして彼は、そのまま熊本に止まっていた。そのまま熊本に止まることにしていたのか、それともやがて再上京の機会を待っていたのか、もとよりいずれとも決するだけの資料もないが、その彼にとって、明けて明治二年(一八六九)一月五日の小楠の遭難は、どれだけか激しい衝激であったことだろう。いつも傍にいるような形であったのに、大事なときに傍にいなかったことは、どれだけか激しい無念さであったことだろう。自分が傍に居ったならという悔恨は、何回となく彼を責めたことであろう。

河瀬は小楠の手足であった。最も信頼し、最も親密な小楠の弟子であった。山崎正董は、「河瀬は小楠の門下でもあり相婿でもあった。小楠に調法がられて恰も腰巾着のやうに小楠に随従してその面倒を見、家事向の世話をなした」(『遺稿』六五五頁)とそっけない紹介をしているが、これは河瀬に対し酷な評に思われる。「腰巾着のやうに」随従できるというのは、単に「調法」だったからだけではあるまい。前に「他国に使して君名を辱めざるものは、夫れ典次か」という小楠の評言を紹介したが、この小楠の信頼あってこその随従と思われる。

三　殖産興業に尽す

河瀬典次は、明治になってからは実業家として生きた。彼がその後半生を投げ打った職業は、前記「履歴書」に「養蚕・織機・製茶業」としている。しかし、彼がどんな仕事を実際に成し遂げたかについて、それほど資料があるわけではない。幸に「履歴書」があり、それによって彼が実業の跡をたどってみることとしよう。

履歴書

熊本県飽託郡春竹村大字春竹弐百拾四番地

平民

養蚕・織機・製茶業

河瀬典次

天保元年三月出生

亡父河瀬安兵衛、旧熊本藩御惣庄屋ノ職ニ在リテ郷政ニ与リ、毎ニ利用厚生ノ道ヲ講シ候コト、教養ノ素因ト相成リ、幼時ヨリ殖産興業ノ志望有レ之、文武講学ノ余暇、躬耕自営ノ道ヲ図リ、農桑ノ事ニ従事シ、後チ先師横井平四郎ノ誘導ニ依リ、専ラ物産増殖・国力培養ノ事ニ尽瘁スルノ微意ヲ以テ、出テハ勧業ノ任ニ当リ、入リテハ自ラ其営業者トナリ、率先シテ改良進歩ノ方法ヲ企画シ、研究練磨、前後五拾有余年ノ今日ニ至ル。其間履歴ノ概略左ニ開陳仕候。

右引用文で注目すべきは、河瀬の「殖産興業」に「尽瘁」するに至った原因は、一つは父安兵衛が惣庄屋として「利用厚生ノ道」を講じていたことが「教養ノ素因」となり、二つは師小楠の「誘導」に依ることであったと自らを規定していることである。小楠の実学精神は河瀬に見るような実業家を、彼のほかにも数人を輩出したのである。「履歴書」はつづく。

養蚕業

我熊本県ハ気候温暖、山野ニ天然生ノ桑樹多ク養蚕ノ葉ハ将来ノ一大産業ナリト信シ奨励ニ勉メ、嘉永六年自費ヲ以テ諸国物産取調トシテ巡遊シ四百余日ノ視察ヲナシタル結果、養蚕・製茶ノ業ノ益々必要ナルヲ認メ、桑園ヲ起シテ斯業ノ端緒ヲ開キ候処、明治二年召ニ依リ酒田県権大属勧業主任ヲ拝命致候事ト相成、赴任ノ途次再ヒ各地ヲ歴視シ、其結果トシテ本業ハ信州地方ヲ以テ第一ノ進歩ト認メ、在勤中ハ専ラ任地ニ於ル産業ノ奨励ヲ勉メ、三年帰県ノ上、蚕児飼育ノ法ヲ改良進歩セル信州・上州地方ニ倣ハサルヘカラサルヲ同志ニ説キ、該地ヨリ教師ヲ雇入レ、生徒ヲ教養シ、自ラ家族ヲ督励シ、率先シテ桑苗改良ノ摸範ヲシ、養蚕・製糸ノ業ニ従事シタリ。

物産取調のため諸国巡遊したことについては前述した。明治二年権大属に任命された酒田県とは、現在山形県北西部の酒田市地域のことであろう。このときの酒田権知事は小楠同門の津田山三郎（信弘）である。とすれば、津田権知事の下に河瀬権大属という関係が大いに考えられるのである。津田が同門後輩の河瀬を伴って酒田県に赴任したのではないかと思われる。小なりといえども実学党政権の成立である。

其後再ヒ白川県権小属ヲ拝命スルヤ、勧業掛ノ任ニ当リ、国内培養上勧業方針ヲ一定スルノ必要アリ。是ニ於テ養蚕・製糸ヲ奨励シ、農業及ヒ畜産改良ヲ誘導スル事ニ決シ、故参事山田武甫及ヒ故長野俊平ト共ニ県下斯業ノ発達ヲ謀リ、辞職後今日ニ至ルマテ引続キ専ラ本業ノ改良進歩ヲ務メ居申候。此間他県ノ依頼ニヨリ、桑苗圃ヲ創設シ、或ハ養蚕・製糸ノ生徒ヲ養成シ、本業ノ普及ヲ謀リシカ、多少効果ヲ得タルヲ信シ居申候。

明治四年七月十四日、それまでの熊本藩がそのまま熊本県と改称され、その熊本県が翌五年六月十四日に白川県と八代県に分かれた。さらに翌六年一月十五日に八代県を吸収して白川県と称した。すなわち白川県は二つあるわけだが、河瀬が拝命した白川県は前者であろう。彼は実学党の一員として実学党政権に参加し、その藩政改革に、おそらく殖産興業の面で協力したのであろう。この職を止めたのは、安岡良亮が白川県権令として着任し、実学党政権を一掃した六年六月以後のことではないだろうか。山田武甫・長野濬平（俊平とあるのは河瀬の誤記）はともに小楠門下で、彼と日夜切磋の間柄である。

又タ敦賀県権中属拝名ノ時モ同様勧業ノ任ニ在リ、養蚕・機業ノ奨励ニ勤メ候。且ツ又養蚕ニ附帯シテ進歩ヲ計ルニ欠クヘカラサルハ製糸及製種ナルヲ以テ、当初坐操製糸ヲ奨励シタルモ糸質不同等ニテ輸出ニ適セサルタメ、明治七年中嘉悦氏房其他同志ト謀リ、県下上益城郡甲佐郷ニ製糸場ヲ起シ、器械製糸ノ摸範ヲ示シ、漸次大江製糸、島崎製糸諸会社ヲ創設スルニ至レリ。

敦賀県権中属任官に関する資料は現在のところ全くない。任官の時期や、どんなつてがあって敦賀までいったのか皆目わからない。ただ山田武甫が明治八年（一八七五）敦賀県権令になって、一年半の間彼地にあって行政の腕を振っている。河瀬の敦賀県任官が山田権令の期間とすれば、きわめて興味あることである。明治二年のこと、安場保和は東北の胆沢県に大参事として赴任したが、翌三年に彼が熊本に帰った後には嘉悦氏房がその後をつぎ、その二人の下には野田豁通が同県少参事、徳永昌龍が少属（後に権大属、大属に昇進）として勤務しているのである。同じく小楠の弟子による実学党政権が、胆沢県・酒田県・敦賀県と樹立されたわけである。東北・北陸の地に一時にしろ、横井実学党の政権があったということは注目すべきことであろう。

長野濬平は熊本の蚕糸業界の大先達ともいうべき人で、蚕業試験場や甲佐製糸場を設立し、温泉岳風穴に蚕種の貯蔵を創めるなど、積極的な試みを行なった。以上の試みは河瀬の履歴書にも書かれているわけだが、これらは河瀬との協力に依るものであった。

又製種ノ業ハ、今日ノ如ク検査法等完備セサリシヲ以テ同志相謀リ、亜種ノ伝播ヲ防クタメ共ニ警戒スルノ法ヲ講シ、専ラ養蚕業者ノ便ヲ謀リ、尚ホ春夏蚕ノ余桑ヲ以テ秋蚕ヲ飼育スルハ、産業・経済上実ニ必要ニ属スルヲ以テ、隣県島原温泉岳ノ内普賢岳風穴ニ蚕種ヲ貯蔵シ、古荘之《本カ》古荘幹実ト共ニ九州各地ノ需要ニ応スルヲ目的トシ、毎年壱万枚以上ヲ貯フルニ至レリ。

島原温泉岳の普賢岳風穴を利用しての蚕種貯蔵法は当時注目を集めたものであった。

織機業

養蚕・製糸・製種ノ業多少見ルヘキノ効果ヲ得タルモ、此業ノミニテハ短期間ノ就業ナルカ故ニ、其他ハ空シク徒食スルノ弊アリ。是ノ如キハ実ニ研究ヲ要スルコトナルヲ以テ、機業ノ取調ヲナシ、其兼業ノ必要ヲ感シ新タニ機業ヲ起セシニ、偶マ半製品タル絹糸其侭ニ輸出スルハ国家経済上不利益ナルヲ看取シ、織物輸出ノ奨励ヲ務メ、同志ト共ニ各地視察ノ上改良ヲ加ヘ、或ハ妻ヲ敦賀ニ遣シ実地ニ就テ越前奉書織ノ修業ヲナサシメ、或ハ時ノ勧業課長尾崎政長ト謀リ、生徒ヲ養成スル等斯業ニ尽力シ以テ今日ニ至ルモ、不幸ニシテ熊本織物ノ名声未ダ市場ニ伝ラサルハ、微力未タ其責ヲ尽ササルモノアルヲ信シ更ラニ改良進歩ヲ期シ、同志相謀リ、粗製濫造ノ弊ヲ矯正スルタメ談話会ヲ創立シ、会ヲ重ル数回、熊本織物協会ノ名称ヲ付シ、遂ニ明治弐拾年中該組織全ク成リ、爾来漸次進運ニ向ヒ、今日熊本織物ノ博覧会等ニ於ル位地モ敢テ最後ニ落チサルノ栄ヲ得ルニ至レルハ、潜カニ欣喜ニ堪ヘサル処ナリ。

河瀬等の努力によって熊本織物業が盛んになっていく様子を知ることができるが、ここでいう「同志」は長野濬平、河田精一、古荘幹実であって、ともに横井実学派の人びとである。[8]

「熊本織物協会」については、岡田朝彦『河田精一伝』[9]にその設立過程を次のように述べている。その要記である。

河田精一は明治十一年（一八七八）三月から七月にかけて京都・長浜・岐阜・名古屋等織物業の先進地を廻って

研究視察し、さらに東京を経て上州地方の各織物工場を廻歴し、その見聞による知識経験を基にして同志とともに織物親睦会をつくり、毎月一回会合して議を練り研究を続けた。「其後熊本織物同盟会」と改め、またその後「熊本織物協会」と改名した。ここでいう「熊本織物協会」は河瀬のいう「熊本織物協会」と同じものに相違ないので、河瀬も織物親睦会の会員となり、月一回の研究会に参加したのではないかと思う。

製茶業

我熊本県ニ天然生桑樹ノ繁茂セルカ如ク、山地野生ノ茶又多ク、之カ利用ノ法ヲ講スルハ県下興業ノ一トシテ夙ニ必要ヲ認メ、明治五年中先ツ居村上益城郡沼山津村ニ茶圃ヲ起シ、宇治ヨリ焙爐教師ヲ雇入、始メテ製茶ノ業ヲ起シ、且ツ地方民ニ伝習シ、頗ル製茶ノ業ヲ盛ンナラシメ、後チ輸出ノ趨向上、紅茶磚茶製造ノ必要ヲ悟リ、磚茶会社ヲ飽託郡川尻ニ設ケ、山田武甫ヲ社長トシ、自ラ幹事トナリ、圧搾器械ヲ据付ケ、第一回ニ弐万斤ヲ製作シ、露国浦塩斯徳港ニ向ツテ販売ノ途ヲ講シタルモ、末ダ時機ニ適セサルシタメ空シク失敗ノ結果ニ陥レリ。会々当時清国公使榎本武揚氏ノ尽力ニ依リ、氏ノ旧任地タル露国ノ販路拡張ヲ企テシモ、是レ又終ニ成効ノ運ニ達セサリシト雖トモ、近来日露貿易ノ発展ニ際シ、肥後製茶会社ノ成効ヲ見ルニ至リ、衷心欣躍ニ堪ヘサルモノアリ。

製茶業の面においても、実学派の人びとによって努力されたことが知られる。しかし、ここで河瀬がいっている「明治五年上益城郡沼山津村」の茶圃についても、「飽託郡川尻磚茶会社」、あるいは「肥後製茶会社」についても調査ができていない。ロシアのウラジオストックにまで販売の手を拡げたことも私は不案内である。川尻の磚茶会社の社長となった山田武甫や、緑川製糸を経営した嘉悦氏房等のように政界にも産業界にも、さらに教育界にというように多面的な活躍を横井実学派の人びとは展開したのである。

右ノ外、明治六年居村ニ川柳ヲ植付ケ、柳行李ノ製造ヲナサシムルタメ私費ヲ給シ、高野元三ナル者ヲ但馬ニ派遣シ、其製造高ヲ伝習セシメ、熊本京町ニ伝習所ヲ置キ、多額ノ資金ヲ投シ、或ハ居村沼山津地方水稲収穫ノ時期ニ水害ヲ免レサルノ憂ヒアルヲ以テ、之ニ換ルニ畳表ノ原料タル七島ヲ植栽セシメ、其製造ヲナサシメタル等幾多ノ経営ヲ試ミタルモ、今日ハ唯一、二ノ成効ヲ見ルノミ。

右にいう柳行李の製造も、七島の植栽も私はこの「履歴書」を読むことで知ることができた。ただ努力のわりには成功を見なかったようであり、その点は本人にとっても遺憾なことであったろう。もっと事蹟を調べて顕彰しなければならぬと思うが、これは将来に望みを托するほかはないであろう。ただ、本人の努力はその都度認められて共進会などにおいて幾多の表彰を受けており、それが「履歴書」の最後に列記されて、河瀬の活躍の状況を知るには、きわめて便利な資料と思うが、相当の紙数となるのでここでは割愛する。

以上で河瀬の長い「履歴書」は終っている。

これを受けて県知事の表彰状があるが、その内容は「履歴書」の要約である。河瀬の産業上の社会的貢献について要約されていて、河瀬を知るうえで参考になる資料であるが、紙数の関係でここに紹介することはひかえることにした。

四　実業界における社会的活動

以上の河瀬の「履歴書」と「表彰状」の内容を裏付けるものとして、彼の社会的活動を示す新聞記事がある。それらを次に引用して、彼の実動を伝えることにしよう。

1　農談会会頭となる

飽田・託麻郡秋期農談会は、去る六日・七日まで横手村正立寺に於て開会せられたり。通信委員総代三名、同委員五十二名の処、病気届にて欠席の者十名ありたれども、初期の会談にはなか〳〵盛なることにてありし。偖その景況は、委員総代を番外となし、本荘村河瀬典次君を公撰して、会頭となす。尋以て会頭開会することを述べ、九品寺村永野濬平君、自製秋蚕繭・及夏蚕・生糸・真綿等を出して、其製法を演説す。次に本山村宇佐川知彦君、囲の筍（是れは時候の笋を壺に入れ、密封したるものにて、入用のとき封を開き、之を用ゆるに時候の品と香味異なることなしと）并に薑粟製の砂糖を出され、池田村の河瀬俊平君には桑園に作りし蒟蒻芋を出し、坪井村余田正規君には阿蘇郡南郷産のコツテタオシ木（本名不詳）を出され、其他種々農事を演説されしも、之を略す。

（一八八〇年十月十一日付『熊本新聞』）

右文中、河瀬のほか、長野濬平、余田正規は小楠門下生で河瀬と同窓である。宇佐川知彦は、小楠門下生のなかの宇佐川知則の子。河瀬俊平は経歴不詳である。

2　共進会の審査員となる

今度福岡に於て開かるる九州・沖縄八聯合共進会の審査員として、本県より赴かるるは左の諸氏なりと。

米　（菊池郡雪野村）有働　宗龍
繭　（阿蘇郡吉田新町）片山　則良
生糸　（熊　本　区）東　千嶽

織物　（託麻郡本庄村）積　政士
茶　（託麻郡春竹村）河瀬　典次
蝋　（熊　本　区）田上精太郎

（一八八七年一月二十三日付『熊本新聞』）

3　新年広告に名を連ねる

下に列記する織物業者一同恭賀新年候。
客年は華客諸君の御引立により、何つれも業務盛大に赴き奉万謝候。尚は又当年も不相変御引立被成下、織物何品によらず続々御注文被成下候様一同伏して奉懇願候。以上。

熊本区内坪井町　力食社
託麻郡大江村　向栄社
同　郡春竹村　河瀬　典次
同　郡本山村　古荘　幹実
同　郡春竹村　横井　覚〔横井久右衛門の子〕
同　郡本庄村　積　政士
二十二年
一月　飽田郡下立田村　河原　弘喜
熊本区傘八番丁　橋本　秀実
右同　内田　還業

同区鋤身崎町　　　　新井敬太郎
同区新一丁目　　　　橋本岩三郎
託麻郡大江村　　　　河田　精一

（一八八九年一月十八日付『熊本新聞』）

右一〇人のなかに河瀬典次・古荘幹実・河田精一の三名が横井実学派の人びとである。横井実学派に属する人びとが実業界の第一線にあって活躍していることを知ることができよう。

注

（1）松本雅明監修『肥後読史総覧』上巻（昭和五十八年発行）所載の「物庄屋」一覧によった。この「物庄屋」一覧によるかぎりでは、河瀬安兵衛の惣庄屋在職は五手永、通算三七年の在職となった。『肥後人名辞書』、その他にいう「在職五十年」とは大分差がある。本文にあげた五手永以外に安兵衛の勤務した手永があるのかわからない。

（2）小楠の弟子たちには惣庄屋の子弟が多くいた。河瀬典次のほか、徳富一敬・矢島直方・竹崎律次郎・徳富一義・徳永昌龍・江口高廉・内野健次・三隅寿雄などがそうである。

（3）徳冨蘆花『竹崎順子』、『蘆花全集』第一五巻、九七頁。

（4）吉田松陰が津田・河瀬の両人に贈った詩は、山崎正董『伝記』二九四頁に書き下し文で掲載されている。紙数の関係でここでは割愛した。

（5）「氏寿履歴書」は『伝記』三六七頁から転記した。

（6）山崎正董によれば、三月十三日説もあるということである。『伝記』四二八頁。

（7）三上教授の次の三編の論稿によって叙述した。

○「大野・福井両藩の蝦夷地対策の一考察」（『仁愛女子短期大学紀要』第一三号、一九八二年三月）

○「越前大野藩の〝経略魂〟」（『日本及日本人』一九八二年盛夏号、日本及日本人社）

○「内山隆佐」（『北電』七七号、北陸電力株式会社広報室、一九九五年一月）

(8) 河田精一(一八四五―一九二九)は竹崎茶堂の弟子で、小楠にとっては孫弟子にあたる。妻の充子は徳富一敬の第二女である。『肥後人名辞書』によれば、明治七年(一八七四)熊本織物協会を組織し、以来熊本県の絹織業の発展に貢献した。横井小楠の弟子たちと協力提携し、横井実学派の一員として行動した。

古荘幹実は生没年もはっきりしない。小楠の弟子という明記もないが、横井実学派の行動のときには常にその名を連ねて、横井実学派の一員といってもよいほどである。民権派としての政治活動にも、殖産興業の面でも、特に農業の改善に尽力している。

(9) 岡田朝彦『河田精一伝』は水俣市立淇水文庫(現在徳富記念館)蔵本を利用した。本書には出版元も発刊年月日も記入されていない。

本書の記述では本文で書いたように、熊本織物協会は明治十一年以後の命名となっているが、『肥後人名辞書』ではその設立を明治七年としている。この食い違いはどういう事情によるのか明かにできないでいる。

山田武甫——熊本に明治維新を布いた徳者

山田《やまだ》武甫《たけとし》（天保二年〔一八三一〕―明治二十六年〔一八九三〕）

牛島五一郎の実弟で、五次郎。二十歳で小楠の門に入る。山田家の養子となり跡を嗣ぎ、武甫と改名する。小楠の門弟たちと京・大阪・江戸に遊学し、勝海舟と出会う。長州征伐の頃は上洛して坂本龍馬や西郷隆盛らと会談するなど東奔西走した。明治維新後には朝廷から徴士・内国掛に任命されるが肥後藩より辞退される。肥後藩の藩政改革後は権少参事に任命され貧民救済に務める。廃藩置県後には熊本県参事となり、熊本洋学校や医学校を創立する。後に敦賀県令に任命されるが、敦賀県が廃止されると、熊本に戻り、実業界に入るが、間もなく玉名郡長となる。明治十四年以降は政治活動を始め、立憲自由党を作り、拡大し九州改進党を組織した。第一期衆議院議員に当選して、議員活動中に病を得て没する。

はしがき

山田謙次は、山田武甫の長男である。謙次が金沢市で病院を開業していたので、金沢をたずねる。金沢大学で日本教育学会が開かれたとき、熊本女子大学の上河一之教授と同行して、金沢市医師会を訪れた。たしかに山田謙次という医師が当市で開業しており、しかも金沢市医師会の初代会長をしていた、ということであった。しかし、その山田病院はあとをつぐ人もなく、一代で終って、遺族も金沢を去り、その消息もつかめないそうである。それ以来、山田の遺族を訪ねることは中断している。

山田武甫の資料は多くはない。彼の生涯について略述されたものには、次の六編がある。

(一)「故山田武甫翁の性行履歴」(以下「性行履歴」と略記)『国民新聞』第九四五号、明治二十六年二月二十五日

(二)下田曲水『肥後人物史』(稲本報徳社、大正十四年〔以下『人物史』と略記〕)上巻の記事

(三)田口卯吉『大日本人名辞書』(明治十九年初版、昭和十二年新訂十一版)の記事

(四)『熊本市誌』(熊本市役所、大正六年)の記事

(五)肥後文献叢書『肥後先哲偉蹟(後編)』(昭和三年〔以下『先哲』と略記〕)の記事

(六)「山田翁の棺に記す」『国民之友』第一二巻第一八四号。明治二十六年三月十三日

以上六編、いずれも長いものではないが、(一)と(二)は比較的に長く、山田の全履歴を書いている。(一)は山田の死後直ちに書かれたもので、かつ父の時代から長く交際のあった徳富蘇峰の筆になるものであるから、山田伝の基本になったものではないかと思う。(三)(四)(五)は、事典の文章で、(一)を根拠にして書かれた

ものと思われ、三文章殆んど変りはない。（二）は（一）に依拠していると思われながら、独自の内容も含んでいる。（六）は、いうまでもなく（一）と同じく蘇峰の筆になったもので、伝記というより評伝ともいうべき内容であり、蘇峰の山田武甫観、あるいは山田武甫論が表に出ている。以上のほかに、角田政治『肥後人名辞書』（肥後地歴叢書刊行会、昭和十一年）、『大人名事典』（平凡社、昭和二十九年）、『日本歴史大辞典』（河出書房新社、昭和三十四年）の記事があるが、三書とも前述の六文献の記事によったもので、それ以上に出ていない。

山田論としては、明治二十六年二月二十五日死亡以後、三月二日の葬儀に至るまでの関係記事、蘇峰「山田武甫翁の死を悼む」（『国民之友』第一二巻、一八三号、明治二十六年三月三日）蘇峰「山田翁の葬儀」（同上）を初めとして、『国民新聞』第九五〇号付録（明治二十六年三月二日）に載せられた山田翁撰挙区民代表、板垣退助、河野広中、島田三郎、同盟倶楽部員等政界各方面からの弔辞がある。

断片的な資料として、『改訂肥後藩国事史料』巻七、巻八、巻九、巻十（以下『史料』7というふうに略記）の四冊にわたって、数件の関係記事が散見される。山崎正董編『横井小楠』下巻遺稿篇（以下『遺稿』と略記）に載せる小楠の手紙のなかに、山田の名が出ている手紙が一二通見うけられる。なお、山崎『横井小楠』上巻伝記篇に山田の名が散見するのは勿論のことである。

彼が敦賀県権令時代の資料は、『敦賀県布令書十七明治九年の初』『敦賀県布令書十八明治九年の終』の二冊に収められて、福井県立図書館に所蔵されている。

彼が明治十年代熊本の自由民権運動のリーダーとして活躍した状況は、当時の熊本の新聞、『熊本新聞』『紫溟新報』等に見ることができる。

彼は余暇に歌をよくした。佐佐木竹柏園の門に立ち、精進を怠らなかった。その勉強の結晶は、一冊の歌集

『落穂集』となり、佐佐木信綱編『明治名家家集』上巻（『続日本歌学全書』第一一編、博文館、明治三十二年）に収められている。私はこの本を国会図書館の閲覧室でひもとき、六八首の歌を写しとった。文人山田武甫を知る貴重な資料であり、山田の風格をさらに大きくするものである。

伝記資料には欠かせぬ手紙が、幸にも神奈川県中郡二宮町の徳富蘇峰記念館に多数保存されている。同館学芸員高野静子氏の御好意で、私はその手紙を写真に撮ってもらった。手紙は全部で六七通、内訳は蘇峰宛五五通、徳富一敬宛一〇通、人見一太郎宛一通、阿部充家宛一通となっている。貴重な資料が入手できたわけだが、ただこの手紙類は、明治二十年以後の、山田が国会議員に立候補するまでの動きから、国会議員として活躍の時期に限られている。実は、私は山田のこの期間のことは本特集の主題に必要ないと考えていることと、この手紙類を基にして当時の政治状況を明かにするには相当に時間がかかり、本原稿の締切りには間に合いそうになかったので、右の期間のことは割愛することにした。

最後に、山田の名前「武甫」の読み方である。『大日本人名辞書』では「タケスケ」と読んでいるが、戦後の『大人名事典』『日本歴史大辞典』では「タケトシ」と読んでいる。どちらが正しい読み方であるか、確かな典拠がなくて困っているが、熊本出身の先輩の歴史学者から、私は「タケトシ」と教えられて、そのまま用いてきたし、熊本地域でも戦後は「タケトシ」で通している。

蘇峰は、「山田武甫翁の死を悼む」（『国民之友』第一二一巻、第一八三号、明治二十六年三月二日）の文中で、「小楠の高弟として、恥かしからぬものは独り山田翁あるのみ」と書いているが、本論文執筆の目的は蘇峰の右の言を実証することにある。

一　修学時代

山田武甫は、肥後藩士世禄一〇〇石、肥後藩数学師範牛嶋五左衛門の三男として、天保二年（一八三一）十二月熊本城下町に生まれた。[1] 幼名を五次郎といった。後、彼は、肥後藩士で石高も同じ一〇〇石の山田敬次の養子となって、山田姓を名乗るようになる。

『先哲』によれば、「弱冠にして横井小楠の門に入りて業を受く」とある。彼の修学状況については、他のどの文献も、小楠の門人であることを書いているだけである。しかし、弱冠といえば二十歳、二十歳まで修学しないということは考えられない。肥後藩士の子弟であれば、藩校時習館に当然入学していないはずはない。[2]

当時肥後藩士の子弟は、年齢八歳に達すると、句読斎に入って読書を、習書斎において習字を習う。読書・習字を終えれば、蒙養斎に進む。それから普通ならば、十六、七歳で蒙養斎を終えて講堂へ転昇する。講堂で、高等の学科を学ぶのである。俊秀であれば、十三、四歳で講堂へ転昇ができ、十九歳になれば、転昇の学力のないものでも転昇させられたということである。

山田も右の規則に従い、八歳前後に句読斎に入り、時習館の課程を進んだと思う。元田永孚は、その自伝『還暦之記』によると、十一歳秋より句読斎に出て、十五歳の六月に講堂に転昇している。山田も、元田と大体同じように進んで、十七歳で講堂に転昇し、そして十九歳で講堂も終ったであろう。多くの学生が、この講堂の課程で時習館の業を終る、すなわち時習館を卒業ということになるのである。ただ時習館では、講堂生のうち、ことに優秀なものを居寮生として菁莪斎に進め、さらに勉強させる給費生の制度があり、小楠も、元田も、そして同僚の嘉悦氏房[3]も、安場保和[4]も居寮生となっている。しかし、山田は居寮生への道は踏まず、小楠の塾に入ったのである。

この山田の居寮生への道を振り捨てての小楠塾入門をどう考えたらよいか。山田に居寮生入りの条件がなかったとは考えられない。とすれば、山田は居寮生入りを蹴って、小楠塾に入門したのである。このことは、時習館への決別であり、小楠学への転身である。もとより、当時、山田にそれだけの自覚があったか、知り得ることではない。問題は、彼に小楠塾に転向する必要が何かあったかということである。

小楠門人第一号の徳富一敬[5]の小楠塾入門には、明確な理由があった。一敬は蘇峰の父であり、山田とは四〇年来の友人となるのであるが、その一敬は時習館を中退して、病気の父親に代って惣庄屋の実務についた。その実務にあること三年にして、小楠塾に入り、ふたたび学習の道に就いた。彼は実務について、初めて従来の時習館の学問の虚学であることを痛感した、そのことが小楠学の実学性を求めしめたものであろう。一敬の小楠塾入門にははっきりした理由があった。

山田にこれだけの理由があっての小楠塾入りであったのか。当時の小楠塾というのは、「時に実学派の名一藩の嗤笑する所となり、左罵右嘲紛として到る[6]」といった苦境にあったが、山田がその小楠塾をあえて選んだ理由を説明するものはなにもない。蘇峰は、当時の山田の心情を、「翁恰も知らざるものに似たり[7]」と簡単に片づけているが、二十歳の山田に全く迷いはなかったのか、なんらの動揺もなかったのであろうか。青春彷徨はなかったであろうか。

山田の小楠塾入門の二十歳の年は、嘉永三年（一八五〇）である。嘉悦氏房、安場保和、大田黒惟信[8]などとは時習館で同時代を過している。大田黒は四歳の年長、嘉悦は二歳の年下、安場は四歳年下であったが山田より一年早く小楠塾に入門していた。大田黒、嘉悦の入門の時期は明かでないが、ともに切磋しあった仲であることに間違いない。天保八年（一八三七）大塩平八郎の乱以来、蛮社の獄（天保七年）、天保の改革（天保十二年）と国内政情もようやく騒然の度を加え、対外的にはペリーの来航を三年後に控えて、外国船の鎖国の窓を叩くこと頻りといった情勢である。弱冠二十歳前後の青年、その多感な胸に求めるものは多かったであろう。彼らは、湧き上る問題の解決を小楠に求めたのである。

二　肥後藩士時代

山田の肥後藩士時代の資料は特に少ない。ここでは、少ない資料から、山田の藩士生活を断片的に探ってみよう。

1　安政二年六月十一日父へ被下置候御知行百石無相違御番方長岡衛門組五番（『先哲』）

安政二年（一八五五）は、山田は二十五歳である。父山田敬次が隠居か死亡して、山田が家督を相続したのである。御番方長岡衛門というのがどんな人物かは今のところ不明だが、その組に入れられたということが記されている。

2　同六年八月廿八日時習館句読世話役御心付毎歳銀五枚（『先哲』）

「同六年」というのは、安政六年のことである。藩士の子弟が八歳前後で時習館に入学すると、まず句読師、習書師について、儒学初歩の手解きをうける。句読世話役は、この句読師の助手のような役割りである。

安政六年といえば、前の年に日米修好通商条約締結を皮切りに、日露、日蘭、日英、日仏と通商条約を結び、それに対する反対非難の声を押さえるために井伊直弼がとった弾圧、安政の大獄の真最中の時である。『先哲』六九八頁には、「偶々幕府政を失し外舶通商を乞ふに際し、内外多事人心騒然たり」とあるが、まさに「人心騒然」たるこの時代に、山田は時習館に通い、また小楠塾にあって、なにを思い、なにを惑ったであろうか。

3　文久三年（一八六三）七月四日付、福井の小楠からの在熊本の嘉悦、安場への手紙「山田、宮川、江口一昨夕参り何も元気宜敷、御安心可被下候」（『遺稿』四三六頁）

宮川とは宮川小源太（房之）[9]、江口は江口純三郎（高廉）[10]、ともに小楠塾で山田と同門の間柄である。三人は「一昨夕」、すなわち七月二日の夕方福井に着いて、小楠の居宅を訪れたのであろう。この手紙より早い、小楠の文久三年六月二十四日付熊本宿許への手紙には、「純三郎列も去る九日に京都に着、純三郎一人此許に参り」（『遺稿』四三四頁）とある。「純三郎列」とある、この「列」は、山田、宮川を含んでいると思われる。そうすれば、山田は六月初め熊本を発ち、六月九日から六月末まで約二〇日間京都にいたことになる。なんのための上京、そして福井行か、もとより知ることはできない。当時越前藩は挙藩上洛の計画で、藩論が湧き立っていたときで、熊本の事情を聞くために、小楠が呼んだのかも知れない。しかし、小楠の手紙には、前の引用文の次に、「朝夕何角之咄し合楽申候。今暫は此許に到着、追て北国筋へ出懸候筈に御座候」とあるので、北国回遊の旅であったのかも知れない。

4　元治元年（一八六四）四月十二日付、熊本の小楠からの在京都の嘉悦、山田、宮川、江口への手紙「去月廿三日・廿四日之御状追々相達し、忝々拝見仕候。愈御安康に被レ成二御勤一、珍重に奉レ存候」（『遺稿』四四三頁）

この状によれば、山田は元治元年は、役に就いて京都にいたことになる。肥後藩京都屋敷に勤務していたのであろう。

5　元治元年十一月十日付、熊本の小楠から江戸にいる勝海舟への手紙「一書奉呈仕候。初寒砌益御安泰に被レ為レ成二御座一、奉二恐悦一候。然ば山田五次郎帰国、御許之御事情具に承知仕候」（『遺稿』四五〇頁）

この手紙によると、山田は一時江戸に居たことになる。四月までは京都に居たことは間違いないから、それ以後十月までの間、一時江戸に在留したことになる。小楠を通じて、海舟との交流もなされていたものとみえる。

6　慶応元年（一八六五）二月七日牛嶋五一郎門弟算学指南指副御心付毎歳銀五枚（『先哲』六九九頁）

牛嶋五一郎（一八二一―一八九八）は、名は頼忠、晩年は慎哉と改めた。山田の実兄で、肥後藩の数学師範であった。牛嶋の碑文には、次のようにある。「教育門人如子、門人敬如父母。君察時世曰、我業有所未悉、今将博取欧米之長、窮其精、直率門人数輩、入池部啓太之門。君数年奮曰、方今之勢、早当使生徒学航海術。乃託業門人某、躬自率生徒遊江戸。実文久三年五月也」（『先哲』四六四頁）。池部啓太（一七九八―一八六八）は、肥後藩における蘭学の先駆者、西洋砲術の開拓者である。小楠も早く池部の蘭学に注目し、弟子を池部の門に学ばせていた。牛嶋は流石に小楠の弟子だけに、その門人をまた池部門に学ばせている。それだけでなく、航海術を学ばせるために自ら生徒をつれて江戸へ遊ぶにいたっては、小楠門下の逸材というべきである。山田は、この賢兄と仕事を共にしたのだから、生涯の好時期だったかもしれない。

7　『史料』10に、明治二年（一八六九）「八月廿一日我藩小倉上野両戦役に関する功労者を賞す」の一件があり、そのなかで山田も次のように表彰されている。

　一右同一具

　一同二枚　　山田　五次郎

右者小倉戦争之節物見助勤ニ而地理見繕且応援之見積等ニ而所々往復之内ニハ及砲発相働前後各別骨折候付

被下置旨

「右同一具」というのは、「御紋付御上下一具」のこと、「同二枚」とは「白銀二枚」のことである。「小倉戦争」とは、第二次長州征伐のとき、肥後藩は小倉に出兵した。『肥後藩年表稿』によると、慶応二年（一八六六）六月六日征長軍一番手出発。十七日、小倉戦争、熊本勢一六〇〇人程到着。七月二十六日、長藩兵小倉を攻む。本藩小倉兵を援く。二十七日、本藩勢防戦す。三十日、本藩兵国許へ退却を始める。八月八―九日までに全員帰藩す、となっている。『人物史』は、山田の小倉戦争に対する考えを次のように簡単に伝えている。「武甫、氏房と共に私に議するところあり、征長の軍に投じ、臨機の所置を為さんと欲す。其意長に講和するにありといふ。然れども長藩その意を知らず、高杉晋作等来りて肥後の陣を突く。武甫等討ってこれを退く」（三九〇頁）この時は山田等はその考えを貫くため思い切った行動はとれなかったようである。

8　慶応三年（一八六七）六月十五日付、小楠からアメリカ留学中の甥左平太、大平兄弟にあてた手紙に、「越前も岳公よ程御開けにて此節も拙者に献言御求め何事も申述呉候様に申参り、近日山田出京いたし候間是に托し存念申入候筈也」（『遺稿』五〇六頁）と小楠は報じているが、この慶応三年六月の段階における松平慶永への小楠の献言は、存在しない。これは、このときは実現せず、延びて同年十一月になったものと考えられる。十一月三日付、小楠から在京の山田にあてた手紙に、「去月十六日夜付之御状忝々拝見仕候。諸事案労之内別て幕庭之御様子感戴仕候。大に苦心を慰め申候。扨て御申越に付て聊心付之次第別紙に認さし出申候。極早々に認め申候間諸事不都合に可レ有二御座一候。春岳公御上京被レ成候へば早速に御差出し可レ被レ下候。別に書状も付け不レ申段も御演舌可レ被レ下候。其他御了簡次第に任せ申候。此段迄拝呈、余は大略仕候。以上」（『遺稿』五一三頁）と書いている慶永への建言は、いわゆる「新政に付て春岳に建言」と呼ばれているものである。徳川慶喜が慶応三年十月十四日大政奉還を奏請して半月後に執筆したもので、新政についての小楠の構想が記された文書である。この建言の実行について山田が関わっていることがよく判るが、山田は小楠の考えが新時代を指導するものであることをわきまえての協力であったと思う。この年は、山田はほとんど京都にいたようである。

9　慶応三年（一八六七）十一月、時体探索書差出（『史料』7）

この「時体探索書」は、慶喜の大政奉還という歴史的大事件の経過を詳細に述べた肥後藩庁への報告書であり、差出人は山田五次郎、内藤泰吉[11]、内藤貞八の連名となっている。『史料』は、この大政奉還前後を三段階にわけている。

（1）十月二日土佐藩寺村左膳後藤象次郎福岡藤治神山佐多衛其主山内容堂の名を以て政権返上の建議を幕府に提出す（『史料』7、五四四頁）

（2）十月十三日幕府諸藩の重臣を二条城に会し大政奉還に対する意見を徴す（同上書、五五〇頁）

（3）十一月八日松平春嶽入京す尋て将軍慶喜に謁し大政奉還に関する誠意を発揮せんことを望む（同上書、六二三頁）

以上の三文章のそれぞれの後に、他の文章とともに、山田等の探索書を三分割して載せている。その探索書の内容を紹介するのは、やや長文であるので差控えるが、事の経過を述べたもので、山田等の意見等は余り見ることができない。ただ、慶喜が春嶽に、「外国之所置等間違候件々幕臣ニ被仰示是迄取扱候面々慚懼奉恐入候」と語り、春嶽は「御誠意日を追而貫徹仕候御模様ニ候」と感激しているところなどは興味深い。また今一つ、大政奉還後の慶喜の処遇について、土佐藩ではどう考えていたかは関心の持たれるところであるが、「土邸之話ニ樹公之誠意を感佩し政権御帰ニハ相成候得共往々関白職之処は樹公之外ハ有之間敷と申居」とあり、大政奉還をすすめた気持の裏には、「関白」の地位を考えていたというわけである。

この探索書は当時の京都の情勢を良く伝えて、なかなか内容ある報告となっているが、このような探索書は外にも書いたであろうと思われるが、現在見ることができるのは、ここに紹介した一件だけである。

三　熊本藩藩政改革

慶応四年(一八六八)一月二十五日、山田は安場一平(保和)とともに、内国掛を命ぜられて早速新政府の役人となった。ところが、どういうわけか、肥後藩世子喜廷[12]は一月二十八日、「家臣安場一平、山田五次郎が徴士を免せられむことを請願」(『史料』8、六〇頁)している。その辞退する理由は、「先達而以来溝口孤雲[13]津田山三郎[14]木村得太郎追々ニ同様被仰付置候上横井平四郎由良洞水エも御沙汰之通ニ而孰も未熟之者共家来内而已多人数被召仕候而者大概諸藩之匂配も有之甚以心痛仕候間乍恐一平五次郎儀者徴士被免被下候様奉願候且又向後家来内より被召仕候節者前以内分被仰聞候様有御座度此段も任序申上置候」(同上)ということであった。

表向きの理由は以上の通りとして、肥後藩庁が山田、安場の罷免を請願した理由としては、『人物史』がいっているように、「藩中の形勢は君(山田)を欠くべからず、君遂に任に赴かずして辞す」(三九〇頁)といった面があったかも知れないが、私はむしろ次の二つの点を考えてみたい。一つは、肥後藩は幕末動乱の時期に佐幕的立場に終始し、慶応四年正月の段階でも新政府を信用せず、鳥羽伏見の戦にも消極的で、新政府からの出兵要請にもなかなか応じないといった藩情であった。新政府へ深くかかわって形勢逆転の場合を考慮してのことである。

いま一つは、山田も安場も小楠の弟子であるためである。肥後藩庁を掌握している学校党[15]にとって、ここに上っている七人のうち四人まで、小楠およびその門下が新政府に入って勢力を得ることは、絶対に排除しなければならないことであった。そしてこの請願は意外にも早く、二月二日には「我藩安場一平山田五次郎徴士を免せら」(『史料』8、七七頁)れたのである。ほんとに早い対応であった。

しかし、三ヵ月後の同年閏四月二十六日には、会計官出納司権判事を命ぜられて新政府に徴された。このとき師小楠は、同閏四月四日入洛、同十二日徴士参与職制度事務局判事に任ぜられて、新政府の重職に就いていた。その師小楠の支持もあってか、山田は今度は一年余の間勤務して、明治二年(一八六九)五月二十三日徴士を免ぜられた。「官員御減省」が理由であった。

以後彼は熊本に帰り、同年十二月五日座席御物頭列被仰付二番重士大隊幹事(『先哲』六九九頁)に任命された。その職にあること二ヵ月余にして、同三年二月二十三日阿蘇郡宰に転じた。この郡宰時代のことは何も記録がないが、おそらくこの官職にあるとき、農村農民の実態をじっくり見て回ったのではないか。ことに阿蘇地方は山間寒冷の地で、その農民の窮状は深く山田の脳裏に刻みこまれたことと思う。

明治三年六月三日、山田は権少参事試補に任命された。ここで彼は熊本藩庁入りをして、その重職に就いたことになるわけであるが、この彼の藩庁入りは極めて重要である。これは実学党員による人材固めであり、実学党政権樹立の用意であった。同じ実学党員である津田山三郎は五月十日権大参事に就き、米田虎雄(16)も六月一日に権大参事となり、嘉悦氏房も五月二十四日監督大佑として入り、体勢づくりに奔走していた。かくして、六月十一日細川護久藩知事は藩士を熊本城内に召集し、実学党政権の下藩改革を宣言したのである。

この宣言を追うようにして、六月十六日徳富一敬を初め竹崎律次郎(17)、三村伝などの惣庄屋層が実学党政権に参加した。やや遅れて、大田黒惟信、宮川房之、安場保和といった顔触れも加わって、強固な実学党政権が出来上っていった。小楠門下で固められた政権であった。

この実学党政権による藩政改革の第一歩は、出発一ヵ月後の七月十七日「村々小前共江」という布達でふみだされた。この布達は、その文中に、「中にも百姓ハ暑寒風雨もいとはず、骨折て貢を納め夫役をつとめ老人子供病者にさへ暖に着せ、こころよく養ふことを得ざるは全く年貢夫役のからき故なりと我ふかく恥おそる」(18)とあるような、領主の領民への達しとしては破天荒の内容をもって、一切の雑税廃止を通告したものであった。本免の免除は出来ないが、上げ米・口米・会所ならびに村出来・銭一歩半米などの雑税合計八万九八三六石を免除し、さらに専売仕法や諸種の制限を廃止して、経済流通の促進、民力体養の実施をはかった。

この雑税廃止の断行には、山田が深く関わっていた。『先哲』に、熊本藩に「雑税及津止法と云ふものありて四民久しく其の苛法に苦しむ。武甫藩主に従ひ封内を巡視し、其実境を白して遂に此れを廃止す」（六九八頁）とある。しかし、この文章は余りに簡単すぎて幾多の疑問を残すが、山田が雑税廃止の首唱者だったことを指摘している点は注意に値する。『人物史』は、この間の事情をやや詳しく説明している。「明治三年、藩主大に藩政を改革し、君を登用して少参事に任じ、郡政係りを命ず。君乃ち庁に建議して曰く、不肖任を郡政係に辱うす。宜しく夙夜鞅掌して其任を完うせざるべからず。思ふに藩中の農民苛税に苦しみ、枯槁真に見るに忍びず、今日更始の際、乞ふ、其の初めに於て雑税を全免し其疾苦を救ひ、君徳を顕彰し、民をして仁政の専みに頼らしむべし』と。同僚多くは国帑の匱乏を憂ひ、この議を斥く。武甫堅くとって動かず、『其の議若し用ゐられんずんばまた其の任に就かざるべし』と。論争殆んど三十日に渉り、護久公これを嘉納し竟に君の議を用ひて断行す。農民大に喜べりといふ」（三九〇頁）。

山田が少参事になったのは三年十月二十三日のことだから、雑税免除の布告の後のことであり、その点右の文章の内容には不正確な点があり、全体としても疑問が残るが、山田が雑税全免を主張して譲らなかったということは、『先哲』にもいうところであり、間違いないことであろう。同僚の多くは山田の説を斥けたとあるが、その同僚というのは同じく小楠門下である。同門のものでも説や意見が異ることがあるのは当然だが、山田説に反対したものも、雑税全廃に必ずしも反対ではなかったが、藩財政の枯渇と比較してのことであったろう。

ここに問題がある。『人物史』では、雑税全免の議は山田ひとりの説にしているが、このことについては、別の記事がある。おなじく『先哲』の「徳富一敬」の項に、次のようにある。「同月廿三日城中に於、耕地宅地租税改正之大評議有之、小楠翁在世之持論、正租迄にて諸掛雑税解放論、一敬提出、決断に相成候事同七月藩知事、民力休養、雑税免除の布告文は、翁の手に成れるものなりと云」（七三四頁）、「同月」というのは六月のこと、六月二十三日といえば、実学党政権が出発して二十二日、減税布告文を出す二十三日前のことであって、まさしく雑税解放如何について大論議の時期と思われる。そういった意味で、この徳富一敬についての文章がより信頼感があるようだ。いわんや雑税解放布告文が一敬の手になるというのは、この文が藩士のものであるはずはなく、惣庄屋ならいかにもと思われるだけに、この『先哲』文章が信頼がおけるのである。ただ、この大問題が、一敬についての文では六月二十三日一日だけの「大評議」で決定されたようになっているが、これは『人物史』にいうように、「論争殆んど三十日に渉」ったというのが真実であろう。これだけの大問題であるから、それだけの論議を必要としたであろうと思われるのである。それで両者を考えあわせれば、山田も、一敬も、この連日の大評議に出席し、両者そろって雑税解放論を主張したものと思われる。

山田は郡宰時の経験から、一敬は惣庄屋代役としての経験から、農村・農民の実情を十分に把握しての自信ある論陣を展開したであろう。ましてや、一敬の「諸掛雑税解放論」の根底には、師小楠の「在世之持論」という思い入れがあっただけに、その主張には真実感があり、迫力があったであろう。これは、山田とて同じであったろう。山田とて小楠門の逸材、小楠「在世之持論」は十分承知のこと、両者の説は相乗的に強力化して、二人の説に反対するものも、二人の自信と迫力に押し切られた形であったろう。実際は、反対者も同じく小楠門下であり、師の持論はまた彼らの立脚地であるから、彼らが二人の説に遂には賛成したであろうことは、十分うなづけることである。雑税解放は、山田、一敬の両人が主張し、これを小楠一門の実学党で決定したといっても間違いないであろう。

このほかに、『先哲』は、「又英学校、医学校等を創立し、生徒に徳富猪一郎、小崎弘道[19]、金森通倫[20]等の秀才、及び北里柴三郎、浜田玄達[21]、緒方維精[22]等の名国手を出すに至る」（六九八頁）として、藩政改革における教育改革を山田の功績として賛えている。英学校は熊本洋学校、医学校は古城医学校を指し、ともにジェーンズとマンスフェルトという西洋人を教師とし、まったくのヨーロッパ文化の受容をはかった壮挙であった。藩政改革は、教育改革においても画期的業績をあげたのである。詳しい説明は紙数の関係で省略するが、この両校の設立のときには、山田は少参事という高い地位にあって、事の決定に大きな権限を持っていたのである。

実学党政権の藩政改革における業績は実に輝かしいものがあったが、それれば画期的であればあるだけ中央政府の注意するところとなり、中央政府は土佐藩出身の安岡良亮を知事に任命して、実学党政権の抹殺をはかった。明治六年五月十三日安岡が白川県権令として赴任するや、山田はその月の二十八日自ら願い出て少参事の職を辞したのである。

四　敦賀権令時代

『先哲』に、「明治七年二月敦賀県令と為る」（六九八頁）とある。ところが、熊本県立図書館蔵の「熊本県公文類纂」八の「有禄士族基本帳」二十一中に、「改正禄高等調」に対する山田の報告書がある。それによると、山田は「明治七年三月」「第二大区二小区藪之内二十六番屋敷」に居住していることになっている。この書類からみて、『先哲』の明治七年二月説は間違いであろう。さらに敦賀市史編纂室で閲覧させてもらった敦賀県東町大和田荘兵衛の「日記」（敦賀市相生町大和田みえ子文書）の明治八年二月九日の項に、「権令山田殿今日着し候様子聞」とあるので、山田の敦賀赴任は明治八年のことである。しかも、県令ではなく、権令である。

敦賀県権令としての山田の業績を証明する文書三件が、福井県立図書館に保存されている。前述の「敦賀県布令書」中に、次の三文書がふくまれている。

1　改訂県会議事規則　明治九年六月

2　大区会議事規則　明治九年六月十七日

3　教育会議費用并ニ議員旅費消却区別　明治九年六月十七日

「改訂県会議事規則」は、議事規程・議長権利・議員権限の三項目三〇章からなる規則である。「大区会議事規則」は二七条からなるが、この二つの「議事規則」により、敦賀県にはこの明治九年六月の段階で、敦賀県会と大区会とが設置されていたことがわかる。

この県会、大区会が、どういう経緯で設置されたかを知るためには、地方官会議にまでさかのぼらねばならない。八年六月十二日から七月十七日まで、木戸孝允議長のもとに地方官会議が開かれ、山田もこの会議に出席した。この会議の議題の一つに、「地方民会議問」が提出され、議長より、「地方民会ヲ開設シ、其地ノ民費及ヒ公益ニ関スル事等、衆議ヲ採テ定メントスル、新タニ議会ノ法ヲ設ケ、公選ノ議員ヲ用フルト、姑ラク区戸長ヲ以テ議員トスルト、敦レカ今日人民ノ適度ニ応シ、実際ニ益アルヘキ哉、其得失如何[23]」をはかられた。地方民会を設置するには、区戸長会がいいか、公選民会がよいか、ということである。区戸長会論者は、「理ヲ以テ論スレハ、公選民会ヲ至当ナリトスレトモ、今日ノ実況ヨリ観察スレハ人民開化ノ度ニ於テ、区戸長会ヲ適当ナリトス可シ」（渡辺昇）と主張する。これに対し、公選民会論者の意見は、「官吏ヲシテ議員タラシム、已ニ議会ノ根本ニ反スル者ナリ」（中島信行）という原理論から説き起し、「人民開化ノ度」については、人民の知識を進めるにあり、「コノ知識ヲ進ムルニハ、人民ヲシテ各自ノ権利ヲ重シ、義務ヲ知ラシムルヿこそ必要であり、そのためには「公選民会ニ依ルニ非スシテ、外ニ何ノ策アリテカ、之ヲ重シ之ヲ知ラシムヘキヤ」というのである。

以上が両説の代表的なものであるが、結果は区戸長会支持が多数を占めた。

区戸長ヲ用フルヲ可トスル者三十九人。公選ヲ可トスルモノ二十一人。公選ヲ可トシ今日適度ノ可否ヲ言ハサルモノ一人。多数ヲ以テ区戸長ヲ用フルニ決ス。

この議題において、山田は区戸長会説を支持した。その支持の理由については、山田はただ「区戸長会ヲ可トス」と発言しただけで、その意図は知るよしがない。

これに対して、同じ実学派の安場と宮川房之は公選民会を支持した。なぜ山田が区戸長会をと思わぬではない。後には自由民権運動の先頭に立って民選議院の設置を主張する人である。そこには矛盾があるように思えてならない。それとも、明治十年代民権運動の先頭に立ったときは、明治八年の地方官会議のときの考えを改めていたというのであろうか。十分の資料がないままに、疑問を残していくほかはない。

区戸長を議員とする府県会設置を決めた地方官会議は、さらに、その府県会と同時に区会も並び開き、その着手は適宜にすると決定した。山田は、この地方官会議の決定のままに従って、県会と大区会を同時に設置したのであろう。その両議会の運営に山田の独自性を出したかどうかは知る方法もないが、敦賀権令としての山田は、政府主宰の地方官会議の決定のままに動いたと見るほかはない。山田らしくないという気もしないではないが、彼はあるいは役人の仕事の限界に飽いていたのではないであろうか。

山田は、敦賀県が九年八月二十一日廃されて、滋賀県に合併されると同時に、権令を辞して熊本に帰った。この辞任以後、山田はふたたび官途に就くことはなかった。帰熊後の彼は、「実業を奨励するを以て己れが任と為す。蚕糸業を興し、桑茶の畑を拓き、蚕業会社長に挙げられ[24]」るといった生活であった。彼の材を高く買っていた長岡護美は、彼の野にあるを惜しみ、嘉悦氏房、内藤泰吉の二人にその意を通じて、仕官をすすめた。二人の友人も賛成して、山田を説いた。しかし、彼はこれを断って言った。「経世の志望を抱き、国家の為めに力を致す、何ぞ仕官に限らん。今日の要務は、力を民間に尽し、富国の基礎を建つるに在り[25]」。

山田が民間に尽すことを自己の仕事としたことを知ることができるが、彼は官途に見切りをつけたということであろう。彼の役人生活は長くはなかったが、その間に彼は官界にあることの意味を失ったのであろう。小楠の弟子たちは、安場保和、岩男三郎等四、五人を除き、すべて民間人として生きた。ここに小楠門下の特色があるが、そのなかで山田は先頭に立って、小楠「在世之持論」実現のため、「民間に尽」すことを自己の道ときめて、自由民権運動に突入していくのである。

五　自由民権運動時代

西南戦争後も、山田は実業にたずさわっていたが、明治十二年七月からは徳富一敬らと共立学舎[26]を設立して、育英にも力を尽していた。

こうした実業と教育とに努力していた山田の生活に変化が生じたのは、明治十四年二月のことである。保守勢力である学校党に属する佐々友房[27]、高橋長秋[28]、木村弦雄[29]、白木為直[30]らは上京し、司法判事山田信道、太政官大書記井上毅、元老院議官安場保和、内務省御用掛古荘嘉門らと懇談して、立党の計画を立てる。

上は明治八年の聖詔を実行して立憲の政体を翼賛し奉るべく、下は流行風潮に成立せる疎暴詭激の邪説を滅尽し、社会の秩序を保ち、道徳知識並び進み、我邦をして東洋の真開明国たらしむる。[31]

まさに、自由民権運動に激しく対立する立党目的である。この後、安場と古荘とは帰熊して新党結成の準備にあたった。なにしろ安場はかつて小楠門下の逸材、山田とは小楠門下四天王の一人にうたわれて、互に学を競いあった旧友であった。山田を初め実学派の人たちも、安場の呼びかけとあれば応じないわけにはいかない。山田は在熊の実学派の人たちを伴って、安場と対応した。「君即ち、宮川房之、嘉悦氏房、徳富一敬、岩男俊貞、林秀謙等と安場に面会し、議論したるも議協はず、然れども県論一致の感情は互に一歩を譲りて協同し、闔県翕然これに嚮ひ……[32]」新党結成に参加するのである。安場が新党結成に積極的に動いた動機の詮索はここでは控えるが、実学派の人たちは、旧友安場がいうことであるからということと、「県論一致」の感情に動かされて協調したものと思う。井上毅らが安場を熊本に行かせたのも、実学派を抱き込むための目的であったのであろう。

こうして、同年九月一日、紫溟会なる新党が結成された。綱領は、次の三条であった。

第一　皇室を翼戴し立憲の政体を賛立し以て国権を拡張す

第二　教育を敦くし人倫を正し以て社会の開明を進む

第三　厚生の道を勉め吾人の独立を全し以て国家の富強を図る

人民主権、共和制も辞さないとする民権派政党の相愛社からは、有馬源内[33]と徳富猪一郎の二人がこの結成大会に出席したが、右の三箇条の綱領には同調できず、当日は加盟を保留し、九月三日入会を拒否した。左翼的民権派の相愛社としては、到底紫溟会とは行を伴にすることはできないと考えたからである。

実学派は、しばらくは紫溟会に入って協調に尽力するが、相愛社の機関新聞「東肥新報」や中央紙の「朝野新聞」が、紫溟会は御用政党と報道するのに刺激され、これまで抑えていたその主義信条の差違がはっきりするに及び、協調提携は不可能なまでに至った。主権、政体、主義をめぐって、山田は嘉悦、岩男、安本亘たちとともに、紫溟会とはげしく論争する。十四年十一月に両者の間には、書面による応酬が行われた。紫溟会は、天皇主権、君主主義、中正主義を主張するのに対し、山田たちは次のような内容の回答をもって対立した。「主権天皇陛下に存すと云ふ時は、君主専治を是認するに当るを以て、吾輩之に同意し難し。唯だ君民同治を望むの意を明白に表せんことを望む者なり。蓋し吾輩が考にては、主権は之を君に存す可らず、又た民に存す可らず、之を立法府に存す可[34]」しとして、主権は立法府にあると考えた。立法府は、「天皇と両院を以て成る[35]」ものであり、したがって、政体は「所謂君主主義にも非ず、民主主義にも非ず、即ち君民同治となり[36]」と、君民同治主義を主張している。君民同治主義は、当時自由民権運動でもっとも主流をなした共存同衆の主張するところで、イギリス流の考えにしたがうものとされていた。すなわち、当時最も一般的な民権思想をとったもので、相愛社の如き一部の急進的民権思想とは一線を画していた。また、紫溟会の主義とする中正主義に対しては、「自由主義」[37]を唱えた。実学派は、その「自由主義」を次のように規定していた。「吾輩が常に信認する自由主義なる者は、立国上の契約其他の成律を遵守し、所謂道義の区域内に逍遙し、国君官吏人民各々其権を保有し、秩序判然、権限正確、一歩も仮す所なく、一歩も侵す所なく、思想言論出版其他、百般の行為上に不正の牽束を蒙らず、不羈独立するものにして、之を定制自由と言ふ可し。吾輩は此善良なる自由主義を好尚する者なり」[38]。

以上が、山田らの主張、いいかえれば実学派の主張であった。学校党を中心として、熊本の保守勢力を結集した紫溟会の主義とは明確に異なるところであり、これでは実学派が紫溟会に残る理由は全くないのであり、したがって実学派は十一月紫溟会を断然脱会した。

そして実学派は、ただちに立憲自由党を結成した。この立憲自由党と相愛社は、急速に勢力を拡大しつつある紫溟会に対抗する必要上、翌十五年二月五日に結成大会(一四〇余名)を開き、公議政党と称した。このとき、三〇名の創立委員を選挙で選び、その構成は、立憲自由党一六名、相愛社一〇名、自愛会三名、その他一名となっていた。自愛会というのは、実学派がなお紫溟会にとりこまれている最中に、在京の相愛社のメンバー林正明、宗像政、矢野駿男等と、実学派の主要メンバー大田黒惟信、それに他の用事で上京した宮川房之等が、民権派の結集を図って結成したものであった。この自愛会の結成が、実学派の紫溟会からの脱会を促し、さらに立憲自由党と相愛社との合併の機運を上昇させたことは否定できない。この公議政党の創立委員三〇名のうち、立憲自由党が過半数を占めたことは、普通なら公議政党結成にあたって、立憲自由党のヘゲモニーで結成されたと思ってよいであろう。しかし、猪飼隆明氏は、立憲自由党のこのときのヘゲモニーを否定し、相愛社にこそそれがあったとする。氏は、公議政党の綱領が相愛社の意見に近いことをもって、その立論の基礎にしているが、ここでは紙面の都合上、この点にはこれ以上ふれないことにする。
この三〇名の創立委員中一六名の立憲自由党の主なる人の名をあげると、嘉悦、山田、岩男、安本、古荘幹実などがあげられる。これからみれば、山田が立憲自由党の指導者であったことは明白であろう。それだけでなく、相愛社、自愛会と一緒になった公議政党においても指導的立場にあったであろうことは想像できることである。
それは次の事実でも知ることができる。公議政党結成から一ヵ月余り後の十五年三月十二日、九州各地にあって、それぞれ独自の活動をつづけてきた各政社が、初めて連合して九州改進党を結成した。これは、熊本の公議政党が音頭取りで結成されたもので、その創立大会も熊本で行われた。この新党結成のため、起草委員を各地方から出すことになったが、熊本からは公議政党の山田武甫（実学派）、宗像景雄（相愛社）と人吉の宮原公継の三人が選ばれた。山田が、九州改進党を結成するときにも中心的役割を果していることがわかるのである。
九州改進党の綱領は次の通りである。
第一条　吾党は自由を伸張し権利を拡張するを以て主義とす
第二条　吾党は社会を改良し幸福を増進するを以て目的とす
第三条　吾党は立憲政府を確立することを務むべし
第四条　吾党は広く主義目的を同うする者と一致団結すべし(39)
その後の九州改進党の運動においても、熊本の公議政党が中心をなし、その先頭の一人として活躍したのは山田であった。山田は、熊本の自由民権運動の指導者として活躍し、さらに九州の自由民権運動を代表する人物として大きな役割を果したことであろう。彼は、この自由民権運動が全国的に高揚する時期に、自由と民権のために懸命の努力を傾注した。それは、小楠以来の議会政治実現という理想達成の思いが強く貫いていたことはいうまでもない。小楠には聞かなかった自由とか、民権とか、権利とかいう概念もうまく受容されて、彼の信条を形成していた。

しかし、この九州改進党による自由民権運動は、広く九州に勢力を拡大して活発な運動を展開したが、徹底的な政府の弾圧と自壊要素をも抱え込んで自由党がついに十七年十月解党し、それをうけて九州改進党も翌十八年五月に解党に追い込まれてしまった。(40)

結び

九州改進党は、明治十八年(一八五五)五月十日久留米大会を最後に解党したが、その後も親睦会を重ねて団結を維持してきた。

明治二十年から二十一年にかけて後藤象二郎の大同団結の勢が天下に振い、「之に加入せざるものは殆んど人にあらざるの観」(「性行履歴性」)があったが、九州改進党はこれへの参加については慎重であった。これとは別に、二十二年二月十一日大日本帝国憲法発布の日に、山田は自ら社長となって『海西日報』を発刊し、熊本改進党を結成した。同党は最初「平民主義」「個人主義」「政党内閣」実行、「政府の干渉」排除、「平和の外交政略」などを綱領として掲げたが、後に「皇室の尊厳を万世に擁護する」「我国独立の人権を鞏固にする」「国民最大多数の幸福を増進する」「政府の干渉を斥け地方自治を鞏固にする」「政党内閣の実行」「政費を節減して民力休養を期す」「平和の外交政略」などの綱領に改めた。(41)

二十三年七月一日の第一回総選挙では、熊本は九州連合同志会＝熊本改進党、大同倶楽部＝独立自由倶楽部、

熊本国権党の三派が鼎立し、後二者が共同して改進党と争った。六区に分れた熊本は、第一、第三区が二名定員であったので、国権党六名、改進党二名と、民党圧勝の全国状況に反して、民党は山田と他一名が当選したにすぎなかった。衆議院議員としての山田の中央における第一の仕事は自由党の組織化であった。その間の事情を、蘇峰は次のように述べている。「当時翁等以為らく多年頓挫せる維新の大精神を復興し、大に改革休養の実を挙げんには全国の同志力を戮せざる可からずと。即ち進歩党大合同の声は鎮西の一角かは叫破せられ、翁は九州各県の諸有司と東都に来って大に尽力する所あり。同年九月年来の志成りて全国立憲自由党の組織を見るに及べり。第一議会開け、翁は硬派中の硬派たり。時に立憲自由党組織未だ鞏固ならず。稍もすれば分解せんとするの虞あるを以て、翁は河野広中、松田正久の諸氏と計って、板垣伯を説き、明治二十四年三月大阪に於て改めて自由党を組織し、板垣伯を推して総理となす」(「行履歴」)。山田は同党部長となった。

第二回（臨時）選挙は二十五年二月十五日に行なわれた。この選挙は品川弥二郎内相の大干渉選挙と呼ばれるもので、熊本でも国権党と自由党が県下各地で凄惨な戦をくりひろげ、死者一人、重傷者三七人という全国五番目の被害を出したほどであった。この激しい争いを戦いぬいて、山田はよく八名中一名の自由党の孤塁を守り通して当選した。山田は前年十月より咽喉に重患を発し、医者より深く保養をいましめられていたのに、病を押しての東奔西走であった。

二十五年五月第三議会の開催に当り、山田は星亨、河野広中とともに議長候補に挙げられた。このとき「民党の翁を推す者衆かりし、亦以て翁が同志間に於ける人望の一班を見るべし」(「性行履歴」)と、山田の存在の大なるを称えている。しかし、彼の咽喉の病は次第に高じて、二十六年二月二十三日第四議会開会中に没した。六三歳であった。

山田を知るのに、蘇峰に勝るものはないと思うが、蘇峰は、山田の主義は「自由平等」であり、「平和と人民と自由を愛[42]」したという。その社会的地位は、「熊本にありては熊本に重く、九州に在りては九州に重く、自由党に在りては自由党に重く、議会に在りては議会に重く、而して天下に在りても亦甚だ軽からず[43]」といえるし、彼の事業は実に「我邦自由政体起立史の生ける材料[44]」であったという。その為人は、「天品極めて高潔にして心地玲瓏[45]」、「雅量人を服し、寛弘衆を容[46]」れ、「平民的公人の生ける儀範[47]」であったという。性格は、「忠直、公平、評議に於ては思慮に富み、実行に於ては勇決に富み、衆と俱にするに於ては共公心に富む政友を失ふを悼む、然りその政敵さへも徳操至誠ある反対党の勇将を失ふを悼めり[48]」という。

山田は歌を良くしたと先に書いたが、最後に彼が残した歌集『落穂集』から二、三首を引いて、彼の詩才と深い心情をうかがうことにしよう。

友

よしあしを共に語りて楽しきは

同じ道ゆく友にぞありける

学問においても、交際においても、「朋友」の意義を重んじたのが、小楠の学問であった。

明治二十四年国会解散後の除夜

民くさの花さくはるの近づけば

よる年浪もをしまざりけり

議会政治体制を「民くさの花さくはる」と期待して迎えた明治の人びとの心情が痛いほどである。

感ずるところありて

おさふれば抑ふる程にあがりきて
世は張弓のならひなりけり

大干渉選挙後の歌である。人民の抵抗力を信じてうたがわなかった山田である。

注

（1）十二月出生説は、『大日本人名辞書』が初めらしい。以後の文献はすべてこれを踏襲している。ところが、熊本県立図書館蔵の「明治十八年熊本県公文類纂第六類六九」という書類綴りのなかに、山田本人自筆の近況報告が綴じ込まれている。十七年八月一日家督を長男謙次に譲った届出であるが、その文面の四人の家族の頭白に、それぞれ年月日が書き入れてある。これは生年月日としか思われず、それによると武甫の上には「天保二年七月四日」とある。今のところ、どちらを正しいとする資料がないので、従来の十二月説にしておく。

（2）以下時習館の規制は、山本十郎編『肥後文教と其城府の教育』（熊本市教育委員会、昭和三十一年）と宇野東風『我観熊本教育の変遷』（大同観書店、昭和六年）によった。

（3）嘉悦氏房　一八三三―一九〇八。熊本県の製糸業の発展に尽力。県会議員。

（4）安場保和　一八三五―一八九九。福島、愛知、福岡の各県令を歴任。貴族院議員。北海道長官。

（5）徳富一敬　一八二二―一九一四。惣庄屋代役。熊本県民会議員。蘇峰、蘆花の父。

（6）蘇峰「故山田武甫翁の性行履歴」。

（7）同右。

（8）大田黒惟信　一八二七―一九〇一。熊本県民会議長。日本鉄道株式会社を創立。

（9）宮川小源太　後房之。生年未詳、明治十九年没。長崎県令。熊本改進党の首領。

（10）江口純三郎　後高廉。生没年未詳。徳富一敬の弟。『内外交際新誌』を東京で発刊。『小楠遺稿』作成に協力。

（11）内藤泰吉　一八二八―一九一一。熊本近代医学の開拓者。古城医学校助教授。

（12）細川喜廷　一八四〇―一八九三。護久。細川家最終の主君として、明治三年藩知事となり藩政改革にあたる。

（13）溝口孤雲　一八〇九―一八七二。三〇〇〇石。中老、家老。維新の際は参与、徴士。

(14) 津田山三郎　一八二四―一八八三。信弘。七〇〇石。小楠門下。江戸留守居役。維新の際は参与、鎮撫使参謀。

(15) 幕末肥後藩は学校党、実学党、勤王党の三派に分れて抗争した。学校党は首席家老松井家を中心とする政権党。実学党は次席家老長岡是容、横井小楠、元田永孚らを中心とする批判勢力。後に長岡派と横井派に分裂する。勤王党には宮部鼎蔵、河上彦斎等が属する。

(16) 米田虎雄　一八三九―一九一五。左馬介、虎之助。家老長岡是容の子。陸軍歩兵中佐。侍従。子爵。

(17) 竹崎律次郎　一八一二―一八七七。号は茶堂。熊本洋学校の経営に従事、私塾日新堂を創立。肥後産業界の先覚者。妻順子は徳富一敬の妻久子の姉。

(18) 『史料』10、五六八頁。

(19) 小崎弘道　一八五六―一九三八。熊本洋学校卒。牧師、同志社学長。

(20) 金森通倫　一八五七―一九四五。熊本バンド結盟に参加。牧師。伝道生活に生きる。

(21) 浜田玄達　一八五四―一九一五。古城医学校卒。わが国産婦人科学の始祖。

(22) 緒方正規　一八五三―一九一九。古城医学校に学ぶ。東京大学で日本最初の衛生学講座を創設。『先哲』に「維精」とあるのは誤。

(23) 「地方官会議日誌」(『明治文化全集』四「憲政篇」)。以下地方民会に関する引用は同書による。

(24) 『先哲』六九八頁。

(25) 『人物史』三九二頁。

(26) 西南戦争後の荒廃のなか、実学派は逸早く学校を創り復興をはかった。明治十一年九月には嘉悦氏房が自邸物置を教室にし広取英語学校を創立した。さらに十二年七月、実学派は共立学舎を設立し、宮川房之、徳富一敬、嘉悦氏房を総代とし、山田や徳富猪一郎も教鞭を執った。十八年三月まで続いた。当時、徳富猪一郎の大江義塾とともに、紫溟会設立の済々黌に対抗した学校であった。

(27) 佐々友房　一八五四―一九〇六。衆議院議員。熊本国権党を組織。帝国党、大同倶楽部の創設に尽力した。

(28) 高橋長秋　一八五八―一九二九。熊本経済界の大御所。熊本電気株式会社を創設。熊本市電車の開通、銀行の発展に貢献。

(29) 木村弦雄　一八三八―一八九七。熊本師範学校長、学習院幹事、済々黌長。

(30) 白木為直　一八三四—一八八七。学校党、紫溟会の重鎮。熊本県会議員。
(31) 「紫溟会歴史抜抄」能田益貴『楳渓津田先生伝纂』津田静一先生二十五回忌追悼会、昭和八年）
(32) 『人物史』三九二頁。
(33) 有馬源内　一八五五—一八九七。相愛社の副社長となり民権運動を指導。実業界にも貢献、熊本市会初代議長。後北海道の拓殖事業に従い客死。
(34) 「紫溟会歴史抜抄」
(35) 同前。
(36) 同前。
(37) 同前。
(38) 同前。
(39) 「朝野新聞」明治十五年三月二十五日。
(40) 以上の熊本県の自由民権運動、九州改進党活動の記述は、猪飼隆明（熊本大学教養部教授）「熊本の自由民権運動」（熊本自由民権百年記念実行委員会『熊本の自由民権』昭和五十七年五月）によった。
(41) 森田誠一・花立三郎・猪飼隆明『熊本県の百年 新訂』（山川出版社、昭和六十二年三月）九六頁。
(42) 「山田武甫翁の死を悼む」『国民之友』第一二巻、第一八三号、明治二十六年三月三日。
(43) 「山田翁の棺に誄す」『国民之友』第一二巻第一八四号、明治二十六年三月十三日。
(44) 同前。
(45) 同前。
(46) 同前。
(47) 同前。
(48) 同前。

なお、本論稿の資料収集には、上河一之教授の御協力を得たことを心から感謝する。

〈補2〉『海西日報』の発刊事情

はじめに

『海西日報』は熊本新聞紙の歴史の上からいえば、それほど重い存在とはいえまい。しかし、同紙は熊本改進党の機関紙であり、熊本改進党は横井実学派の政治活動の本拠であり、かつ山田武甫が海西日報社長として深くかかわっていれば、これが発刊を取り扱わざるをえない。山田が同紙発刊にいかにかかわり、努力し、苦心したかを明らかにすることは、山田その人の活動をうきぼりにするものである。

本稿は、主に『熊本新聞』と『紫溟新報』、その他の新聞記事と、徳富蘇峰記念館(神奈川県中郡二宮町)所蔵の山田武甫の蘇峰宛の手紙とによって書かれた。

本稿もまた「横井小楠と熊本実学派の人びと」の一節をなす「山田武甫」研究の一環である。

一　新聞発刊への動機

明治二十一年(一八八八)七月二十二日付の徳富蘇峰への山田武甫の手紙は、通例の時候の挨拶、相手本人やその家族の安否を問う文句もなく、いきなり「新聞発兌ニ致し度」と書き出していた。

新聞発兌ニ致し度との事ニ付、在中の有志者一致尽力致候事ニ相成り候ハバ、固より新聞ハ望ム所ニシテ、老生等も不得止雑誌説ニ候得ども、新聞の方ニ尽力致し度、(後略)

いかにも山田の気負いたった様子が想像できるというものである。この新聞、すなわち『海西日報』(以下『海西』と略記）は計画通り翌二十二年二月十一日発刊されるが、その半歳前の状況である。『海西』発刊の計画は、二十一年の後半になって固り、準備にかかったようであるが、わずか半歳余で発刊にこぎつけたのであるから、随分早い仕事だといわなければならない。それでも新聞発刊の話はもっと早くからあったと思われる。

大正十二年（一九二三）七月四日付『九州新聞』（以下『九州』と略記）に連載された「熊本に於ける新聞の回顧」（四）のなかで来海実が語った文章がある。すこし長いが、これを次に引く。

明治十三四年の頃、県下自由民権主義者の機関新聞として東肥新報が生れ、池松氏が社長、有馬氏が副社長となり、田中賢道、徳富猪一郎、月田道春（今の多良木村長堀田道春氏）の諸氏が編輯を受持ち、自由民権の為めに万丈の記を吐いて居たが、次第に経営難に陥り、二十年頃であつたか、遂に廃刊して仕舞つた。茲に於てか我等同志は全く機関新聞を失ひ、反対派が紫溟新報を有せるに対し、うたた寂寞の感にたえなかつた。

右の引用文に出てくる『東肥新報』（以下『東肥』と略記）は、明治十四年七月一日第一号を発行し、隔日刊であったが、たびたび発行停止処分をうけて、ついに翌十五年七月一五〇号で終ってしまった。引用文で「二十年頃」に廃刊したといっているのは、来海の記憶違いであろう。

この引用文で注目すべきは、来海が『東肥』を自党の機関紙と考えていたことである。来海は実学派の人である。『東肥』は相愛社の機関新聞である。しかるに、来海が、『東肥』を失って、「我等同志は全く機関新聞を失ひ」といっているのは、彼ら実学派が『東肥』を機関新聞と考えていたということであろう。『東肥』は社長の池松豊記を初め役員は相愛社員であり、純然たる相愛社の機関新聞として出発した。その後も相愛社の機関新聞としての役割を果してきた。実学派が相愛社と合体して公議政党となったのは、明治十五年二月九日のことである。それ以来、『東肥』は名目のうえからも公議政党の機関新聞となったわけである。合体以来、『東肥』の役員人事等に変化があったり、合体以前と異なった事態が生れたか私は審かでないが、合体以後実学派の人びとも『東肥』を機関新聞と思いこむようになったであろうことは想像できることである。それはわずかに五カ月の短い期間ではあったが、機関新聞をもった利便はいろんな点で感じたことであろう。もし、来海ら実学派の人びとが、特に『東肥』への愛着を強く持っていたとすれば、『東肥』は実学派の意見や意向をも発表できる機関となっていたということであろう。

今一つ注意すべきは、公議政党、ないしは熊本改進党が党の機関新聞を切に希求していたということである。彼らはこの問題について、種々話し合いをつづけてきた。それは何時ごろからのことであるか不明だが、山田の七月二十二日の手紙より以前のことであるから、二十一年に入ってまもなく話題に登っていたのではないかと思う。初めの話では、新聞発刊は大変な事業だから雑誌を出したらどうかとの意見が有力であったらしい。前出の来海談は、さきの引用につづいて、雑誌発行の話があったことを伝えている。

　恰度憲法発布の前年、即ち明治二十一年のことであつた。山田武甫先生が中心となられて、せめて機関雑誌でも作りたいと云ふ希望を以て、其の資金を蒐集する為め、同志の根拠地たる宇土町方面に出張された処、同志諸君が非常の意気込で、折角やるなら新聞を発行しやうぢやないかと云ふ話になり、飽く迄援助すると
いふことで、新聞発刊に議一決した。

この来海談で、はじめ機関雑誌発刊説がいわれていて、党の代表である山田もそれを主張していた。それは冒頭の山田の手紙に、「老生等も不得止雑誌説ニ候得ども」とあることから明らかなことである。新聞発刊が難事業であることは誰にも想像できることであり、それでも自由な発表機関が切望されることから、次善の策として

雑誌の発行を企てようということに決ったのであろう。

ところが事態は急変した。山田が雑誌発行のための資金募集に熊本県宇土郡宇土町（現宇土市）に赴いたところ、宇土の同志がそれでは承知せず、「折角やるなら新聞を発刊しやうぢやないか」ということになったのである。いとも簡単に新聞発刊にきまったようであるが、これも新聞発刊がもともとの希望であり、長い間思いつめた問題であったので、その新聞発刊希望を強く持ち出されてみると、山田らも急に思い決したということであろう。

また、この新聞発刊の決心に至る理由として、この外にも有力な理由があったことを、山田は明らかにしている。前出の蘇峰への手紙で、次のようにいっている。

右ノ通リ老生決心仕候も、大久保氏ノ説ヲ承リ候テモ、九州中ニテ熊本ノ勢力ハ存外ニ有之模様、今般大分ニ出張致候而も、熊本ノ説ト申セハ大体行レ候姿ニ而、熊本ヨリ新聞ヲ発兌致シ候ハバ、自ラ九州ノ説ハ一致致シ、自然九州同志者ノ新聞ノ響キニ相成リ、存外ノ結果ヲ生し可申候と相考、十分尽力いたし度存念ニ御座候間、御思召も拝聴仕度御助力相願上候。

右文中、「大久保氏」とあるのは、大久保鉄作(1)のこと、自由民権運動に投じ、大同団結運動が起るとこれに参加して、全国を遊説していた。「九州同志者」というのは、九州改進党に属する人びとであることはいうまでもないが、この九州改進党における熊本改進党の重みが大久保の言によって証明されたと、山田はいうわけである。それだけに熊本が発表機関を持つことは九州改進党の意見を一定することができるという効果が生じてくるというのである。このことの持つ意義は大きく、熊本改進党は実に九州改進党の指導的地位を占めていたのである。

以上のような理由で新聞発行に決したのだと、山田は蘇峰に報告し、最後に新聞を発行すれば、「御同主義ノ拡張ハ訖ト好結果ヲ得候見込ミニ御座候間、何卒御助勢之程奉希候」と、強く蘇峰の助力を願っている。

この明治二十一年七月の段階では、十九年十二月東京に移って、翌二十年二月『国民之友』を発刊して一年半ほど経ったばかりであったが、『国民之友』は爆発的な歓迎を受けて、蘇峰は一躍中央文壇の名士となっていた。父一敬以来からの友人であり、蘇峰をよく知った山田にとって、『国民之友』による蘇峰の成功と声望は非常な喜びであるとともに、信頼できる有力な味方でもあったので、山田は蘇峰に依頼し、その助力を願ったのである。

二　新聞発刊の問題点

七月二十二日の手紙より二〇日後の八月十三日の手紙になると、非常に話が具体化してくる。さきの七月二十二日の手紙に対して、蘇峰が自分の意見を述べてやったと思われるが、八月十三日の手紙はその返事である。

本日五日之貴書無滞相達候。老生も去月廿九日より天草地方へ罷越、一昨十一日罷帰り、拝誦仕、恭々に存し候。新聞発起之義ニ付御心添へ被下千万奉謝候。就而愚意陳述仕候。

蘇峰の山田宛の手紙を見ることができないのが残念だが、山田は四カ条にわけて、自分の意見を述べている。

一　熊本ニ而三個ノ新聞成立困難ニ付、熊本新聞譲受ケ云々、御尤千万ニ被存候。同新聞ニハ、記者丈ケ我党ヨリ入レ月給支弁候間譲リ受ケ候歟相談も致し見候也。中立の新聞ニ而改進党ノ記者ヲ嫌ヒ拒絶致サレ、当時ノ処ニ而ハ迚モ相談出来候見込ミ無之、依テ断然別ニ発兌致候事ニ相決し申候。

熊本には当時『紫溟新報』（以下『紫溟』と略記）と『熊本』の二新聞があった。『紫溟』は紫溟学会の機関紙で、明治十五年八月七日発刊し、政党的に優勢な紫溟会を背景に他紙を圧倒していた。『熊本』は、明治七年八月一日、熊本最初の新聞として水島貫之が創刊した『白川新聞』の後身で、九年三月に『熊本』と改名したのであった。『白川新聞』はまだ政党、結社の発生前の誕生であるだけに、明治十年代の自由民権運動華かであった時代でも、民党の相愛社、公議政党、九州改進党に組するわけでもなく、保守勢力を結集して、優勢をほこる政府党紫溟会と手を握るわけでもなく、いわば「中立ノ新聞」であった。新聞の主張傾向のうえからは、紫溟会よりも改進党により近いということができた。したがって、山田ら改進党の党員は『熊本』により親近感をもって譲りうけ交渉を行ったのであろう。しかし、『熊本』とすれば、一方の立場に立つよりも、不偏不党を堅持するのが得策として、改進党の誘いをことわったと思われる。このように断わられたが、山田らにはひそかな思惑があったようである。それは、『海西』発刊後の『熊本』に与える発行部数への影響からの考慮であった。

然ル処、彼ノ方ニ而ハとても別途打立テハ出来カタキト見認メ居候処、当時ノ売高六百枚位ニテ、紫溟新報ヨリ日々勢力ヲソガレ居候都合、其上別ニ我党ノ新聞ヲ発兌スルコトニ相成リ候ハハ、三百枚位ハ即日ニ減少到シ、残リ三百枚ニテハ迚モ持続キ出来カタキハ顕然ニ有之候間、弥我党発兌スルコトニ確定致シ候ハバ、譲リ受ケノ相談ハ出来可申ト窃カニ相含ミ居申候。

ところが山田らの思惑に反して、『海西』は発刊はしたが、わずか一年九カ月の短命で終ったのに、かえって『熊本』は、『紫溟』の後身『九州日日新聞』、『海西』の後身『九州自由新聞』に挟み打ちされながら、明治二十九年十二月廃刊するまで、なんとか耐えていったのである。

新聞のむつかしい問題は、経営如何である。発刊資金も大きな問題だが、さらに経営資金の維持が大問題である。蘇峰もこの点を相当熱心に山田に問い合わせたみえて、山田はかなり叮嚀に答えている。

一　新聞ニテ益金無之ハ万々承知仕居、印刷器機ヲ三個据へ付テハ、印刷料ニテハ少々益金可有之候哉と存居候。

新聞業で利益をあげることは不可能なことは充分わかっている。利益など初から度外視している。印刷機械三個も大変な負担である。それでは資金を集めるには、どうするか。

一　株主組織不得策ニテ、一個人持チ得策云々、是又御尤千万、御同意之義モ御座候得共、可然金主モ無之、止ムコトヲ得ス社内ノ券金ニ致シ、一株拾円トハ立テ置候得とも、売人モ利益ヲ目的ニ出金致シ候者ハ無之、実は義捐金ノ情況ナリ。社持ノ事業ノ実際ナル、一個人持チノ如クナラサルモ承知仕居候得共、是ハ金権ニテ一個人持チニ類スル方法ヲ得度相考ヘ居、止ムヲ得サル所置タル御了承被下度候。

書き出しの「株主組織不得策ニテ、一個人持ち得策云々」というのは、蘇峰の主張であろう。「一個人持チ」を得策とするのは、株式組織にすれば、主張や言論が一本にまとまらず、自己の立場を確立できにくくなることを嫌ったのであろう。この時期は、来年発刊を期して、蘇峰も『国民新聞』の準備に大童のときで、金主探しに苦労していて、やっと熊本県芦北郡田浦町の藤崎弥一郎から五〇〇〇円を借り出すことができたのである。蘇峰は『国民新聞』発刊には株式組織をとらずに、個人金主の好意に依ったということができる。

しかし、山田の場合は、一人の大金持から大金を引き出すというわけにいかず、熊本に散在する同志のささやかな寄金にたよるほかはなく、したがって「一株拾円」として、募金を始めたわけである。それは一見株主組織のようにあり、「一個人持チノ如クナラザル」わけであるが、自分としては仰せのごとく、「是ハ金権ニテ一個人持チニ類スル方法ヲ得度」考えているのだ、と断っているのである。それで、山田は資金集めのために県下各地を歩きまわっている。この手紙の終りの方で、その資金集めの状況を報告している。

宇土ヨリ天草ニ罷越し、宇土三百円、天草六七百円ノ胸算ニテ出掛ケ候処、宇土は一夜ノ内ニ四百円出来、宇土人モ同道、天草ニ罷越シ候処、千円ハ下リ申間敷、先ツ是迄ハ振リ出シ宜ク、大略ハ成功ニ到リ可申哉ト相競ヒ居申候。

募金状況が極めて幸先よいことを喜んで、意気上る様子が躍如としているが、しかし宇土、天草は割合に改進党支持者の多いところであるから、相当の金がするに集ったようであるが、ほかの郡がこんなにいくかは心配である。その他の事情はどうであろうか。

八月二十三日付の蘇峰宛の手紙に、山田は次のように報告している。

過日書面ニ而申上候通り、天草方より罷帰り、菊池、山鹿方へ罷越候処、今般も七百円程出来、宇土、天草、山鹿、菊池ニ而大略弐千三四百円ニハ及ヒ可申、此分ニ而ハ大略目的ヲ達シ候場ニ到リ可申と相楽ミ居、近日より八代、芦北、人吉方出張仕候筈ニ御座候。

まさに老の身を忘れての奮闘である。資金の集りが順調なので、各地回りが楽しいのであろう。山田ら幹部の希望が強いとともに、郡部の人びとの新聞発刊への熱意はそれ以上であったのであろう。二年後に第一回衆議院議員選挙を控えて、次第に熱意の高まりつつあるのを感ずることができる。

資金集めが順調とすれば、つぎは、あるいはこれが一番大事なことかもしれないが、記者の問題である。資金が集まっても、社屋の壮麗があっても、有能な記者がなければ意味がない。山田は中央から有能な記者を迎えて、新聞に筋を入れたいと考えて、その周旋を蘇峰に依頼したのである。

一　記者ノ事、惣体今般新聞ヲ発起致シ候モ、九州改進党ノ定論無之、福岡流アリ、柳川流アリ、佐賀流アリ、熊本ニテモ、八代流アリ、菊池流アルガ如キ、流トモ申難ク、実ハ無物トモ可申。依テ熊本ニ而定見アル新聞ヲ発兌仕候得は、自ラ主義一定可仕、実ニ好機会ト相考へ、憤発致シ候事ニテ、此記者善悪ノ関スル処ハ非常ノ響況ト相成リ申候間、民友社、嚶鳴社等御特志ト思ヒ候内ヨリ、是非壹人ヲ得度、此事ハ新聞発起ト共ニ熱心ニ希望ノコトニ御座候間、我党ノ無人ナルコトヲ察セラレ、是非々々御周旋ヲ相願度、弥事成就ノ際ニハ老生上京ノ上相願候筋ニモ相運ヒ可申、君カ御鐙モ御はづし被下候様、今ヨリ願置候ナリ。

（八月十三日付手紙）

右引用文の前半では、新聞発行の理由をはっきり述べている。熊本改進党の意見を一定し、さらに九州改進党の意志を一定せしめんがために新聞を発行するのであり、これによって熊本改進党、ないしは九州改進党が一つ大きくまとまらんことを期したのである。そのためには、なによりも定見のある有能な新聞記者が是非とも必要として、これが周旋を強く要望して、蘇峰の質問・意見に対する返事を終っている。

しかし、蘇峰からは記者についてはなかなか返事がない。山田は待ち切れなくなって、一〇日後の八月二十三日付の手紙で、さらに催促した。

就而ハ弥主筆記者之事懸念仕候処、如何之御思召ニ御座候哉。金ハ出来候自モ記者手ニ入リ兼候而ハ、新聞発兌仕候目的モ相違シ不申候。此儀ハ是非々々御周旋ヲ願ヒ不申候而ハ難叶候。老生出京仕候而功能アルモノナラ出京モ可仕、又誰レニ而モ出京致サセ可申候。御見込ミ何程ニ御座候哉。田口氏、肥塚氏等内々御相談被下候而も、宜ク御配慮之程奉懇願申候。

山田が主筆記者を求めて、心急いでいる状態がありありである。田口卯吉や肥塚竜などにも頼んで早く決めてくれというあたり、山田がいかに有力な記者を得たがっているかがうかがえる。それだけに蘇峰もなかなかに決しかねているのであろう。七月二十二日付の手紙で依頼（あるいはもっと早く依頼していたかもしれない）してからすでに一カ月経ったわけであるが、蘇峰はまだ返事をしていない。人選にまだ迷っているのか、それとも人選はすでに決しているが、その当人の都合が手間取っているのか。蘇峰は容易に山田に返事をよこさない。蘇峰もまた『国民新聞』発刊のために目のまわるような忙しさの最中であったろうから、そう短時間に決定というわけにはいかなかったのであろう。

三　山田の募金行脚

山田は、蘇峰には手紙で募金が順調に進んでいるように報じているが、実際にはどうであったか、当時の新聞に報道記事が二、三あるので、それで探ってみることにしよう。まず天草である。

今町山口よりの報知に拠れば、山田氏は、宇土或は熊本の壮年数人を率ひ、去る四日到着し、着後、氏は外壱名と宮地岳に赴き、余の同行者は同地に留まり、同志会員の一部のものを集め、去六日懇談会を開き、演説講習等をなし、山田氏も同日午前同地に引帰したり。氏の宮地岳行は、彼の中西新作氏を訪ひ、同氏を勧誘して、先づ資本金の募集に応ぜしめ、以て其の他の同志会員にも之に倣ふて出金せしむるの計画なりしが、中西氏は雑誌発行のことは同意を表したれども、資本金額の一条に至りては未だ確答の埒に至らざる由なれば、他の同主義のものとても、果して如何あるべきか、甚だ懸念に堪へざるなりと云へり。何卒都合よく纏まりて、一日も速かに発行の実を見るに至らんこそ、吾人も足を企てて相待つ所なり。

（明治二十一年八月十三日付『紫溟』）

天草郡宮地岳村（現天草市宮地岳町）の中西新作は、赤崎村（現天草市有明町赤崎）の小崎義明と天草郡を二分する大地主で、改進党に属していた。それだけに山田は、中西に大いに期待したが、いかに中西でもまとまった金をおいそれというわけにもいかなかったのであろう、「確答」をしぶったと見える。中西に断わられたのでは、もっとも期待した大口がはいらぬことになり、他の口にも大きく響いてくるわけで、山田はすくなくとも一晩は宮地岳にとまって、中西を説得したものとみえる。それが成功して、蘇峰への八月十三日付手紙のような希望にみちたものになったと思われる。

つぎに山鹿の方はどうであろう。

同氏（山田武甫――引用者）は廿一日に山鹿町上地に江上定雄、高木保次なんど云へる同志者十四名を召集し、今度該党の機関となす新聞設立の募金と町村制度施行に就きて奮発すへき云々を縷々演説ありしに、俄然として座中反対論突出し、「某等は信ず、左様の御演説には賛成は出来難く候。就中当地の如き同志の微々たる処柄に、斯る出費に関するお話ありても、口中に風を入れたが御損でござろう」と（云ふたかドウか保せざれど）断然刎ね切りて仕舞ひしかば、同氏も意外の事に呆され果て、座も頗ぶる寂寥として白けたりしが、同氏も去るもの、反対論の声まだ余響を止まざるうちに復た一策を吐露して、然らば客年創立したる老壮年親睦会を引きずり込んで、吾党の旗下となし、馬の足となり、是れより出費を募りてはいかに、と最後の談判を開かれしに、是もまた異論は玉霰のやうに降りしきりて、座中の人々も一人々々と立去るの模様となりし様子とは御気の毒の至り、去り迚同氏も折角の奔走、暑中の苦さも厭はずして行かれし事なれば、同志者も苦心しつつ、然らば山鹿製糸会社の株主にても説き付け、之を吾党の機軸とせんと発言せしも、これもまたボンヤリとして纏らず、余議なく閉会し、同氏は一昨日までは同地へ滞在し、種々の計画中なりとの趣きなるが、其後の模様は果して如何ん。

（『紫溟』明治二十一年八月二十五日）

山田が蘇峰に出した八月十三日の手紙以後の動静である。八月十一日天草より帰熊し、一〇日後の二十一日には山鹿に出向いている。そこで二十三日まで三日間山鹿の同志と話し合いをかさねたが、宇土や天草のように順調にはいかない。話し合いでは「反対論突出し」、「異論は玉霰のやうに降りしき」ったというから、山田の信望をもってしても、集った同志を納得させることは容易なことでなかった。反対派の機関紙の記事であるから、かなりオーバーな記述になっているだろうことは考えられるが、それにしても山田の苦労は目に見えるようだ。蘇峰への手紙には、「天草方より罷帰り、菊池、山鹿方へ罷越候処、今般も七百円程出来」と簡単に書かれているが、これは取りまとめた後の報告であるから事もなげな記述となっているけれど、『紫溟』の記述は、それが決して容易でなかったことを知らしめるものである。

それでも、一カ月後には『紫溟』は、山田が新聞設立の資金募集に成功したことを認めざるを得なかった。九月二十一日付の同紙は、山田の奔走を次のように報じている。

改進党の機関新聞発行の資金募集の為め、先頃より県下各郡を巡回中の山田武甫氏等は、去十八日帰熊したるよしなり。聞く所に拠れば、資金募集の口も都合大によろしく、本年中には必ず発行の運に至るべしと云ふ。

反対派にも、「資金募集の口も都合大によろしく」と認められたくらいだから、ほんとに資金は新聞発刊に要するだけの額が集まったのであろう。山田らの固い決意と、並々ならぬ努力が果を結んだということであろう。それにしても、山田はなかなかに元気である。八月初旬に宇土、天草に出向いて以来、全県下各地を廻って熊本に帰ってきたのが九月十八日である。約五〇日間、熊本県下を歩み廻ったことになる。暑い時期、六十歳に近い老人が長期間県下を歩き廻るには、よほどの使命感と熱意がなければならないことである。反対派の『紫溟』も、この山田らの熱意に圧せられてか、この新聞発刊を一応評価している。

新聞紙は社会の先導を以て自ら称すれども、其の実社会開明の程度に比例する者なり。左れば狭隘なる此の一地方にして、日日刊行の新聞三種を見るに至らんこと、偏に本県開明の度合漸く進歩したるの致す所ならんか。

これは皮肉とも、待望とも取れる内容であるが、熊本のごとき小都市に三新聞紙は多すぎるという感じである。たしかに、熊本県の新聞の歴史をふりかえってみると、明治十五年（一八八二）二紙対立になって以来、昭和十七年（一九四二）一紙に統一されるまで、長い間二紙対立の状況をつづけてきた。時に三紙となり、四紙となるときもあったのであるが、それらは短期間に終って、二紙対立の姿は変らなかった。二紙というのが、熊本社会ではせいぜいのところなのかもしれない。それゆえ、ここに『海西』が新に発刊されることになるが、それは「本来開明の度合漸く進歩した」ということではなく、屋上屋を重ねて、新に発刊されてもそれは短命にすぎないだろう、というのが『紫溟』の真意ではあるまいか。

四　新聞発刊難航す

明治二十一年八月二十三日付の手紙で、山田は新聞発刊のための資金集めは順調と蘇峰に報告しているが、当時の『紫溟』によると、なかなか楽観を許さない様子であることを紹介した。資金が集った後、いよいよ発刊となった段階で、いろいろ面倒なことが起って、『紫溟』の指摘の通り、難航をきわめたようである。

十一月七日付の蘇峰宛の手紙に、山田は正直に実情を打ち明けている。

本会ノ新聞ノ議ニ取リ掛リ候処此間ニ種々無量ノ邪気疑惑ヲ生シ、誠ニ煩ハ敷事ノミニ相成リ、各曖昧主義ヲ取ルニ至ル新聞創立委員ノ選挙モ其当ヲ得サルニ至リ此委員より上京委員ヲ選挙スルコトヲ決ス、昨日六日此委員会ヲ開キ候処、不相替□□説疑惑論に而、遂ニ嘉悦氏房、前田下学両人上京ニ相決シ申候。

右の手紙が出された一〇日ばかり前の十月二十八日に、熊本改進党は熊本県山鹿郡山鹿町（現山鹿市）で小集会を持った。大同団結運動に対する態度をきめるための会議であった。これには菊池侃二、大久保鉄作も出席したようである。大阪会議に出席した多田作兵衛(2)の報告会という形で開かれ、熊本は非大同論を主張したが、大分、佐賀、宮崎等は格別の議論はなく大同論が多数で同会議では大同論に一致した姿になったが、九州改進党では来年一月十日の熊本大会で意見を決定することにしようということになった。とにかく大同団結問題は「何分纏リ付キ兼候見込ニ付、暫ク大同論ハ中止シ」、新聞発刊のことに取りかかろうということになって、新聞問題にとりかかったところ、たちまち「疑惑論」が起って、創立委員さえ選出できない情勢となった、と当時の様子を説明したのである。

この混乱の原因は、「大同論ノ紛紜と新聞会議ト一同錯雑ニ相成リ、実ニ困難ヲ究メ申候」ということであった。宗像らは、「此ノ悪風ハ十日ハ吹キ続キ間敷」といっているが、今のところは「御安心下サルヘシト申難ク」、というほかはないということであった。この悪風の震源は実は思いがけなく中年層にあった。

今般嘉悦、相愛社連中、両宗像、高田等徹頭徹尾一致ノ見込ミニ而力を得候処、城野、宮川ノ如キ中年輩、不見識ニモ懸念説トナリ陥リ障害ヲ醸シ申候。

せっかく宗像政、宗像景雄、高田露といった相愛社の実力者であった人たちが、新聞発刊に同意し、大同論に対してても非大同論に賛成しようとしているのに、肝心の城野、宮川といった実学派の中心になるべき中年層の人びとが異論を唱えるということは、なんとも困ったことで、このため上京委員の選出も難航して、やっと嘉悦、前田下学の両人が選出された次第である。やがて両人は上京し、当地の事情を詳しく説明する予定なので、よろしく両人を引見していただきたい、と山田は蘇峰に懇願するのである。

就テハ君カ老生ヲ助ケ御国ヲ思フ意アラハ、今般ノ上京委員ヲ大人ト成リ、助言垂示被下度、左候ハバ特ニ熊本県ノ幸イノミナラス、邦家ノ大幸ト相考へ、些細ハ人見君ニ態々相談し置候間、御承知被下度万々懇願仕候。嘉悦モ君ト御相談不仕而ハ、気軽く何も御依頼仕候心底ニテ罷出候間、左様御察し置被下度。

嘉悦氏房は山田と並ぶ実学派の重鎮、彼が上京委員となって上京するというのは、最後の詰めを固めるということであろう。この十一月上旬の段階では、まだ新聞発刊について完全に固まったとはいえず、やや焦りの気味がうかがえる。それだけに嘉悦との充分の面談を蘇峰に強く要請しているのである。

この段階で、熊本改進党のなかで勢力の移動が始まっているようである。山田が同じ手紙のなかで、蘇峰の代理である人見一太郎と「宗像、高田列ハ議論誠ニ一致イタシ、中年輩ニ力ヲ得タルハ我党ノ大幸と大慶仕申候」と書き送っているが、山田は相愛社系統の三人が積極的に新聞発刊に賛成してくれたことを力強く思っている。人生最も働きざかりである壮年層の人たちが強い支持を示してくれたことが無上の喜びであった。山田は、やや消極的な実学派壮年層にあきたらず、次第に宗像政ら三人に期待をよせていったとみえる。これより、熊本改進党の主導権は、山田、嘉悦らの実学派老年層より、宗像ら三人に移って、後に「三人内閣」といわれる状態にまで変化していくことになるのである。

十二月九日の山田の手紙になると、東京より来向する編集記者の候補者もきまり、いよいよ大詰めにきたというところまで進展した。「今朝嘉悦氏より来状、新聞発兌一件に付而ハ非常ニ御心配被相下候趣」と冒頭に書いていることから、蘇峰が『海西』発刊に非常な協力を示したことが明らかである。山田の感謝の深さに、蘇峰の渾身の努力を知ることができる。蘇峰が出身地熊本を大事にする心情も深いというべきである。

山田の手紙はさらにつづく。

　久松義典氏ノ事、如何相決被成候哉。箕浦氏ノ見込ミモ別ニ一人も気付キ無之、久松ナラカ而《ママ》見様と思フ位ニ而、容易ニ手ニ入リ間敷との叫も承り候程ニ而、何とか承諾致呉候ハバ大慶至極ニ候へども、月給百円とか申す事、是ニハ殆ど困リ入リ、如何如し可然哉、案労罷在り申候。

肝心の編集人の人選について、蘇峰はようやく久松義典[3]と交渉をもったことを山田に報告したのであろう。山田は早速、久松が来てくれるならばと大歓迎の様子を見せている。久松はすでによく知られた人で、熊本にも明治十八年に来た経験があり、山田を初め実学派の人びととも面識のある人である。それだけ久松が、という意外な思いがあるだろうが、それが実現しそうだというならば、是非にと改進党の人びとが沸き立っている様子が目にみえるようである。蘇峰は久松のほかに、箕浦勝人[4]の名もあげていたのかもしれないが、改進党の人びとの関心は久松に集ったようである。しかし、久松の来熊の条件として、月給一〇〇円があげられている。この大金一〇〇円の捻出に困っている様子であるが、それでも久松には是非来てもらいたい気持は強い。結局久松は来熊することになるので、金の工面はついたのであろう。

何よりも新聞発刊こそ大事であった。なにがなんでも実現しなければならぬところまできているのであった。

　今般新聞出来兼候而ハ改進党ノ口は喝キ、兼町村制府県制ニ付而ノ尽力モ出来兼可申候。是非好結果ヲ得候様致し不申而ハ難相成と申事ニ相成リ候へハ、千二千ノ金ハ必ス出来可申相考へ候間、高田、宗像等も新聞丈ケハ是非成就致し候様、共々尽力致し候様御申越し被下候へハ、必ス奮発尽力仕候事ニ相成リ可申、御高按ノ上宜く相願申候。

新聞発刊はもう後に引けない状況になっており、改進党の死活の問題にもなっていることがわかる。山田にとって、両宗像、高田らの動きがいかにも気になるようで、ここでも彼らの新聞発刊への熱意にふれている。老齢加わる山田にとっては、彼ら壮年層の積極性がたのもしくてならないのであろう。

事態は順調に進んでいるようであり、金策も好調といってよいようであるが、思わぬ不都合が起ったりして、必ずしも順風とはいえず、山田の手紙はまだ続いて金策の工面を報ずる。

芦北も水俣も異情も無之候得ハ、田浦ノ方二百円ノ処、百円ニ断リ来リ是も記者雇入ニ貴君ノ御存念ト熊本ノ存念ト違フモノト何とか行動違ヒヲ生シタル様ニ邪推ス是モ芦北一般ニ前条ノ旨趣相伝へ申候様、御一声被成下候ハバ必ス好都合ニ相成可申候。是又御依頼仕置申候。天草ノ方モ少々金高を減し来り是ハ町村制等尽力ノ為ニ入費ヲ要スル等ノ申立、一体ニ益々盛ナル方天草七分ハ我党ニ帰セリ　誠ニ心痛ヲ究メ居申候。明一月より相愛社と共に玉名ニ乗リ入リ候筈、必ス好結果ヲ得候見込ミ。此節新聞ノ事も相愛社と共ニ尽力スレハ、弥多分ニ出来ヘク存居候。相愛社とともノ事御他言被下間敷候。

山田は何かと蘇峰に頼み、蘇峰の力を借り、蘇峰も忙しいなかをこまめに協力を惜しまなかったようである。ここで山田は相愛社との協同をうたっているが、この相愛社は前述の両宗像、高田らをいうのであろうか、それとも彼ら三人も含めた相愛社員全体に協力を得ることをいったのであろうか。それにしても、「相愛社ととも事御他言被下間敷候」とは、どういう憚りがあってのことであろう。山田が相愛社に近づくことを遠慮する言い方だとすれば、相愛社との関係はあまりうまくいっていないと言うことであろう。おそらく先に相愛社に近づくといったのは、相愛社全体をいったのではなく、両宗像、高田らのことかもしれないのである。すなわち、彼ら三人と山田が次第に接近し、遊説や金策のためにも同行するようになって、両者の密着が加速することを、今では秘密にしておかねばならぬということを意味しているのであろうと考えられる。

年明けて明治二十二年になると事態はようやく整ってきた。発刊態勢が出来上った。一月十五日付の山田の手紙は、蘇峰へそのことを報じている。

彼地（現・阿蘇市内牧、一の宮町坂梨）ハ是迄未開墾地ニ御座候処、内牧方ニハ随分同志者モ出来、新聞株金も弐百円近ク申込ミ有之程ニ而、全ク気運ノ然ラシムル処、御推察被下候。坂梨園田モ全ク改進主義ヲ取リ、御承知通リ下タ地ノ学力ハアリ、頼ミアル人物と相楽ミ居申候。国会議員位ニハ出テ行気分ニ而、内々尽力仕居申候。

これまで「未開墾地」であった阿蘇地方に踏みこむことができたことを報じたもので、いよいよ翌年にせまった国会議員選挙のためには好材料であることを喜んだ報告であるが、新聞基金募集の上にも幸となったことを報じている。「坂梨」村（現一の宮町）の園田太邑《たむら》は、阿蘇郡有数の地主、元田永孚の弟子として重きをなしていた人である。この人とつながりができたことは、阿蘇地方に大きな楔を打ち込んだことになる。第一回衆議院議員選挙に改進党から立候補することになるが、そのためには随分と紛糾をまきおこすことになる。新聞発刊には関係ない人物であるが、ここに初めて山田の手紙に出てくるので、後の関連を考えてふれてもたのである。

新聞ノ方モ御陰ニ而先ツ漸々相運ヒ候得共、誠ニ面倒ナル事多ク、去ル七日ニ惣会ヲ開キ、規則等議定シ、社長モ投票ニテ定メ候処、老生ニ当選相成リ、弥尽力致シ候筈、常議員仕候得共、役員編輯人ハ社長ノ選ニテ、常議員ノ意見ヲ聞クコトニ而、事務長ヲ倉岡氏ニ依頼シ、庶務ハ来海実ニ依頼致し候。編輯ノ内ニハ御□様ニモ御助勢ヲ相願度存居申候。

社長は山田、事務長は倉岡又三、庶務掛は来海実ときまった。倉岡は、蘇峰の妻の兄である。社長は山田にきまったが、これが選挙で選ばれるあたり、実学派として当然のことであろう。つぎに社屋の場所については、次のようにある。

器機未タ到着不仕、来月一日より発兌と存居候処、只今之都合ニ而ハ、如何ニ可有之候哉。是非々々十一日より発兌致し度、不案内ノ事ノミニ而困難仕居申候。場所モ新築ハ見合セ、第九銀行ノ南四ツ角、昔シ金橋四ツ角と申居候所、有明社ノ向フ角ニ相定メ申候。活版ノ事業ニハ頗る宜キ見込ミニ御座候。

最後は久松義典の来着を待つばかりである。久松に対する期待は大きいものがあった。

久松氏御地出発何時此ニ相成申候哉。新聞発兌、□ハ各所演説ヲ頼ミ度、段々計画致し居申候。

五 『海西日報』発刊

明治二十二年一月下旬になると、『海西』発刊の準備はまったく完了した。一月二十一日付の蘇峰宛の山田の手紙は、いよいよ発刊の日を待つばかりの高揚した気持を伝えている。

（前略）却説目下計図中之吾党機関新聞も大略着緒、来二月十一日ヲ期シ発行ノ筈ニ御座候。先以主筆記者招請ニ付ハ不怪御配慮被成下難有奉多謝候。御庇にて好記者手入、党員一同満足仕居候。就ハ右発行ニ付ハ為吾党一言之御祝詞御寄送被下度様奉願上候。右ハ予而久松より御依頼いたし候趣ニハ御座候得共、尚又小生より奉願候。御肯諾被下候得ハ吾党之幸福不過之候。草々頓首。

右引用文中、「好記者」というのはもとより久松義典のこと、発行にはたっては蘇峰の祝詞を強く要望している。

なお、右引用文の先に追記して、祝詞を朝比奈知泉に頼みたいが、彼には一面識もないので、貴方から頼んでる。

くれぬか、と書いている。全国に名の知られた人の文章で、『西海』の出発を飾りたいという思いだろう。十一日発刊に先って、二月六日の新聞に発刊の広告を出した。『熊本』では、次のような極めて簡単な挨拶状であった。

広告

海西日報ハ、来ル十一日、即紀元節ヨリ発行仕候ニ付、続々御注文之程奉願候。且ツ広告御依頼ノ方々ハ来八日限り御申込相成度、初号ノ紙上ニハ諸方ヨリ沢山御依頼有之、立込候ニ付此段前以テ広告致候也。

熊本米屋町一丁目九番地

二月五日　　海西日報社

同日の『九日』にはもっと新聞の内容のわかるものが掲載された。

九州ノ一大政治新聞

此度発行の一大政治新聞、海西日報ハ我九州人士が大に時勢に見る所ありて、茲に計画せしものなり。因て今左に其要領を広告す。

海西日報は、我同志諸人が改進主義顕彰の機関となりて、九州一円の結合を謀らんことを勉むえし。

海西日報は、九州の結合を遂けて、関西関東及ひ東北諸州との連合運動を企てんことを期す。

海西日報は、我新憲法及ひ地方制度より、国会準備一切の急務に当らんとす。

海西日報は、特に興産殖利の要務に注意し、専ら富国安民の方策を講究すへし。

海西日報は、朝野新聞記者久松義典君の出張を請て、創立事務監督の任を托し、前記も目的を達せんとす。

海西日報は、立論公明、記事精確、特に迅速なる通信と新奇なる小説とを掲載す。

海西日報は、二月十一日を以て発刊し、新憲法の説明より、我が九州政党の沿革及ひ今回大連合会記事を掲載すべし。

この先に購読料と広告料金が記載されているが、これはここでは関係ないので省略する。『海西』の創刊号が現存していないので、発刊要領ないしはその趣旨を知ることができないが、この「要領広告」が唯一のものである。そして、その発刊目的は第一条に尽されており、ここにいっていることは前々から九州改進党の人びとに言い尽され、求められてきたものであった。

そして、この「要領広告」は、そのまま翌日の『熊本』に掲載された。『熊本』に六日載った挨拶状的広告は翌日『九日』に転載された。それだけ『海西』の配慮だったわけであろうが、実際の発刊の十一日までに両新聞に二度ほどそれぞれ「要領広告」が載った。

こうして、『海西』第一号は二月十一日に発刊されたが、前にもいったように、その創刊号は見ることができない。これを迎えて、対抗紙の『熊本』『九日』はどう反応したか。わずかな記事ながら、右の両紙ともその反応を示している。さすがに『熊本』は好意的である。

○海西日報の発兌　予ねて評判九州全地に響き亘りし同日報は、去る二月十一日其第一号を発兌せり。体裁と云ひ、記事と云ひ、誠に地方稀有の好新聞なり。我社は偏へに同新聞愈々永く盛運に向ひ、九州の政治世界に万丈の光焔を放たんことを希望するの外なきなり。（後略）

二月十五日付の『熊本』の記事である。より相近いところの新聞社としてのせい一杯の挨拶である。新しい一紙が生まれれば、自己の購読数にひびくのは当然であり、その懸念をかくしながらの声援である。

これに反し、『九日』はきわめて挑戦的である。二月十四日の記事にいう。
○熊本改進党の主義綱領　熊本改進党の機関なりとして、去る十一日発刊したる海西日報は大胆にも我輩に向て其主義綱領を告けて曰く、吾人が国家経綸上の大主義大政策は、果して如何。新憲法の下に立ちて大に我か国利民福を計るへき持論は、果して如何。曰く、吾人が曽て同志者の結合体を組織し、大に天下に唱道したる主義綱領は、尽く以て国家治安の大計長策と為すへく、取りて以て之を実際に措けば、内治外交万機の政務は皆刃を迎えて解く可き事を確信する、と自称的の大言を吐て左の主義綱領を掲けたり。読者はよく心して其の改進党の主義は、此の如きものにてあるかと省思せられよ。
帝国の尊厳と国民の権利とを鞏固にし、多数人民の意志を発表して、貴族主義を排斥し、一個人の幸福を進めて国権拡張の事を図り、輿論政治の実行を期して、寡人専制の弊を去り、中央政府の干渉を斥けて地方自治の発達を望み、外交上に平和政略を執りて、通商貿易の頻繁を求むる事
『九日』の紹介する「改進党の主義」には、「貴族主義」の「排斥」、「一個人の幸福を進めて」の「国権拡張」、「輿論政治の実行」、「地方自治の発達」、「平和政略」主義、「通商貿易」主義等々の項目が掲げられているが、これらの「主義」は実学派のそれにほかならず、また遠く横井小楠の思想にもつながるものであることを改めて確認しておきたい。

むすびに

明治七年（一八七四）『白川新聞』の発刊で出発した熊本県下の新聞は、昭和十七年（一九四二）『九日』と『九

州』とが『熊本日日新聞』一紙に統一されるまで、大体において二紙、ないしは三紙、四紙の時代もあった。もとより三紙、四紙は熊本社会には過ぎた数であったので、それらは生れては消え、消えては生れるという短命に終って、『九日』と『九州』二紙対立時代がわりに長くつづいた。

熊本における二紙対立は、随分弊害も多かったであろうが、そのために生みだされた利点も数えきれなかったのではないか。「本県開明の度合漸く進歩」し行くうえに貢献したことは大きかったと思う。とにかく熊本県民は、言論発表機関を二紙、ないしはそれ以上持っていたことになる。これは大きい利点と思うが、それが「本県開明の度合」にいかに関わったかが問題である。

それはともかくとして、山田らは、最初の国会議員選挙を間近にひかえて、自己の意見を自由に、他からなにも束縛されない言論発表機関を持つことの必要を痛感したのである。また、大同団結運動の大波に対処するために九州改進党の意見統一、行動の結束を強く求めるために新聞を発刊を決したのである。ここに『海西』発刊の必要性があった。

本稿では、『海西』の発刊に至るまでの事情をまとめることに重点をおいた。同紙の活躍主張等については、ひきつづきまとめたいと思っている「大同団結運動と熊本改進党」という論稿でとりあつかいたいと思っている。

注

(1) 大久保鉄作　一八五〇―一九二一。秋田出身。一八七五年朝野新聞社に入社、八一年秋田日報を発刊、また秋田改進党を組織した。八四年秋田県会議員となる。衆議院議員に二回当選。後政友会に入党。三九年には秋田市長にもなる。

(2) 多田作兵衛　一八四三―一九二〇。福岡県朝倉郡栗田村に生る。一八八九年福岡県会議員となり、九四年以降は衆議院議員に当選すること七回。政友会に属する。

(3) 久松義典 一八五五―一九〇五。桑名藩代々の執政の子。一八七九年栃木県師範学校へ赴任、まもなく校長になったが、八二年辞職して上京、立憲改進党に加盟し、報知新聞社員ともなった。八五年九州各県を廻り、窮民の惨状を報道した。そのとき熊本の各地も視察している。八六年九月東京府会議員となった。九〇年第一回衆議院議員選挙に立候補したが落選。転じて北海道毎日新聞の主筆をつとめ、九四年ごろ帰京、晩年には栃木町へ移住、実業学校で教えながら著述にも力を入れた。彼は教育家、政治家、新聞記者、翻訳家、小説家として知られるが、『泰西雄弁大家集』(一八七九年)、『泰西革命史鑑』(一八八四年)は広く読まれ、『社会小説東洋社会党』(一九〇一年)は、「わが国の社会主義文学史上、屈指の先駆的代表作」(稲垣達郎)と評価されている。

久松はこの度熊本に来るにあたって、八五年熊本を廻ったときの旧知の人に挨拶という形で、次のような広告文を一八八九年二月六日付の『熊本新聞』によせている。

九州各地旧識諸君へ広告

小生儀今回海西日報発行ノ用向旁、九州同志懇親会へ出席ノ為メ、当地へ出張致候。就テハ去十八年夏中不景気惨状視察トシテ巡回到候節、厚ク御世話ニ相成候各地、政友及同志諸君ヘモ早速御面会ノ上御礼申述度候処、海西日報創立事務繁忙ノ際、何分寸暇無之候ニ付、何レ余暇ヲ得テ、各地へ巡回致、其節万々申上度存居候。此段当地及各地方旧識諸君へ御通知申上候也

熊本区魚屋町二丁目十六番地
吉本宗二郎方
久松 義典

二月六日

(4) 箕浦勝人 一八五四―一九二九。大分県臼杵の人。肥後藩校時習館に学び、慶応義塾を卒業し、報知新聞社に入社。大隈重侯の改進党に参加。後衆議院議員に当選、一八九三年には衆議院副議長になる。一九一五年には大隈内閣の逓信大臣に就任した。

〈補3〉大同団結運動と熊本改進党

はしがき

「熊本実学派の研究」の一環作業として、「山田武甫の研究」を進めているが、本稿では明治二十年後半から二十二年前半までの山田の動きを追ってみた。この時期は、後藤象二郎の大同団結運動が起り、全国的に一大旋風をまきおこしたときで、山田も、そして彼が属した旧九州改進党および熊本改進党もその対応に追われた。したがって、題名は「大同団結運動と熊本改進党」となったが、大同団結運動への対応を山田を中心にしてまとめてみたのである。山田はこの期間は、熊本県会議員である。[1]

本稿で取りあげた期間、および問題についての研究には、水野公寿氏の「旧九州改進党の再組織過程」[2]がある。水野氏の研究はきわめて精細である。『熊本新聞』や『九州日日新聞』等の熊本で出された新聞はもとより、佐賀県の新聞まで引用するなど、調査はきわめて行き届いている。新聞記事を綿密にあげて、ほとんど資料集といった感じさえある。これは私には幸なことであり、これらを大いに利用させてもらった。しかし、私が引用した新聞記事は私がみずから原資料から採択したものである。水野氏の論稿から引用するときは、一つ一つ断っておいた。水野氏の根気の入る作業のお蔭で本稿は成就されたことを断っておく。

一　旧九州改進党親睦会を開く

旧九州改進党は、明治二十年（一八八七）七月二十一日に熊本で親睦会を開いた。

七月二十二日付『紫溟新報』（以下『紫溟』と略記）の記事によると、二十一日午前九時頃より熊本区洗馬町種子屋という旅館で開会し、午後五時から同洗馬町都亭で親睦会を開いたとある。来会者は六〇人を越えた。(3) 山田武甫はもちろん出席していた。

旧九州改進党が解党したのは、二年前の明治十八年五月のことである。それが今親睦会をもつというのは、なんのためであるか。(4)『熊本新聞』（以下『熊本』と略記）もこれを不思議として、七月二十日の紙上で、「旧九州改進党の親睦会」と題する一文を掲げて、その意味を問うている。

『熊本』記者は、なにごとにあれ集会をなさんとするときは、「示威の意を含」んでいるはずだ。ところが、今日は「世間平穏にして差しかかりたることもなく、示威の必要を感ずること」もなく、またこの親睦会に出席する党員から「討議あること」も聞かないので、このたびの親睦会は「全くその名の如く親睦を旨として、旧党員の疎遠を感ぜざる様交際を申るに在る」ということであろうか、と前提しながら、さらに論を進めて、今回はそうであったにしても、おそらく嘗って党派を結んだ団体は、いずれも「明治二十三年国会開設の暁に於いて、政党の必要を待って世間に崛起せん」と企てているはずである。今や旧改進党も、「参政権をうるの予備として意見を公示し、亦たこれを討議するの企図あることとなるべし」と、あるいは暗示し、あるいは推量し、使嗾もしているのである。まさしく今回の親睦会は、三年後の国会選挙を前提としての体制づくりの歩を印したものであった。それとともに、当時世上に喧しくなりつつあった大同団結結成への対応の打合せをも、その目的のなかにあったと思われるのである。

二　大同団結運動起る

この親睦会の後、山田武甫は松山守善とともに上京した。このころ山田から徳富蘇峰にあてた一枚の端書がある。日付は明治二十年九月十五日、山田の住所は、日本橋区堀江町三丁目九番地となっている。

明日正午より松山同道参堂仕候筈ニ御座候間、御在宅被成下候様相願申候。御差支ニ御座候而モ、是非参上仕候間、御返報ニハ及ヒ不申候。此段要用迄申贈候也。

おそらくこの端書発送の直前に上京したであろう山田らは、早速徳富に面談、その後も何回か面談を重ねたであろうが、また徳富にいろんな依頼もしている。次は島田三郎への紹介を依頼した端書である。

拝啓　陳レハ島田三郎氏面会仕度希望罷在候処、突然相尋候ヘトモ如何哉ト相考候間、近頃毎度御手数相掛候得共、貴兄ヨリ一応御照会被下候ハ□□間敷候。此段御相談仕候也。

九月廿日

住居は東京市内になっているが、大隈重信の腹心、立憲改進党の重鎮である島田にしきりに面会を求めていることで、山田の意向がどこにあるかは充分に想像できる。

『国民之友』第一巻第九号（明治二十年十月七日発行）に九州改進党の動きが報じられている。「九州改進党は、其の総代を東京に派出したり」と書き出しているが、その「総代」というのは山田と松山のことであろう。党から派遣の目的は、「先つ東京の事情を視察」することにあったという。国会開設を三年後にひかえて騒然たる東京の様子を、地方は知る必要に迫られていた。それだけでなく、『国民之友』によれば、彼らは他に今一つ目的があったという。それは、「全国に分立する旧自由党、改進党、其の他各種の仲間をば、一の重なる主義即ち議院内閣論の下に団結し、其の団結を以て、二十三年の国会に乗り込み度きとのことなり」ということであったが、「第一回総選挙を意識しながら議院内閣論にもとづく広汎な反政府党、民党の結成を第一の目的とし、中央に働きかける姿勢をとっていること」（水野氏、前論稿）はいうまでもない。

当時の第一次伊藤博文内閣は、憲法制定、国会開設を二、三年後に控え、さらに条約改正という大問題に苦労していた。在野党の動きとしては、十月三日後藤象二郎が丁亥倶楽部を結成して、大同団結運動を起している。その結成会となった芝三縁亭の懇談会に集った民間政客七〇人、(5)翌四日二〇〇余人が参加した浅草井生村楼における全国有志大懇親会には、(6)山田、松山の熊本県からの出席者のほかに福岡の岡田孤鹿、鹿児島の宇都宮平一、佐賀の江藤新作らも出席し、徳富蘇峰も出席していた。(7)

山田、松山の帰熊を待って、十月二十五日熊本の改進党員たちは熊本県託麻郡本山村（現熊本市）の古荘幹実の家で慰労懇談会を開いた。

一昨廿五日午後一時比より本山村なる古荘幹実氏の宅に於て、先達帰県せられし山田武甫、松山守善両氏の慰労懇談会を開かれしに、熊本近傍の重立たる人々八十余名の来会者にて、両氏より交る交る現政府の事情、在野党乃形状、及び外国との諸関係等、其視察し来られし事などを談話され、其後は諸氏各々実着なる懇談に時を移し、日暮を過ぎて、各々退散されたる由。(8)

この古荘宅における慰労懇談会は、先の全国有志大懇親会の報告が中心になったと思われる。この懇談会が実学派の重鎮である古庄宅で行われたことは、これまでの一連の動きが実学派中心に行われていることを示している。それは山田が代表として派遣されたことでも了解できることであるが、それとともにまた松山がこれに附添っていることは、旧改進党が実学派と相愛社の二本立であることをも示しているといえよう。

大同団結運動の発足をうけ、浅草での全国有志大懇親会の報告会もかねて、十月三十日、三十一日の両日、太宰府で旧九州改進党の秋期親睦会が行われた。(9) 大同団結運動への対応を九州として考えておこうとの意図であると思われるが、浅草の会が十月四日であったのに対して、同月末の集りであるから素早い動きである。おそらく浅草で顔を合せた九州各県の有志たちの話合いで、この太宰府の会合がきまったのであろう。(10)

早すぎた集りであったためか、集る県は熊本、福岡、佐賀、長崎、大分の五県で、鹿児島、宮崎からは参加がなかった。「爰に於て先般上京されし山田武甫、岡田孤鹿、熊本寿人等の諸氏より、京地の近況、内外の形勢、在野各党の事情等に付て詳なる報道」があって、次回の会合を二十一年三月柳川で開くことを決議して、親睦会に移った。「杯盤狼籍の間、雄弁を振ふて時事を談ずるもあり、興に乗じて詩歌を吟ずるもあり、一時は会場崩るる斗りの」賑合いであったが、この会合でリーダーショップを取ったのは、山田と岡田であったろう。両者は東京の会合にはともにそれぞれの県の代表として出張し、帰っては九州の同志たちを集めて、九州の意向の育成、結集に指導力をふるったのである。

次に熊本県下の動きをみよう。十一月十三日宇土町（現宇土市）は光国寺で、熊本改進党の親睦会が開かれている。その日午後よりの開会に、各地方より党員たちが集ってきた。

熊本区及飽田、託麻の二郡より三十二名、芦北郡より九名、八代郡より五名、山鹿郡より二名、上益城郡より二名、下益城郡より三名、宇土は此度の会主なれば出席者尤も多く、主客都合百余名の会合なりしかど、諸事会主の注意行届き、会場自から整然たり。大略出席者も揃いたれば、種々の談話始まり、薄暮より懇親の宴を張りしに、有為活発の壮士諸氏等席上演説なり、或は鯨波を揚ぐる抔其幾十回なるを知らず。宇土の山川も是れが為めに崩るる如き景況なるは、実に近来の盛会にてありしといへり[11]。これは県下の改進党の態勢固めである。県下で改進党の強い郡からは殆んど集っており、この会合で県下の改進党は掌握することができたといえよう。こうして改進党は、大同団結という政界の新潮流を迎える用意を整えたのである。

三　大同団結運動と徳富蘇峰

後藤象二郎は、明治二十一年四月になって動き始めた。その月の二十二日、福島で開かれた東北七州有志懇親会に出席し、六月一日には機関雑誌『政論』を発行した。七月五日からは東北大遊説に出かけ、東北七県を廻って八月二十二日帰京するまでの四九日間、演説すること三一回に及んだ。九月、十月には関東八州にわたって熱弁を振った。今日の「内外に対する」「危急存亡」に処するには、「一に人民の団結を固ふ」し、「大同団結を謀るにあらずんば、何の時か能く国家の元気を興し、独立の国権を恢復するを得ん」と「大同団結」の緊急事であることを訴えた。「其の反響頗る大にして、大同団結熱は殆んど全国に漲る」と、三宅雪嶺は当時の後藤の勢を描写している[12]。

竹越与三郎は、この大同団結論を次のように批判していた。文中「彼」とあるのは、もとより後藤を指す。「然れども彼は此の如くして何事を為さんと欲するか、此の如くして集めたる勢力を如何に用ひんとするか、如何にして藩閥政府を倒さんとするか、藩閥政府に代りて如何なる政策を行はんとするか。何の必要によりて保守党の力を藉らんとするか、如何なる術によりて保守・自由の両分子の実際政策の上に和親せしむるを得るか。是れ実に彼が説明せんと欲して説明し得ざりし所也。[13]」

これは、まさに後藤の弱点を突いて余すところがない。その竹越が、「真先きに立って大同団結が政治上の智恵に背くを攻撃したるものは『国民之友』[14]」であったといっている。

それでは『国民之友』は、この大同団結運動をいかにみているのであろうか。

丁亥倶楽部が設立されるや、その規則を読んで、蘇峰は直ちに反応した。

吾人は、後藤氏が同志を天下に求むるの情太た殷なるを感ず。然れども吾人は、若し後藤氏が政治論の如何を知らずんば、如何に後藤氏の同志たらんと欲するも、此れを敢てする能ハざるを憾むもの多かる可きを信ず。後藤既に倶楽部を設けんとす、奚んぞ一歩を進み、自家の政治上に懐く意見の告示を天下に出さざる。[15]

蘇峰は、後藤の政見政策の明確精細でないのを嫌ったのである。それより七カ月半後、彼はふたたびペンを執って、「政党及び其の要素[16]」を書き世論に訴えた。蘇峰は初から大同団結反対を宣言して曰く、

吾人の見る所を以てすれば、現今の時節は大同団結を為すの時節に非す。今日は寧ろ異種の要素抱合の時節を謂はんよりも、異種の要素溶解の時節とこそ謂ふ可けれ。

「異種の要素溶解の時節」とは難解な表現であるが、多くの主義主張を整理もせずに大同団結することよりも、いよいよその区別を明かにし、その本質をはっきりさせるべきときだというのであろう。なぜ「異種の要素溶解の時節」というかというと、それは日本政党の歴史からみて明かだというのである。

蘇峰のいう日本政党の歴史は、「常に雑駁なる粗大の団結物分解して、漸く精微なる結晶体とならんとするの兆候あるが如し」というのである。たとえばとして、板垣退助の自由民権運動結成の様子をあげる。

例せば、板垣君が始めて愛国社を設け、其会議を大阪に開かるるや、其出席したる人々は実に種々様々の

連中にてありたるか如し。而して其の後国会期成同盟会を結ふや、亦た種々の分子相ひ聚合せり。然れども之れを前日の愛国社に比すれば、稍々其分子なる者は、同種類の細胞の聚合体となりたるが如し。

因みに、板垣が愛国社を設立したのは明治八年（一八七五）であり、大阪における愛国社再興大会は明治十一年、国会期成同盟を結成したのは明治十三年のことであった。会をかさねるごとに思想主義の色合いがはっきりしてきて、その特色が精細に鮮やかになったところで、分離集合がなされてきた。これは、「実に政治上の結合なる者が、精細緻密に赴きたるの証拠」であると理解する。旧自由党と改進党との分立も、そうであるという。もともと両党は同主義のものである。それでも両党は細かくいえば異っている。その細く異るがゆえに分離したのである。「旧自由党と改進党とは、其色何処とも無く変はれり。而して此の変はりたる者が、各々分離して特別の体を形ち造りたるは、取りも直さず政党の結合なる者は精微の点に向て、進歩したるものなりと謂はざる可からず」というのである。蘇峰は実際の事例をふまえ、みずからも相愛社の一員として自由民権運動に参加した経験をもって、以上のごとく述べきたって、結論的に「兎にも角にも愈々政党の結合なる者は、漠然たる事にては行はれざる」ものだと断言するのである。竹越が「大同団結が政治上の智恵に背く」といったのは、以上のことを指したものであった。

よくよく考えてみれば、国会が開設された曙は、国会運営をめぐって、その必要の上から議員の離合集散が行われ、政党の再編成がくりかえされることは目に見えているではないか、と蘇峰は同社説の終りで強調する。「今後国会開設の日に到着したらば、個々の発達したる要素は各々堝堝の中に跳躍し、其真象を顕はし、其本性を現し、而して是等個々の要素は、時勢の需要に拠って勝手次第に合離聚散すべし。」

それゆえに、蘇峰は大同団結運動は「政治上の智恵に背く」と断定し、大同団結運動に反対の意見を表明したのである。この蘇峰の見解が山田の胸に深く影を落していたであろうことはいうまでもないであろう。

四　紫溟会の反応

しかしながら、熊本では直ちに紫溟会が動いた。『紫溟』は素早く反応して、明治二十一年九月十五日には「後藤伯の大同団結を論す」という社説を掲げて、大同団結運動を歓迎する口吻をもらしたのである。同社説は、現在最も注目すべき政治家として後藤象二郎の名をあげ、彼は「今や民間政界にありて、東奔西走し、其議説公明正大にして、殆んど国民の惰眠を大声唱破し、政治思想を喚起するを以て、自ら任とするもの」であると高く褒めあげている。その政治家たるの真価は、「何事をも只単純なる主義を以て之を律するが如き死政事家にあらずして、活機に通ずるの活政事家」であるところにあると把えて、世人が信念なき政治家と非難する後藤の弱点を、かえって長所として持ち上げている。ここまで高く評価しておいて、同社説は、後藤の政談には平生注意してきたが、「頗る吾人の所見と同きものあるを喜ぶなり」と極めて近い考え、立場にあることを強調する。

したがって同社説もまた、大同団結の必要なことを認めている。後藤は、現在国家的重大問題として三件の事があり、この事のためにどうしても大団結する必要があるという。その三件は、「第一藩閥政治を排斥する為めに必要なる事、第二国会の勢力を得る為めに必要なる事、第三外交政略の為めに必要なる事」をいうが、同社説も「此三件は誠に以て政党の大団結を成すに足れり」と書き足して、大同団結論に全面的に賛成しているのである。また同社説は、これらの事は「国家全体に係る大利害」であり、「国家全体に係るの大利害大存亡に至りては、各種の政党、共に平生主義の小同異を棄てて、共に力を協せざる可らず」と追いかけて力説した。

さらに同紙は、一〇日後の二十五日には「大同団結の時機既に至れり」を重ねて掲載して、大同団結論に拍車をかけるのである。「夫れ協同の勢力は強勇にして、単独の勢力は微弱なり。協同は以て大事を為すべし。単独は以て大事を為すべからざることは、天下の同く知悉する所なり」と抽象的に協同の大事であることを述べて、後藤の東北諸県遊説を取りあげ、大同団結を持ち上げている。後藤が「大同団結の急務を呼号せられしより、大同団結の急要漸く天下有志の識る所とな」ったと、後藤の偉業を賛し、彼の偉大さは、「今や全国有志者の意向を察するときは、皆な小異を棄てて大同を取るの傾あらざるなきが如し」といえるまでに天下の大勢を動かしてしまったと断じた。これからみると、『紫溟』は大同団結運動を支持しているとみてよいと思うが、『紫溟』の大同団結は、この社説を、「其の執る所の論、善く国体に戻らず、民心に逆はざるものにして、之を大同団結せんのみ」と結んでいるのから考えると、自らの主張する国家主義の下に小異をすてて多くのものが集ることを望んでいるごとくであり、我田引水の嫌いがないではない。

右の社説が掲載された前後に、紫溟会は相ついで郡部の懇談会や親睦会を開いた。二十一年九月六日に熊本県菊池郡龍門・豊間区域（現菊池市）の親睦会を開いて二百余人を集め、三日後の九日には同郡岡田区域（現七城町）で開催、一九〇人の来会者があり、この席上ではともに県会議員をやり後には衆議院議員にもなった渋江公寧や武藤一忠が演説を行った。その一〇日後の十六日には託麻郡出水村（現熊本市）水前寺の出水神社で秋期親睦会を開き、六十余人が集った。津田静一、佐々友房、牧相之といった紫溟会のトップ級も出席、それぞれ演説を行った。なかでも津田の演説は、紫溟会の主張を鮮明にして余すところがない。

忠君愛国と云ふは吾党の主義とする所なるが、忠君の二字は我国民が皇室に対し不埒を働く時有用なる文字にして、……去十四五年には過激の民権党が起りて、直接に皇室に反対するの勢ありしより、勤王とか忠君とか申すこと必用なりしも、今や全国復皇室の事を言ふものなし。されば忠君の二字は、是非共之を担ぎ出すの必用を見ず。将来は愛国の一点こそ最大急務なりと信ず。所謂愛国とは如何と云々。何事も外国に負けぬと云ふことを心掛けなければならぬ訳なり。兵制なり、学術なり、殖産なり、一技一能の事と雖ども、彼に負けぬようになると自ら国権が張る訳なれば、国民たるものは鋭意熱心に各自の業務を勉めざる可らざるなり云々。(17)

忠君愛国、国権主義の同党の主張がいよいよはっきり打ち出されている。

一方、改進党もこの時期に親睦会、あるいは懇親会を持っている。ことに山田武甫は『海西日報』(以下『海西』と略記)発行のための資金集めの主目的があって、八月から九月にかけて県下各地を回っている。天草郡では宮地岳村(現本渡市)の豪農中西新作に会い、山鹿郡山鹿町(現山鹿市)では横井小楠門下の江上津直の息子、江上定雄と談合している。新聞社設立の株金募集の話が中心であったろうが、その間に大同団結問題が出なかったわけではなかろう。(18)

十月に入って旧九州改進党は、二十八、二十九日の両日、山鹿町で集会を持った。この会は、去る十月十四日開かれた大同団結派の大阪大会に出席した前田案山子、多田作兵衛(福岡)、菊池侃二(大阪)の主導権のもとに開催されたものであった。二十八日は、さきの大阪大会に出席した多田、大久保鉄作(秋田)、横田虎彦(大阪)、菊池らが大会報告を行い、それより席を移して懇親会に入った。

翌二十九日の会議が大事な会議である。「大同団結に賛同するか、将た然らざるか、を決する大会議(19)」であった。「是迄大隈派を拝崇せし旧九州改進党に取りては一身変化の土壇場なれば、如何なる所に落着するならんと懸念せし人もありしが、熊本会員の如きは其の可否取捨に於て頗る苦心の体なり……」とは『九日』の臆測ではあるが、旧九州改進党の熊本会員の心情を描写したものとしては正鵠を得たものであろう。このとき、山田が菊池侃二に向って、「御説明誠に御尤に存す。後来宜しく」との一言を吐いた、と『九日』は伝えている。これだけでは山田の真意を知るには充分とは思えぬが、しかし同紙は、「此の一言より考ふれば、熊本旧九州改進党が大同団結に賛同傾向したる徴しとして見るも敢て甚しき過誤はなかるべきか、と語る人もありし」と解している。このときの山田の発言が、「賛同傾向」があったとみえたにしても、山田の真意はどうであったろうか。

この日は、各県三人の委員を選出して、つぎの四カ条の事項を決定した。このとき山田武甫は、委員会を代表して、この四カ条を出席者全員につぶさに説明し、その全員の賛同を導き得ることに成功した。

第一　大同団結の為め委員を出す事。
第二　大同団結の綱目方法及び委員の人撰は大会に於て決定する事。
第三　大阪と協議すべき事項は大会に於て議定する事。
第四　大会は来二十二年一月上旬熊本に於て開く事。[20]

以上の決議四カ条を読めば、九州改進党が大同団結への参加を決めたようにうけとれなくはないが、それは早計に失すると『国民之友』は右文につづけて、次のように注意を求めている。

然れども之を見て、直ちに九州改進党は、大同団結に加入せりと云ふは、大早計なるべし。熊本、佐賀の如きは、大同団結に関して、多少の議論もありと聞けり。唯だ福岡に至ては、幾分か之に賛成したるものの如し。

さきの十一月一日付の紙面では、「賛同傾向」ありと報じた『九日』も、その後の旧九州改進党の動きをみて、十一月二十三日付の社説「旧九州改進党と大同団結派」では、同会では来年一月熊本で再び会議を開き、三月頃京浜の間に開く全国有志懇親会に出席させる九州各県の委員を選定することを決めたまでで、大同団結派と合同することを議定したのではない、と報じていた。

『国民之友』『九日』ともに、大体見るところ同じようである。ここに、幸にこの山鹿小集会を報じた山田の蘇峰宛の手紙がある。山鹿小集会を、山田はどう見ているか。この手紙は、明治二十一年十一月七日付となっている。

山鹿会と申ハ多田作兵衛帰県後ノ報導会ニ御座候処、折節大坂ニ罷越たる前田案山子、并ニ大坂より同道致シタル菊池侃二、例ノ大久保鋳作も丁度一同ニ相成リ、各大同主義ノ厚薄趣向ハ少々宛異リ候得とも、大同と云事ハ一致ノ風ニテ吹キ来リ、熊本ハ非大同論ヲ主張し候得とも、大分、佐賀、宮崎等ハ格別ノ義《ママ》論も無之、大同論多数ニ而、先つ同所ニ而ハ大同論ニ一致シタル姿ニ相成リ、来年一月十日迄ニ熊本大会ニ而相決し候事ニ決着罷帰リ申候。

右の手紙によって明瞭なことは、「熊本ハ非大同論ヲ主張」したが、大勢は「大同論ニ一致シタル姿」になった。しかし、それが決定ということではない、ということである。この集会での議論は、大同賛成論、大同反対論、および曖昧論に大別され、結局賛成論が大勢を占めた。このなかで熊本は非大同論を主張したとあるので、山田も非大同論を唱えたと思われる。さきの山田が菊池に向っての「御説明誠に御尤に存す。後来宜しく」との一言は、どう解釈したらよいだろうか。山田が首尾一貫して非大同論の立場にあったということを信用すれば、彼の発言は報告の労に対する挨拶とみてよいであろう。波風立たぬ大会運営をはかるためには、かかる挨拶も必要であったろう。

然して、山田にとって最も気かがりなことは、福岡県の動きであった。『国民之友』が書いているように、「福岡に至ては、幾分か之に賛成したるものの如」くであった。これでは、福岡と熊本とは対立する。福岡と熊本とが、つねに九州改進党をリードしてきた。その実力派の二県が対立すれば、山田が前出の手紙にいうように、「熊本と福岡と分離ニ共相成リ候而ハ、九州ノ価値も無之」いことになるのである。このような多様複雑な内容を抱えながら、大同団結運動という全国的な大きなうねりのなかで、旧九州改進党をいかに操縦していくかが山田に課せられた仕事であった。

それでは紫溟会の方では、この二十一年十一月の段階で大同団結運動をどうみていたであろうか。紫溟会の機関紙『九日』に載せる「近時政治界の一奇観」[21]と題する社説で、その大同団結運動に対する考え方、態度を要説している。同社説は、まず「盖し大同団結論の起るや、其の勢頗る活発にして、東北関東の諸州到る所響応せざるものなし」と、その盛んな伝播力を評価しながらも、それだけに警戒心もあった。

大同団結は其の形や大にして、其勢や盛なりと雖、其の世間に呼号する所の題目なるものを聞くときは、誠に空漠として際涯なきものに似たるを以て、吾人は是れ迄未だ之に向て是非の評論を下したることなく、只た其の全国大同の目的を達するを得や否を疑て、窃に刮目して其成行の如何を観察せんと欲したり。

紫溟会は初め大同団結論を聞いたとき、「誠に空漠として際涯なきものに似」ていると思ったというのである。それで、その動きをしばらく観察する方がよいということになって、大同団結運動をしばらく静観した。九月二十五日の社説からかなり後退している。

この静観の後、われわれは次のことを知った、と同社説は論を新にしていう。すなわち、今のままでは「大同団結派が平素専ら唱導する所の全国大同の目的は決して其功を奏す」ることはできない。彼らが希望する「藩閥破壊と、国会に多数を得ることと、国権拡張」の三大目的を達したいと思うなら、「是非とも其の主義目的の相接近する者と同合して、一種の旗色を現はさざるべからざること」に思いあたったというのである。このことは大同団結派の人びとも自覚したらしく、最近「大同団結派と国粋主義者との間柄、漸く親和するの迹」が見え始めたことでこれを徴することができると断ずるのである。同社説は、さらに進んで「其の距離漸く旧自由党派に遠かりて、国粋旨義者に近きつつあるにあらざるなきを得んや」と踏み込んだ観察を下すに至っている。そして結文に近く、国粋旨義者は全国到るところに潜伏して一つの勢力に結集していないが、大同団結派が「之に合して共に其の一大団結を形成するときは、其の運動の活発にして、堅実なること果して如何ぞや」と、大同団結派の動きに大いなる期待をよせているのである。

一地方の保守政党にすぎない紫溟会は、全国の国粋主義者を結集するには非力であるので、大同団結派の力を借りて全国に散在する力を一つに結集せんとの期待を托したようである。同社説は、そうした自らの希望の達成をはっきり述べたものであった。ここに紫溟会が大同団結運動へ接近していく理由が潜んでおり、それがまた熊本改進党に大同団結運動に対する警戒と嫌悪感を呼び起す原因ともなったというべきであろう。

五　旧九州改進党と大同団結運動

旧九州改進党は、二十一年十一月の段階で苦しい立場にあった。その混迷に悩む状況を、『九日』がその社説「旧九州改進党と大同団結派[22]」のなかで描き出している。同社説は、初めに風説だとして、次のことを報じる。

近頃東京にて頗る声誉を博したる某雑誌記者の如きは、最も大同団結論を非とし、既に其の雑誌に於て之を痛論したりしが、先般大阪に開きたる全国有志懇親会と、本県山鹿に開きたる旧九州改進党の小会に於て、旧九州改進党の方針頗る大同団結論に傾向せしを見て、記者は同党中熊本部の重立ちたるものと旧来の縁故もあり、且つ多少今日の交際もあれば、安然傍観するに忍びずとて、先日其の部下の某を当熊本に下し、当地の旧九州改進党の重立ちたる者に面して、其の大同団結派に連絡を通ずるの得策にあらざれば、速に離縁するに若かざることを忠告せしめたる由なり。

右引用文中「某雑誌記者」とあるのは徳富蘇峰、「旧来の縁故」のある「同党中熊本部の重立ちたるもの」というのは山田武甫に外ならない。山田は、蘇峰の父一敬と、横井小楠門下同門の間柄である。「其の部下の某」というのは阿部充家のことであろう。

もし、この風説が真実にして、山田が蘇峰の「忠告」を受けたとしても、すでに山田の非大同説はきまっており、蘇峰の「忠告」を断ることはないであろう。したがって、山田が蘇峰の忠告を受け入れて、大同団結への加入を拒否する可能性は大きい。ともかくこの頃の蘇峰と山田との政治活動における相互関係は非常に深いものがある。そのためか山田が蘇峰の忠告に従うことは、山田を窮地に追いこむことになるのである。

なにはともあれ、当時の状況における山田の立場はきわめて困難であった。『九日』の同社説はつづけていう。蘇峰の忠告を山田が拒否すれば問題がないが、山田が蘇峰の忠告に従うなら、九州改進党は分裂の危機に立つことになろう。元来大同論を旧九州改進党に輸入したのは、熊本の前田案山子と福岡の多田作兵衛であった。「両氏は曩に大阪に開きたる全国有志懇親会に臨みて、大に大同団結の急務を論じ、以て深く同地の菊池侃次《ママ》氏等と結託して、将来の運動を共にせんことを約」し、その菊池がわざわざ山鹿集会に臨んで、「将来九州人士と死生を共にし進退を同くせんと陳」(前述)べたほどで、これら「諸氏の交際の親密和同して、決して中途にして分離すべからざるの義理合あるを知るべきなり。」こういう密接な関係にあるのに、もし熊本の改進党がにわかに大同団結を拒否したときは、どうなるか。「若し前田氏にして、独り熊本の同党員に馳け離れて、始終大同団結派と其の進退を共にするか、又は福岡の有志が大同団結派と分離して、熊本の同党員と其の方針を同くするか、或は大阪の有志も其の固有の大同論を振り棄てて、旧九州改進党員と或る方向に向うて、終始其の進退を共にし其の死生を同くする」ならば、どこにも差し障りは起きないであろう。万一前田が熊本改進党員と同じ行動、すなわち大同論に反対しなければならない破目になったときはどうなるか。「福岡の有志は大同論を賛成し、大阪の有志も大同論を固守して、前田氏等の不親実を咎むるに至らんか。」事態は最悪の状態になって、「旧九州改進党は恰も両頭の長蛇が一叢の荊棘にかかるが如く、啻に其運動意の如くならざるのみならず、遂に一身両断の不幸を見るに至らざるなきを得べきか」という不安を消すことはできない。「当地改進党の意向は如何、旧九州改進党全体の成行は如何、吾人は読者と共に深く其の将来に注目せんと欲するなり」と、同社説は結んでいるが、実に反対党の機関紙に心配されるぐらいに、旧九州改進党は難しい選択を迫られているというべきである。

この困難な明治二十一年十二月の九州の各党各社の動きを山田はどう見ていたか。山田は二十一年末の九州の政況を蘇峰に十二月九日付の手紙で次のように説明している。

長崎県も弥非大同論ニ一決致し、多田モ最早佐賀ニ而鼻を衝、其後長崎ニ而ハ箕浦も一同ニ相成申候処、是も非大同論ニ而、余程ノ弱リと相成リ、何とか自身顔ノ立チ候様ニハ致呉レ候様との歎願位ニ相成リタル趣キ。箕浦勝一昨日着熊ノ処、福岡ニ而岡田始メ常委員等面会仕候由ノ処、天下ノ大同と九州ノ分離と比較スレハ、九州分離致レ候者不得策に候而余程困リ居候様、長崎ニ而多田ハ弱リ来ルヘシ。其上福岡ノ非大同論者ハ飽迄義論ヲ発セント相待チ居ル計画ニ付、近日ニ是も何とかの決着可仕、鹿児島奥田よりの来状ニは、一月会ニハ可成大勢出張可致旨申来リ、彼ノ方も不日大親睦会ヲ開キ、将来ノ運動辺ニ付、主義一定致候準備ニ而、既ニ相整ヒ居タル由、此節ハ郷友会とハ違ヒ、三州社も一致、九州改進党と運動ヲ共ニスル輿論ニ相成リ居候趣申来リ是ハ極秘密ノ由申来リ、左様御承知可被下候箕浦氏ハ明日より鹿児島、長崎県ノ様巡遊ノ筈ニ付、宮崎も九州ノ事情貫徹致し候ハバ、必ス一致ニ相成リ可申、左候得ハ九州ノ輿論ハ福岡ノ一部ヲ除ク外ハ相定リ大慶不過之候。御安心可被下候。

山田は実に楽観的のようだ。九州の動きが非大同論の方向にかたむきつつあり、旧九州改進党は一つに固りつつあると見てよいとしている。事態は必ずしもそう簡単に動いているとも思われない。

年明けて明治二十二年こそは、各党各社はその態度をはっきりさせなければならなかった。旧九州改進党は二月熊本で懇親会を開いて、その態度を決定することにしていた。旧九州改進党の当時置かれている地位、当面する問題等について、『九日』[23]が論じているので、その記事を次にかかげる。

九州に改進党と称する一派あり。此一派は九州の政党にありては、必ず多数を占めたるの政党とは称す可らざるも、其の連絡に至りては、殆んど九州各県の気脈を通じ一大団結をなすものの如し。

九州改進党は、九州を占める大勢力ではないが、けっして無視できない団体であるだけに、その動向の影響するところは大きい。今その直面する大問題は何か。

此党派は果して東京なる立憲改進党の麾下に属せんか、将た後藤伯の大同団結と相提携せんか、抑も独立不羈の地位を固持し、各党の間に屹然中立して、其権衡を執らんか。

果して大同団結論に対する態度如何ということであるが、すでに非大同説に略定したとの説もあれば、非大同説は同党の大半数を占めるとの説、あるいは大同説と非大同説とは互角の勢力を有するとの説もあって、まさに世説紛紛だという。これを別の見地からいえば、旧九州改進党は、果して大隈の改進党に連結するのか、はたまた後藤の大同団結に組するのかということであり、甲乙いずれかに固めねばならぬ立場にある、というのが『九日』のいわんとするところであった。

ここで熊本改進党の立場を堅めておく必要がある。それには二月十一日に発刊された同党の機関紙『海西』に掲げられた主張を見るのが第一であろうが、その発刊号が残念ながら現存されていないので、二月十四日刊『九日』でその一部を報道しているため、それをここに再録することにした。

帝国の尊厳と国民の権利とを鞏固にし、多数人民の意志を発表して、貴族主義を排斥し、一個人の幸福を進めて、国権拡張の事を図り、輿論政治の実行を期して、寡人政治の弊を去り、中央政府の干渉を斥けて地方自治の発達を望み、外交上に平和政略を執りて通商貿易の頻繁を求むる事。

中央政府の干渉を斥け、地方自治の発達を望み、寡人専制の弊を去り、輿論政治の実行を期することは、小楠の流れをくむ横井実学派の昔より強く主張してきたものであり、貴族主義を排し、国民の権利を強くし、一個人の幸福を進め、平和的通商貿易を求めるのは、これまた実学派の特色でもあった。帝国の尊厳、国権の拡張を図るというのは、軍備膨脹・侵略政策をいうのではなく、不平等条約のもとにある独立国家としての喪失された国権の恢復にあることはいうまでもない。

これを国権党の主張と比べてみよう。右引用文の一一日前の二月三日から『九日』に三回連載された「国家主義と一個人主義」という論説によって国権党の主張をさぐっていく。

本論説は、国家主義と一個人主義とを対比的に論じて特徴をきわ立たせているが、それに従って整理すれば、次のようになる。

国用主義

国家の利害を以て一個人利害の上に置く。

一個人をして必要の場合には国家の犠牲たらしめる。

一個人と世界との間に国家を置かんと欲する。

国勢如何、国体如何、国の命脈如何を第一とする。

尊崇、犠牲、拡張、富強の四字が眼目。

一個人主義

一個人の利害を以て国家利害の上に置く。

国家利害に頓着なく人間普通の理論、一個人の利害を主張する。

一個人と世界とを直ちに連絡せんと欲す。

人間普通の条理、一個人の幸福如何を第一とする。

需要、供給、権理、義務の四字が眼目。

『九日』は、紫溟会は国家主義に立ち、旧熊本改進党は一個人主義に立つと簡単明瞭に弁別して、その差異を浮き出たしめるのである。かくのごとく、熊本の二勢力、二政党はその主義の上において鮮かに対立するのである。

明治二十二年二月二十三日の旧九州改進党大親睦会をひかえて、熊本改進党は内部固めをやった。二月十七日は熊本県玉名郡高瀬町（現玉名市）で、翌十八日は同郡荒尾村（現荒尾市）で、十九日には同郡長洲町で、それぞれ懇親会を開いた。外に滑石村（現玉名市）でも開いたが、そのいずれの会合でも、山田は演説をし、民衆に訴えている。宗像政、宗像景雄、広田尚なども出席し、後に大同団結に走る前田案山子も同行していた。

やがて、明治二十二年二月二十三日は旧九州改進党の熊本大集会であった。新聞も関心を寄せ、二月二十三日付『熊本』は「九州人士熊本に会す」と題して、「顧みれば実に十五年三月十日にやありけん、九州の人士此熊本に会し、（中略）誠に九州に於て未曽有の大盛会を極めたることあり。今や物換り星移り、天下の大勢漸く一変せんとするの今日に於て、再び此処に九州人士の大会を催さるる、人士の感慨果して如何ぞや」と、今回の大会が前回のそれに匹敵するものであることを位置づけた。同じく同日付の『九日』も、「吾人が今回の大会に望む所は、九州来会の有志（旧九州改進党員）は、みな専ら九州独立と云える観念を保有して敢て其の他を顧みず、又他方来会の有志（種々雑多の有志）は、皆な専ら九州純粋の同志に連結するの希望を執持して、敢て党派の異同を問ふことなからんこと是れなり」[24]と論じて、旧来執持する所の主義の異同を顧みず、「旧来組織する所の党派の如何に拘らず、一に九州全土の有志を糾合して、互に胸襟を開き、意想を□へて、以て国家前途の大計を謀議するの会合なるべしと認定」[25]したと主張していた。

この『九日』のいう、「九州全土の有志を糾合」する大会と「認定」するかどうかが、この大会の焦点であった。『熊本』は二月八日、この大会を広告するのに関連して、「開会の当日は旧改進党に限らざることは勿論、我九州の同志者は四方より続々来ある筈」と解説していたのであった。この記事のためこの大会の性格について、大きく紛糾することになる。

明治二十二年二月二十三日は熊本県飽田郡春日村（現熊本市）花岡山招魂社広場での大親睦会であった。集るもの二八〇〇余名。[26]

翌二十四日は県ごとに委員を出し、同郡横手村（現熊本市）長国寺に集っての会議となった。参加者の氏名については水野氏[27]が詳しく調査されているが、熊本からは山田武甫、嘉悦氏房、楠田一兄、江上定雄、前田案山子、中西新作、宗像政、高田露の八名が委員であった。

冒頭からこの会は、その性格をめぐって紛糾した。

定刻になり、大分県の委員たちが会場の長国寺に入っていくと、先着あり、数人の人びとが同寺の座敷を占領していた。その人たちを良く見れば、熊本の紫溟会員であった。大分県の委員たちは、それを知って一旦は引き返そうかと思った。紫溟会員が来ていることを嫌い、同席を拒んだのである。やがて各県の委員もつぎつぎに参集してきて、旧九州改進党の人たちが出揃ってきた。場違いを感じてか、紫溟会員の一人が、周囲の人に対し、本日の会合にはわが紫溟会でも出席することに定りましたので、出てきました、と挨拶した。周囲の旧九州改進党員の誰も応答するものはなかった。

佐々友房、沢村大八、浅井知定、熊谷直亮等の紫溟会員や久留米の筑水会員岩尾某、それに長崎『鎮西日報』社員佐々澄治等はやや憤慨の面持で会場である本堂に入った。委員席に用意の席がないので、仕方なく傍聴席をあちこちとうろついていた。最後の鹿児島県委員が入場して、いよいよ開会となったところで、佐々等はいきなり委員席に入って席をとった。それを見て満場はシーンとして怪訝の気持が満堂を覆うた。その沈黙を破って、佐々が山田武甫に向って、この会は、旧九州改進党の会であるか、それとも九州有志の会であるかを問うた。これから両者の問答がつづくが、二月二十六日付『熊本』の記事「九州委員会の景況」[28]のその部分を引用しよう。

山田氏、本会は重もに旧九州改進党より成り立つものにして、即はち改進主義を執るものの会合なり云々と対ふ。佐々氏之を聞きて、又たいふ。元来自分が、此の会は単に九州有志の会合と聞けり。不肖も亦た九州有志の一部分なれば、之に出席したるものなり。去れど此の会にして、改進主義を執るものの会合なりとあらば、自分の前聞は誤認にして、自分は異主義の者なれば、茲に会合すべからざるなり、云々。

この会の性格については、他県の委員のなかにも異見があった。鹿児島県委員より、佐々の意見に賛成する意見が発せられた。

時に鹿児島県の委員諸子には、我が来会したるは九州同志の懇親会と聞きたるを以ての故にして、未だ一個の主義を執る団体の為めとは思はざりき云々の旨趣を述べられたり。佐々氏猶ほ前言を繰り返へし、将来の政党は実際の問題に就き、意見の異同によりて離合集散を決すべきものにして、過去の歴史によりて彼是論ずべきにあらず。去れば九州の如きも、尤も一致結合を必要とする時機にして、互に従来の行きがかりを忘れ、数歩を譲りて相会すべきなりと考へ、偖てこそ茲に出席したるなりとの旨趣をのぶ。

本会の性格について、不明瞭な点を残したまま開会したところに紛争の原因があったのであるが、紫溟会はこの会合を重く見て、改進系勢力の増長を警戒したのであろう。鹿児島県委員、佐々の相次ぐ意見に改進系の主催者の方でも、やや返答に窮した恰好であったが、この雰囲気をはね返したのは外ならぬ宗像政であった。

時に本県下の委員宗像政氏毅然発言して曰く、（中略）若し此の会にして、何らの主義目的もなく、空漠たる一個の会合に止まらしめば、今日合して明朝は忽ち分裂するを見るは明かなることなり。（中略）本会は進歩的の方針を取るものの会合なりと信ずれば、異主義者の加盟を許すの理なし。万一此の会をして何等の主義もなく、味噌も糞も一処にする雑駁なる会合ならしめば、吾輩は窃かに決心する所あるものなり云々と。

宗像政の毅然たる発言を支持するように、長崎県と宮崎県の委員が相次いで、本会は改進主義者の会合で異主義者の寄るべきものでない、と発言した。鹿児島県の二人の委員も以上の発言に同意支持を表明したが、他の三人の委員は、本県では「単に懇親親睦の為め出席したるものなれば、茲に一主義を挙げて結合するとあらば、一応はすべての来会者に相談せざれば専行の嫌ひあり」と主張して、この三人は退場してしまった。これに刺激されて、佐々がさらに前言を繰り返したので、会場は大混乱に陥った。その状況を『熊本』は次のように伝えている。

長崎県委員富永隼太氏尋で発言せんとするや、佐々友房氏は傍より之を止め、再び前言を繰返へしければ、忽ち一場の議論を惹起し、満場宛も沸くが如く、「委員外の発言を許さず」「異主義者去るべし」との声は反響の如く処々より起り、会主に向かって頻りに退場を促かさんことを求めければ、佐々氏等一同には退場の理由を陳して退場せられたり。

紫溟会員が退場してしまうと、場中は忽ち静まり、満堂の全員は打ち解けて熟議に入った。その結果、本会を翌日に延ばすこととし、翌日の本会に提出する議案の起草委員二名宛を各県より選出して散会した。起草委員会は午後三時委員会を開き、規約案を作成した。熊本の委員は山田武甫、宗像政であった。

この規約案は、翌二十五日各県委員八名計五六名が出席した委員会で審議決定された。(29)

九州同志聯合会規約。

一 此の会は、改進主義を取る者を以て聯合会同するものとす。

二 此の会は、九州の聯合を固くし、広く天下の同志者と気脈を通ずる事。

三 此の会は、毎年四月総会を開き、次会の会場は前総会に於て之を定む。

但至急を要する時は、臨時に総会又は委員会を開くことあるべし。(30)

そして、前日の起草委員会での、「来四月東京に於て開くべき大同団結会には此九州同志聯合会の代表を出席せしめざるとの議決」(31)が報告され、承認された。ここに「改進主義に立脚し非大同派」の九州同志聯合会が発足したのである。旧九州改進党の意志がようやく纏り、九州同志聯合会として生れかわったのである。非常に難産であったが、どうやら熊本改進党の目的は達成されたというべきであろう。山田武甫はこの聯合会の会頭に推され、むつかしい梶取りを背負わされることになった。

むすび

明治二十二年三月二十四日付『熊本』は、九州改進党（九州同志聯合会）の立場を次のように断言している。「九州改進党は若しも意見相投合する時は、立憲改進党であれ、何党にあれ、聯合協力して運動する場合もある可しと雖、九州改進党は飽迄独立特行の政党にして、決して他より制せられ、他に属するが如きものにあらず。」これで九州同志聯合会、および熊本改進党の態度はきまったが、この決議は、思いがけなく熊本改進党の亀裂を深める結果となった。山田武甫、嘉悦氏房らの実学派と旧相愛社の一部、すなわち宗像政、宗像景雄、高田露らはますます九州同志聯合会の独立特行論を鮮明にし、非大同論を主張したために、前田案山子と、池松豊記、広田尚らの旧相愛社の一部が一派を生じて対立するに至った。大同団結運動に対する対応で熊本改進党が分裂の危機にさらされたのである。その分裂は、実学派には変動なく、旧相愛社の分裂で、両宗像、高田らが山田、嘉悦らと結び、池松、広田らが前田と結ぶという形となったのである。これは一五カ月後の第一回衆議院議員選挙に大きく影を落すことになるのである。その詳細は拙稿「第一回衆議院議員選挙と山田武甫」[32]に記述しておいたので御参照いただければ幸である。それにしても、この分裂を小分裂に止めることもできず、目にみえての妥協工作も起さず、前田、池松らに「既に公然非大同論者とは将来共に進退を同うせず」[33]と広言させるままにしていた山田の無策はどうしたことであろう。この間のいきさつについての山田の発言がないため、その真意をつかむことができないが、このころは熊本改進党の実権が山田から両宗像、高田らに移りつつあり、熊本改進党の運営を山田は右三人にまかしていたのではないかと思われる。

しかしながら、熊本改進党に分裂の危険を生ずるに至ったにせよ、熊本改進党、および九州同志聯合会が大勢において「独立特行」の姿勢をとったことは、全国有志者の注目するところとなり、同党の進退は大いに全国諸党派の動向に影響するところ大となったのである。

筆者はこの後、「六、後藤象二郎の入閣とその後の大同団結運動」「七、熊本改進党の趣旨綱領」を草稿として用意したのであるが、紙数の関係から割愛せざるを得なかった。後日発表の機会を得たいと思っている。制限された紙数にあわせるために、思い切った削減を行ったので、説明不足の箇所が多くなって、理解しにくい点が多かったであろうことをお許し願いたい。

注

（1）山田武甫の熊本県会議員の時期は、明治二十年十二月から同二十三年二月までであった。
（2）『近代熊本』第十七号、十五周年特集号『近代日本と熊本』所載、熊本近代史研究会発行、昭和五十年。
（3）水野氏は、前記論稿のなかで、主な出席者として六七名をあげている。そこには、山田のほかに、野々口為志、江上定雄、古荘幹実、内野健次らの熊本実学派の人びとの名がみえる。
（4）水野氏の前論稿によれば、旧九州改進党は、明治十八年五月解党後この二十年七月までの間に、熊本県山鹿、小倉、山鹿、太宰府と四回親睦会を重ねてきている。
（5）三宅雪嶺『同時代史』第二巻、岩波書店、三一九頁。
（6）同前。
（7）水野氏、前記論稿。

(8)『熊本』明治二十年十月二十七日。
(9)『熊本』明治二十年十一月三日。
(10)水野氏の前論稿では、主な出席者として五三名の名があがっている。熊本からは山田のほか、古荘、江上ら、それに前田案山子の名がみえる。
(11)『熊本』明治二十年十一月十五日。
(12)三宅、前掲書、三四四頁。
(13)竹越『新日本史』明治文学全集七七『明治史論集』(1)所収、筑摩書房、八六頁。
(14)同前。
(15)『国民之友』第一巻第一一号、明治二十年十一月四日。
(16)『国民之友』第二巻第二四号、明治二十一年六月十五日。
(17)『紫溟』明治二十一年九月十八日。
(18)拙稿「『海西日報』の発刊事情」(『近代熊本』第二四号掲載)参照。
(19)『九日』明治二十一年十一月一日。
(20)『熊本』明治二十一年十一月一日。『国民之友』第三四号(明治二十一年十一月十六日)にも同文のものを載せている。『自由党史』下巻(岩波文庫)三七三頁によれば、第三条が、「大阪府下の有志者と協議すべき事項は大会に於て議定する事」となっている。
(21)『九日』明治二十一年十一月二十二日。
(22)『九日』明治二十一年十一月二十三日。
(23)『九日』明治二十二年一月二十九日。
(24)『九日』社説「九州有志の大会」。
(25)『九日』記事「昨日の懇親会」明治二十二年二月二十四日。
(26)水野氏、前掲論稿。
(27)水野氏は、前掲論稿にこの時の参加者の氏名を、『佐賀新聞』をも調査して、一九二名を挙げておられる。私は熊本県選出の委員名をあげるのみに止めた。

(28) 私は、二月二十四日の各県委員会の様子を、この『熊本』の記事によって概説するが、水野氏は、二月二十八日付『佐賀新聞』の記事を長く引用されている。佐賀新聞のそれが詳細である。私はあえて『熊本』の記事を紹介した。もって両者の雰囲気を感じ取ることができると思うからである。

(29) 明治二十二年二月二十四日の議案起草委員会と、翌二十五日の各県委員会の動静は、水野氏の前掲論稿によって記述した。

(30) 『熊本』明治二十二年二月二十六日。

(31) 水野氏、前掲論稿。

(32) 新熊本市史編纂委員会『市史研究くまもと』第三号、平成四年三月刊。

(33) 『九日』明治二十二年三月七日。

嘉悦氏房——激論して西郷隆盛を説得した識者

嘉悦氏房《かえつうじふさ》（天保四年〔一八三三〕～明治四十一年〔一九〇八〕）

肥後藩三百石の藩士の子として生まれ、市太郎、市之進、氏房と名乗る。藩主にお目見えした頃に、小楠の講話に惹かれ、母の許しのもと父に内緒で、夜間小楠堂に通う。二十一歳で時習館の居寮生となる。家老の面前での講話が藩政批判であったため、居寮生を辞退する。家督相続後、薩摩藩への使者の副使として活躍。長州征伐の儀が起こると、京都に赴き、西郷南洲と激論を交わし長州征伐の軍を興すきっかけをつくった。長崎御留守居として肥後藩征討の回避に尽力する。

明治維新後は民部省監督大佑を経て、陸中胆沢県大参事となり、地租軽減を政府に建言する。この時に見出した少年が、後の後藤新平と斎藤実である。胆沢県が廃止されると、帰県して熊本県少参事、八代県権参事、白川県権参事となり実学党による県政をリードする。辞職後は同志と共に緑川製糸所を設立して殖産興業に尽力する。西南戦争後は、本山村の自邸に広取黌を開き、青年を指導。内田康哉、林田亀太郎、原田助らは門下生。その後は政治活動にまい進し、九州改進党を結成し、衆議院議員に当選する。長女・孝子は女子商業学校（のち嘉悦学園）を創設して女子教育に尽くした。

はしがき

嘉悦氏房には幸に一篇の伝記がある。『嘉悦氏房先生伝』（以後『嘉悦伝』と略記）と題するA5版八二頁の本である。著者は関宇一郎、発行所は東京隆文館、明治四十二年（一九〇九）発行である。八二頁のうち彼の伝記に当るものは三二頁で、あとは「葬儀当日の弔辞」「嘉悦先生遺骨埋葬式記録」「嘉悦氏房先生伝余録」となっている。「余録」は一嘉悦家系譜、二病床日記、三追悼詩歌、四明治十二、三年頃の政治家番附、五嘉悦先生逸話の五篇からなり、「弔辞」とともに嘉悦を知るための史料となる。

そのほかは短い紹介文である。『肥後先哲偉蹟（後編）』（以後『先哲』と略記）、角田政治『肥後人名辞書』（以後『人名』と略記）、下田曲水『肥後人物史』上、さらに山崎正董『横井小楠・上巻・伝記篇』『横井小楠・下巻・遺稿篇』（以後それぞれ『伝記』『遺稿』と略記）、また『改訂肥後藩国事史料』（以後『国事』と略記）に関係記事が散見する。

なお三浦克子氏の『横井小楠門下嘉悦氏房の生涯――その殖産興業と政治活動』（平成四年、私家本）がある。三浦氏は嘉悦氏房の曽孫にあたられる方で、本書は放送大学平成四年度の卒業研究であるという。本書は曽祖父の跡をたずねるという温い著作である。嘉悦を正面から取上げた著作ということができよう。

嘉悦は山田武甫、大田黒惟信、安場保和とともに熊本実学派を指導する雄峰の一つであった。安場は早く官界に入り、後では反熊本実学派の先頭に立つに至った。大田黒は早く東京に出たために、熊本にあって熊本実学派の指導者として最後まで活躍したのは山田と嘉悦であった。

一　生いたち

嘉悦氏房は天保四年（一八三三）一月に生まれた。大田黒惟信には六年の年下、山田武甫には二年の年下、安場保和には二年の年長であった。幼名市太郎、通称市之進、後に平馬と改めた。

父は嘉悦市之丞兼久、世禄三〇〇石であった。母は勢代子、細川侯の御殿医であった松岡寿庵の長女であった。松岡家は藩中屈指の名家で、勢代子は「富裕の家に生れて、貧困の嘉悦に嫁し、夫に仕へて貞、子を養うて賢、或は一家の窮乏交々迫り、惨苦具に到るも秋毫意に介せず、志気愈々振ひて志操更に堅し。斯くの如き女丈夫の血を享けたる先生にして、且つや親しく其薫育する所たり。凡庸の子と雖、猶ほ異彩を帯びざるべからず」と『嘉悦伝』に書かれている位だから余程の賢母であったのであろう。後に嘉悦が小楠塾に勉強にいくとき、すばらしい賢母ぶりを発揮するので、そのときに詳しくふれたいと思うが、なにしろ親族・知友間では知れわたった婦人であったらしい。『嘉悦伝』に、「蓋し光輝あり生彩ある先生の生涯は、自然の感化以外、其半ばは真に慈母の賜物たらずんばあらず」（二頁）というほどだから、その嘉悦への影響の大きさが思いやられるであろう。

嘉悦の生れたところは肥後国上益郡山出村《やまいで》（現甲佐町）である。山出村は、明治七年（一八七四）に上益城郡白旗村の一部となった。ここは『嘉悦伝』によると、「翠巒東南を繞って屏風の如く、平疇西に開けて緑川の流れ溶々たり。古来山水秀霊の地、よく鳳雛麟児を産す、而して先生の故郷は実に其所たり」（一頁）と、なかなか景色の良いところだと描かれている。

『嘉悦伝』二頁に、「先生漸く長じて熊本時習館に学び、傍ら軍事を宮部鼎蔵氏の門に受く」とある。「時習館」とは藩校時習館のことで、肥後藩士の子弟は年頃になるとここに学ばねばならぬことになっていた。八歳ごろになると入学となっていたので、嘉悦が八歳で入学したとすると、天保十一年（一八四〇）のことである。安場保和は三年遅れて、九歳で入学してくる。山田は二歳年長であるから、当然時習館に上級生として在学していたはずである。お互い面識があったかわからない。

宇野東風『我観熊本教育の変遷』（昭和六年）によれば、時習館の学習課程は「初等科として句読、習書の二斎にて、読書、習字の練習するが、之を終へて上級に進めば蒙養斎といふがあり、其の上に進んで転昇を許されれば、講堂に出席して高等の学科を学ぶのである」（六頁）。講堂が終ることによって習学は終り、多くのものは時習館を卒業していく。それが大体二十歳である。嘉悦もその順序を順調に進んだと思われる。彼の成績は抜群で、秀才の名をうたわれたようである。

嘉悦は時習館に通いつつ宮部鼎蔵の門に入って兵学を勉強した。宮部（一八二〇―一八六四）は肥後藩の兵学師範であった。宮部は医者の家に生まれたが、嘉永二年（一八四九）肥後藩の軍学師範をしていた叔父宮部大左衛門の養子となって、軍学師範となった。嘉悦は嘉永七年（一八五四）時習館を退学するので、嘉永二年から七年の間の何年間を宮部塾に通ったのであろう。当時の青年武士として軍学を学ぶのは必須の条件であったから、嘉悦も軍学習得に精根をかたむけたことであろう。ただし宮部は喜永四年江戸へ出て山鹿素水に入門、一年ほど滞府しているので、嘉悦が宮部に直接教を受けたのは短い期間であったと思われる。

嘉悦は宮部塾にはいって、その才能をただちに表わす。『嘉悦伝』によれば、「恰も宮部氏の門下永鳥三平氏等有為達識の士廿四人を選び、武田家廿四将に擬する事あり。当時先生最も幼弱なりしと雖、また選ばれて此中にありき」とある。永鳥三平（一八二四―六四）は後に肥後勤王党の指導者の一人となる人物であるが、嘉悦が九歳の年下でありながら、永鳥等と宮部塾二四人衆の一人に選ばれたことは、嘉悦の鋭鋒が少年時代から現われていたことを物語るものであろう。

時習館における嘉悦には、次の逸話が残っている。「時習館に於ける先生は実に幼年学徒の模範たるべき者ありき。一般学徒の風尚漸く低うして、動もすれば文弱遊逸の弊に陥らんとする者尠からず。先生慨然として之が矯正を企て、元気旺盛なる学徒を糾合して、小桜隊なる団結を組織し、以て大に放縦無為の徒を戒め、熾んに士気の作振に勉めたりき。」（一二頁）

嘉悦は勉学において秀抜であったとともに、行動性に富んだ意欲旺盛の少年であったわけで、後年自由民権運動の指導者として大活躍をする萌がすでにあらわれていたというべきであろう。この若き嘉悦の行動性・積極性が、字句の解釈に終る時習館の学風に満足できず、小楠の実学に走らしめることになるのであろう。しかし、嘉悦はそのような時習館の学問をも決して疎かにしたわけではなく、その優秀さは時習館最高の栄誉である居寮生への道を開かしめたのである。

二　小楠塾に入る

時習館最高の段階を菁莪斎《せいがさい》といい、この菁莪斎に入った学生を居寮生という。前出の『我観熊本教育の変遷』のなかで、著者宇野東風は「又菁莪斎といって、秀才二十五名を選抜して、居寮生に命じ、藩費を以て寄宿勉学せしむる所もあった」（七頁）と説明している。普通は二十歳ぐらいで居寮生に選ばれ、期限はあるものの更新できるので、小楠などは三十歳になるまで居寮生であった。

嘉悦の菁莪斎入りの経緯については、『嘉悦伝』に、「後講堂に移るに及んで、訓導木下新太郎氏の抜擢を受け、一躍して居寮の列に加はるを得たり。先生時に年十八」（三頁）とある。この文章には疑問が残る。「講堂に移るに及んで」「一躍して居寮の列に加は」ったということは、講堂での学習を省略して居寮生になったということであろうが、指導役の訓導の推薦があれば、こんな特例もあったのであろうか。なんとも疑わしいが、『嘉悦伝』にあることであり、今のところこれを否定する資料もないので、この記事をこのまま受けとめて、嘉悦がいかに抜群の秀才であったかを承知してもらうしかない。〔『学校帳雑頭書』によれば嘉永七年二月十七日付で居寮生。〕

さて、嘉悦が一躍居寮生入りをするのに大きな役割をする「訓導木下新太郎」のことであるが、訓導は講堂尊明閣担当の教官である。木下が訓導になったのは、嘉永二年（一八四九）嘉悦が居寮生に抜擢される前年のことであった。

木下新太郎、『嘉悦伝』では新太郎となっているが、真太郎と書くのが正しいようだ。彼の経歴は『人名』が要を得ている。

諱は業広、字は子勤、初は宇太郎と称し、後真太郎と改む。犀潭及び韡村は其号なり。文化二年乙丑八月韡磨村（今村）に生る。幼にして記憶強く才識あり。二十二歳学術優秀を以て、官特に氏を木下とすることを許し、且つ双刀を帯せしむ。翌年時習館の居寮生に挙ぐ。年三十一、泰巌公抜擢して伴読と為し、中小姓に列せしむ。天保十一年兼ねて泰樹世子の講莚に侍す。同十三年遷りて世子の伴読となる。嘉永二年時習館の訓導と為る。文久二年成山公子に従ひて京師に行く。文久三年幕府氏を徴す。氏疾を以て之を辞し、且つ曰く、「吾れ国君の恩顧を蒙る大なり。未だ報ずる所以を知らず、台命厳なりと雖も敢て当らず」と。即日暇を乞うて肥後に帰る。又以て氏の人と為りを知るべし。慶応元年再時習館の訓導となり、同三年五月六日病を以て歿す。享年六十三。城東龍田山に葬る。

木下の生れた韓磨村は現在菊地市大字今である。菊地郡の片田舎に生れて、しかも名字帯刀が特に許されたということは、木下が肥後藩の出でなく在御家人層の出であることの証左であろう。この藩士でないという身分上の理由で、きわめて優れた学殖を持ちながら、時習館の訓導止りで助教授・教授になれなかったのであろう。

木下は小楠と不思議な因縁がある。小楠は天保四年（一八三三）居寮生となった。二十五歳である。このとき木下も居寮生であった。木下は文政十年（一八二七）、二十三歳で六年早く居寮生となっていた。木下は小楠より四年の年長である。木下が居寮生となった年は二十三歳であったが、小楠は二十五歳で居寮生となったので、菁莪斎では両者は六年の差となった。六年の学級差があったが、二人はここで相識の仲となった。天保十一年（一八四〇）二月二四日付の木下宛の手紙のなかで、小楠は「御互之御交は居寮以来。別て打明しつつ親敷御座候」（『遺稿』一一〇頁）と書いている。小楠が居寮生となった翌年の天保六年（一八三五）木下は藩主細川斉護の伴読となり、中小姓に任命されたが、このとき木下が江戸に出ていれば、居寮生として共に菁莪斎で勉強したのは二年のことであったが、二人の友情はわずか二年でも急速に深まったようである。

ところが、知り合って六年後の天保十年（一八三九）小楠が江戸に出てきてから二人の仲はおかしくなってきた。『遺稿』に、天保十一年二月二十四、二十五、二十六日の三日間に小楠と木下との遣り取りの手紙が各々三通づつ、都合六通が載せてある。それによると二人の気持ちが冷え切ってきている。とくに小楠の方が、木下の友情を疑い、強く責めるところがあるようだ。『遺稿』の編者山崎正董は、「六通の書面を通算すると、小楠は木下の行動に友情味が乏しいとの不平で義絶を申込み、木下も色々弁解の末遂に容認した」（一一六頁）と書いているが、小楠が義絶の方へ持って行っていると手紙の内容から思われる。

小楠は二月二十四日の手紙の一五日前の二月九日に肥後藩江戸詰役から帰国を命ぜられている。そして、三月三日江戸を発足するのであるが、帰国を命ぜられて江戸を発足するまでの二四日間の事で、気持がもっとも動揺し、不平不満がつもって焦燥の気は最高潮の時であったろうから、その不満の捌口が木下に向けられたのであろう。あるいは、小楠の帰国の原因には木下の言動も影響しているという小楠の疑念もはたらいていたのであろうか。いずれによるか、直接の原因ははっきりしないが、これも山崎正董がいうように、「学問文章に於ては木下勝り、識見に於ては小楠優れりとは世評の一致する所」(同上書、一一〇頁)とある通り、木下は一代の碩学として大成する人であり、小楠は幕末の大勢を貫通する大思想家となる人物である、結局は相一致しない方向の両雄であったというほかはない。

木下は熊本城下町に家塾を開いて弟子の養成に当りながら、一代の碩儒となるのである。井上毅、古荘嘉門、竹添井々、木村弦雄といった木門四天王と呼ばれる人材を輩出せしめて、大きな勢力をつくりあげた。嘉悦が木下に逢うことができたことは人生の幸であった。嘉悦は後には学問、思想から対立関係に立つようになるのであるが、それでも十八歳の青年期の初に木下のような碩学に接し、その推薦を受けたことは無上の幸運であったといえよう。

偉大なる師の指導をうけて、『嘉悦伝』によると講堂抜きの菁莪斎入りという破格の栄誉に輝いての居寮生生活となるが、嘉悦にとって必ずしも快いものではなかったようだ。居寮生になった嘉永三年(一八五〇)といえば、ペリーが日本の鎖国の窓をたたく三年前である。その数年前からロシア、イギリスなどの船が日本の海辺をおびやかしており、ことに天保十一年(一八四〇)のアヘン戦争は深いショックをあたえていたものであった。

国内的にも、江戸幕府の長い治政にようやく綻びが出始め、天保八年（一八三七）の大塩平八郎の乱は幕府の基盤がもろくなっていることを示すものとなり、全国の各藩は大なり少なり財政難にこまっているという状態であり、心あるものはひとしく対応に苦慮していたのであった。ことに二十歳前後の青年にとっては、時代認識に苦しんでいたものであった。時代は変りつつある、その徴候ははっきり表われている。しかし、どう変るのか、方向はどう向いているのか、それよりも何よりも、時代を的確に把握する立場はどうあるべきかがわからない。それだけの深刻な問題を抱えているのに、時習館での学問はそれに答えてくれない。訓詁の学に長じた学殖豊かな木下も、さすがにこの問題は手に余った。むしろ、時々の問題に動かされて動揺することなく、時の動きにかかわらず学問の世界に沈潜することが大事とされた。相も変らぬ古典の解釈、文章の暗誦に終始していたのである。

嘉悦は小楠塾に入ることを決意する。それがなかなか簡単にいかないのが、当時小楠の置かれていた状況である。小楠塾入門の事情を叙述したもの数種を読みくらべてみると、『嘉悦伝』が最も叮寧である。『伝記』一三八頁に引く文章は、出典が『嘉悦伝』となっているが、『嘉悦伝』そのままではない。この『伝記』の文章は読者向きに書き直したものと思われる。ここでは、『嘉悦伝』の文章をそのまま引用する。

されど翁の学説は、当時熊本藩に於て異端と称せられ、凡そ其の門に近づくものは藩侯の忌諱に触れたれば、藩士の子弟は一人として其講筵に侍するを得ざりき。

「翁」とはもとより小楠のことである。嘉悦が小楠塾に入った時期は、「先生居寮にあること一年余、遂に公然小楠翁の門に遊ぶ事となれり」ということであるから、嘉永四年か五年になる。この時期にはすでに安場、山田、内藤泰吉らが入塾しているので、「藩士の子弟は一人として其の講筵に侍するを得ざりき」というのは、言い過ぎである。しかし、小楠塾への入門が困難であったことは間違いない。

然かも先生、翁を景慕するの情禁ずる能はず。一日遂に従弟兼坂熊四郎氏を誘ひ、共に微行して翁の村荘を叩きぬ。先生一たび翁の謦咳に接するや、真に翁が稀世の俊傑にして、永く其師父として教を受くるに足る者あるを知り、益々敬虔嘆服の念を深うするに至れり。

小楠は嘉永四、五年ころは城下町相撲町に居たから「村荘」というのは頷けないが、沼山津村と感違いしたのであろうか。「徒弟兼坂熊四郎氏」は兼坂止水の弟で、肥後藩海軍を起した人物の一人であって、徳富蘇峰によれば嘉悦の妻久は兼坂止水・熊四郎兄弟の妹である。(嘉悦康人『嘉悦孝子伝』三〇三頁)したがって兼坂熊四郎と嘉悦とは義兄弟の間柄になる。

仍って断然其門下生たらん事を欲し、志を決して之を慈母に訴ふ。先生固より与の叱責せん事を期したりしが、勢代子は却って大に喜び、御身今にして小楠を知りたるは、是れ実に天の佑けと云ふべし。翁は藩侯の覚え目出たからざるが故に、公然其門に入ること能はずと雖、御身にして向後其の教へを受けて家名にかかる事あらば、己れ之が為に其責を負ふべしと語り、遂に先生をして其門下たらしむるに至れり。

小楠塾に学ぶという難題を解決したのは、嘉悦の母親であった。嘉悦の母勢代子は、安場保和、山田武甫の母たちとともに「熊本実学連の三婆さん」と呼ばれた人で、なかなかに人間の出来た人であったという。嘉悦の母だけでなく、安場の母も嘉悦の母と同じように父にかくれて、その子を小楠塾に学ばせたといわれているが、これはなにもこの二人の母だけではなかったという。山崎正董は『伝記』のなかに、小楠の娘で海老名弾正夫人であるみや子の談話を引いて、実学党の母親たちの強気を紹介している。「聞く所によりますと、あの当時父は異端者の如く排斥せられていた時代で、其の学風を慕って門下たらんと思う方があっても、その父君はお許しにならない。それを其の母君が子息の心をよく理解して、父君を説き且う宥めて、遂に子息を父の許に通はせたとい

ふ御話はいくらもある様であります。」（一〇九頁）

こうして嘉悦は小楠塾に通うようになった。しかし、それはあくまで父親には秘密である。「先生の通学は、全く之を厳君にも秘し、夜間厳君の寝に就くを待ちて出で、毎夜通学するを常とせり。勢代子、また木綿機に糸を績ぎて之を待ち、帰れば乃ち孤灯の下に導き、其の齎らす所の説話を聞きて、夜の更くるを知らざりきと云ふ。」（『嘉悦伝』五頁）

父親に隠して小楠の下に通せる母親の気持ちはどんなものであろう。藩士として父親は、自分の社会的立場が頭にくるだろうが、母親は純粋に子どものことを思う。勢代子が小楠の学問の将来性を見透しての行動であったとするのは、勢代子を買い被りすぎる気がするので、子どもの気持ちを大事にし、子どもの望みを果させてやりたい、そのために降り懸る火の粉は自分の身体でかばってやろうという純粋の子を思う母親の気持ちから出たことであろうと解釈したい。それにしても、夜の勉学をすまして遅く帰ってくる子どもを待ち受けてくれる母親には嘉悦はいかに力づけられたことであろう。父親の怒りを覚悟して、小楠塾に通わせ、その帰りを寝ないで待つ母親の姿を思い浮べると、今は忘れ去られたかと思う本来の母子の姿を見るようである。いわんや、その息子の帰ってくるのを待って、息子の伝える小楠の説話に胸踊らすとは、これはなんとも賢明なる母親であるといわなければならない。この母親の身をもっての励ましがあったればこそ、「夜間は小楠翁の許に通学し、昼間は日々時習館に学ぶ。先生夜間に精力を耗すること甚だしと雖、然も時習館に在っては其の成績常に群童の上に立」（同上書、五頁）つことができたのであった。母親の真剣さに子どもも充分に応えたというべきであろう。

小楠塾に通う学生たちは、多かれ少なかれこのような苦労と努力、それに忍耐を重ねているのである。政権党に属して安定した学習をつづけられた学校党の学生とは、はるかに異なった境遇にあったのである。それを守りつづけたところに小楠社友のバックボーンがあるといわなければならないだろう。

小楠塾入塾の効果は覿面にあらわれて、一日嘉悦は時習館の学問、肥後藩の政治に反することがあった。『嘉悦伝』五頁にこうある。なお『先哲』六四四頁にも書かれていることである。

> 毎年一回家老以下列席し、居寮生をして講義せしむるを例とせり。先生一日其任に当り、為めに孟子を講ず。音吐朗爽、理義明徹、一座傾聴せざるなし。特に其の講義を布衍して、世界の形勢を論じ、又熊本藩の弊政を忌憚なく諷議して最も痛快を極む。これ曽て小楠翁に教を受くる所たり。列座の諸士色を失ひ、家老亦沸然として席を起ちぬ。先生の厳父直に家老の召す所となり。大に其譴責を被むりたるも、別に所罰なくして止みたりと。

『孟子』の講釈が「世界の形勢」から「本藩の弊政」の批判に及んだというのだから、嘉悦の日ごろの関心のあるところが明かで、これは小楠の学問に直結するところである。学校党に属する藩老がこれを「不遜」とするのは、これまた当然であるが、当時の流動する情勢を知ることができるとともに、この変化する情勢に応ずる対処の違いをも明かに見ることができる。このとき藩老が注意をあたえる相手が、本人であるよりも、本人の父親であるところが興味深い。藩士である父親は、この場合非常に苦しい立場に立つわけである。藩士として肥後藩の禄を食む父親は、藩老の強いる藩の秩序に従わなければならないし、また社会的環境もまたその秩序を強要するのであった。

熊本大学中央図書館保管の「永青文庫」中に「学校帳雑頭所」と題書された記録がある。このなかに嘉悦に関する次の二記事がある。

嘉永七年二月十七日　嘉悦市太郎市之丞嫡子居寮被仰付候事

嘉永七年十月　嘉悦市太郎市之丞嫡子居寮御断内意之事

十一月四日　御　免

この辞令のように嘉悦が居寮生に任ぜられたのが嘉永七年とすれば、彼は二十二歳である。小楠でさえ居寮生になったのは二十五歳であったから、嘉永七年説が的当に思われる。しかし、そうすれば居寮生を辞退したのが、十一月で彼が居寮生であったのはわずか九カ月で余りに短かすぎる。『嘉悦伝』六頁にいう「先生居寮にあること一年余、遂に公然小楠翁の門に遊ぶ」と合わなくなる。もし嘉永七年二月十七日付の辞令を居寮生任期の更新辞令と考えたら、いろいろ起こっている問題を解決できるのである。

すなわち、嘉悦は嘉永三年（一八五〇）十八歳にして木下訓導の推薦で一躍して居寮生となった。居寮生として研修を重ねること一年余にして、小楠塾に入門した。それ以来、時習館と小楠塾の両方に学ぶことになった。嘉永七年二月十七日居寮生任期の何日目かの更新を行ったが、居寮生として時習館に修学することの意味を失い、嘉永七年十一月十四日居寮生を辞退した。二十二歳であった。それより小楠塾に専ら通ったのであろう。

三　副使として薩藩へ差遣される

福井にいる小楠の宿許宛の万延元年（一八六〇）九月二十九日付の手紙のなかに、「嘉悦去る十九日に此許出立、京都にて少々引き懸り可レ申何に昨今は出立いたし候事と被レ存、来月十五日前後には到着可レ仕候、此許之様子御承知可被レ成レ候。」（『遺稿』三二八頁）とある。

これによると、嘉悦は万延元年九月十八日まで、福井の小楠宅に居たことがわかる。小楠はこの年二月、福井藩の依頼を受けて、福井に赴いている。そして、この年は福井で越年することになって、長い福井滞在となる。この滞在は小楠の数回の福井滞在のなかでも重要な滞在であった。それは越前藩改革の方針が決定され、小楠の主著というべき『国是三論』が著わされた年であったからである。

福井に着いた小楠は越前藩の改革について越前藩士と話し合いを進めていった。それが次第に進行して四カ月ほどになった七月、思いがけなく重い瘧にかかった。これはかなりの難病であったが、その病気の間も病状をみて話し合いはつづけられたと見え、十月に入りようやく回復し、回復したその十月十五日に越前藩の重臣たちの「大議論」が行われた。この間の事情を、小楠は文久元年（一八六一）一月四日付、萩角兵衛、元田伝之丞宛の手紙で、次のように伝えている。「小生罷越てより年は四年に至り、去初冬迄は人心各々に分胍《ママ》いたし、陰嶮智術に落入候を主として心配致し候処、当夏以来漸々開明各々心術之上に心を尽し候勢にて、遂に十月十五日大議論と相成、十分之地位に押つめ候処此次第は筆には尽されず候昼夜の如く打替り、執政初尽く落涙にむせび、十分之開明と相成申候。」

小楠が越前藩に政治顧問として招かれて来福した年は安政五年（一八五八）であるから、文久元年は四年目ということであろう。しかし、「去初冬」というのは万延元年十月、当夏は何年の夏のころであろう。小楠が来福した万延元年二、三月のころから「当夏」までは越前藩の藩情はもっとも悪い状態にあり、それを取りまとめるのに小楠は非常に苦労したと思われる。ようやく好転してきたときに、それまでの疲れが出たのか小楠は重い病気にかかる。この病気の回復をまって「大議論」があったというわけである。松浦玲氏は、この「大議論」で「一気に国是決定となったのではあるまいか」（松浦『横井小楠』朝日新聞社、一九七六）といっておられるが、おそらくそうであろう。この「大議論」の後に『国是三論』が出たものと思われる。

そこで嘉悦の福井行であるが、彼はなんのために福井に行ったのであるかが問題である。今度の福井行が大事な意味を持ち、越前藩の国是を決するような大事を控えていると小楠が考えて弟子を帯同したというのであれば、嘉悦が随行してきたことは充分考えられることである。今一つの理由は、小楠が瘧という重病にかかったので、その看病にやってきたのであろうか、とも考えられる。どちらの理由で福井行となったか、それを解明する材料はないが、私には看病だけに嘉悦が出向いてくるとは考えられないので、越前藩の藩政改革という重要な課題に立向うのに、小楠は内輪の相談相手に嘉悦を選んだのではないかと思う。しかし、小楠が嘉悦を呼んだ時期がはっきりしない。小楠が三回目の福井行に初めから嘉悦と同行したのであるか、それとも途中で呼び出したものであるか、その点はどちらとも判明できない。

しかし、時期がいずれにせよ、また理由がなんにせよ、嘉悦が藩政改革について小楠の相談相手になったことは間違いあるまい。小楠の正式の相談相手として越前藩士としては由利公正などが当ったであろうが、小楠のもっと打ち解けた内輪の相談相手として嘉悦は大いにその役割を果したのではないか。嘉悦が、この大事な時期に福井にあって小楠の側に侍していたということは、そうとしか考えられないのである。とすれば、嘉悦は越前藩の藩政改革という重要な仕事に参加したことになる。十月十五日の「大議論」の結果をみることなく、九月十八日、一カ月早く離福しているが、このころすでに小楠および彼をめぐる福井藩士たちの考えは大体きまっていたと見てよいであろう。

こうして嘉悦は、十月十五日ごろ帰熊したようだが、この九月二十九日付の手紙のほか、十月五日付の宿許への小楠の手紙があるが、右の二通の手紙を見ると、沼山津の住宅を改築するについて、嘉悦にいろいろ話してあるから、何くれとなく相談するようにと何回となく書いている。

「普請之事は嘉悦にい才申談置候間御相談可レ被レ成候」（九月二十九日付手紙）、「年内より普請御取り懸り被レ成度、い才は嘉悦抔御相談、可レ然様御世話可レ被レ成候」（十月五日付手紙）といった具合で、子弟間の情誼がこまやかに流れている。

文久元年（一八六一）、嘉悦は二十八歳で家督を継ぎ、家禄三〇〇石を受けることになった。

文久三年（一八六三）七月、長谷川仁右衛門が薩摩藩に差遣されることになった。嘉悦は副使を命ぜられ、山形典次郎が差添となって行くことになった。三人とも実学党員である。なんのための薩摩派遣かといえば、『嘉悦伝』は「当時江戸幕府の威信漸く衰へ、外艦屡々来りて開港を促し、海内将に事多からんとするの秋なり。殊に鎖国・開国の議論上下に喧しく、薩藩は独り厳然として攘夷論を唱へ、俄然外艦と砲を交へて邦人の心胆をして寒からしめたり」（八頁）と、その背景を説明している。文中「薩藩は独り厳然として攘夷論を唱へ」とあるのは、その前年、すなわち文久二年（一八六二）八月島津久光が江戸から帰国の途、横浜付近の生麦村を通過する際、行列を乱したとの理由で、イギリス人一人を殺害し、二人を傷つけた事件、すなわち生麦事件のことを指している。「攘夷論を唱へ」るだけでなく、「攘夷論」を実行したわけである。つづけて「俄然外艦と砲を交へて」とあるのは、いわずと知れた文久三年（一八六三）七月の二、三日の薩英戦争のことである。生麦事件のイギリスは激怒し、幕府・薩摩に激しく迫ったが、交渉はまとまらず、イギリス艦隊七隻が鹿児島を砲撃し、薩摩藩もこれに応戦、鹿児島湾上に二日間にわたって激戦が行われた。この戦で薩摩藩は城下を焼かれ、全砲台が大破し、艦船六隻が焼却される被害をうけた。薩摩藩の抵抗も激しく、イギリス艦隊も痛手を蒙り、旗艦の艦長、副長は即死し、含めて死者一三、傷者五〇をかぞえた。文久三年五月の長州藩の下関におけるアメリカ商船砲撃という攘夷敢行より一年早く、薩摩は生麦で攘夷を行っていたのである。薩長は他藩にさきがけ攘夷を行ったということになり、これが対外関係を複雑にし、国内においても激論や事件の続出するもととなるのである。

この薩長が突出して攘夷を行ったということが、当時問題であったのである。将軍家茂は天皇、朝廷に責められて、この四月二十日、五月十日を攘夷決行の日と奉答し、逃げるようにして京都を辞した。ところが、その決行と決定した日の二日前の五月八日に幕府は、イギリスに生麦事件の賠償金として四四万ドルを支払ったのであった。幕府のやり方は、まさに前後撞着、その処置に迷うという状態であった。「償金之事元より京師と御熟談と申事にては無レ之、幕府の内議にて、小笠原（長行）閣老専は主張にて一旦英人に被レ遣候約束に相成、其後不日に又難レ被レ遣事に変却致し候間、英軍怒て軍艦を以て松山の台場を取り囲候由、砲台には破裂を恐れ放発不レ致、大恐怖にて早速洋金を車に積み金川に遣し故英国人囲を解き去候由、右の次第にて江戸は閣老を始諸侯役人総て攘夷拒絶不同意」（文久三年五月二十四日付、小楠の在熊社中への手紙）という始末で、幕府内ガタガタであった。

そのうえ、この償金支払は薩摩藩を激怒させることになった。なぜかならば、償金を支払うとは薩摩藩の罪を認めることになるからである。「薩州にては此一条に大憤怒、其子細は曲直名義を正す時節に償金相渡になりては全く三郎の曲に相成るのみならず、此義は叡慮も御決定の義なるを、三郎へも御沙汰なく天下の公議にもかけられず、関東切りの御評議にて御渡に相成候段不ニ相済一と申立、頻に板倉閣老に責め付け候由」（同上）と小楠が嘆いているように、朝廷と幕府との間にも提携がなければ、諸侯と幕府との間にも協力はとれていない。国内が二途、いや三途に分れて、一つの国家としての統一が取れない。対外的にきわめて危険な状況であるといわなければならない。この対外関係に対して国内統一の必要をきびしく要求するが故に、小楠は公武合体を主張してやまなかったのである。こういった状況のなかで、薩摩藩が生麦事件を起すなどは狂気の沙汰というほかはなく、薩英戦争も薩摩藩の客気である。冷静に考えれば戦争にまでもっていくことはなかったであろう。『嘉悦伝』では、「薩藩孤立して外人と事を構ふるは、妄も亦甚だし（九頁）とはげしく非難したのである。嘉悦はこの立場に立って、薩摩藩差遣の意味を考えた。ただ薩摩藩に対する隣藩としての戦争見舞では意味がないと考えたのである。『嘉悦伝』の文章をして語らしめよう。

然るに長谷川氏の薩藩に使ひせんとするや、単に薩公見舞の名を以てし、其の使命の真相奈辺に存するや、茫乎として更に明かならず。先生茲に於てか心中甚だ喜ばず、長谷川氏を難詰して曰く、今や我国は攘夷開国の両論紛々として定まる所なし。宜しく国是を統一して諸藩協心事に当らざれば、如何なる難局を惹起せんも知るべからず。此時に当り薩藩孤立して外人と事を構ふるは、妄も亦甚だしと云ふべし。若し攘夷開国何れを可とするも、国民挙って同一の歩調を取らざるべからず。故に今回の使命、薩州に到りて彼等の主張を正し、妄を難ぜんとするにあらば即ち可なるも、唯藩公見舞の名分を藉りて、窃かに動静を覗ふが如き用務なりとせば、庶幾くば適任者他に多きを信ず。予は断じて之が副使たる事を辞せんと。

嘉悦の言は筋が通っているといわなければならない。今日の急務は、「国民挙って同一の歩調を取らざるべから」ざることであって、一藩が「孤立して外人と事を構ふるは、妄も亦甚だしと云」わなければならない、というのであって、これが彼の時代観である。すなわち公武合体論であって、小楠の唱えるところである。この立場からみれば、薩摩藩の生麦事件、薩英戦争に取った行動は突出「孤立」したもので「妄」というべきで、この薩摩の行動は深く責められなければならないというのである。したがって、隣国として、このことを薩摩に知らしめることこそ、第一の責務である、そのための使いでなければ意味がないと、嘉悦は主張した。嘉悦は時務について明疏な認識を持ち、使節としての役割もつかんでいたというべきである。長谷川もまた凡庸の人ではない。小楠が「此者拙藩にての人才にて」（元治元年八月六日付勝海舟への小楠の手紙、『遺稿』四四九頁）と誉めあげているほどの人物、嘉悦のいうことを充分に理解して、「其意を諒とし」（『嘉悦伝』九頁）て、「共に鹿児島に赴」（同上）いた。鹿児島で誰と会ったのか不明だが、『嘉悦伝』には「彼等が擅に外国と兵を構ふるを責め」たとある。「彼等」というのは、薩摩人のことであり、「責め」た内容は前述の薩藩の突出・孤立した妄というべき行動であった。そしてこの際薩摩藩士が「自ら上京し、天下の大藩と会合して国是を一定するのが急務」（同上）なることを建言したのである。薩藩の方は「鄭重に両使を迎へ」、あまりにすらすらと行きすぎるようだが、「其説く所に同意」したという。ともかく薩肥両者が合致したことは結構なことであった。急務なることは「国是」の一定である。国是の一定のためには大藩が会合して議することが、現状では最も必要にして最善の方策である。この点についても両藩は同意し、「彼我両藩より有司をして上京せしめ、前議の貫徹に努めん事を約して」、長谷川等は帰藩したのである。

この使節差遣は、『嘉悦伝』のいうかぎりでは好都合に行ったようだが、その後の肥薩両国の関係にどのような結果を生みだしたか。

四　参予会議当時の状況を報ずる

元治元年（一八六四）四月六日付の小楠社友、吉村嘉善太・安場一平（保和）・野々口又三郎（為志）・岩男助之允（俊貞）の四名にあてた嘉悦の手紙（『国事』4、六八九）がある。このとき嘉悦は京都に在住していた。そして、文久三年（一八六三）の八月十八日の政変以後の参予会議による雄藩連合政権成立の可能性が期待される時機に、幕府の反対により遂に雄藩諸侯が政治に厭いて退京傍観しようとするもの続出するの状況を報じている。

明日此許御日脚被差立候間、一翰拝呈仕候。取紛前書略文。

一　先生御申付之一件、早速山田列面会咄合申候処、皆々不怪喜申候。然処今日之勢又々変動甚六ヶ敷相成居、如何参り可申哉、誠に懸念之至に御座候。時情荒増左之通。

「山田列」とあるのは、山田五次郎・宮川小源太、江口純三郎の三名のことである。「今日之勢又々変動甚六ヶ敷相成居」とあるが、この手紙を書いた四月六日の時点では、次のようになっている。

二月十五日朝議が行われ、これには六人の参予も出席している。参予会議の出発である。ところがこれが失敗に終る。厭気のさした参予連中は次々に辞任していってしまう。まず慶喜が三月九日参予を辞任する。これを追って春嶽が十三日に辞任、遅れじと他の参予が翌十四日に辞任してしまうのである。これで参予会議は解体してしまった。八月十八日の政変以来の時局収拾対策として大きく期待されていたのに、案外その弱体を露呈してしまった。もし小楠がこのとき京都にいたら彼はどのような手腕を発揮できただろうか。「先生御申付之一件」というのが、その内容がなんなのかわからないが、小楠が在京の嘉悦・山田・宮川・江口の四人にあてた元治元年四月十二日付の手紙に、「嘉悦君に話し候事も其御許御模様に被ㇾ応、どふともこふとも宜しき様に御取り固め被ㇾ下候様奉頼候。必しも刀、鞍等返し候方可ㇾ然とも存じ不ㇾ申候、何分能き様に御取斗可ㇾ被ㇾ下候」(『遺稿』四四三頁)とあるのが、それに当るかと思うが、その具体的内容についてはすこしも判らないのである。

一公義之御趣意愈以幕威を不落之一途に有之、諸藩を下し一手にて万事為すの趣向也。右に付、趣向通之人物一両輩出候て公武之御間に周旋し、薩越等を離間し候に付、公も薩を外にし候故言用られざる勢に相成、越も同様、心有る国々は何方も右之通に相成候に付、無致方引払之論起り暫く観望之積にて御座候。右之通之勢にて中々六ヶ敷、咄合如何相成可申哉。懸念此事に御座候。薩の手出さへ仕候得は御見込通困窮之折柄に付十に十被行候得共、手出不申処にては余程六ヵ敷、併此節は社中申談全力を尽可申心得に御座候。

参予会議解体の原因は、一橋慶喜と島津久光との対立にあり、そのときの慶喜の代表する幕府は、結局幕府だけの「私」を主張するとみなされて、参予会議の諸侯はもとより、他の滞京の諸侯たちもつぎつぎに離京していったことは前に述べたとおりである。肥後藩の細川良之助らも京都を引き上げていくのである。

然処良之助様御帰国も来る一五日比に相決し居、左候得ば私儀も又々直に引返しに相成可申、長谷川色々心配も有之候へども中々六ヶ敷由にて、如何様とも相成度祈願仕居候へども、余程六ヶ敷相成申候。良公子は愈以非常の御方にて、近日は薩よりも余程見上げ申候由。段々得貴意度事御座候へども、着即下殊之外繁勤にて委細は山田列より得貴意候様咄置申候間、何も後便に譲置草略申縮候。以上。

四月六日

吉村嘉善太様

安場　一平様

野々口又三郎様

岩男助之允様

細川良之助、すなわち護美はよほどの人物だったらしく、嘉悦も「愈以非常之御方」と書いているほどであるから、諸藩の人たちのあいだにも評判がよかったのであろう。もし護美が細川氏の出でなく普通の藩士であったなら、かえって幕末・明治時代には大きな働きをやりとげたかも知れないと思うのである。なお、この手紙には署名がないが、嘉悦市之進の筆蹟であると断り書がしてある。

最後に追記がある。「尚々夜中当番にて相認候位にて、此節迄は先生へは書状も差上得不申候間、御序に宜敷奉願候。（後略）」と書かれているが、ここでいう「先生」はもとより小楠をさし、小楠への連絡を必ずいうあたり、先にもいった小楠社友の連りの固いことを知ることができるが、小楠の知識や判断はこうした弟子たちの心遣い・情報報告でつくられていったといえよう。

五　第一回長州征討のために肥薩連合の策を講ずる

『嘉悦伝』一〇頁に次のようにある。

元治元年九月、長州藩の家老等、兵を卒いて京都に入らんとし、薩摩・会津の兵と戦って敗走せり。先生即ち長谷川仁右衛門と共に上京の命を受け、早打を以て大阪に至り、坂本龍馬・勝安房等の来り迎ふるに会せり。先生之に説くに、将に薩公に陳じて、長兵の暴戻を制せざるべからざるを以てす。坂本曰く、我等曩に西郷南洲に迫りしも、彼れ遂に之を容れず。故に卿等の企画も亦徒労に終らんと。先生此忠言を顧みずして入京し、越前の中根雪江を介して南洲に面し、論議二昼夜にして、漸く之を納得せしむるを得たり。坂本、勝の二氏之を聞きて大に歓び、相共に二本松なる薩州邸に会議し、遂に長州征討の事を決せり。後、朝廷征長の命を下し、尾張大納言慶勝を将とし、諸藩の軍大挙して長州征討の軍を起すに至りしも、実に先生等の謀議に因由したるなり。

「長州藩の家老等、兵を卒いて京都に入らんとし、薩摩・会津の兵と戦って敗走」したのは、いうまでもなく元治元年七月一九日に起った禁門の変である。この禁門の変の報道を聞き、熊本藩庁は早い反応を示した。『国事』5、二五八頁に次のようにある。

九月六日、本藩長谷川仁右衛門将軍防長親征に関する藩主慶順の建白書を携へて熊本を発す。この使節団は長谷川を正使とし、山県典次郎を副使、随員数名で構成され、九月十三日に京都に着いている。嘉悦はこのとき随員として同行した。山県は多くは山形と書かれているが、同じく小楠の弟子である。この使節団のもたらした肥後藩主の建白書の要点は、「将軍様芸州あたり迄急速に御進発、山陰・山陽・四国・九州之諸侯伯御自身ニ御指揮被為在、四道一部々々之統師を被立、其向より得斗及談合、大概一同に打入候都合にいたし一刻茂御成功を被遂候」（『国事』5、二五九頁）ことであった。

嘉悦は使節団に随行して、九月十一日か十二日に大坂に着いたと思われる。嘉悦が勝・坂本にあうのは、この二日間のどちらかだろうと思う。というのは勝が西郷に初めて会ったのは九月十一日のことだからである。西郷は勝と初めて会って、「実に驚き入り候人物にて、最初は打叩く賦《つもり》にて差越し候処、頓と頭を下げ申候。どれ丈けか知略の有やら知れぬ塩梅に見受け申候」（田中惣五郎『西郷隆盛』一五五頁）と大変な衝撃を受けている。このときの両者の会見があったから、四年後の江戸城明け渡しの会見がスムースにいったのであろう。西郷の人生観・処世観を変えるほどのものとなったといえよう。西郷はこの日の勝との会談の内容をくわしく大久保利通に九月十六日付の手紙で報告している。

勝氏へ初て面会（中略）摂海へ異人相回候時の策を相尋候処、如何にも明策御座候。只今異人の状態においても幕吏を軽侮いたし居候。幕吏の談判にては迚も難受、いづれ此節明賢の諸侯四、五人之御会盟に相成、屹度条約をも請侯はば皇国之耻に不相成様成立、異人は却て条理に服し、此末天下の大政も相立、国是相定候期も可有御座との議論にて、実に感服之次第に御座候。（『国事』5、二八四頁）

西郷は勝から、従来の幕府専制に対して明賢諸侯会議の秘策を教示されて目の醒める思いをしている。西郷はこの明賢諸侯会議政治を、同じ文章の中で「共和政治」と称しているが、この「共和政治」は文久二年（一八六二）七月、横井小楠・勝海舟・大久保忠寛によって考え出された政治体制であり、これに坂本龍馬が賛し、ここに西郷が与した政治路線であった。西郷はこれから薩藩を背負ってこの路線を支持し推進するのである。（林竹二『開国をめぐって』著作集5、九二頁）

この「共和政治」路線を嘉悦らはこのとき主張したのである。勝田孫弥『大久保利通伝』に収載されている吉井友実より大久保利通におくられた手紙によると、吉井もこの「共和政治」路線にふれている。「大久保越州（一翁）・横井・勝などの議論、長を征し幕吏の罪をならし、天下の人才を挙て公議会を設け、諸生といへども其会に可出願之者はさっさと出し、公論を以て国是を定むへしとの議に候由。只今此外挽回之道有之間敷候」（『国事』5、二八五頁）と、なかなかに明確な判断となっているが、西郷の手紙にはなかった長州への態度も「長を征し」とはっきりしている。小楠らの「共和政治」の実現も長州を征することによってその本意が明かになるのであるとしているのである。嘉悦らも西郷に会って同様の説を述べたのである。というのは、吉井が右と同じ手紙で、「肥藩も長谷川仁右衛門等四五輩、横井派之者共上京同論に御座候」といっているからである。

長谷川・嘉悦らの主張が、「共和政治」路線であれば西郷に反対する理由はない。この路線については、すでに勝などによって承知ずみのことで、西郷も賛成の路線である。しかし、西郷はこの肥薩連合については微妙な態度を示しているのである。さきの大久保への手紙のなかで、西郷は右の肥薩会談について次のように大久保に報じている。

昨朝は肥後藩着にて面会いたし申候処、肥薩両藩を以て長征を相願ひ、勅許を得て速に可打との議論有之候に付、私方にては頓と諸藩之受も不宜候に付、肥後さへ御差はまり御座候はば肥後に因て如何様共可致、其儀は直様御同意之段申入候処、段々六ヶ敷故障言出候次第に御座候。是迄之肥後之情態より相考候処、全りよふ過候間却て不安心之事に御座候。両藩にて引受被申儀は迚も六ヶ敷と申出候はば、如何程激論を起候半、早速に同意之段申出候処故障出来いたし、いまだ本気之もの歟不相分、（後略）（『国事』5、一一八四頁）

右引用文の冒頭「昨朝」とあるのは九月十五日のこと、長谷川・嘉悦らが着京した翌々日である。西郷との会談には長谷川・山形はもとより、嘉悦も出席したことだろうと思われる。肥薩会議が難航したであろうことは、『嘉悦伝』でも西郷の手紙でもともに記す通りである。難航はしたけれども、最後は肥後藩の主張どおり決着したというのは『嘉悦伝』のいうところであるが、西郷の手紙は必ずしもそのように割り切れないところがあるように思える。西郷は肥後藩にいささか不信の点があるようであり、「いまだ本気之もの歟不相分」とはきびしい言い方である。或いは、『嘉悦伝』には「論議一昼夜」にわたるとあるから、十五日から始めて十七日に及んだのである。とすれば十六日の西郷の手紙は途中経過の報告となる。難航した会談も十七日には、『嘉悦伝』のいうように、長谷川・嘉悦らが西郷を説得して長州征討と決定したのであろう。長谷川・嘉悦らの熱心な説得に、西郷も肥後藩への疑念を掃い、長州征討に賛成したのであろう。

「後、朝廷征長の命を下し、尾張大納言慶勝を将とし、諸藩の軍大挙して長州征討の軍を起すに至」ったという『嘉悦伝』の記述は、史実の上からは厳密な記述ではないが、第一次征長が「実に先生等の謀議に因由した」とすれば、この間の嘉悦の動静は大いに注目されて然るべきであろう。

六　在国社友に水藩脱徒の動静等を報ず

長谷川使節の随員として上京、そのまま京都にある間、事件うずまき、紛擾きわまりなき政情について在国の社友に報じた手紙（『国事』5、五〇九頁）がある。内藤泰吉・嘉悦・山形の三名連記のもので、日付は元治元年十一月二十八日である。水戸藩脱徒（天狗党）の動静、長州の事情、勝海舟・坂本龍馬らの近状を報じている。

前書略

将軍家には御上洛之儀御差止に相成、松前侯・立花侯御名代として近々御着之由、右は一両日跡之御雇にて御承知と奉存候。

元治元年十月征長総督徳川慶勝は、出兵を命ぜられた諸藩の重臣を大坂城に集め軍議を開いて、諸藩は十一月十一日を期して、各々担当の方面に出陣することになった。しかし、諸藩の間には、この出兵について種々の問題が論議されて、人心は不安定であった。

当時諸藩の熱望して止まなかったのは、将軍の進発が一日も早からんことであった。七月二十三日長州征討の朝命が出て、八月二日幕府は在府の諸大名その他を江戸城に登城させ、長州藩征討のため将軍親ら進発すると告げた。しかし、将軍は容易に進発しなかった。十一月になっても、今にも将軍は進発するように装うたが、事は容易に実現しなかった。『維新史』4では、将軍進発が遷延している理由は、「一に幕府の要路が禁門の変後徳川氏の威望が昔日に復したと思惟したことに因る」（一一六頁）としているが、すなわち「幕府は将軍の進発とだに発令すれば、長州藩は直ちに服罪するであらうと考へてゐたのである。」（同上頁）というのである。この段階で、幕府がその威望が昔日に復したと考えるなどは滑稽なことだが、要するに事態の認識において幕府の意見が容易に一致しなかったためであろう。将軍の速かな進発をすすめる向も多く、肥後藩も薩州・久留米藩などとともに勧告したりしたが、将軍の進発は一向に実現しなかった。

この段階は嘉悦は、将軍は上洛を断念したと報じたのである。嘉悦はこの情報をキャッチすると同時に、国許に報告したのである。多くの向々が強く望んだのにかかわらず、ついに将軍の進発は実現しなかった。このことは将軍および幕府に対する信頼を失墜させるものであった。嘉悦はただ事実だけを報じてなにも批評がましいことは一つも書いていないが、書いていないだけに将軍および幕府に対する期待を完全に放棄したものというべきであろうか。

松前侯は松前藩主松前崇広、元治元年十一月十日に老中になったばかりであった。立花侯は下手渡《しもてど》藩主立花種《たね》恭《ゆき》、このとき若年寄であった。

一　当地事情追々得貴意候通にて別段相替候儀も無之、近日は水藩筑葉《ママ》山に屯集之人数追々水本陣所本国寺へ到着之由、橋公にも先日より御参内差扣に相成居候由。益六ヶ敷勢にて御座候。

『国史大辞典』9によれば、元治元年三月二十七日、藤田小四郎（一八四二—六五）を中心に尊攘激派水戸藩士・郷士・神官・村役人ら六十余人が筑波山に挙兵した。挙兵に応じて集まるものは雪達磨のようにふえて四月初めには三〇〇人の集団となった。筑波激徒は七月二十四日筑波を去り、十一月一日武田耕雲斎・田丸稲之衛門・藤田小四郎らを首脳にして、衷情を訴えるため常陸国久慈郡太子村を出発した。従うもの八百余名の大軍が騎馬武者二〇〇人、一五門の大砲を引いて中山道を京都に向い、十一月二十日に下諏訪に到着している。

一　長州之一件は追々御聞込と被察略仕候。浮浪六百人計五卿押立上ノ関へ屯集いたし居、長府吉川を討との主意にて、吉川列よりも何分取鎮め出来兼候旨官軍へ御鎮静之儀願出候由、一昨日薩邸へ由来候由。

第一回征長の役撤兵の一要件であった五卿の引渡に、長州藩急進派は反対し、急進派諸隊は五卿を擁して藩庁の改革を図ろうとした。奇兵隊を始めとし御楯・力士等の諸隊は三条実美らの五卿を奉じて十一月四日山口に集った。しかし山口は防備に不便として十一月十五日、諸隊は五卿を奉じて山口を発し、十七日長府に至った。急進派の諸隊は相次いで長府に集り、総勢ほぼ二〇〇〇に達したという。五卿は翌慶応元年（一八六五）二月太宰府に移るのであるが、嘉悦の耳に入ったのはこの五卿を奉じての急進派諸隊の長府立籠りの情報であったわけである。嘉悦は聞き込んだ事実だけを伝えている。

一　昨日高崎へ寛話仕候処、全薩之論定は昨年来尽力いたし候処、益諸方之うたかいを取候迄にて、迚も当節尽力いたし候ても却て昨年之通に付、暫手を引朝幕諸藩にて心配いたさせ置、不行時節に相成候はば十分之尽力可致との論決に相成居候由。右に付小生見込は相違之儀申向、相違之稜々咄合申候処至極同意いたし、早速小松にも談合可致、依て朔日に小松宅にて十分之咄合可致候間参呉候様との事に付、何分咄合可仕筈に御座候。迚も当節は一と通り之御尽力にて被行可申事に無之、実に国家を捨てて之御覚悟に無之ては相立兼可事候。委細之儀は折角江口純上京仕候て直に小倉へ罷越候様咄合、道家よりも談合相整、一八日当地出立極早打にて罷下り、師家へも咄合之次第申上、相違之稜も有之候はば急使に申遣候様談置候間定て最早御承知と奉存候付子細は略仕候。

高崎とは高崎正風（一八三六―一九一二）のことであろう。薩摩藩士で、歌人として知られ、後に枢密顧問官となった。小松は、薩摩藩家老の小松帯刀（一八三五―一八七〇）のことで、朝幕諸藩の間を周旋し、討幕運動・大政奉還に尽力した。江口純は、江口純三郎、後の高廉で、徳富一敬の弟である。元治元年四月以来、山田・宮川らとともに滞京していた。道家は熊本藩士道家角左衛門（一八一九—一八八四）、之山《しざん》と号し、世禄一〇〇石、奉行兼用人であった。このときは肥後藩京都留守居役である。

＊代々一五〇石。但し、六代目が殺害されたため、七代目は五人扶持で相続、八代目が之山である。嘉永六年に一〇〇石。

薩藩が様子見の状況であるのに、嘉悦はきわめて積極的である。「小生見込」と書いて、自己の考えのあることを示すとともに、自己の意見を通そうとする強さと熱意がある。「当節は一と通り之御尽力にて被行可申事に無之」とは小楠仕込のものであろうし、「国家を捨て之御覚悟」とはすでに藩を越えての日本全国にわたっての見識とみるべきである。

一　宇和島・小倉之三、四人之処は余程咄合も出来申、就て小倉藩一人は余程面白き人物にて、万事無残処咄合出来申候。久留米久徳列も追々咄合申候。其他会・大垣も出会仕候へども寸斗人無しにて、事上に就て少々宛之咄合仕居申候。

嘉悦はなかなかに精力的に他藩の人物と話し合っている様子が躍如としている。他藩人に合って多くの情報を得ることは当時の最も大事な仕事であった。どんな人物にあったかわからないが、第一回長州征討の混乱の世情のなかでせい一杯の活躍をしているものと見える。

一　勝先生もいまた引入に相成居申候由。龍馬は横浜にて蒸気船相整、近々兵庫へ乗廻候由、昨日承り申候。

勝は元治元年五月十四日軍艦奉行に昇進し、神戸の海軍操練所の運営責任者でもあったが、勝は幕府に嫌われ、その職を追われることになった。勝が塾生を全国から集めて、幕府に対して一敵国を形成しようとしているとして、彼は江戸に追い返されることになり、十月二十五日京都を発った。十一月二日に江戸に帰った勝はその十日に軍艦奉行を罷免された。

坂本龍馬は五月二十九日神戸海軍操練所開設が公布されて以来、奔走していたのである。

七　第一次征長後の様子を報ずる

『国事』5、七六九頁に載せる在郷社友にあてた嘉悦の手紙がある。嘉悦は京都に在住中である。第一次征長問題で長谷川仁右衛門に従って上洛し、そのまま滞京中である。京都の状況をできるだけ、小楠および社友に知らせようとの意欲に満ちており、小楠社友の提携の密度がうかがわれるものである。日付は慶応元年（一八六五）三月二十五日である。

宛名は安場一平（保和）、吉村嘉善太、山田五次郎（武甫）、宮川小源太（房之）の四名連記となっている。在藩の小楠社友たちである。嘉悦は混乱する京洛にあって天下の情報を敏感にキャッチするとともに、これを社友に知らせる努力を怠らなかった。それはまた小楠に報ずることでもあったのである。

阿部閣老当月八日帰府、九日登城、紀州侯、十一日江戸着、両侯より委細朝廷之御模様言上に相成候処、御上坂之儀被仰出候。併急速にては無之、道中大坂表先づ用意等致居候様、右之趣伝奏衆へも相達置候様との事に御座候。松前侯も又々出勤に相成申候由、委細之事情は此節迄は相分不申候。追而可得貴意候。

阿部閣老は白河藩主阿部正外、元治元年六月二十四日以来老中職にあった。

阿部老中は二月七日、本荘宗秀老中と同五日にともに兵を率いて入京した。率いる幕兵およそ三〇〇〇、あとから歩兵隊・大砲隊が加わって八〇〇〇人にのぼったともいう。『維新史』4によれば、この二老中の入京は幕威をふたたび京都に張らんとするもので、一橋慶喜を東帰させ、京都守護職松平容保、所司代松平定敬を罷免し、諸藩主および諸藩士らの入京を禁じ、諸藩兵の九門守衛を解き、幕兵を以てこれに代えようとしたものであったという。阿部、本荘は二月二十二日参内し、親王・公卿列座の席で関白二条斉敬《なりゆき》（一八一六—七八）に言葉も荒く、将軍の上洛が遅れ、慶喜以下三役を江戸へ召還することについて叱責された。おどろいた二人は兵を率いて、本荘は二十四日下坂し、阿部も同日東帰の途につき、江戸に着いたのが三月八日というわけである。

宇和島并脇坂其他二藩に、長州大膳大夫父子受取、尾侯並大小鑑察《(ママ)》へ引渡候様との幕命有之、皆々大困窮にて有之候由。尾侯より追々右請取之儀御断に相成居、此末如何に落着可申哉。御上坂も被仰出は有之候へども、迚も六ヶ敷事と相考申候。其他相変候儀無御座、最早不遠得拝顔可申、相楽何も其節に譲置、草々申縮候。以上。

幕府は慶応元年二月二十六日、龍野・宇和島・大洲三藩に、毛利敬親父子を江戸に召致するため兵を出すよう命じている。龍野藩主は脇坂安斐である。この命をうけた脇坂は、三月十四日このことの困難なことを上書し、他の二藩もこれに同調した。尾侯は尾張藩主徳川慶勝、大監察は大目付塚原昌義のことであろう。毛利父子の江戸召致の件は結局は実現しなかった。幕府の威を示そうとしたことが、かえってその権威の失墜となってしまったのである。

八　第二次征長に反対する

藩府は慶応元年（一八六五）五月四日再び征長軍令を発し、さらに同月十二日和歌山藩主徳川茂承を征長先鋒総督に任命し、第二次長州征討を起した。肥後藩に再度命令が下り、これをめぐって肥後藩では第一次征長のときと異り対立が生じた。『嘉悦伝』に次のようにある。

其後、長州征討の命再び熊本藩に下り、藩の執政また之を受く。先生等藩論の動揺常なきを慨し、再征の挙甚だ不可なるを論じたるも、又遂に容るる所とならずして従軍せり。斯くて交戦数次の後、同藩の将長岡監物等続いて長州と戦ふを屑しとせず、旨を幕府の総督に告げ、兵を収めて帰藩したり。されば藩の俗論大に沸騰し、長岡・溝口の両氏の職を褫ぎて罪を問ふに及び、先生等主として其不当を難論す。横井小楠翁亦先生等を励まし、卿等若し家老大木に談じて聞かれざれば、宜しく大木を斃して自尽すべしと。遂に先生等の正義容れられ、藩は両氏の罪を宥して其職を復せり。（一二一頁）

第一次征長で長州の非を明かにするため征長を主張した嘉悦であったが、第二次征長では、再征に反対した。しかし、肥後藩政府は再征の幕命に従い、慶応二年（一八六六）六月十一日一番手備頭溝口蔵人を豊前表へ向い熊本を出発させた。二番手側頭の長岡監物（是豪）は再征に反対で、藩政府に対し建言し、征長の非なる所以を述べ、第二軍帥の任を辞したいと申出た。「列藩人心一人も長征之心無之、一図ニ皇国之御根本を相固メ候半との誠念一轍」（『国事』6、六八五頁）というのが建言の主旨であった。しかし、藩政府はこれを受けつけず、かえって速かな出発を命じたので、長岡監物は六月二十六日二番手備頭として熊本を出発、小倉へ向った。嘉悦は八番組組脇として従事した。

七月十七日長岡は関老小笠原長行に会い、「今日各藩速不出兵、出亦寡少、勢不競、依基本不立、雖松伯州紀惣督至小倉恐無成功」（『国事』6、七六三頁）と思われるので、速に大坂に諸侯を集め諸侯会議を行い、人材の登用をはかるべきであると建言したが、これは小笠原の怒りを買って斥けられた。長岡は事態の収拾に努力したが、幕吏の言動は虚喝を主とするのみで、征長についての大本を確立しようとする態度はいささかも見られなかった

（『国事』6、七八五頁）。七月二十七日にはついに所謂小倉戦争が起り、肥後藩の守兵は襲来した長州勢と戦い、これを退けることができた。長岡は戦終り直ちに急使を派して戦争の状況を報じ、増兵を要求して戦後の態勢をまとめたが、ついに戦争の無意味を痛感して、三日後の七月三十日溝口蔵人とはかり兵をおさめて、小倉を去り帰国の途に就いた（『国事』6、八三九頁）。「迚も此侭ニ而ハ無謀ニ陥リ候迄之事ニ付」（同上）というのがその理由であった。そして八月八日、九日の両日にわたり肥後藩兵はすべて小倉より熊本に引上げを終った（『国事』6、八九〇頁）。嘉悦もこのとき熊本に帰着したものと思われる。

ただ、『嘉悦伝』にいう「藩の俗論大に沸騰し、長岡・溝口の両氏の職を褫ぎて罪を問ふ」一件は、これを『国事』に探すのがその記事見当らず、また熊本大小肥後藩政研究会『幕末肥後年表稿』にも載せていない。したがってこれに関わる一件は『嘉悦伝』のままとしておく。

小楠の動きについても、なにも資料はない。彼の手紙のなかにも該当するものがなく、『伝記』にもその事の記述はない。大木についても、あてはまる記述がない。『肥後読史総覧』上にのせる「肥後藩主要役職員」を調べても、慶応二年頃の家老職に大木姓のものはいない。備頭（大頭）に大木織部が慶応二年八月から翌三年六月まで就任している。『嘉悦伝』にいう「家老大木」とは、この大木織部のことであろうか。

九　肥後征討を鎮める

明治初年に熊本藩にとって一大危機が訪れる。新政府に討肥論がおこるのである。『嘉悦伝』一三頁に次のようにある。

朝廷に於ては、熊本藩が王政復古の業に尽瘁する所少なくして、且つ佐幕の藩論漸く熾んなるを名とし、薩藩主として肥後征討の議をなすあり。暗澹たる風雲将に銀杏城に襲ひ来らんとす。是に於て乎藩命先生に下り、留守居役の名儀を以て早打にて長崎に到り、以て善後策を講ぜしむ。先生仍って、内は藩の執政米田監物、大田黒惟信等と通じて叛徒の機先を制し、外は長崎在勤の沢公、並に野村素助等に陣弁し、肥後征討の廟議遂に止むこととなりぬ。

中央政府に「肥後征討」の議があったことについては元田永孚も書きとめている。元田の自伝『還暦之記』(元田文書研究会『元田永孚文書』第一巻、昭和四四年)一一三頁に、「討肥の挙アリト云ヲ聞クニ至レリ」といっている。「佐会論ノ藩議ヲ誤リ、討会ノ役ニ一兵ヲ出サス。君公ノ上京時日ヲ遅延スル」の三点をあげて肥後藩の誤りを悔責している。肥後藩主細川韶邦が熊本を発したのは明治元年(一八六八)九月二十七日、京都の藩邸に入ったのは十月九日であった。若松城落ちて、九月二十二日会津藩はすでに降伏していた。この肥後藩の曖昧な態度に中央政府で討肥論が起こったというのである。この善後策を講ずるために嘉悦が長崎に派遣されたということであるが、これについては『嘉悦伝』余録三七頁に、「明治二年先生が長崎留守居職在任のとき」とあり、また五八頁には、「明治元年七八月の頃、先生は長崎公用人として熊本藩の全権大使とも云ふ可き要職を帯びられた」とある。一方は「明治二年」といい、一方は「明治元年」といって食い違うが、これは元年から二年にかけて嘉悦が滞在したと解すべきであろうか。

ここに野々口為志が長崎在住の嘉悦に送った三通の手紙がある。

1 明治元年六月十四日付。(『国事』8、七四五頁)

2 明治元年六月二十二日付。(同上書、七六五頁)

3　明治元年六月二十四日付。(同上書、七七六頁)

この三通の手紙によれば、嘉悦が長崎に派遣された年は明治元年であることがわかる。しかし、それが「七八月の頃」というのも、多少の食い違いとなっている。右の三通の手紙で、明治元年六月前後に嘉悦が重要な任務を帯びて長崎留守居職、あるいは長崎公用人の職についていたことはまちがいない。それがいつからいつまでか、現在の資料では決めることができない。* 嘉悦は長崎に出向くにあたり、一番気掛りであったのは熊本藩および藩庁の動向であったろう。それで嘉悦は野々口為志にその動向を知らせるよう依頼していったのであろう。あるいは野々口の厚い友情によるものかも知れないが、熊本藩の存廃にかかわる重大事であるだけに、野々口は叮嚀に細かく知らせているのである。その文面によれば、この三通のほかにも何通か送っているようである。こういう社友の援助の背景をうけて、嘉悦は充分の働きをすることができたであろう。小楠社中の連携の細やかなることを知ることができる。野々口の手紙の紹介は野々口の項にゆずる。

＊明治元年五月～明治二年八月。

「沢公」は沢宣嘉(一八三五―七三)、三条実美らとともに尊攘派公卿として活躍、七卿落の一人でもあった。明治政府の参与、九州鎮撫総督等をへて外務卿となり、明治初年の外交を担当した。野村素介(一八四二―一九二七)は萩藩士、文部大書記官・元老院議官・貴族院議員を歴任した。

嘉悦は事あれば、これが解決にあたらせられ、よくその期待に副いえたことになるが、それだけ有能な士として手腕を発揮したとみるべきであろう。

一〇　官途につく

『嘉悦伝』一四頁に、嘉悦が官途に就いた記事がある。

同年四月先生も亦朝廷の召命に依りて上京せり。五月民部省に召され、監督大佑に任じ、七月民部省大蔵庶務大佑に転任し、九月又陸中の胆沢県大参事に任ぜらる。

同年とは明治三年（一八七〇）のことである。『国事』10、五一三頁に次の辞令が出ている。これで嘉悦が中央政府任官したことは間違いないが、どんな事情で中央政府に勤めることになったかは明かでない。

熊本藩

其藩嘉悦市之進儀任監督大佑候条此段相達候事

庚午五月

民部省

『国事』によれば、それは明治三年五月二十四日のことであった。民部省監督大佑として嘉悦がどんな働きをしたかについては、詳細を知ることができない。しかも、嘉悦が民部省の役人であったのは四カ月のことであるから、なに程のことも出来なかったのではないか。『嘉悦伝』一四頁には、「先生斯くて中央官庁に止まること数閲月にして地方官に転じ、未だ其の才を傾けて経綸を施すの機なしと雖、能く政務を釐革して治績を挙げたる点に於ては、上下嘆服して措かざりし所なり」と書いているのでそれ相応の働きぶりであったのだろう。そして十月安場保和の後をおそって胆沢県大参事の職に転じた。『岩手県史、第六巻、近代篇Ⅰ』七三四頁に嘉悦着任の簡単な記事がある。

安場大参事儀、依御都合ニ去月一八日免職帰藩被仰付、同月一七日嘉悦庶務大佑当県大参事宣下、昨一二日着県相成候ニ付此段及布告候条、小前末々迄無洩可示者也

庚午一〇月一三日

磐井郡東山村々肝入検断共

安場保和は右文章によれば、九月十八日胆沢県大参事を辞して、十月三日熊本藩権大参事試補を命ぜられている。(『国事』10、六三三頁) 安場は遅まきながら熊本藩の実学党政権に参加していったのである。大参事細川護美、権大参事米田虎雄等の次にあたるから、高い地位である。安場に対する期待が大きかったことがわかる。

嘉悦はその安場の後を受けて胆沢県大参事となった。これは安場が同門の嘉悦へ後事を托したのであろう。嘉悦としては安場の頼みであるから快く引きうけたのであろうが、また同県には少参事として同門の野田豁通、少属(後に大属)として徳永昌龍が勤務しており、嘉悦は躊躇なく水沢に赴任したことであろう。

嘉悦は大参事といういわば次官の地位にあったわけであるが、胆沢県は明治三年五月十九日権知事武田敬孝辞任後は知事を補佐していなかったので、大参事が同県の最高位であったため、嘉悦は実質上の知事であった。彼は着任以来民政に専心したと思われる。その民政重視の態度を偲せる資料として嘉悦が中央政府に建白した建議が残っている。この「地租軽減ノ建議」は、現在大蔵省財政史編纂室に所蔵されている。「松方家文書目録」第三四冊の一に含まれているものである。これが、どのような事情で執筆され、建議されるまでになったか未詳であるが、嘉悦の真意はあますところなく吐露されていて、さすがに良二千石の器であると思わせるものがある。日付は明治四年(一八七一)三月である。野田・徳永も相談にあずかったであろうと思われる。

地租軽減ノ建議

膽沢県大参事臣氏房昧死再拝

謹而言上仕候。臣材質駑鈍誤而重任ヲ蒙リ、一県数万ノ民ヲ管セシム。夙夜戦惶、俯而黎元ヲ育撫シ、仰テ天意ニ報セント欲ス。然ニ昨冬入県後、治下数村ノ民党ヲ結テ、暴騒擅ニ其情意ヲ伸ントス。庶官員収撫ノ力ヲ尽シ候ニ由リ、速ニ其巨魁ヲ逮捕シ、其党与ヲ説諭シ、今既ニ鎮定業ニ皈ス。昨冬来親ク不民ノ情ヲ目撃シ、竊ニ政令ノ得失ヲ考憂懼ニ堪ヘス。是ヲ以テ敢テ階下ニ来陳ス。

夫蠢々ノ民叛乱不羈之事ヲ好ムニ非ス、只衣食ノ急ニ迫リ、天威ノ尊厳ヲ忘レ、其情願ヲ遂ケントスルノミ。其暴ハ罰ス可シト雖トモ、其情ハ悪ムヘカラス。倩以ルニ奥羽ノ諸郡丘戈ノ余、加フルニ一昨年ノ凶歉ヲ以テス。昨年纔ニ熟スト雖トモ、未タ前日ノ窮乏ヲ償フニ足ス。是ヲ以テ貢納ノ余、老ヲ養幼ヲ育スルニ足ス。今春既ニ藁ヲ刻テ食トスルニ到ル。是其情可察ナリ。又顧ニ旧幕府政ヲ失、諸藩モ亦是ニ效、此ヲ以テ民久シク困苦ヲ積ミ、世道一変ヲ欲望スルノ時、御一新ノ治トナリ、兵災凶歉ニ遭逢シ、窮急飢餓ノ民ハ既ニ賑恤ノ恩典ヲ以テ一時ノ急ヲ脱スルコトヲ得。此ヲ以テ天意愛民ノ実下ニ徹シ、希クハ朝廷ノ恩波ニ浴シ積年疲窮ノ患ヲ洗ハント、皆欣々然トシテ新令ヲ待ツ。然ルニ昨年ニ到レトモ、事旧慣ニ因襲セラルルノミナラス、往事私即今県治ニ皈スルノ地ハ、遠ク東京ヲ差シテ租米ヲ運輸スルノ一病ヲ増セリ。只是ノミナラス、如此ノ類往々有り。是民ノ望ヲ失ス第一ニ御座候。

抑昨年来所々暴動多クハ租税ニ本ツクト聞ク。夫レ民ヲ育スルノ本ハ食ニ在リ。食無クンハ何ヲ以立ンヤ。或ハ云、租税ヲ薄クスレハ、民恩ニ馴レ、益飽ク事ヲ不知。故ニ厳督シテ其望ヲ許ス可カラスト。是レ民間ノ情実ヲ親視セサル者ノ説也。蓋人ノ尊親スル所ハ、父母ニ如クモノ無シ。愛着スル所ハ妻子ニ如クモノ無シ。父母病スレトモ薬ヲ進ムル事ヲ得ス。妻子飢寒ニ迫レトモ衣食ヲ与フル事ヲ得ス。然ノミナラス妻ヲ離別シ、子ヲ鬻キ、以テ貢納ニ供スレトモ足ス、猶官ノ督責ヲ免レス。蠢々ノ民モ暴動必ス罰有ル事ヲ知リ、流亡必ス寄托無キ事ヲ知ル。是故ニ目前飢寒ニ迫ラサレハ、何ソ好テ暴動ニ到ランヤ。況飢寒ニ迫ラサルモノ飽ク事ヲ不知ノ弊ヨリ犯乱ニ到ル無キ事明也。

若シ夫レ暴動ノ民ハ捕殺ヲ加ヘ、流亡ノ民ハ招撫ヲナサスンハ、千里ノ沢野モ荒無トナリテ、何ソ一弾ノ赤地ト異ラン哉。又曰地方ノ官其見ル所ニ泥ミ、天下ノ大計ヲ量ラス、且乱民ノ煽音𫋇ニ怯懼シ、姑息ノ事ヲ施スト苟モ、重任ヲ一方ニ蒙ル者、朝廷ノ御趣意ヲ奉シ、其所管ニ及サントハサルハ無シ。豈天下ノ大計ヲ不顧シテ、我所管ノミ私ス可ンヤ。

朝憲ヲ奉スルト、私恩ヲ沽ルト、孰レカ軽重、天下ト一身ト孰レカ軽重ヲ弁セサル無シ。任ニ当テ何ソ死生ヲ顧ン。彼ノ論者ノ言ハ、多ク地方官ヲ督責ノ意ニシテ、条理ヲ誤レリト云ヘシ。若シ又今弁スル所ニ反スル者ハ、速ニ黜罰ノ典ニ処セラルルニシカス。一人ノ官員ヲ以テ推テ皆然リトスルハ亦甚シカラスヤ。故ニ今日ノ急務タルヲ以テ、此嫌ヲ不顧敢テ言上仕候。

竊謂、奥羽ノ地本厚沃ナリト雖トモ、天保度ノ凶荒ヨリ民疲弊ヲ極メ、重ヌルニ近年又豊熟ヲ不得コト既ニ六年、加之兵災ヲ以テス。故ニ民心只飢餓ヲ免レンコトノミヲ憂ヘテ、嚬蹙嗟嘆ノ声ノミニシテ、力ヲ農事ニ竭スノ気勢無ク、地漸々瘠疲シ、古ノ厚沃今ハ極瘠トナレリ。是故ニ此情一変セサレハ、如何ニ勧農力田之政ヲ施スト雖トモ行ルヘカラス。昨年上膽沢ニ六百石ノ拝借米ヲ被渡下、是ヲ以テスラ人心聊発揮ノ躰アリ。因テ今願ハ、一年ノ半租ヲ除カンコトヲ。然ルトキハ衆情頓ニ変リ、欣然奮励致スヘキハ必然ニ御座候。古ヨリ奥羽ノ地ハ僻遠ニシテ奸雄割拠ノ巣窟トナリ。王化ニ潤フコト少シ。今ノ時ト雖モ自然其習染ヲ免カレス。故ニ一段ノ政治ヲ尽ササレハ、此風俗ニシテ加フルニ民力竭ク。如何トモスヘカラサル境ニ御座候。

此地一度開クル時ハ沃壌千里、実ニ皇国ノ倉庫トモ可由乎。一旦利ヲ捨テ永久ノ基礎ヲ開カセラレ度、如此ニシテ治ラサルハ地方官ノ責ナリ。今ヤ此ノ疲迫ノ人情一変セサルノ際、実ニ政治手ヲ下スノ地ニアラス。官権ヲ以テ是ヲ督シ、兵威ヲ以テ之ヲ伏ストモ、駑馬ニ鞭チ駿足ノ跡ヲ逐フカ如ク、半途ニシテ斃レンノミ。且夫レ税法ハ人心第一ノ関係ニ候得ハ、奥羽ノ地ニ限ラス、天下一般公平至当之規則御建立可有之コトナカラ、西洋各国之地税概略其地理ノ二十五分ノ一ト聞ク。故ニ今俄ニ万国ニ亘リ平当ノ税則ニ改ラレ難キ事情モアラン。依テ先ツ仮ニ今時ノ正租ノミト改ラレ度奉存候。天下ノ大計ヲ考候ニ其詳悉竭サスト雖トモ、今正税ノミノ貢トナサレ候トモ、御国計不足ノ義ハ有之ヘカラス。譬エ聊不足アリトモ民散シ地荒レ候ハヽ、国何ヲ以テ御立可有之哉。民繁殖スレハ山阪海曲モ漸々良田トナリ。歳入亦歳々ニ増シ、国計月々ニ饒カナラン。是レ富国ノ基本、臣懇願至ニ不堪。仰願クハ偏見トシテ不被捨御採用被為在度、謹テ下情ヲ布陳シ、敢テ管見ヲ述フ。固リ越職之罪逃レ難ク、恐懼ニ不堪ト雖トモ黙スルニ不忍、猥リニ建議ス。罪万死。誠恐頓首。

辛未三月　　膽沢県大参事　嘉悦氏房

この「地租軽減ノ建議」を読んですぐ思い出すのは、熊本藩の明治三年（一八七〇）の藩政改革の第一着手であった雑税廃止の布告「村々小前共へ」である。その考え方、その対策があまりにも似ていることである。というより、嘉悦がここで言っていることは、熊本藩の窮民救済対策の雑税廃止政策を手本としているといってよいのである。

嘉悦はこの建白書の終りの方で、「依テ先ツ仮ニ今日ノ正租ノミト改ラレ度奉存候。天下ノ大計ヲ考候ニ其詳悉竭サスト雖トモ、今正税ノミノ貢トナサレ候トモ、御国計不足ノ義ハ有之ヘカラス」と書いて、税は、「正租」

のみ、すなわち雑税は廃止することを主張しているのである。これは熊本藩布告の、「今直に本免をくつろくることを得」ないが、上米、口米三稜・会所並村出米銭の三種類の雑税は、「右稜々を差ゆるしぬ」として廃止を宣言したのと同工異曲である。まさに雑税廃止の大宣言であった。嘉悦はまったくこの熊本藩藩政改革の大方針を踏襲したのである。熊本藩でこの大改革が実施されるについては、「大評議」があったのである。明治三年六月二十三日「城中に於、耕地・宅地・租税改正之大評議有之」(『肥後文献叢書』別巻『肥後先哲偉蹟(後編)』)この「大評議」の結果、異論もあったが、小楠門下がほとんどこの「大評議」では結局可決されたのである。この「大評議」では徳富一敬・山田武甫が指導権を握ったようだが、嘉悦は明治三年五月二四日の中央政府の民政省監督大佑に就いていてこの「大評議」には参加していなかった。しかし、雑税廃止布告が七月に公布されたことは知っていたであろうし、いわんやこの雑税廃止方針が「小楠翁在世之持論、正租迄にて諸掛雑税解放論」(前出『肥後先哲偉蹟』)であるならば嘉悦とて心身にしみこんでいたのであろ考え方であったということができよう。「民繁殖スレハ山阪海曲モ漸々良田トナリ、歳入亦歳々ニ増シ、国計月々ニ饒カナ」ることが、「是レ富国ノ基本」であるとの基本観に立っているのである。そして、この「富国ノ基本」観こそ、小楠の「在世の持論」であったのである。嘉悦の基本観念のなかに小楠のそれがあることを明瞭に知ることができるであろう。「富国ノ基本」に民の「繁殖」を考えている視点は、初めの部分にある「民間ノ情実を親視」する視点に通うものであろう。「民間の情実ヲ親視」する視点こそ治者の大事な視点であることはいうまでもないことであり、小楠が『国是三論』に「政事といへるも別事ならず、民を養ふが本体にして」という視点を受けつぐものである。

嘉悦が「民間の情実」をどのように「親視」しているかといえば、それにつづいて嘉悦は、「父母病スレトモ薬ヲ進ムル事ヲ得ス。妻子飢寒ニ迫レトモ衣食ヲ与フル事ヲ得ス。然ノミナラス妻ヲ離別シ、子ヲ鬻キ、以テ貢納ニ供スレトモ足ス、猶官ノ督責ヲ免レス」と書いて、窮民の窮状に対して無限の哀情を寄せている。これはかの布告のなかに書かれた「中にも百姓は暑寒風雨もいとはず、骨折て貢を納め、夫役をつとめ、老人子供病者にさへ暖に着せ、こころよく養ふことを得ざるは全く年貢夫役のからき故なりと、我ふかく恥おそる」と全く同じではないか。この窮民に対する「親視」の視点は、小楠より受けて弟子達に固く守られている考えであろうと思われる。熊本の本拠にあっては、実学派政権が小楠の「在世の持論」を実行し、他郷に出ては他郷の民にまた小楠「在世の持論」を実施するのである。これは嘉悦だけのことではない。執賀権令になった山田武甫にしてもそうであり、嘉悦の先任であった安場保和にしてもそうであった。

それにしても、どうしてこのような建白となったか。その直接の関連を示す資料は見当らないが、嘉悦は着任早々大変な事件に遭遇している。それが原因となったと思われる大事件であった。『嘉悦伝』(余録)四三頁に記すところである。

同年(明治三年――引用者)十月元胆沢県に知事として赴任し、其庁務に接するや周到綿密にして毫も漏らすなし。適々同年冬、管下磐井郡千厩在某村に於て、租税に関して村民不穏の挙ありたるの時、先生は属僚二、三を率ひて鎮撫の為め出張し、村民を召集したるも容易に来集せず、再三督促して漸く夜に入りて集合したるより、先生は結党して強訴をなすの不可なることを説明し、改悛の実を挙げんことを痛切に説諭せられしも、彼等村民は頑として肯かざるの状あるより、当時属僚たりし多賀義行氏は、突然起て巨魁と思はるる寅某なる者を捕り押さへんとするや、衆民乍ち声援蜂起して石礫又は木片等を擲ちて、将に其出張先なる里正の家屋を破壊せんとするの勢ありたり。属僚の一人公憤の余り、抜刀して民衆に向って突撃せんことを乞ひしも、先生は堅く之を峻拒して、暴を以て暴に交ふるは吾之を採らず、況んや無事の民をやと、理非明晰に説諭する処ありたれば、一同其高説に服し、終に衆寡敵せずして該家を退去したるが、途上に積雪尺余、両脚凍傷に罹り、帰庁後歩行意の如くならざりしも、忠実なる先生は下僕等の背を藉りて出勤し、一日も庁務を惰りたることなかりき。

右の文中に示す事実があったとすれば、嘉悦が胆沢県大参事として着任したのは明治三年十月十二日のことであり、事件が起ったのが「同年冬」ということなら、着任後二カ月が経つか経たないかといった時であろう。まだ胆沢県の治情・民情にも通ぜず、東西もわからないという時期ではなかったかと思う。また考えてみれば、この事件勃発の動因は前任者安場時代に起っていたことであろう。その点は安場から嘉悦に引きつぎがあったであろうし、それだけの覚悟は嘉悦にもあっての赴任であったろうと思われるのである。安場も禍因を抱えていることはわかっておりながら、後任者に引きうけさせることは不本位であったろうが、その後任者が嘉悦であれば幾分気持も安らいだことであろう。あるいは安場が切に嘉悦に後始末を依頼したのかもしれない。その間に野田・徳永がどんな役割を果したかは今のところ未詳である。

右の引用文中、「況んや無事の民をや」の一言、嘉悦の政治姿勢を顕示して余りあり、痛切に心打たれるところである。彼がまさしく良二千石であるとともに、小楠の学を深く承けていることに思をいたすのである。小楠は良い弟子を得て、その弟子によってその学風を世に弘めることができているのである。

右の事件がおさまって、翌四年三月嘉悦は建白書を出しているのである。右の事件が原因となって建白書となったと考えて間違いないと思うが、この建白書のなかに真実感がこもっているのは、嘉悦が自ら体験したためであったといえよう。しかし、この建白書の効果があったかどうかは、私には今のところ不明である。

嘉悦が水沢での治績の一つは、育英であったといってよいだろう。嘉悦が育英に熱心であったことは、『嘉悦伝』余録四四頁のなかで次のように紹介している。

毎朝多くの子供に大学又は其他の経書を講じ、而して其傍ら生徒の甲乙に向って章句の意義を質問し、其服膺と実践とを修練せしめ、随て先生の門下に入りし者の学力と性格は、他の学者の養成と全然其趣を異にし、真摯切実に啓発誘致の功を挙げんことを期せられたり。

前出の三浦克子氏はその著述のなかで、嘉悦は「閉鎖になっていた藩校『立生館』を開いて『郷学校』とし、毎朝少年達に『大学』その他の経書を講じたと伝えられている」(前出書、一四頁)と述べていられるが、嘉悦はそれほどに育英に心したというべきか。日本の将来を考えてのことであろうが、水沢三秀才育英のことはあまりに有名である。

『嘉悦伝』一五頁に次のようにある。

頃しも彼の後藤新平、斎藤実、山崎為徳の三氏の如きは、未だ白面の少年にて庁内に刀筆の吏たりしが、先生早く既に三氏の才気を愛し、時の少参事野田豁通及び安場保和氏と計りて、勉学精励の便宜を給せしが、果せるかな三氏は栄達世を驚かすの人となれり。

水沢の三秀才は安場・嘉悦・野田三人の眼をつけるところとなって世話をしたが、後藤は特に安場の引くところとなり、後に安場の女婿となり、初代満鉄総裁・逓信大臣・内務大臣となった。斎藤は海軍に進み海軍大将・海軍大臣・朝鮮総督となり、五・一五事件のあとをうけ挙国一致内閣を組織した。嘉悦が深くかかわることになるのは山崎少年であった。嘉悦が熊本県少参事に就任したのは明治四年九月三日となっているが、熊本洋学校が設立開校したのはつい二日前の九月一日であった。山崎は第一回生として、その洋学校に入学している。これは明かに嘉悦、ないしは安場らの引きによることである。あるいは嘉悦が熊本に赴任のとき山崎少年を伴い帰ったのかも知れない。ともかくこのような事情がなかったら、いかに他県からも来校者があるといっても、岩手県という遠くからわざわざやってくることはなかったであろう。

熊本洋学校は熊本実学党が熊本藩藩政改革の一環として断行した教育改革の一つであって、教師をアメリカからまねき、三十五歳のジェーンズは、すべての教科を自分一人で教えるという徹底した洋学校教育を行った。しかも最初から終りまで英語教育で貫き、日本語は一切用いなかった。一学年五〇名定員の四学年制の二〇〇名程度の学校であったから、師弟の情感は相交って希にみる長い校風を生みだしたようである。熊本県内からの生徒が多かったが、他県からも名を聞いて来校したので、なかなか秀才の生徒たちが集った。そのなかでも山崎は成績がよく、各教科の試験の成績は常に上位にあった。後に京都の同志社に学び、卒業後は同志社の教授までになったが、身体をこわし不幸にも三十歳にも達せず没した。もし山崎が斎藤実や後藤新平のように長寿にめぐまれたら、一代の碩学か大教育者を日本は持つことができたであろう。

わずか三人の学生の教導であったが、この人たちが後に日本の運命を動かす人物となったことを思えば、嘉悦らの残した育英の業の大きさに驚くのである。

一一　実学党政権に就く

嘉悦は、明治四年（一八七一）九月三日、熊本県少参事に転任した。社友たちがつくり上げた実学党政権にやっと帰ってきたのである。社友中でも安場保和や山田武甫たちと並んで社友中の指導的存在である嘉悦の帰郷は早くから待たれていたことであった。嘉悦が安場の後をおそって胆沢県大参事に就いたのは、前任者安場との深い約束があってのことであったろう。後事を托するには嘉悦以外にはないぐらいの思い入れが安場にはあっただろうし、嘉悦にも親友の請をことわることはできなかったのであろう。

嘉悦が熊本県少参事に就任したときは、旧熊本藩が熊本県、旧人吉藩が人吉県と改称（明治四年七月十四日）されたばかりのときであった。廃藩置県で知事細川護久、大参事細川護美はすでに熊本を去り、権大参事も多くは職を去り、安場も中央政府に転じていた。嘉悦が帰熊して二カ月後に、熊本県と人吉県は新しく編成されて、熊本県と八代県に分れた。八代県には大田黒惟信が十一月十四日八代県参事として赴任した。参事ではあるが、八代県の最高官であるから実質上の八代県知事である。翌明治五年四月に嘉悦が八代県権参事として赴任した。明治五年六月十四日に熊本県は白川県と改称し、さらに六年一月十五日には白川県は八代県を吸収して白川県と称し、今日の熊本県とほとんど同一の地域となった。

このとき白川県は参事山田武甫・権参事嘉悦氏房と小楠門下生二人によって牛耳られたのである。ところが明治六年五月三十日旧土佐藩士安岡良亮が白川県権令として中央政府から派遣されてきた。もとより実学派政権の追い落しのためである。山田・嘉悦らと安岡は当然対立する。『嘉悦伝』一五頁は次のように伝える。

権令安岡良亮の施政、徒に破壊主義を執りて民情の如何を顧みず、人心恟々として、其堵に安ぜざるあるを以て、先生権令に説く施政の改善を以てすと雖、彼飽くまで非を遂げて矯正の法を取らず、先生到底其蒙を啓くべからざるを知り、遂に冠を挂けて位記を返上し、悠然として野に下れり。

こうして明治六年末には白川県庁から実学派はほとんど一掃されてしまったのである。

実学派政権は明治三年から六年までわずか三年間の存在にすぎなかった。その画期的な業績については省略するが、実学派政権が存続し、近代日本の基本となってその目的・方針が遂行されていったなら、ずいぶん違った近代日本が実現されたであろうと思われる。その公議主義・富国安民・平和主義の小楠の思想が近代日本に持続されていったならと思われるのである。

一二　広取学校を開校する

嘉悦の育英・教育への熱心は、西南戦争後の荒廃を見て立校へと急いだ。嘉悦の学校に学んだ後の京都同志社長原田助は当時を説明している。

西南の役、熊本の学界は一時荒涼を極め、幾多の青年は方針に迷ひ、学芸漸く衰へんとするに際し、卓識なる先生は、乱未だ全く平かならざる同年十月に於て、直に自邸に英学塾を設けて、此等の青年を収容し以て育英に勉めたり。

（『嘉悦伝』五二頁）

右にいう「英学塾」とは広取学校のことである。嘉悦は、託麻郡本山村四七八番地（現熊本市中央区本山）の三〇〇〇坪余の敷地内の一隅を提供して、校舎を建てた。明治十年の秋ごろは西南戦争の余燼消えやらず、九年に出発したばかりの県立中学校の千葉中学校、八年の仮師範学校も再開のめどが立たず、私学・私塾の再出発も容易でなかった。ことに明治四年から九年九月まで続いて多くの影響を残した熊本洋学校の復興は強く要望されていた。洋学校閉鎖当時生徒であったもので、熊本に在住しているものはかなりいた。彼等は洋学教育の再開を願って、洋学校第二回卒業生福島綱雄のところに集った。広取学校設立の機運は高まり、洋学校設立のときその中心となって設立に努力した、やはり横井実学派の一人である野々口為志が斡旋者となって、嘉悦や林秀謙らに働きかけ、ここに広取学校設立の運びとなった。学校が出発したのは明治十年十月であったが、県の認可は十一年九月に降りた。正式認可を受けて、同年十月二十一日開校式をあげた。その開校式の席上、嘉悦は広取学校総代として、林秀謙・野々口為志と連名の祝詞を読んだ。ここは山本十郎編『肥後文教と其城府の教育』（熊本市教育委員会、一九五六年、四四六頁）に載せるものを引用する。

祝　詞

嗚呼偉ナル哉、学問ノ道乎。夫レ之レニ頼ッテ学フトキハ、知識上達シ聡明開発ス。若之レニ頼ラザレバ知識否塞シ聡明晦朦ス。蓋シ人ノ賢愚ナル、国ノ文明野蛮ナル、其ノ原皆此ニ因由セリ。故ニ方今宇内各国主トシテ興学ヲ務メザルハナシ。本邦維新ノ後百度惟改マリ、就中学制ヲ改良シテ之レヲ全国ニ頒布シ、人民学ニ進ムノ方向ヲ定メ、専ラ知識ヲ進メ聡明ヲ開キ、外ハ以テ万国ニ対峙シ、内ハ以テ人間本分ノ権利ヲ伸シメント欲ス。然リ而シテ洋学モ亦弥盛大、人民競フテ之ヲ学ブ者枚挙ニ遑アラズ。是レ他ナシ、諸科ノ学アッテ皆其ノ実果ヲ得ルノ学ナレハナリ。抑洋学ノ本邦ニ入ルヤ遠ク、其ノ濫觴ヲ尋ヌルコト能ハズト雖モ、独旧幕府其ノ道ヲ得テ、人民未ダ普ク之ヲ学ブヲ得ザリシモ、大勢ノ将ニ変セントスルヤ、其ノ末世ニ至リテ各藩皆競フテ此学ヲ求メシモ、終ニ其ノ結果ノ盛且大ナルヲ見ザリシカドモ、維新後ニ至リメ此学愈盛ニ愈進ミ、航海・電信・兵事・耕業・鉱山・汽車等ノ実果ヲ結フハ、此学ノ大ニ著明ナルモノナリ。本県元洋学校ヲ設ケ、維新ノ際旧藩主奮テ教師ヲ海外ニ招キ、黌舎ヲ新造シテ生徒ヲ募集シ人材ヲ鋳造セント、規模ヲ遠大ニ謀リ漸々基礎将ニ成ラントシ、終ニ五年ノ星霜ヲ経テ変遷廃絶ス。当時吾輩潜ニ思ヘラク、洋学ノ本邦ニ盛ナル時、未ダ幼稚ニシテ老来ノ期今ヲ以テ判スベカラスト雖モ、苟モ愛国ノ心アル者豈能ク徒爾スルノ時ナランヤ。是ニ於テ吾輩奮然タリト雖モ、年已に逝キ身自ヲ学ニ就クヲ得ズ、寧ロ此ノ廃絶ノ校ヲ興シ広ク後生ノ開眼ヲ謀ルニ如カズト。幸ニ福島氏ノ有ルアリ。氏元ト洋学校ニ入リ、業ヲ外国教師ニ受ケ全科ノ業ヲ終レリ。故ニ氏ヲ労シテ一校ヲ開カントス。氏モ亦之レヲ諾ス。官ニ請フテ書籍ヲ求ム。官モ亦之レヲ貸与セラル。是ニ於テ新タニ一小舎ヲ建築ス。棟素ヨリ高カラズト雖モ、以テ宜シク跼坐スベシ。梁素ヨリ広カラズト雖モ、以テ十数人ヲ容ルルベシ。結構素ヨリ美ナラズト雖モ、以テ宜シク雨露ヲ防グベシ。此ノ校ニ坐シ以テ語学ヲ講明シ、以テ広ク知識ヲ世界ニ取ラント欲ス。是レ広取学校ノ名称ヲ生ズル所以ナリ。古語ニ曰ク、規模ハ大ニシテ小心ヲ尊ブ、ト。空ク高山ヲ仰ガンヨリ、寧ロ歩ヲ麓ニ運フニ如カズ。是レ吾輩憤然爰ニ従事スル所以之微意ニシテ、聊爰ニ基礎ヲ開キ、以テ盛大ヲ他日ニ待ツモノ也。謹テ祝ス。

明治十一年十月廿一日

広取学校結社総代　嘉悦　氏房

林　秀謙

野々口為志

この「祝詞」をだれが書き、開校式でこれを読んだのはだれかも明かでない。「祝詞」の下書きは嘉悦が書き、それに林、野々口が目を通して出来上った「祝詞」を嘉悦が読みあげたと見るのが順当であろう。これらの事業をもり上げて完成まで持っていく指導力と行動力は、嘉悦が横井実学派のなかでも中心であった。嘉悦に並びうる人は山田武甫であった。山田は政治的指導者としてリーダー格であった。この二人に桔抗し得る人物は安場保和であったが、安場は早くから中央政府に入り、熊本を離れている。

「語学ヲ説明シ、以テ広ク知識ヲ世界ニ取ラン」との目標をかかげた広取学校では、教則によれば、「教授ハ専ラ英語ヲ以テスルヲ本務ト」するとあるが、これは熊本洋学校教育の継承と考えてよい。一学級を六カ月とし、六級三年制の学校で、教師は福島綱雄一人であった。これも洋学校がジェーンズ一人で運営されたのにならったのである。

それでは広取学校の実際の教育の実態はどうであったか。この広取学校に学び、後に熊本電気株式会社社長となった紫藤章は次のように回顧している。前出『肥後文教と其城府の教育』四四五頁に載せるものである。

広取学舎は名は学校なれどもその実は純然たる家塾にして、嘉悦先生の邸内に設けられ、其の居宅と相接し、講堂・寄宿舎・食堂などと劃然たる区別あるにあらず、単に教室を設けて、或時は講堂となり、或時は食堂となり、或時は寝室となり、その組織極めて簡単、若し今日の文部省令の支配を受くべきものとせば、忽ち廃校の命令に接すべきなり。而して此間に在りて先生は卓然として富貴を求めず、清貧に甘んじ、質素謹厳自ら持し、一意子弟の訓育に熱中し、婦人亦た先生の意を奉じて自ら庖厨に出入りして、学生の為に薪水の労を取られたのである。学校と謂はんよりは家塾、否な寧ろ一家族と称すべきものにて、師弟の情誼真に掬すべきものがあった。

又たその学舎における教授の方法も極めて簡単で、教室には一脚の椅子すらなく、白木造りの粗末な長方形の机にあり、生徒は其前に端坐して聴講するのであるが、別に校則の生徒を束縛するなく、凡ての事は全然生徒間の自治に一任してあった。嘉悦先生は土曜又は日曜毎に大学、中庸若くは孟子などを講義さるるが、彼徒に字義章句に拘泥せず時勢の大局に適応して諄々説き去り説き来る。その著眼往々にして意表に出づ。彼の所謂漢学者の匹儔ではない。又たその諸生に対する態度は極めて平民的にして全然城府を設けず、諸生をして思ふ所を言はしめ、過あれば則ち之を訂だす。若し先生の意見を叩かんとするものあれば、随時之を引見して時の移るを知らない有様であった。

嘉悦の大学・中庸・孟子等の講義ぶりは、小楠門下生に通じたやり方で、竹崎茶堂の講義もまったくそうであった。『嘉悦伝』五六頁によれば、「時勢の大局に適応」して時勢を論ずるときに、「或は三条公を議し、木戸を論じ、大久保を評し、大隈を批」判して、生徒を驚かしたという。これらの人々には嘉悦も直接面接していることであったろうから、その話は活気に満ちた現実感溢れたものであったに違いない。

嘉悦はいつも師小楠をわすれることはできなかった。大学を講義しながら、小楠先生の講義される謦咳を思い出していたことであろう。「常に人に語るに先師小楠翁を繰り返して、小楠先生の一挙一動尽くこれを諸生に移植せんと力められたり」とは『嘉悦伝』五七頁にいうところである。小楠門下生の小楠に対する思いは、この嘉悦の心情と同じであるが、嘉悦は荒廃した西南戦争後の建て直し、自由民権運動再興への思いが厚くなり、小楠の言々句々を思い出していたのであろう。さらに嘉悦は、自分だけの小楠像を生徒に押しつけようとはせず、学生たちに小楠門下生の先輩たちの意見をきくことをすすめた。

かく先生自ら小楠先生の遺志を紹述せらるるのみならず、学生に勧めて務めて横井門下の諸先輩に就てその意見を聴取せんことを以てせり。是を以て、門生中常に徳富一敬、山田武甫、村井繁三、内藤泰吉、大田黒惟信の諸先輩を訪問し、その意見を叩き、為に得たる処勘からざりしと云ふ。（『嘉悦伝』五七頁）

この嘉悦の心遣いは、まことに際立っている。彼が小楠に対する思いが深いとともに、多くの弟子たちの小楠観をきかせることによって、さらに小楠の印象を若い人たちに植えつけようとしたのであろう。それは小楠学を若い人に伝えて近代日本のよりよい実現を志そうとすることに外ならなかった。

広取校設立により嘉悦の実際に教育する熱心な姿を見ることができたが、元来嘉悦は教育家というより政治家・実業家と見た方が適当だと思うが、教育の業にもこれだけの熱情をそそいだのである。彼は時勢を洞察できる識見を有し、またこのことは師小楠よりくりかえし教えられてきたことであって、その洞察の目でみれば、この時期、すなわち明治十年、十一年という時、ことに西南戦争後の荒廃の時期に、教育の必要を強く感じていたのであろう。他人のその業あらんことを待つより、率先してその必要とすることにふみこんでいくところに嘉悦の本領があったのであろう。熊本実学派の現実性、積極性、行動性を示すものであろう。

一三　共立学舎を創立

『嘉悦伝』五三頁に安本亘の談として次のようにある。

乱（西南戦争――引用者）平ぐの後、先生小楠翁旧門の人々と講習会を設け、天下公私の問題、及熊本兵燹後の善後策に就て講究討論せられたりしが、会は極めて自由にして所謂来者不拒、去者不逐の状況なりき。先生、山田武甫氏・安本亘氏等と相往来し、講習会のみにしては不足なり、目下の最も欠けたるは道義心なり、頽廃しつつある道義心の挽回は即今の急務なりと、これを徳富一敬翁に謀る。翁またこれを賛し、十二年一月徳富、安本両氏と共に上京し、当時京に在りし安場保和、元田永孚諸氏と相諮りしに、皆大に歓迎して賛同する所となれり。よりて直に熊本にかへり、私立学校を上林町に設立して共立学舎と称し、今は故人となりし宮川房之を総理し、山田、徳富、安本の諸氏教鞭を執り、主として和漢の学を授け、自邸内の広取学舎と両々相呼応して子弟の訓育に従事せられたり。

維新以来、熊本は学校党、実学党、敬神党の三派に分れて対立したが、敬神党は西南戦争勃発三カ月前の明治九年（一八七八）十月二十四日神風連の乱を起して自滅した。西南戦争が起ると学校党は約一五〇〇人からなる熊本隊を組織して薩摩軍に参加した。実学派は、薩摩軍の誘いに対し、その封建性を指摘して応せず、中立を保った。そのため、戦後の立ち上りは先頭を切った。学校党の主要人物は捕えられて牢獄にあり、中心になって統制・組織する人物がいなかった。ようやく明治十二年十二月佐々友房が同心学舎を組織して、学校党の再出発をはかることができたのである。実学党はそれに比べると十年秋には動き出しているので、早い再出発だったことになる。右引用文にいう講習会は、十年十月に出発した広取学校より前のことであるから、おそらく十年の秋口か、もっとさかのぼって夏のことと考えてよいかも知れない。

実学派の再出発への動きを十年夏から秋口としたとき、この安本談にある動きと広取学校設立の動きとをどう考えたらよいのだろう。夏か秋口以来の実学派の動きは、広取学校と共立学舎設立へ発展する動因を内包したものか、それとも初から別個の動きであったのか。広取学校は、その中心に動いたのは野々口為志ではないかと思う。共立学舎は、これに対して徳富一敬・宮川房之が中心のようである。徳富・宮川も実学派の重鎮である。ただここで考えなければならないのは、この両学校設立の中心に嘉悦がどちらにも名を出していることである。嘉悦が実学派の指導的人物であることはいうまでもないが、どうして嘉悦が両方に名を出さねばならなかったのか。嘉悦が両方に名を出さねばならなかった理由はなにか。

私が思うに、十年夏・秋口に、実学派の人びとは「方針に迷」っている青年に進むべき「方針」を与えることこそ急務として、このことの話合いがおこなわれたと思う。この「講究討論」で広くいろいろの角度から検討がなされたと思う。そのとき、広取学校のことも、共立学舎に関する条件などについても議論が尽くされたものと思う。これらの「講究討論」で会議の指導権は嘉悦が握っていたのではないか。両校の設立趣意書のどちらにも嘉悦が名をつらねていることから、そう考えても差支えないと思う。

「講究討論」の過程で、まず広取学校の設立が先とされた理由の一つは、熊本洋学校教育を途中で打切られたかなりの数の生徒たちが熊本に残っていて、しかも洋学校教育の再現を強く望んでいたということ。第二に、洋学校第二回卒業生の福島綱雄が熊本に在住していたこと。第三に、維新以来実学派の人びとが望んでいた、東洋古来の気風を一変し、泰西的文明の吸収が最優先されると考えたからだと思う。そして、外的条件としては、保守勢力の中心である学校党がほとんど壊滅状態になって、復興の兆がまったく見られないことであった。さらに、植木民権党も協同隊を組織して薩摩軍に参加し、その中心的指導者をほとんど失って、その再興の見通しが立たないでいるときでもあった。したがって、いち早く学校を設立できるのは比較的条件を整えることのできる実学派だったと考えてよいと思う。

教育内容についても議論があったであろう。広取学校の目的とする知識の広取と、共立学校設立のとき要求された道義心については、充分に「講究討論」されたと思う。それは、西洋文明と儒教教育という形で検討されたであろう。熊本実学派では、西洋文明と儒教教育とをけっして対立するものとは考えなかった。両者は対立するものではなく、区別しながら両者を包括するところに明治新文化のあり方を求めていたのである。前述の理由で広取学校の先立が妥当とされて、熊本洋学校の教育内容にしたがって教授は専ら英語をもってしても、洋学校よりは儒学古典の勉強を用意していたのである。広取学校のところで嘉悦の大学・中庸・孟子等の講義ぶりを紹介したが、これは洋学校においてはジェーンズに拒否されたものの、広取学校では重要な教課とされた。そして他の実学派の領袖たちも、その教育に協力を惜しまなかったのである。

それが、どうして共立学舎設立が必要となったのか。共立学舎は明治十二年（一八七九）十二月十七日開校式が挙げられた。そのさい共立学舎総代として徳富一敬・嘉悦氏房・宮川房之の連盟になる旨趣書が読みあげられた。それは、二年前の広取学校「祝詞」とはかなり違ってきている。わずか二年のことであるが、西南戦争後の復興二年間の変化の大きかったことを明かに写し出している。

共立学舎設立ノ旨趣

夫レ学ハ、知識ヲ研キ芸術ヲ磨スルノ具タルハ、言ヲ俟タズシテ明カナリ。然リト雖モ、其人能ク徳ヲ修メ、行ヲ正シ、其芸術用ヲ為スニアラザルヨリハ、寧ロ学バザルノ愈レルニ若カザルナリ。本邦外交一タビ開ケシヨリ、西学盛ニ行ハレ文明日ニ進ミ、物理器械ノ術至ラザルナシト雖モ修身成徳ノ学行レズ、稍達識百課の技芸ヲ究メ其理ニ通ズルモノト雖モ、其ノ行ヒ或ハ見ルベカラザルモノアリ。是レ他ナシ、修身成徳ノ学ナケレバナリ。而モ彼ノ漢籍ニ陳腐シ、其ノ用ナキガ如キハ論ナキノミ。今茲に同志数名相議シ、一小学舎を営ミ、大ニ修身成徳ノ学ヲ講ジ、以テ百課ノ学ニ及ビ、大ニ其ノ才ヲ成シ其ノ用ヲ為スアラントス。多方ノ同志或ハ之ヲ賛成セバ、独リ同志ノ幸ノミナランヤ。国家誘学ノ際年少向学ノ道ニ於テ小補ナカラザルニ庶幾カラン。

明治十二年十二月十七日

共立学舎総代　徳　富　一　敬
嘉　悦　氏　房
宮　川　房　之

広取学校と共立学舎の違いは、前者では知識の吸収のみを唱えていたのに、後者では明かに修身成徳の学をいい道義を唱えている点である。わずか二年の間にはっきりと異なってしまったのである。なぜこれまで異ったのであろうか。その理由はいろいろ考えられると思うが、その中心になるものに二つあると私は考える。その背景に二つの事象を考えねばならぬということである。

一つは、相愛社の結成である。前述したように植木民権派は西南戦争に協同隊を組織して薩摩軍に協力したが、宮崎八郎や崎村常雄などの首脳を失い、容易に立直りができなかった。それが明治十一年(一八七八)五月、池松豊記が社長となって相愛社を組織し、旧植木民権党を再結身した。そして全国的な組織である愛国社と連絡し、同年九月十一日大阪で行われた愛国者再興大会にもその代表者を出席させたのである。相愛社は県下唯一の民権政党として意気軒昂あるものがあったのである。この相愛社に対し熊本実学派は、主義・傾向においては大いに親近感を持ちながら、その趣旨綱領や具体的な運動行動については、後に済々黌の創立者佐々友房が非難したように、「詭激放蕩の論を主張し、兄弟牆に鬩ぐ」ものとの感を持ったと考えられる。「本邦外交一タビ開ケシヨリ、西学盛ニ行ハレ文明日ニ進ミ、物理器械ノ術至ラザルナシ」といった西洋文明採取の方向は熊本実学派も大いに賛成するところであり、広取学校を建てたのもそのためであったが、ただ西学に没頭し、古来の文明を旧文明として非難し、大いに行き過ぎた行動が取られ目にあまるものと受けとられる面があったと思われる。「其ノ行ヒ或は見ルベカラザルモノアリ」とは具体的にいかなる行為行動であったか明かでないが、思うに西学具権思想に没頭して、従来の人間関係を否定して、人倫の関係を無視するものがあったのであろう。すなわち「旨趣」にいう「修身成徳ノ学」が失われたという危機感が湧き起ったものと思う。熊本実学派にとっては、西学は「広く取」るべきも、人倫の根本を正す「修身成徳ノ学」はしっかりと立てていなければならなかった。それは小楠のいう「尭舜三代の道」の樹立なのであずｓ。

しかし、熊本実学派がそれよりも強い危機感を持ったのは、学校党の復活であった。学校党は一五〇〇名も熊本隊を組織して薩摩軍に味方したために、隊長の池辺吉十郎は捕えられて斬首されるなどの大打撃をうけただけに、その立直りは容易ではなかった。明治十二年の一月ごろになって鹿児島の獄にあった佐々友房が病気療養のために帰熊（佐々稿「済々黌歴史」）したことで、学校党再結集の目鼻がつきはじめたのである。佐々は熊本実学派は広取校などを建てて早くから立直りをみせているし、民権派も相愛社を結成して組織的行動にふみこんでいるのを見て、自らの立つ学校党がばらばらの状態なのに非常な危機感を持ったのである。そのため一日も早く旧学校党関係者を結集することが急がれた。そのためには学校を建てることが最も急を要することであった。佐々は療養する暇もなく学校建設に走り廻って、同年の暮の十二月五日に同心学舎設立にこぎつけたのである。この同心学舎を中心にして熊本の保守勢力である旧学校党はたちまちその結集を達成したのである。なにしろ、旧細川藩時代から長く藩権力を掌握してきた旧学校党の復活であるから、これは大きな勢力となった。熊本実学党にとっては、相愛社以上に大敵である。ことに熊本実学派にとっては思想的に相容れぬ敵対党であった。「設立ノ旨趣」のなかに、「而モ彼ノ漢籍ニ陳腐シ、其ノ用ナキガ如キハ論ナキノミ」と書いたのは、まさにこの旧学校党の学問の在り方の指摘であった。熊本実学派が最大の努力を払ってその脱出をはかってきた旧学校党の学問・行動がふたたび大きな敵対勢力として立ちはだかろうとしてきているのである。

こうして熊本実学派の前には旧学校党と相愛社という二つの勢力が屹立することとはなったのである。かつては「広ク知識ヲ世界ニ取ラン」と西洋文明一辺倒の態度に西南戦争後の荒廃からの立上りの方向を示したが、それは戦後直後には多くのニーズに応え得たが、あまりの西洋文明一辺倒主義は非難を仰ぎ、「修身成徳の学」への要求を引き起すような事態も出てきた。相愛社の主張行動にその具体的姿を見ることにもなったのである。相愛社まで行きすぎることを避け、それとて旧学校党の「漢籍ニ陳腐シ、其ノ用ナキガ如キ」学問は厳に排除しなければならぬ。小楠のいう「尭舜三代の道」によりながら、現実の民権社会実現のための行動を取る道をさぐらねばならなかったのである。西洋文明と古来東洋文明の共生のあり方をさぐり出していくことが熊本実学派の目ざすことであった。共立学舎はそれを目標とする学校であった。

本校は明治十八年三月まで続いたが、嘉悦の本校運営に対する関りについては明かでない。

むすび

嘉悦は明治十二年六月熊本県会議員に転じた。そして翌十三年五月五日の県会では議長に選出された。十四年十月まで議長をつとめたが、それ以降十七年まで議員をつづけた。十七年三月十日の議会で副議長に選出され、副議長を十八年十二月までつとめたが、十二月十日の半数改選で落選した。それ以後県会議員に出ることはなかった。彼は明治十二年六月から十八年十二月まで六年六カ月の間県会議員をつとめたことになる。この十二年から十八年は自由民権運動が全国にわたって展開された時期であった。熊本においても、熊本実学派と相愛社が合体して熊本改進党をつくり、それはさらに九州改進党に発展して、全国的にも一大民権勢力として巨大な運動を展開したのであった。この大きな政党運動の中心にあり先頭にあったのは嘉悦と並ぶ熊本実学派の巨頭である山田武甫であった。山田は自由民権運動の政党活動を担当し、嘉悦はその議会活動を受け持ったのである。

政党活動と議会活動は車の両輪をなすもので、熊本県でこの体制がうまく取られたことは幸であった。しかも、その両輪を指導するものが山田武甫であり嘉悦氏房という小楠門下の双璧、熊本実学派の両巨頭によって指導されたということは注目すべきことであろう。

熊本県会で実学派は常に数人を占めていた。明治十二年は五名、十三年は七名、十四年、十五年は各々六名、十六年四名、十七年は五名、十八年は三名という具合であった。数の上では決して多いとはいえないが、十三年、十四年は議長嘉悦で副議長も実学派の岩男俊貞であった。十六年には嘉悦は議長を退くが、岩男は副議長として残った。十三年、十四年、十五年と自由民権運動が全国的にもっとも盛り上がった時期に、熊本県会の議長・副議長を押さえて熊本実学派は県会を牛耳ったのである。実にうまいコンビで活動を進めたものだと思うが、これも熊本実学派という小楠門下の社友関係であったればこそ為しえたことだろう。

しかし嘉悦の議会活動についてはこの程度で止めておこう。熊本実学派の議会活動についてはかつて、「明治初期における中央と地方——熊本実学派の思想と行動」（国際基督教大学学報III—A『アジア文化研究』18、一九九二年刊）で発表したことがあり、また紙数の関係もあって筆を擱くことにした。

嘉悦についてはその製糸業における貢献を落してはいけないことであるが、これも紙数の関係で割愛した。後日まとめて嘉悦伝を完成させたいと願っている。

安場保和——地方行政で実学を実践した智者

安場《やすば》保和《やすかず》（天保六年〔一八三五〕〜明治三十二年〔一八九九〕）

熊本城下に藩士の子として生まれる。幼名は一平。藩校・時習館で学ぶと共に横井小楠に入門し、「後日天下のために為すもの、必ず安場ならん」とその才能を愛された。小楠が福井藩に招聘されたときには同行している。

戊辰戦争には参謀として参加し、西郷隆盛や大久保利通などの知遇を得て戦功をたてる。東京府大属、胆沢県大参事、酒田県大参事を歴任し殖産興業を推進する。その後、帰県して熊本県少参事を経て、西郷隆盛の推挙で大蔵大丞、租税権頭にとなり、遣欧使節団に加わるが、途中で帰国する。直ぐに福島県令に任命され安積原野の開発、学校や病院の建設など殖産興業に尽力する。愛知県令時代には愛知用水開鑿工事を推進した。その後、元老院議官となり、北海道、千島列島、国後島調査し、北方の重要性を伊藤博文に報告する。福岡県令として、福岡県の近代化の基盤整備など大いに尽力した。二女・和子は後藤新平夫人となる。

はしがき

安場保和は、肥後藩士安場源右衛門の長男として生まれた。母は久子、やはり肥後藩士山内仁右衛門の妹である。祖先には江戸白銀の細川邸で大石良雄の切腹を介錯した安場一平がいる。

安場家は世禄二〇〇石。のちに小楠社中で一緒になる嘉悦氏房が三〇〇石、牛嶋五一郎が一〇〇石、その牛嶋家から出て山田家をついだ山田五次郎（武甫）は一〇〇石、兼坂熊四郎は世禄五五〇石の出身である。ともに歴《れっき》とした肥後藩士であるが、小楠のもとにあつまった藩士たちは、米田虎雄（家老長岡家の出身）らを別にして、軽身の身分が多いようである。

安場は名は一平、のち保和と改め、咬菜軒と号した。熊本城下建部一夜塘の家に生まれた。二男二女の長男であったが、一男一女は早く死んだ。

安場家の世禄二〇〇石では決して裕福であるはずはなく、安場は父の死後、家督を相続したとき、あまりに生活がきつかったため、一時熊本城の東の方国府村（現熊本市中央区国府）に居を移したことがある。横井小楠が一家をあげて、やはり熊本城のさらに東の沼山津《ぬやまづ》村（現熊本市東区沼山津）に転住したのと同じで、城下町より生活費がやすくつくためであった。安場は国府村に賃居して、文武の業を独修しながら、農耕に従事して生活の資をかせいだのであった。安場は後世知事の栄職にあっても、国府村での苦しい生活を話しては、常に倹約を守り、決して驕奢におちいってはならないと諭したというから、よほど国府村のきつい生活が忘れられなかったのであろう。

安場直接の文献はあまり多くはない。その生涯や人柄を知りうるものとして、『安場咬菜・父母の追憶』（以下『咬菜』と略記）という一冊の本がある。一九三八年（昭和十三）十二月十五日の発行で、編者は村田保定、発行者は安場保健、ともに保和の孫である。主なものは子や孫、親類、知友らの保和に対する思い出からなっているが、なかには一三人の「座談会記」も載せて変化をみせている。

この座談会の司会者は平野義太郎である。平野は有名な昭和期の法学者・社会科学者である。一九三〇年（昭和五）治安維持法違反事件で東大を辞職した。三二年『日本資本主義講座』刊行で講座派の論客であった。平野は、妻嘉智子を通じて、保和とは祖父と孫との関係になる。

この本の初めに、八重野範三郎「咬菜・安場保和先生伝」（以下「安場先生伝」と略記）が登載されている。八重野は旧肥後藩士族で、済々黌黌長をつとめたこともあった。この伝記は、本書の初め一四〇頁を占めるかなりの分量の文章であり、安場保和の伝記としては唯一のまとまった文献である。安場を知るのには、関係文献の少ないなかで非常に貴重であるので、安場の経歴を追う作業はもっぱらこの書によった。

『咬菜』には、前記伝記のほかに、「行軍日録」「伝記資料断片」がふくまれている。「行軍日録」は、一八六八年（慶応四）一月十一日より同年四月四日までの戊辰戦争従軍の安場の手記である。日録であるため行軍の日々がわかって資料になる。「伝記資料断片」は、勝田孫弥『西郷隆盛伝』、同『大久保利通伝』から関係記事を抜き出したものである。

この外に次の三篇も登載されている。元田永孚「咬菜軒題辞」、志賀重昂「安場咬菜」、平野義太郎記「頭山満翁の懐旧談」の三編である。この三編は、安場の人物・人格を知るのには役立つものだが、伝記を知るためのものではない。元田の文章は漢文であるが、そのなかで、「自今以往将更咬幾菜根以使斯民至安富之域而後同其好楽也」と安場の人物をたたえている。志賀に至っては、「氏の面貌、音調、立言、動作、稍古豪傑の風あり。氏によって今より一層に時勢を洞察するの識見あらしめば、現世の人物中、氏に優る者特に少きを知る」と、安場その人を高く評価している。志賀の文章は、雑誌『日本人』一八九五年第三号に掲載されたものである。さらに平野が記すところの頭山の安場評は、これもまた賞賛につきるといってよい。「安場さんは日本一の豪傑政治家だ。剛気の英雄だ。」「安場さんは非常な清廉潔白の人で、日本魂絶対の人だ。無慾淡泊とは、まさにこの人のことである。」

こう読みすすんでくると、安場は相当の人物であったことがうかがえる。

一 小楠塾に入る

安場は一八四一年（天保十二）六歳になって、はじめて郷党の句読師牧新兵衛について読書の指導をうけた。牧について学ぶこと二年、八歳になって藩校時習館に入学した。ところが、翌年父源右衛門が藩士交代で、肥後藩玉名郡大島に在番になったため、父にしたがって同地に転じた。玉名郡にあること五年、一八四九年（嘉永二）十四歳のとき城下町熊本に帰ることができた。

熊本に帰るとすぐに、安場は時習館に通うことになったのであるが、『咬菜』末尾の「年譜」には、この年、「擢んでられて時習館居寮生となる」とある。しかし、これはおかしい。いかに抜群の秀才といっても、十四歳で居寮生とはどういっても早すぎる。小楠が居寮生になったのは二十五歳であり、荻昌国も二十四歳、元田永孚は早かったがそれでも二十歳になっていた。時習館では十歳前後より句読斎に入り、習書斎をへて蒙養斎へ進むのが十五―六歳、十八歳までに講堂に昇るとされている。講堂の上が菁莪斎、この菁莪斎に選抜されて入寮したものが居寮生であるから、よほど出来ても元田の二十歳というのが最も早いところであろう。ところが、関宇一郎『嘉悦氏房先生伝』（隆文館、一九〇九年）によれば、嘉悦が居寮生になったのは十七歳とあった。同書三頁に、「訓導木下新太郎氏の抜擢を受け、一躍して居寮の列に加はるを得たり。先生時に年十八」とある。嘉悦の十八歳（数え年）入寮が事実とすれば、安場の十四歳入寮説もむげに退けることはできないようである。嘉悦の十八歳というのは、一八五〇年のことである。安場は嘉悦より二歳の年下であるから、安場の入寮は嘉悦より一年早い一八四九年（嘉永二）ということになる。元田が二十歳で入寮した年は一八三七年であるが、それから一二、三年たった一八五〇年ごろには、すなわち幕末に近づいたこのころには優秀となれば、これほどに早い年齢でも入寮させたのであろうか。そういう時代の激しい動きを理解できないではないが、それにしても安場の十四歳入寮説は、どうしても早すぎるような気がしてならない。おそらく、年譜の誤りではなかろうか。

しかし、これはそれほど問題ではなく、むしろその次のことが問題である。「年譜」には、ひきつづいて、「このとき、師の小楠横井平四郎の学風に親近す」とある。

当時、小楠は四十歳の働き盛り、城下町熊本の相撲町に小楠塾をはって弟子を養成していて、熊本の社会に一つの注目すべき存在であった。小楠塾は、二年前の一九四七年（弘化四）に塾舎を新築して、塾生もふえ、塾勢はしだいに隆盛になっていった。「師の小楠横井平四郎の学風に親近す」とは、安場が小楠塾に入塾して、小楠に親しく教えをうけたことをいったものであろう。

安場を小楠に近づけたのは、父源右衛門であった。源右衛門は、「慮うところあり、其の友数名と謀り」と八重野は「安場先生伝」（四頁）でいっている。源右衛門がなにを慮ったのかつまびらかでないが、小楠の門人津田山三郎、神足勘十郎《こうたり》〔神足十郎助が明治三年に改名〕らと交際させたというのである。小楠門人と交際させたということは、小楠塾に入塾させたことをいうのであろう。神足の年齢は不明だが〔一八二五年生〕、津田は安場より九歳の年長で、父源右衛門は同輩というより年長者としての指導を津田に期待したのであろう。あるいは、安場の小楠塾入門は津田、神足のさそったものかもしれない。

当時の熊本社会での小楠の評判はけっして良くはなかった。「安場先生伝」では、「当時熊本に於ては藩学の風と横井先生の学意と相容れず、互いに相争ひ、藩論多くは横井派を斥ぞけ、甚しきは其の門に在る者と交を絶つに至る」〔四頁〕と伝えている。そのように風当りの強いなかで、あえて小楠に学ばせようとした源右衛門の考えは、なんであったろうか。小楠派と目されることは当時は、たしかに社会的には不利であっただろう。それをあえて敢行したところには、小楠学、あるいは実学党の世にいれられるときが必ずくるとの見通しがあってのことなのか。現在は学校党の時代であるが、将来はかならず実学党の時代がくるとの時代認識があってのことなのか。今は不遇の状態がつづくであろうが、その不遇逆境にもたえぬく強い人間になれとの、父親の息子に対する思いやりと期待とがあってのことなのか。あるいは単なる思いつき、新しがりやの気持からなのか。以上のいろんな思いが入りまじって小楠塾へ進学せしめると思いきめた時点では、源右衛門はけっして迷うこともなかったであろう。

しかし、安場が小楠塾に通うのをみて、まず親戚間が大いに動揺した。くりかえし、父源右衛門につめよっては、小楠に従っていては安場の将来のため良くない、と忠告してやまなかった。たびたびくりかえされては、さすがの源右衛門も、自分から小楠塾に入塾をすすめたのであったが、次第に疑心を生じ不安になってきた。父が不安になってきたとき、これを支えるものは母よりほかにはあるまい。このとき母親が毅然たる態度であれば、これほど子にとって心強いことはない。

安場の母、久子がまさにその通りの母であった。「安場先生伝」（五頁）では、「母堂久子刀自、大いに当時の形勢を観察し、表裏之を庇護し、遂に過なきを得せしめたり」と書いている。久子が、「当時の形勢」をどう「観察」したのか、「表裏之を庇護し」たとはどういうことなのか、はっきりしないが、久子は小楠を信じて疑うことなかったのであろう。久子は、「賢明にして剛毅の精神、恰も偉大夫の風あり」と「安場先生伝」（五頁）の筆者は伝えているが、女性として、母親としての純粋な非打算的考えから、ひたすらに小楠を信じ、わが子の将来も信じたのであろう。源右衛門は一八五四年（嘉永七）に死去し、安場は十九歳で家督を相続するが、まだ十九歳の青年には母親の支えと指導が必要であったろう。久子の本領がいよいよ発揮されていったようである。父親がいないだけに、久子の信念はゆるぎないものとなり、小楠にたいする信頼は強くなっていった。「厳君没せられし後は、刀自専ら先生を教育し、小楠先生に対し、藩中の謗議益々盛なるに拘らず、毅然として撓まず、小楠先生を信ずる益々篤く、先生亦日夜小楠先生に親炙して、一意学を磨き身を修め、又友輩と互に経世済民の道を講習討論して、国家に尽す志年と共に深し。」（「安場先生伝」五頁）そして、安場が「終生身を国事に委ね、其の忠誠毫も渝ることなか」ったのは、「偏に小楠先生薫陶の力に因ると雖も、亦母堂の賢明なる教育の功を、多とせざるを得ざるなり」と「安場先生伝」が書いているが、まさに安場の母久子はそのような婦人であったのであろう。この久子と、嘉悦氏房の母勢代子、山田武甫の母の三人は、「熊本実学連の三婆さん」と呼ばれて、六尺の九州男児を恐れ戦かしめた（山崎正董『横井小楠・伝記篇』一三七頁）そうであるから、相当な賢母であったのであろう。

安場は、一八四九年小楠塾に入門してから足かけ五年間、小楠のもとで教育をうけたが、その小楠塾で彼は優れた才能を発揮したらしい。「年譜」によると、「小楠、その奇才を愛し、後日天下のために為すもの、必ず安場ならん」と賞賛したということである。安場は、同輩の山田武甫、嘉悦氏房、宮川房之とともに「小楠門下の四天王」と称せられ、山田の徳、嘉悦の誠、宮川の勇に対し、安場は智と目せられたということであるから、頭脳抜群といったところであったのであろう。ともかく、安場は小楠塾でその才能を思いきり伸ばすことができたのである。まさに良き師、良き友、良き学校にめぐまれたというべきであろう。しかし、その状態も長くはつづかなかった。

ペリーが浦賀にやってきた一八五三年（嘉永六）の翌年、父源右衛門が死去して、安場は家督を相続し、一平と名乗った。「年譜」によると、この年、安場は「母を奉じて、居を国府に移し、後藤某の別墅に賃居して、耕耘を事とし、文武の道を独修す」とある。前述したように、生活費節約のための城下町からの郊外移転と思われる。安場は、この国府に一八六一年（文久元）まで七年間ひきこもることになる。この間、「文武の道を独修す」とあるが、小楠塾には通学したのではないか。小楠も、一八五五年（安政二）城下町の東、国府村よりさらに遠い沼山津村に移転している。国府村から沼山津村までは四、五キロの距離であるから、歩いても非常に遠いという道程ではなかった。

二　小楠に随って福井へ行く

国府村から沼山津村に通うこと三年、一八五八年（安政五）師小楠のうえに大きな変化が起った。

越前藩主松平慶永に懇望されて、小楠は政治顧問として、越前藩に招聘されたのである。話は前の年からあり、肥後藩が簡単にOKを出さないということで相当に難航したが、慶永の再度の要請で、肥後藩もことわりきれず、ついにこの年の二月十九日越前藩に小楠招聘応諾の返事を伝え、小楠には福井におもむくべきを命じた。日米友好通商条約締結（一八五八年六月）の直前であった。こうして、小楠の福井行が決定した。小楠ようやく世に出ることになり、小楠にとっても、弟子たちにとっても、非常な喜びであったことはまちがいなかったが、またいくらかの不安がないわけでもなかった。不安というのは、大丈夫だと信じていることではあるが、師小楠が越前藩という他藩の人びとに、親しくうけいれてもらえるだろうか、との弟子たちの不安である。

三月十二日、いよいよ出発の日となった。同行者は河瀬典次と池辺亀三郎の二人で、この二人は福井まで随行することはもちろん、在福中の小楠の世話をするためである。このとき、安場も同行することになった。山崎正董『横井小楠・伝記篇』（以下『伝記』と略記）には、「安場一平も此の機会に福井まで同行して、暫く滞在することになった」（四二八頁）と、すこぶる簡単に書き残されているが、安場がなぜこのとき同行することになったのか、非常に興味のあることだが、もとより想像の域を出ないことである。

安場が国府にひきこもって、役職にもついておらず、わりにひまな身分にあったことが好都合とされたのではないかとは、容易に思いつくことである。それ以上の意味がこめられていたとなると、ちょっと厄介である。安場が約一か月ばかり小楠のもとにあって、小楠の在福状況をみ、「此の向ならばと安心して、五月十七日に帰熊の途に就いた」（『伝記』四五一頁）ということであるが、これからすれば、小楠の越前における様子をよく認識して、それを在郷の家族や門人たちに早く知らせる役目を仰せつかって、門人たちから派遣されたのではないかと思われるのである。代表として派遣されるだけ安場が小楠の弟子たちのなかで当時すでに大きな存在であったことを想像しても全然の的はずれということではなかろうと思うのである。

三月十二日、小楠は門人河瀬典次を伴って熊本を立ち、柳川に迂回して、柳川に一泊した。翌十三日、池辺藤左衛門の弟亀三郎を加えて、柳川を発って本郷に泊した。一方、安場はやはり十二日の熊本発ではあったが別途をとり、その日は岩原にとまって、翌十三日本郷にいたって小楠一行とおちあった。本郷には、ここまで見送りのため、熊本から徳富一敬、竹崎律次郎、矢島直方の三人もきていた。小楠一行は、本郷では、この地方の富豪で、〔柳川藩の御用商人〕でもあった浅山平五郎方にとまったが、ここには熊本より見送りの徳富ら三人、柳川の同志門生数十名も加わって、小楠党の大集会となった。

明けて三月十四日、雨中を見送りの門生たちに別れを告げて、本郷の宿を出発した。一行は、小楠に安場・河瀬・池辺の四人であった。

これから大坂までの道程を、安場は日記に書きつけている。それは『漫遊日記』と名づけられ、三月十二日から四月二十日まで記述されている。安場はかなり几帳面に記述しているが、事実の記述だけで、折々の感想なり、意見なりが記してあったらと思う。

近畿に入り安場は別行動を取り、一人で近畿地方の名所旧蹟を巡歴して、四月八日京都を発ち、堅田・小松・今津・海津・疋田を経て、十日今庄に到った。さらに府中で一泊、四月十一日福井に着し、ただちに小楠の居宅に同居した。

安場の日記には、四月八日から同二十日までのことが記されているが、彼が京都から福井に着するまでの道中のことや、彼が福井に着いてから四月二十日までの小楠の消息が克明につけられている。自分の日記というより、小楠の動静の記録といったがよいくらいである。しかし、まえにもいったが、それが動静の記録だけに終っている点が残念である。

安場は四月十一日から五月十七日までの三七日間、福井、小楠のもとにおったことになる。三〇日以上も師小楠と起居をともにすることは、これまでもあったことはあるまい。小楠の一挙一動をま近にみ、また福井藩士たちと小楠の遣り取りをみて、さらに勉強するところ多かったに違いない。また、小楠の福井における活躍についての沢山の土産話に、胸をふくらまして熊本に帰ってきたに相違ない。安場は熊本に帰り、国府村の家に落着いたと思われる。その後、安場の行動については資料がとだえる。

それから三年後に、彼の上に変化がおとずれる。「安場先生伝」に「先生二十七歳、中村進士組脇に挙げられ、尋て歩頭に転じ、又組脇に復し、鉄砲副頭となる」(六頁)とある。安場の数え二十七歳といえば、一八六一年(文久一)である。しかし、この記事はきわめてあいまいで、「中村進士組脇に挙げられ」たのは一八六一年に違いないだろうが、それから以後「鉄砲副頭」となるまで一八六一年のことなのか不明である。一年のうち、これだけの変化があることは不自然の気がしないではないが、全然ありえないことだともいえないことだ。「年譜」をみると、「文久元年」の欄に、「歩頭《かちがしら》となり、組脇に復し、鉄砲副頭となる」と書かれてあるから、「組脇」から「鉄砲副頭」まで、この一八六一年一年間におこった変化であったとみるほかはないであろう。これで安場が役職についたことは間違いあるまい。そして、こうして役職につくことになったので、国府村を切り上げて、安場は城下町に帰ったのである。

一八六二年(文久二)より一八六七年(慶応三)までの「年譜」の空白期間をうめる資料として、次の四編の手紙がある。すべて『改訂肥後藩国事史料』(以下『国事』と略記)所載のものである。

①一八六三年(文久三)、熊本より在府同志へ送った手紙。
②一八六五年(慶応元)、熊本より志水典左衛門へ送った手紙。

③一八六五年、熊本より矢島源助へ送った手紙。
④一八六六年（慶応二）、熊本より徳富一敬へ送った手紙。
いちいち内容を検討すれば、安場の探索のすぐれた点を随所に見出し、十分に歴史的根據となるべきところも多いが、枚数の関係でこれに触れていく余裕もない。事態を適格に見ることができ、その根拠背景をも明確に見出すところ、安場の傑出するところだった。松平慶永は切に賞揚してやまず、熊本藩庁に安場の報告に対し耳をかたむけるべきをすすめたほどであった。

三　新政府に仕える

一八六八年（慶応四）になると、安場は早速新政府へ登用される。『国事』8、三九頁に、

同年正月二十五日
安場一平、山田五次郎徴士被仰付、可為内国事務懸旨被仰出候

との書状が大政官代石山右兵衛門権介より渡されたことが記されている。新政府は各藩より人材を登用したが、肥後藩からも数人のものが任用されたなかに、安場、それに山田五次郎（武甫）もはいっていたのである。ところが、細川右京大夫の名で肥後藩は、安場・山田の徴士罷免を願い出ている。

安場一平
山田五次郎
右両人過る廿五日徴士被仰付難有仕合奉存候。然処先達而以来溝口孤雲・津田山三郎・木村得太郎追々ニ同

様被仰付置候上、横井平四郎・由良洞水ゑも御沙汰之通ニ而、孰も未熟之者共家来内而已多人数被召仕而者、大概諸藩之勾配も有之甚以心痛仕候間、乍恐一平・五次郎儀者徴士被免被下候様奉願候。且又向後家来内より被召仕候節者前以内分被仰聞候様有御座度此段も任序申上置候。以上。

正月廿八日

細川右京大夫

(『国事』8、六〇頁)

罷免請願の真意は正確にははかりかねるが、安場・山田両名とも小楠の弟子で実学党の重鎮とあれば、学校党で占められた藩庁が両名罷免へと動いたのも考えられなくはない。この請願によって、安場・山田の両名はただちに徴士を罷免せられた。四日後の二月二日のことである。随分早い処置である。新政府にもまだ人材登用のしっかりした方針がなかったためであろうか、藩の意向に大きく動かされている点がうかがえる。

しかし、安場は三月十日、今度は東海道鎮撫総督参謀を命ぜられた。この間の事情を「安場一平自叙伝」(『国事』8、一一七四頁。原本は一九二三年関東大震災で焼失)は次のように語っている。

戊辰の変に際し、出兵の藩命に応し万里丸より上京神戸港ニ至り、慶喜東退の事を聞得直ニ上京の途ニ就き、世子の側ニ至る。次テ東征の議決し、先鋒の命ニ従ひ、東海道惣督橋本実梁ニ名古屋に謁し、先発函根の関ヲ守衛す。時に幕臣方向一定せず、帰順の名を表して多ク郷里に帰る。関門処分に疑議数条を生し、互撰に依り蒲原駅滞在の惣督ニ其疑を窺ふニ決し、早急同所ニ至る。使事終て謁を賜ひ、督府参謀の命あり。夫より沼津・鎌倉・神奈川を経て遂ニ本門寺ニ移り大坂収受之事を調理す。云々。

冒頭の「出兵の藩命」は後段で詳しく説明することになるが、ここでは「藩命」が全面的に、また明瞭に確定したわけではない。糊塗的な「出兵」にすぎなかった。

次に「関門処分に疑議数条」というのは、左の条々にわたるものである。

関門通行之儀ニ付相伺候処、左之通。

第一二（ママ）条　御親征中関門之規定肥藩より伺出、「御指図之旨」夫々「相答置候間」御指図も有之居候得は、差向御条目等別段御渡無之との旨ニ候。

第三条　宮・堂上方・諸侯伯通行之節御親征中関門番士下座に不及。尤前以通行之段ハ答有之事ニ付、改而駕戸引セ候ニ不及との旨ニ候。

第四条　正邪之弁者愈厳重たるへく、無弁の農商往来之取扱者苛察ニ無之やうとの旨ニ候。

第五条　書面之通ニ候。（此条今明かならず）

第六条　外国人故奈久通行無之筈ニ候得共、万一之節ハ時宜ニ随差留早々可被相伺候事。

但言語不通之事ニ候得は軽卒之取扱無之様との旨ニ候。

（『国事』8、二七四～五頁）

安場が代表として総督府と交渉の結果右のようになったということであろうが、この交渉の過程で安場がみこまれたのであろう、政府軍参謀に任命されたということである。安場が新政府と連りをもつに至った第一歩はここにあった。なお、安場が橋本実梁に従ったとき内藤泰吉も一緒であった。

こうして安場は思いがけないことから、東海道鎮撫総督参謀に命ぜられて新政府の重要な職につくようになった。総督参謀になってすぐの大仕事は江戸城の収受のことであった。このとき、彼はただ事務的に事を運ぶのではなく、よく幕臣の気持にも思いをいたすところあったという。「安場先生伝」には、ひきつづいて次の文章が書かれている。

此の時竊に小楠先生門人を表称し、大久保大監に私邸に会見し、大いに幕臣の真情を得ることあり。遂に本

門寺より大城を収め、各所屯集の歩兵を収む。（『安場先生伝』七頁）

右の引用文にいう「大久保大監」とは幕臣大久保忠寛（一翁）のことである。小楠の弟子だと称して、小楠とは旧知の大久保忠寛をその私邸に訪れたわけである。忠寛も小楠の弟子ということで、心やすく安場を招じ入れ、心を開いて胸のうちを打ちあけたのであろう。「幕臣の真情を得る」と書いているほどだから、忠寛も真情を思いきって吐露したのであろう。新政府の要人とはいえ、小楠の弟子であることに心やすさを思えたのであろう。しかし、そのときどんな会話がなされたのであるか、これ以上の記述はない。

この参謀の間に、彼は数件の事変を処理して、その声価を高めることになったが、紙数の関係で省略する。

一八六八年（慶応四）五月十五日、幕兵彰義隊が上野の山にこもり、政府に反旗をひるがえしたが、政府軍はこれを一日にして攻略した。その上野の残党は会津に走り、会津藩はこれをうけて、奥羽北越三十余藩に呼びかけ、奥羽越列藩同盟を結んで政府軍と抗争せんと立ち上った。政府は討会の令を発し、政府軍は一軍は越後方面から進み、一軍は白川方面から進むことになった。

このとき岩倉具視は特に肥後藩に書を投じて、細川藩主の弟澄之助（護久）の率兵上京を促がした。（『還暦之記』一〇六頁）これはさきの政府軍の江戸進撃のさいの肥後藩の日和見的態度を難ずるところがあったわけであるが、その書は再度に及び、その意は「懇到」であった。これよりさき、澄之助の弟良之助（護美）と米田虎之助（虎雄）は東行して江戸にあり、下津休也は中央の事情をさぐるため京都にいた。

討会の令をうけ、しかも岩倉の二度にわたる書状をうけて、はたして肥後藩は動揺していた。基本的に佐幕主義である学校党が大勢を占めている肥後藩庁は、政府軍江戸進撃のときに露呈した不明とまた同じような不明に陥っていた。戊辰戦争の初期における不明はあるいは恕すべき点があると思うが、討会戦争の段階になってなお動揺するに至っては、そのなに故であるかを問わねばならないであろう。

討会の令が出るよりやや早く、安場は五月六日、大総督府に願い出て、江戸を発して上京している。『国事』8、六二〇頁は「我藩論の動揺するを聞き」と書き、「安場一平自叙伝」では「藩論の根拠俗論勝を制するの勢あり」(『国事』同上) としたためているが、「俗論」とは学校党の佐会論をいったのであり、この「俗論」の勝を制するにまかせておいては、「細川藩命将に危頽に陥」(同上) る恐れがあったのである。

彼は京都に着いたら、まっさきに小楠を訪ねたことであろう。小楠は新政府から徴士参与として招かれて、四月に上京、京都に居を構えていた。安場は久しぶりに小楠にあい、関東の最新の情報を小楠にかたり、かつ自分の見解判断の正否を小楠の意見によって確めたものと思われる。これによって安場の見解はいよいよ透徹して確立されていったであろう。そして、小楠のもとには、いうまでもなく福井藩士が、かつて旧幕時代福井で指導をうけた旧師のもとに集まってきた。そこに安場がやってきて、江戸や全国の事情を伝えたのである。当然それは松平慶永の耳にはいる。慶永は、その安場のもたらした情報を聞いて驚いた。そこで慶永は五月二十一日早速手紙を書いて、長岡護美に安場の情報を聞くことをすすめた。その手紙にこうある。

江戸事情頗詳悉ニて、一平之所言条理明白、初テ得信実之確報胸中判然申候。殊ニ尊藩之事ニも候故、明朝早々一平被召寄候て、関東之事情飽マテ御聞糺被成下候テ、一平を官代へ御召連レ岩公へ被仰上候トモ、一平より言上為致候而も両途何レ之道にても御見込を以被成候ハヽ、宜かと奉存候。(『国事』8、六八六頁)

「得信実之確報胸中判然」と激賞しているのだから、安場の情報・見解がいかに的確で抜群のものであったかがわかるであろう。護美はすぐに安場を呼んで、その意見をきき、また岩倉具視にも引き合せたものと思われる。後年の岩倉の安場ひいきはこのときに始まったものであろう。

この慶永書簡の頃までは安場は京都にとどまっていたと思われる。それが何日まで京都にとどまっていたか不明である。六月十日には、「安場一平江戸より大阪に至る」(『国事』8、七三九頁)とあるから、安場は五月末か、六月初めに江戸に帰ったものと思われる。そして、六月十日再度の上京になったのであろう。この大坂着直後か、数日後か、安場は米田虎之助と面談したことが、前出の『国事』文中に出てくる。この面談協議によってか、米田は六月二十三日米船に乗って大坂を発ち、二十五日江戸に着いている。そして、同月二十九日には長岡護美が大坂を発って江戸に向かっているので、彼らは奥州出征を決意して、江戸に向かったものと思われる。また、この面談で安場の帰郷もきまったのではないか。安場の帰郷したことについても、その時期についてもはっきりした資料はないが、元田の『還暦之記』に、「我藩ノ或ハ時勢ニ疎ク、方向ヲ誤ランコトヲ懼レ馳セ帰リテ、事情ヲ具申スル所アリ」(一〇六頁)とあるので、安場の帰郷はまちがいないものと思う。その時期は六月十日以後、しかも、元田が中小姓頭に転出させられる七月二十日以前であることになろう。この段階で、護美、米田、安場の奥羽出征の考えは一致していたといってよい。

しかし、肥後藩では動揺するままに模索をつづけていた。安場が帰郷するよりもすこし早く、六月初旬のことであるが、藩公は護久や奉行・用人を呼んで、「時事ノ得失」について各人の意見をきくために、会合を開いている。学校党の主張は、こうであった。

同僚皆曰、会藩義憤固守シテ東国諸藩連合応援セハ、天下ノ事未タ知ルヘカラス。我藩宜シク兵ヲ出スコトナク、漸クニ勢ヲ見テ動クヘシ。澄之助君上京ハ病ニ託シテ猶予ヲ願ハレテ然ルヘシト。小異同アリト雖トモ、其見ル所同一ナリ。道家ニ至テハ、西郷ハ必天下ヲ乱ル者今果シテ然ラント。(『還暦之記』一〇六頁)

この佐会論は当時佐会派の一般的の意見であって、奥羽越列藩連合の勢を高く評価しているものであった。これに対する元田永孚の論は次のようであって、右の佐会論と鋭く対立した。

今朝廷ノ大義名分凜然トシテ、首領ノ慶喜恭順命ヲ奉シテ違逆スル所無シ。然ルニ遺孽ノ会藩仮令強敵ナルモ幾日カ支フルコトヲ得ン。薩長仮令私意無キニ非サルモ、王命ヲ奉シ順ヲ以テ逆ヲ伐ツ、其勝ンコト必セリ。西郷アリ、大久保アリ、木戸アリ、大村アリ、文武人ヲ得、内ニ籌リ外ニ応ス、算遺策アラジ。若シ又軍気逡巡スルコトアラン日ニハ、必天皇親征アルヘシ。普天ノ下誰カ敢テ之ニ抗スルコトヲ得ンヤ。

唯大義ニ由テ速ニ命ヲ奉シ、越後・白川ノ二道ニ藩兵ヲ出シテ、以テ勤王ノ師ヲ助ケラレヨ。岩公ノ召状ハ必謀ル所アラン。公子殿下ヲ労スルト雖トモ、従来ノ忠誠、此際ノ危急、国家ノ為メニ尽力セラレサルヘカラス。

（『還暦之記』一〇七頁）

陸羽諸藩や政府軍に対する判断も的確であり、西郷・大久保・木戸・大村に対する信頼も当を得ているというべきだが、「天皇親征」に「普天ノ下誰カ敢テ之ニ抗スルコトヲ得ンヤ」というのは、やや後世の判断によった嫌いがある。明治元年の段階で天皇尊崇の気持が「普天ノ下」までひろがっているとするのは早すぎるのではないか。しかし、元田は政府軍に組するを「大義」とするから、羽越への出兵をすすめて止まない。

この論争の時期に安場は熊本に帰ってきたようである。その安場の報告、意見は元田を力づけ、元田はいよいよその主張を強めるところがあった。しかし、安場の証言があっても、元田の意見に賛成するものは、小楠の弟子で実学党の牛嶋五一郎だけであった。奉行・用人七人のうち、元田・牛嶋をのぞいたあとの五人、道家之山・宮村平馬・林九八郎・永屋猪兵衛・井口呈助はそれぞれに学校党で佐会論を主張してゆずらなかった。そして、この佐会論は彼らからひろがって、学校党の多い一般武士層にも普及して、肥後藩の大勢は佐会論をとってゆずらなかったのである。安場の現地報告も、その先を見た意見も、学校党、ひいては肥後藩の大勢を動かすことはできなかった。

おまけに、そのとき学校党の古荘嘉門・竹添進一郎・植野虎平太等が六月十九日奥州探索から帰ってきて、会津・米沢・仙台その他の諸藩が結合、奥州越列藩同盟を結成して薩長に抗戦し天下の挽回にあたると報告したものだから、学校党の人びとの佐会論は一そう強固なものとなった。古荘・竹添の二人はともに秀才の評判が高いひとであるから、二人の意見は学校党の人びとに深く信頼されたのである。学校党の意見は動かないものとなり、護久の率兵上京も取り止めとなった。安場の意見はおさえられ、古荘・竹添の意見はうけ入れられたのである。実学党、学校党の党派の対立は、その判断さえ党派的になってしまったのである。

それにしても、先を見ることの困難さを思わずにはいられない。古荘はのちに一高校長となり、竹添は駐清公使・東大教授にまでなった人だから、並の頭脳・人物ではないはずである。その二人でさえも、奥羽越同盟が時代に逆行する動きであることを見抜きえていないのである。学校党という党派的意見に左右されたことによること大きいと思うが、やはり時代の先き行きをみることは甚だむつかしいことを証しているといえよう。元田は慨して、「同僚等時体ニ暗ク、朝旨ノ在ル所ヲ覚ラス、徒ニ目前ノ利害ヲ顧慮シ、遅疑猶務、終ニ殿下ノ上京ヲ留メ勤王ノ兵ヲ出サス」(同上、一〇七頁)と学校党の時勢に暗いことを突いている。「殿下」とは細川護久のことであるが、元田はこれも党派の争いのせいだとしている。「上京出兵ハ永孚等実学派ノ私論ニシテ、殿下ヲ誤リ一藩ヲ誤ルトナシ、万口同音、殿下モ之ヲ如何共為ス能ハサルニ至ル。何ソ固僻ノ甚キヤ。」党派のきびしい争いの渦中にある当事者としては、反対党の動きがはっきりとこたえてくるのであろう。結局、七月二十日元田は奉行職をやめさせられて中小姓頭に転じ、牛嶋は免職となって、実学党は藩の要職から退けられ、肥後藩は東北戦争においては佐会の態度に終始したのである。この間、安場は熊本にいたと思われる。そして、元田・牛嶋の説を外部から支援したに相違ないが、しかし結局はその効果はなかったことになる。学校党の圧倒的に多いことは、実学党の正論も正しく通ることを許さなかったのである。

四　胆沢県大参事となる

一八六八年（明治元）六月か七月に帰熊して、安場はそのまま熊本に滞在した。『国事』9、六二五頁に、一八六九年二月三日付の在京の山田平兵衛から在熊の安場への手紙が掲載されているので、安場は一八六九年二月初までは在熊していたことがわかる。ところが、同上書八九三頁には、在熊の元田が在東京の安場に肥後藩の上京を通報する六月八日付の手紙があるので、安場は六月初旬には東京にきていたことになる。どんな事情による上京であるか、まったく不明であるが、八月中旬には胆沢県大参事に任ぜられているので、やはり中央政府からの招請であったのであろう。

日本史籍協会『百官履歴』下（一九二八年刊）によると、

明治二年七月　任大属　東京府
同年同月　　免本官　東京府

とあって、やや奇異の感をうける。六九年一月にも同じような事態がおこっている。東京府に任官されたかと思うと、数日をたたないで免職となっている。免職の理由は異なるようだが、本人もとまどったことであろう。そのとまどいついでというわけではないが、七月に免職になったと思うと、八月には東北へ飛んだ。『百官履歴』下はつづけていう。

一八六九年八月一二日　任胆沢県大参事
一八七〇年四月三日　任酒田県大参事
同　年五月一九日　任胆沢県大参事
同　年九月一七日　免本官

これも目まぐるしい任免官である。どういう理由でのあわただしい任免官であるか、また胆沢県・酒田県での治績については皆目わからない。ただ次のことは注意しておかなければならないと思う。

この安場胆沢県大参事の下に少参事として野田豁通がいる。野田は同じく小楠の弟子で安場と同門の間柄である。野田が胆沢県少参事に任官されて来水したのは六九年八月となっているので、安場任官と同年同月である。おそらく安場が同門の後輩野田を引きつれての赴任であったのであろう。野田は後に陸軍主計総監にすすみ、貴族院議員に勅選された。また同様に関連の人物が見られる。徳富一敬の実弟徳永昌龍が七〇年五月胆沢県少属に任官している。その任官の年月が安場が再び胆沢県大参事となった年月と同じであることを考えると、安場が徳永を招いたのであろうか。とにかく小楠門下が三人寄り合ったわけで、彼らは熊本と遠く離れた東北の地に小楠の理想である「尭舜三代の治」を実現しようと期待したのであろうか。しかし、その理想実現にと張り切ったやさきに、七〇年六月に出発した熊本藩実学党政権はどうしても安場の参加を必要とし、安場は七〇年九月十七日胆沢県大参事を辞めて、七〇年十月一日に熊本県権大参事試補についた。二度目の胆沢県大参事はわずかに在任四カ月である。熊本藩実学党政権が強引に引きよせたことは明らかである。安場としては思いを残しての熊本赴任であったろう。他藩からの招きであったら安場は固く辞退したであろうが、ほかならぬ熊本藩の、しかも実学党政権の招きとあっては、安場としてその藩政改革に尽力せざるをえなかったであろう。

しかし、胆沢県のことが心に残る。いやんや県下の某地に不穏の様子さえあるので、彼は同門の嘉悦氏房に後を託して、水沢を去るのである。嘉悦なら安心ということであったろう。嘉悦も安場の頼みとあっては断ることはできなかった。七〇年十月十二日嘉悦は胆沢県大参事として赴任した。もとより安場は去っていったが、同門の後輩である野田豁通・徳永昌龍は下僚としていたのである。胆沢県には県令は任命されていなかったので、大参事が実質上知事であった。六九年から七一年の時期に東北の一隅に熊本実学党政権が存在していたことは刮目すべきことであった。

五　実学党政権に参加する

熊本藩の近代化をめざした藩政改革を断行すべく実学党政権が出発したのは一八七〇年（明治三）六月であった。長い間、肥後藩・熊本藩の政権を掌握してきた学校党政権にかわって、ようやく横井小楠の「尭舜三代の治」の実現をめざす実学党政権の樹立である。前年六月の版籍奉還以来、全国の各藩は藩政改革に取りかかっていたが、熊本藩の改革は容易に動き出さなかった。徳川時代から不動の勢力をほこった学校党は執拗に改革に反対した。それがようやくにして実学党政権にこぎつけたのである。この熊本実学党による熊本藩の一八七〇年の藩政改革についてはは別稿でふれているので、ここでは多くを語らないことにする。

この実学党政権誕生の時期には、安場は胆沢県にいた。六九年八月胆沢県大参事になり、翌年の四月初めに酒田県大参事に移っている。この七〇年五月に細川護久が熊本藩知事の座にすわったので、実学党政権構成の人事は動き始めていたと思うが、安場にも働きかけはあったに違いない。この時期、安場は七〇年四月三日酒田県大参事に転じ、護久が知事に着いた五月にはまた胆沢県大参事に帰っている。なぜこんな異状とも思える異動があったのかわからないが、安場が胆沢県・酒田県の大参事であったために、実学党政権出発のとき参加できなかったのであろう。安場は熊本実学党のリーダー格の一人であり、当然その政権出発のときには顔をそろえていなければならぬはずである。山田武甫・大田黒惟信等は六月三日に権少参事試補につき、竹崎律次郎・徳富一敬らは民政局大属として名をつらねていた。安場は胆沢県から離れることがむつかしかったのであろう。

安場は実学党政権出発の四カ月後の十月三日に、ようやく熊本藩権大参事試補として着任してきた。山田や大田黒の権少参事試補より二段上であり、津田山三郎（信弘）の権大参事につぐものである。安場の小楠社中における力量・地位の如何を考えることができるであろう。そして実学党政権に参加して、その地位からみて、相当の活躍を見せたと思うが、実学党政権内の安場の働きについては資料不足で知ることができず残念である。七一年七月二十八日大蔵大丞に任ぜられて中央政府に呼びよせられ、熊本を去った。その間わずか一〇カ月であった。

実学党政権に参加するや間をおかず、その十月に安場は鹿児島に出張している。この安場の鹿児島出張は、おそらく島津久光・西郷隆盛の中央政府への引出し問題探索のためであろう。この問題の事情を維新史料編纂会『維新史』第五巻によって略記すれば、一八六九年一月の版籍奉還建白後、久光は政府の新政策に不満をいだき、故山に帰って上京しなかった。西郷隆盛も戊辰戦争が鎮定すると、鹿児島に帰って藩の参政として藩政改革に専念して敢て上京しなかった。薩長二大雄藩の提携を必要とする中央政府は、久光と西郷引出しのため大久保利通を帰国せしめた。大久保は七〇年正月帰国し、久光・西郷に対し朝命を伝えて中央政府への参加を要請した。しかし、久光は政府に対する不平を吐露して応ぜず、西郷も複雑な藩情に煩わされて、その上京は到底望むべくもなかった。大久保は三月十二日目的を達することができず、空しく東京に帰った。しかし中央政府はあきらめず久光・西郷に働きかけ、七〇年十一月二十五日廟議は岩倉具視を鹿児島・山口に派遣することに決し、大久保利通・木戸孝允に岩倉の使命達成を助けるように命じたのである。

安場が鹿児島に行ったのは十月のことであるから、中央政府の久光・西郷召命の意向はすでに知れわたり、熊本藩などは殊に非常な関心をよせていたことであろう。安場は鹿児島の事情を探るとともに、あるいは西郷に上京をすすめたのであろう。西郷が七〇年十二月二十八日付で安場によせた手紙には、「先頃弊藩御滞留中ハ段々御熟話拝承仕難有御厚礼申上候」(『国事』10、七四八頁)とあるので、安場が西郷に会ったことは間違いない。また、これを証するものとして野田豁通の七〇年十二月十六日付の小楠社友への手紙がある。「先々月ハ安場先生ニモ鹿子島御出張万事首尾貫徹、西郷大先生御交接モ十分御出来ノ由、雀躍仕候。」(『国事』10、七二八頁)安場の鹿児島出張が大いに注目されていたことがわかる。

この安場の鹿児島出張が、どういう資格で行ったのか考えねばならない。おそらく自分だけの都合や、思い附きでいったのではあるまい。熊本藩庁の命令で様子見に行ったのであろうか。この時期、久光と西郷の動向は全国の注目になっていたところである。中央政府への一般の信頼も決して万全ではなかった。久光と西郷、とくに西郷が政府に居る居ないでは中央政府に対する信頼に大きな影響がある。西郷に会って、西郷の意向を探ることは喫緊の要事であったろう。隣藩としての熊本藩庁が最も知りたいことであって、それゆえに安場を派遣したとは十分考えられることである。そこでも一つ考えられるのは、安場は中央政府の要人に依頼されて鹿児島に行ったのではないかということである。特に岩倉具視や大久保利通の意向を受けて出むいたとは考えられないか。岩倉は七〇年十二月八日には鹿児島に着くが、二カ月前の十月にその話か心積りはあったであろうから、岩倉と安場との間にやり取りがあったであろうことは考えられることである。安場と中央政府の要人との糸は幕末以来つづいていたと見るべきであろう。

つぎに七〇年十一月九日付で、熊本藩藩政改革の運行、および薩長との交渉等を在東京の権大参事津田山三郎に報じた安場の手紙がある（『国事』10、六九一頁）。

虎雄方始矢島・江口列へも届兼申候間宜敷御致声奉希候。

荘村・永野へ被為托貴墨夫々相達辱捧読、時下愈御清栄御奉務奉寿候。劣弟無異碌々勤続罷在候。乍憚御休意可被下候。御地之光景縷々被仰下、松方民部御登庸ハ近時之御美事と為邦家雀躍仕候。矢島も論説協合之由御同慶ニ奉存候。最早一陽来復之候ニ相成申候而、天時ニ従人事之発動も不遠気運歟、何分賢愚貴賤之別なく微衷を可竭之時と奉存候。爰許御改正之稜々順序御施行、禄制・兵制等少々宛之物議も有之候得共、格別之事も無之御安心可被下候。

虎雄とあるのは長岡是容の子米田虎雄のことで、当時権大参事、小楠門下で先輩、後に明治天皇の侍従となった。矢島は矢島直方、江口は江口純三郎（高廉）、徳富一敬の弟である。荘村は荘村一郎のことで[*]、荘村助右衛門の養子である。一郎は下津休也の二男鹿之助であるが、荘村家をついで荘村一郎と称した。小楠に学び、小楠社友の先輩たちとともに国事に奔走していたが、不幸中年にして病没した。

＊荘村を一郎とするのは疑問。まだ二五歳である。義父・荘村助右衛門（省三）とも考えられる。

「爰計御改正之稜々順序御施行」と七〇年六月発足以来実学党政権の藩政改革実行の様子を報じている。改革進行時の様子を報じているものは他にはあまり見当らず、その意味では貴重なものであり、そのうえ「禄制・兵制」改革等いくらかの物議はあっても、格別のこともなく進んでいる、というのであるから、改革は成果をあげつつあるということになる。事実改革案のうち上下二院設置の外は雑税廃止等が実施され、進行中であったのである。

去《先月》ル十六日より鹿児島・山口へ御乗出し之御暇不被為在候間、南方へ一平、北方へ弾次被差越、双方共話合も出来、去ル五日帰着仕候。薩ニ而は西郷・村田抔追々出会。彼一藩ハ唯一事上下挙而皇国之危殆を概嘆いたし居候。政府之役員総而木訥遅重体之人物ニ而、政庁と兵隊と一体之模様、実ニ敬服仕候。

弾次は白木弾次。名は為直。『肥後人名辞書』の記事から抜粋すれば、世禄三〇〇石。幕末多事の時、藩政を担当し、四方に使して少参事となる。後官を廃め、力食社を起し、紫溟会を創め、商法会議を興した。紫溟会の重鎮として熊本実学派の属する熊本改進党とは対立した勢力に与り、紫溟会の勢力拡大に貢献した。村田は村田新八（一八三六―一八七七）、鹿児島藩士、西郷の片腕として働き、西南戦争で西郷とともに戦死。

山口も丁度改正中之由ニ而、追々相済次第権右衛門あたりより壱人罷越筈候。委細ハ其節話合可申との事ニ御座候。

以上は簡単だが、長州の状況、本人の見聞でないため一通りの連絡である。

六日より御登京之御衆議ニ相成、昨日御決評ニ相成、御窺として壱人被差立候。いつれ当月中ニハ御伺済ニも相成可申、蒸気飛脚艦へ御乗込之方可然と申談居候。御供ハ大田黒、一平へ御内意被為在候間、段々存念も申上候。小生よりハ与太郎方弾次を願置候。従四位様も篤斗御呑込被為在候間、定而可被仰付と奉存候。左候ハヽ、跡ハ大参事様、山田・香山《(神カ)》ニ而御踏ミシメ被為在候旨、一平も御請申上置候。大田黒ハ昨夕大坂より東京へ被差越候段御達御座候。五、六日内青海丸より乗出し之筈、何も近々荘村発途之筈ニ而出席。不尽意、荒増申上度、如此御座候。巳上。

ここで「御登京」というのは次のような次第である。元田永孚『天恩略記』中に次の文章がある。「是時ニ当リ、朝廷復古ノ大業ハ既ニ成レリト雖トモ、将来ノ措置未タ定マラス。知事公一度上京シテ、面ノアタリ朝旨ヲ伺フ所アラントス。先ツ其内意ヲ承クル者ヲ遣ハシテ事情ヲ察セント欲シ、乃チ余ニ命シテ少参事安場保和・大田黒惟信ニ副エテ、東京ニ赴カシム。」（『国事』10、七六五頁）

七〇年後半の段階では、新政府の「将来ノ措置未タ定マラス」という状態であった。特に大きな問題は廃藩置県であった。廃藩置県が行なわれることは必至と考えられながら、それが何時、どんな形で行なわれるのか、はっきりしない。各藩の存廃にかかわることであるから、各藩ともその情報をとらえることに全力をあげた。熊本藩でも上京して東京の情勢をつかまねばならぬことになった。それによって熊本藩の対処をきめるためには藩知事細川護久の上京が必要である。これが「御登京」の意味である。実学党政権は自らの主義方針を実施するにしても、中央政府の動向は最重要の問題であった。

安場のいう「与太郎」は、権大参事有吉与太郎のことで、一時佐々木与太郎ともいったが、肥後藩三家老の第三席有吉将監のことである。「弾次」は前述した白木為直。「従四位様」は熊本藩知事細川護久をいい、「大参事様」とは護久の弟細川護美のことである。「山田」は山田武甫で、「香山」は神山護のこと、権少参事、京都に在住していた。青海丸は熊本藩所有の蒸気船である。

こうして登京計画がきまり、副使節となった大田黒惟信は当時大坂にいたようだが、十一月八日大坂より東京に向かうようにとの達があり、五、六日内に藩船青海丸で東京に乗り出す用意をしているという。十一月八日に熊本での会議で十一月八日に登京がきまったのに、その日大田黒へ達があったというのは早すぎるようであるが、ともかく安場も大田黒も登京のための準備に大童だったに違いない。

元田永孚は七一年一月十七日熊本を発った。安場と大田黒がこれに従った。神戸に達したところ、木戸孝允が居るときき、安場・大田黒はその宿を問うて面談した。大坂では西郷にも、安場と大田黒は面談している。元田はここで二人と別れ、直航して一月二十六日東京に着いている（『還暦之記』）。安場と大田黒は遅れるが、その上京については次の記事がある。

利通は西郷、木戸等と阪神の間を往来すること週日なりしが、会熊本藩権大参事安場保和もまた着神したり。依って利通は西郷、木戸、板垣、山県、川村等の諸士及安場等と共に汽船ニューヨルク号に乗船し二十九日神戸を出帆したり。愈東京に着きしは実に二月二日なりき。

右文は勝田孫弥『大久保利通伝』中、七一年一月末の記事であるが、安場の上京はまさに幸事、ただ大田黒の名がないが、大田黒も同道したのではないかと思う。東京には米田虎雄が居て、話は大いにはずんだ。やがて下津休也も上京して、藩知事護久の上京を待つばかりとなった。その護久も二月十六日熊本を発ち、同月二十五日東京に着いた。藩知事が着いたところで、一日護久をかこみ要人たちの会議があった。集まるもの元田永孚、下津休也、米田虎雄、有吉将監、安場保和、早川助作、牛嶋五一郎等であった。大田黒はこのとき九州に下っており、白木為直もこのとき在京していなかった。元田の『還暦之記』によると、以上の熊本藩の要人たちの会議できまったことを、元田がまとめることになり、元田の草案に要旨は次の通りであったと、元田はまとめている。

維新ノ際ニ当リ輦轂《れんこく》ノ下兇徒ノ暴意ヲ逞ウスルハ、朝威ノ未タ振ハサルニ由ル。朝威ノ未タ振ハサルハ王政ノ実未タ立タサルニ由ル。自今仰願クハ天皇陛下南殿ニ臨御シ、諸大臣前ニ奉議シ、其公議ヲ取リ万機親裁ニ決セハ、公明正大ノ治体相立チ人心始テ感服スヘシ。地方ノ政化ニ服セサルハ、地方官ノ其人ヲ得サルニ由ル。宜ク人才ヲ登用シ、普ク政教ヲ施スヘシ。従来臣カ如キ門地ノ知事ハ宜ク廃棄スヘシ。因テ罷免ヲ請フ。

元田はこれを草し終えた後、ひそかに安場を呼んで、事情を話し、安場の意見を聞いた。「知事公今日ノ建言、尋常ノ事ヲ云ハ人後ニ出ツ。宜ク第一等ノ論ヲ立ツヘシ。第一等ノ論ヲ立ツルニ至リテハ、先ツ自ラ藩知事ヲ抛ツニ非サレハ誠心貫カス。故ニ余断然此案ヲ草セリ。未タ知事公ノ旨ヲ窺ハス。惟フニ果シテ知事公ノ心ニ適セント。若シ責メアラハ余其罪ヲ受ケン。君善ク之ヲ一見シテ、異見アラハ教ヲ受ケン。」(『還暦之記』一一九頁)草案を示して、その意見を問うあたり、元田の安場に対する信頼がよくわかる。このように元田に相談されるほどの人物で安場はあるわけである。重要な内容の草案を見せられ、そのもつ意味の重さに安場は緊張し感激したことであろう。安場はその夜徹夜して、くりかえし熟読して、明け方元田の下にやって来て、私はこの内容に賛成です。早く知事上に献じられたらよいでしょう、と返事をした。護久は元田からその草案を受けて、早速下津・米田・有吉・安場・早川・牛嶋らを召集し、その内容を披露した。護久は「太甚善シ、太甚善シ。如此ニシテ始テ我心ヲ獲タリ」と喜んで、熊本の大参事・少参事の通議も待たず、これを建言させたのである。その全文は『国事』10、八三五頁以下に載せられているが余り長いので割愛する。内容の最重点は廃藩置県の勧めである。

護久は日を置かず米田虎雄・安場保和を従えて大久保利通を訪ね、この建言書を差出した。大久保はこの建言書を内見し、朝旨のあるところもまさにこの通りであろうと答えて、この建言書を受け取ったという。元田「天恩略記」にいうところである。そして、この建白書がきっかけになって、薩摩・長州・越前等の建言へと弘がっていったという。護久が大久保に建言書を届けるとき、米田のほかに安場を伴うあたりも、安場の存在の大きさがわかろう。いろいろと考えてみると、安場の才能は突出していることが想像させられる。明快な智、適切迅速な処置等、安場は同輩のなかで出色の才であったのである。

考えてみれば、それだけの抜群の才であっただけに中央政府に見とめられたのであろう。しかし、中央政府にあって活躍するか、小楠社中にあって社友と共に生き、地方自治のために共に働くかは、安場自身の選択することである。安場は自ら社友を離れた。

それにしても安場の熊本在勤の短かったのはどうしてであろう。彼のことであるから実学党政権の行政の上で中心的役割を果たしたであろうと思うが、それが目に見えてこない。大蔵大丞として中央政府に移ったのが、まったく中央政府からの引き抜きによったのであるか。それとも実学党政権は山田武甫・大田黒惟信・徳富一敬・竹崎律次郎らに牛耳られて、安場の入りこむ余地はなく、不満・不足の状態であったのか。さらに山田らと意見が合わなくなったのか。それとも安場自身も中央政府入りを望んでいたというのであろうか。彼のなかに立身欲・成功欲がなかったとはいえないであろう。

一方、社友・同僚である熊本実学党の人びととの間に違和感が生じてきたのかもしれない。長い間小楠の弟子として共に住み、共に考えてきた間柄であるが、早くから政府軍の参謀として全国的な活動をかさねているうちに、小楠社友の人びととすこしずつ違った考えや見方が生じてきたと見られないだろうか。後年安場が自由民権運動でかつての社友たちときびしく対立するに至った原因は、こういうところにあったかもしれない。

安場には岩倉具視・大久保利通の強い引き立てがあったといわれているが、たしかに安場は中央政府の要人から引き立てられるような才能・識見の持主であることは否定しないが、それが中央に彼を呼び出した最大の原因だということも否定しないけれども、後年の彼の態度・行動を考えると、かつての社友に対する不満と違いとを、この熊本在勤の間にはぐくみだしていったのではないかと思われるのである。

六　自由民権運動に対決する

『安場伝』によれば、安場は一八七二年より福島県・愛知県・福岡県等の知事を歴任し、良二千石としての手腕を発揮し、大きな業績をあげたとある。しかし、熊本実学派の一員としての行動ではなく、また熊本実学派とはほとんど関係がないので、この間の彼の行動・業績についてはふれないことにする。それが一八八一年になって、実に思いがけない形で熊本実学派と交渉を持つに至るのである。それは不思議というほかはない安場の行動である。

熊本では自由民権運動の火蓋を切ったのは一八七五年（明治八）であった。その年の四月、熊本県玉名郡荒尾村（現荒尾市）の郷士出身の宮崎八郎が中心となり平川惟一や有馬源内らと鹿本郡植木町に植木学校を設立し、民権主義教育を始めた。この学校はわずか六カ月にして廃校、線香花火的存在に終わったが、宮崎らは熊本県に早く県民会の設置を働きかけていた。これは熊本実学派の県民会設置の方針と一致し、両者の運動、圧力が功を奏して、七六年七月から八月にかけて熊本県民会の開催にこぎつけた。この熊本県における最初の県議会は全国にさきがけてのものであり、熊本実学派の人びとは多数議員に選出された。しかも、この最初の議会で議長は大田黒惟信、書記長に徳富一敬、司計長に余田正規が就任し、幹事にも三名の熊本実学派から出る等、大いに県民会の運営を左右したのであった。議会の要職についてその運営を左右することはできたが、なにしろ政府権力の強大さに圧倒されて、議会としての圧力を発揮するまでには至らなかった。そのうえ、かくて盛り上がりかけた民権運動も翌年の西南戦争で出鼻をくじかれた形で、県民会はこの一回で終わった。したがって自由民権運動は西南戦争後に燃え上がることになった。このとき安場は福島県、愛知県の知事の職にあって、熊本実学派の民権運動に加わることはなかった。それだけでなく一八七五年、七六年の段階では全国で民会が数県で設置されていたが、福島県・愛知県にこれを見ることはなかった。安場は自由民権運動をどう見、かつては親密な社友であった熊本実学派の県民会運動をどう受け取っていたのであろう。

西南戦争後、植木民権党の流れをくむ相愛社が、一八七八年（明治十一）五月結成されて、池松豊記・松山守善の下に熊本における戦後の自由民権運動の烽を上げた。七九年十月広取学校を開校して結束をかためていた熊本実学派は翌七九年四月に出発した熊本県会にその政治的活動の場を求めた。議会政治を主張してきた熊本実学派にとって待望の議会設置であり、多くの社友が立候補し、かつ当選した。議会活動を通じて民権の拡大をねらうというのが彼らの狙いであった。八〇年から八三年までは議長や副議長は実学派によって占められた。このように熊本実学派の議会活動、相愛社による政党活動が相伴なって、全国的な自由民権運動の盛り上がりを受けて、熊本における自由民権運動は大きな勢を見せたのである。

この民権派の勢に対して、熊本の保守勢力である学校党を代表する佐々友房らは七九年十二月に同心学舎を設立して、民権派勢力に対抗しその勢力の拡大に努力していた。当時与党をもたない政府は野党勢力である民権派政党に対し、与党となるべき政府党を結成する必要にせまられた。それに呼応するようにして、熊本にその政府党紫溟会が結成されたのが、八一年九月のことである。この紫溟会の結成に安場が深くかかわっているのである。

熊本の自由民権運動史を理論的に整理した猪飼隆明「熊本の自由民権運動」（熊本自由民権百年記念実行委員会『熊本の自由民権運動』所収、一九八二年刊）では、この紫溟会発生の事情を次のように述べている。

八一年二月、佐々友房、高橋長秋、木村弦雄、白木為直らは、政治情勢等の視察のために上京し、そこで司法判事山田信道、太政官大書記官井上毅、元老院議官安場保和、内務省御用掛古荘嘉門らと懇談し、立党の計画を立てるのです。

右の情勢で紫溟会結成の最初の話合いがなされたが、おそらくこのきっかけは政府の中枢にいる井上毅などが中心になって進めたと思うが、これに佐々、高橋、木村、白木など学校党の面々が集るのは当然のことであろう。山田、古荘はかつては勤王党員として学校党と対立したが、天皇制明治政府になって彼らは容易に政府役人となって学校党のなかに吸収されたといってよい。

しかし、安場が紫溟会発生のときから、学校党中心の動きのなかに合流していたというのはどういうことなのか。井上らとしては、安場を設立人のなかに入れておけば熊本実学派を抱き込むことができると計算したに相違ない。井上ら学校党は、各派各党の融合を目的としているのだから、実学派抱き込みのために安場を狙ったことは効果が期待されることであった。

しかし、安場はどうであったろう。彼の気持、考えはどうであったろう。右の話合い、そしてその立党の目的は、後に紫溟会の中心人間となる楳渓津田静一が書いた「紫溟会歴史」（津田静一先生二十五回忌追悼会『楳渓津田先生伝纂』所収、昭和八年刊）によると、「方今の現況一政党を結びて、上は明治八年の聖詔を実行して立憲の政体を翼賛し奉るべく、下は流行風潮に成立せる疎暴詭激の邪説を滅尽し、社会の秩序を保ち、道徳智識並び進み、我邦をして東洋の真開明国たらしむるこそ、互相先覚者の義務ならん」（一二〇頁）ということであった。猪飼氏は「自由民権運動に対していかに厳しい敵意を示しているかおわかりでしょう」（『熊本の自由民権運動』四四頁）と評しているが、「流行風潮に成立せる疎暴詭激の邪説」というのはまさに自由民権論に相違ないのであって、その思想を奉じ、その運動に没頭しているのは、ほかならぬ安場の出身である熊本実学派なのである。かつての社友山田武甫、嘉悦氏房、宮川房之、岩男俊貞などが師小楠の説を奉じて殉じている主義主張なのである。安場はこの民権説に反対というのであろうか。すなわち、かつての社友たちと主義主張の上で対立するに至ったというのであろうか。いいかえれば、小楠の思想を捨てたということであろうか。それとも現時の情勢では、国内が相分かれて対立すべきではなく、各党派が主義主張を忘れて融合すべきであるとの立場を第一義としたのであろうか。いまだ安場の考え・立場を律するには早すぎ、もうすこし彼の行動を追ってみることにしよう。

立党の案がかたまって、熊本でこの案を成立させるについては、その世話役としては佐々などではやや役不足となった。「佐々、木村、高橋等は共に草莽の一寒生にて、本県に在る老成の諸士に対して喋々するは、如何にも其意を得ざれば、誰か在官の人両名帰県して談合を附くるに若かずと為し、安場、古荘の二子之に当るべしと衆議一決」(「紫溟会歴史抜抄」一二一頁)して、安場はここに紫溟会造りの第一線に躍り出たのである。安場は八一年八月末に熊本に帰ってきた。その前後に古荘も帰県した。同年九月一日紫溟会の結成式が忘吾会舎で開かれた。その席上で安場は次のように演説した。

余ハ久シク京地ニ在リテ、在京ノ同県人ト互ニ往来シ、或ハ県地ノ事ヲ謀リシガ、幸ニ暑中ノ賜暇ヲ以テ今般帰県セリ。依リテ聊カ見聞セシコトヲ報道セントス。聞ク、当地ニモ客年以来忘吾会等ノ設立モアリテ親睦ノ事ヲ謀ラルルヨシ、余ニ於テモ大ニ喜悦スル所ナリ。余ノ見聞セシ所ヲ報ズルマデモナク、数百種ノ新聞雑誌等アリテ之レヲ報ズレバ、余ガ帰県後ノ有様モ承知ノコトナラン。然レドモ各其見ニ偏シテ充分ナル実景ノ報道ヲ欠キシ者モ亦少カラン。余ノ見トテモ偏見ナキヲ保セザルモ、余ハ余ノ見聞シテ感ゼシ所ヲ報道セン。

明治初年五ケ条ノ御誓文ヲ頒タレ、同八年漸次立憲ノ聖詔ヲ垂レ賜ヒシモ、種々ノ障害ニ遮ゲラレ、遂ニ今日迄モ此聖詔ヲ履行シ賜フ能ハザル場合ニ至レリ。於是乎、客年ノ如キハ国会開設ノ請願者陸続上京シテ、開設ヲ促スニ至レリ。然レドモ尚開設ノ期ニ至ラザルヲ以テ、上下乖離セントスルノ兆アリ。若シモ荏苒推シ移ラバ、上下乖離ノ極如何ナル変乱ヲ生ズルモ測リ難シ。当此時苟モ愛国志士タル者袖手傍観スルヘキニアラズ。之レヲ救正スルノ策ヲ求メズシテ可ナランヤ。是ヲナス、如何。曰ク八年聖詔ヲ遵奉シテ、立憲ノ政体ヲ設立シ、上下乖離ノ弊ヲ芟除シテ国民ノ一致ヲ謀リ、皇室ヲ万世ニ奉戴シ、国権ヲ海外ニ輝スコトヲ勉ムヘキナリ。是レ余ノ感ジテ以テ諸君ニ報セントスル所ナリ。

（『熊本新聞』一八八一年九月三日）

これは新聞の報ずる要旨なので不十分の感じがするが、それでも立憲政体を確立し、皇室を万世に奉戴し、国権を海外に拡大するという紫溟会立党の趣旨は明確に掲げられていた。しかし、この安場の意見は、立憲政体の確立は同じであるにしても、後の二項目ははっきり旧社友山田武甫・嘉悦氏房等の意見と異なるのである。安場はもはや主義主張において、旧社友の大勢と分離したといわざるをえない。その反対・対立の考え、行動を彼ははっきりと宣言して、紫溟会設立に奔走するのである。しかし、熊本実学派は各党派が主義主張を忘れて融合するという紫溟会結成の理由に賛成してその結成に参加した。それだけでなく、かつての社友の指導格であった安場が新党結成の中心人物として働きかけたことが熊本実学派の紫溟会加入の大きな原因であったに相違ない。そして安場の行動は積極的であった。

九月一日の結成式で態度を保留した相愛社員との再会合は、三日午後に行なわれた。相愛社からは宗像景雄・宗像政・高田露の三人が出席し、紫溟会からは安場と宮川房之その他が出席した。社会は民約に始まり、主権は国民に存し、法は衆庶の好欲に成るの三項を主義として奉ずる相愛社の主張と、皇統を永世に奉戴して、君民同治の政体を賛立しようとしている紫溟会の趣旨とは相合うはずがなく、議論を重ねたが遂に分離することに決した、と九月八日付『熊本新聞』は報じている。両者の意見の詳しい対立については前出『熊本の自由民権』に述べてあるので、ここでは相愛社が分離したことだけに止めておく。同新聞では、紫溟会の代表として、特に安場と宮川をあげているのをみると、安場が「在官」の名士として重視尊敬されていたと思われる。

さらに彼は九月五日には紫溟会員四名とともに、八代の紫溟会会員の会合に出席し、三百余名の聴衆を前に演説している。九月十四日付『熊本新聞』には「其畧に曰く」として、安場の主張の要旨の紹介を行なっている。

仰天下目今ノ形況ハ、諸君已ニ新聞紙上ニ於テ承知セラレシナレドモ、野生ノ東京機軸ノ地ニ在リ、親シク目撃スル処ニ由レバ、又更ニ焉ヨリ甚シキ者アリ。今ノ勢ヲ以テスレバ、究極スル処詭激共和ノ論都鄙ニ蔓延シ、国家ヲ破壊スルニ至ラザレバ已マザル也。思テ此ニ至レバ、慷慨胸間ニ溢レ鉄腸為ニ寸裂セントスルモノ茲に幾回、特ニ偶マ聞、熊本モ亦有志諸君ノ周旋ニテ忘吾会ノ設置アリテ、百年団結セシ党派モ一朝ニ溶解シ、与ニ共ニ教育ヲ勧メ事業ヲ起ス等非常ノ好結果ヲナセリト、悦ビ自ラ禁ゼズ。今回避暑休暇中帰県以テ諸君ニ謀リ一大政党ヲ団結シ、主義ヲ天下ニ拡張セント欲セシガ、幸ニ諸君モ亦早ク已ニ此ニ見ル処アルヨリ、期セズシテ相会シ、以テ今日ノ幸運ニ至レリ。

これらの新聞の報ずる文面だけでは、安場は紫溟会設立をそのまま正当視し、そこにいささかの疑問も持っていないようである。かつて激しく対立した学校党の佐々や、勤王党の山田信道・古荘嘉門らと交際し同道して、全く古くからの同志のようにある。熊本実学派は安場の動きに同調して宮川が同道しているが、実学派は決して心から紫溟会の主義主張に賛成しているわけではない。むしろ安場に義理立てして、すっきりしない気持ながら紫溟会に残っている様子さえうかがえる。

安場は八代行の後は新聞にも登場せず、おそらく熊本を去ったのであろう。そして熊本実学派はやがて紫溟会を脱会するのである。年明けて一八八二年二月相愛社と合体して公議政党を結成する。安場が熊本に居なくなって、熊本実学派がその柵を脱して紫溟会から離党したとも考えられるのである。安場と在熊の熊本実学派とは完全に主義・思想の上で対立してしまっていると見ざるを得なくなっているのである。安場は少年時代から育てられ親しんできた師小楠や社友たちから離れてしまったのである。これは今日においても驚きであるが、当時も驚きをもって見られていたのであろう。

木村弦雄はかつて学校党に属し、河上彦斎ら勤王党とも交りが深く、したがって小楠社友の沼山津実学党とは激しく対立していた。前述の八代の演説会に木村も出席し、安場の後に演説している。木村はその演説のなかで、安場との古い関係を次のように説明した。

当時（幕末の頃――花立記）我県各党派分立シテ互ニ相軋轢シ、只今演舌セラレタル安場君抔ハ、当時我輩ハ其首ヲ見ザレバ止マズト迄ニ思居タリ。豈料ラン、之ヲ讐トスル者ハ讐ニ非ズ、反テ吾ノ与ナランヤトハ。

（『熊本新聞』明治十四年九月十五日付）

木村の剔出は鋭いが、まことに安場の変身は驚くばかりである。当時もこの安場の変身についてはいろいろ評判があったと思われる。木村は先の演説の終りにいっている。「安場君ハ官ノ為ニ応援ヲ作テ自家ノ青雲ヲ謀ルニ非サル無ンヤ」と、世人は安場が「自家ノ青雲」をはかったがための功名心からの行動であろうと見ているというのである。しかし安場ほどの人物が単なる「自家ノ青雲」を謀ったとも思われない。元老院議官という立場が、井上らとともに官の立場に立たざるをえなかったのであろう。それは職業や立場の上から止むをえぬ行動もあると思うが、その点から安場を見てみると、それだけに止まらない点がある。熊本実学派とははっきり異る考え方と立場を取っているのである。これは安場がはっきり実学派の考え・立場を捨てたとしか思えない。その点についての安場の考え方、実学派の主義に対する考えを聞くことができないが、木村はさきの演説で、この紫溟会結成に集まった人びとは、「互に私怨ヲ忘れ、共に国家の為に尽さるるの精神」より結ばれたのであるといっているが、その「国家の為に」という「国家」が問題である。ここに至って安場は熊本実学派と完全に決別したというべきである。

紫溟会の結成は竹越与三郎が『新日本史』（明治文学全集77『明治史論集（一）』筑摩書房、六八頁）に言っている通りの目的を達するためであり、安場はそのために政府に使われたと見てよいようである。

政府は一方には此の如く、剱を抜きて民間党に向へり。而して一方にはまた伊藤の腹心たる法制局長官井上毅、及び安場保和に命じて、熊本にありて改進党と対峙する紫溟会を語らひ、土佐にあり自由主義を奉ずる板垣の一派と相対峙し、谷干城佐々木高行等を奉ずる一派を誘ひ、また日々新聞の主筆福地源一郎、明治日報の社長丸山作楽、東洋新報の社長水野寅次郎、羽田恭輔等を糾合して、以て政府の味方たらしめたり。

安場の右のような思想行動は熊本実学派に非常な影響・動揺を与えたに相違ない。熊本実学派が初めに紫溟会に参加し、後にこれから脱会したのは、安場の影響を否定できない。それによって、安場に従って紫溟会に残った者が熊本実学派のなかにいたかというと、これははっきりしない。私のこれまでの調査では安場に従って熊本実学派をはなれたものは見当らないようだ。その点では安場は孤独の道を取ったというべきだ。旧社友のなかで岩男三郎や野田豁通は官職で生涯を終ったが、このときの問題には関係することはなかった。それだけに安場一人ではあったが、小楠社友が相分かれることになったのは残念なことであった。安場一人の行動は、熊本実学派にすこしの傷をあたえるものではなかったが、熊本実学派が分離したことは間違いないし、その点は元田永孚の深く遺憾とするところであった。元田は一八八二年十月十七日付下津休也宛の手紙に書いていた。

殊更昨夏安場下県後は、突然政党団結旧友社中に派及致し、其後分離両派と相成候に付而は、社中兄弟相鬩ぐの勢に相成り、何其気の毒千万に候へ共、遂事不説成事不諫にて、最早力の及候所に無之、且劣弟の一言は両派に相響き、深く御懸念も被成候由、村井貞太よりも度々申越候に付、猶更相慎み、書状にも認め不申候様に致候間御深察奉願候。（近代日本史料選表14『元田永孚関係文書』山川出版社、一九八五年）

元田の立場は政府の立場であり、紫溟会の支持者であろう。元田が遺憾に思っているのは、安場が熊本実学派と手を切ったことではなくて、熊本実学派が安場と手をとって紫溟会にとどまらなかったことであったろう。かくして安場は熊本実学派をはなれた。熊本実学派と立場、主義主張においてはっきり分かれたのである。安場は独り行くことになった。彼の考え、思いはどうであったか、書き残されたものがないので、なにもいうべきこともないが、小楠の弟子の跡をたどり、安場に至って実に不思議な思いがする。あるまじきこととは思わないが、やはり錯雑な思いである。安場とはどんな人であるか。安場を良く知る人の一人として元田永孚の言を引いておこう。前出の元田の下津宛の手紙の先に書かれているものである。安場を知る一端がつかめるであろう。

安場とは或は合い或は離れ、真の交りは致し不申、勿論機事漏らし候様之事も無之候。安場は不相替侃々然として勇於為事、其所は社中の一人にて候処、粗にし而事を為すに汲々たるには困り申候。今少し遠大を期し、厚重に有之度望み候へ共、性質の事故責め難く、昨夏の下県政党一条も、其癖に成立致したる事に候。後日内閣に入込候は斯一人に候間、劣弟には望みを懸け居候へ共、……（同上書、一五九頁）

元田はつづいて、安場の将来について気にかけており、すっかり老齢になり思うにまかせず残念であると書いているが、元田が安場に期待を持っていたことは確実、安場が入閣できなかったのは、彼が薩長出身でなかったというだけのことであるという。安場の為人を描いて流石に元田の言であるが、紫溟会結成の一条が、安場の「癖に成立致した」とされたのでは、あまりにも事は重大で深刻である。紫溟会の結成は自由民権運動に大きな影響をあたえたとともに、今日の日本にまでその長い影響の尾を引いているのである。

安場の変心は、つづまるところ官職にあることが最大の原因であろう。しかし野に下らず官にありつづけたのは、安場自身の選択である。

そして、紫溟会結成にあたりその先頭に立ち、政府党の結成に努力し、かつての社友が中心をなす自由民権運動と相対立したのは、安場自身がみずから撰んだ選択であった。

あとがき

本編では、福島・愛知・福岡等の県知事時代の安場の業績については一切ふれてはいない。この時期の安場は熊本をはなれ、社友との連絡もない行動をとっている。したがって、この時期の安場は熊本実学派としての行動はとっていない、と私はみる。熊本実学派は小楠の遺志をついだ社友として一団の集団だと思う。その点からいえば、安場は明らかに熊本実学派の埒外にある。したがって、安場が良二千石としての業績をあげたにしても、小楠の遺志の実現ではないとみた。

一八八一年（明治十四）の紫溟会結成における安場の行動は明かに反実学派的である。このときの安場の行動は私には不可解である。当時の安場の心境をあきらかにする資料がない以上、私は不可解とするよりなかった。行政官の立場からであろうというのは、一つの解釈であってそれほど確信のあるものではない。

しかし、知事の業績のなかに実学派の特性がこめられているとすれば、それらをこめての安場論こそ、真実に近いものであろう。今後さらに安場の資料が出れば本編の補遺を書くことになろう。私はそれを望んでやまない。

熊本実学派列伝

横井小楠門下生列伝

私は横井小楠を理解する方法として、その弟子たちからさかのぼって小楠に及ぶという方法を取った。天にそびえる小楠に直接ぶつかっては手におえないと思えたのである。徳富一敬や竹崎茶堂らを頼りにして行けば、なんとかより近づけるように思えたのである。そして弟子たちが小楠からなにを学び取ったかを探れぱと、より安易な遣り方をと考えたのであるかも知れない。

しかし、小楠の弟子たちの資料はほとんど利用できる状態ではなかった。徳富一敬や竹崎茶堂・内藤泰吉らの資料や史料は比較的に整理されていて利用できたが、山田武甫・安場保和・大田黒惟信や嘉悦氏房・牛嶋五一郎らは手子摺《てこず》ることが多かった。全体的に資料・史料が不足し、三分の一ほどしかまとめることはできなかった。第一、門下生の数が確定しない。まちがいなく門下生であるか、断定を下すことが容易でないのである。門下生であるかどうかむつかしい人が多いのである。門下生であることは間違いないのだが、資料・史料が少なくて略伝さえも書きえない人も少なからずいた。

これら不明の人を明かにしなくてはいけないのだが、資料・史料が不足するほかに、私の体力がもう細かい調査、研究に堪えきれなくなってきた。八十歳を越えて、ひとりの人物をまとめることもおっくうとなった。私は思いきって、現在集めえた史料でまとめることに決心した。完成は後輩に頼むとして、現在のところで不完全ながらまとめておけば、後生の人になにがしかの手助けになるであろうと、思い立って、取り急ぎまとめてみることにした。大田黒惟信と岩男俊貞、それに野々口為志の三人はぜひとも書きたかったが、それぞれの理由で書くことをひかえてしまった。

　大田黒惟信は小楠門下、熊本実学派のなかで随一の人物の一人である。幕末の活躍も目ざましいものがあったが、熊本洋学校生徒のキリスト教入信時の処置は傑出している。熊本近代化が全国的にみて目を見はらせたのは、かかる人がいたからではないかと思う。大田黒はすでに西洋近代哲学の「人格」という概念を確立していたのである。しかし、この人をまとめるのにもう時間が足りないのである。熊本実学派の史観上に乗せて論じてみたいと思うが、残念ながら後輩にたのむよりほかはない。

　岩男俊貞もぜひまとめておきたい人である。しかし、最近の瀬戸致誠氏（元熊本県立高等学校教諭）の研究によれば、幕末に肥後藩士で長崎に留学した学生には、岩男姓のものが七、八名はいるとのことである。そのうちで岩男三郎・岩男俊貞がはっきりしているだけである。現存し利用できる資料や史料、遺族のかたに照会したが、どうもはっきりしない。したがって岩男兄弟（兄弟であるか不明の者もいる）をのぞくことは非常に残念であるが仕方がない。

　その資料不足の点では野々口為志も同じであるから、除かざるをえなかったのである。

　以上、いろいろの理由から大田黒惟信・岩男俊貞・野々口為志の三名は熊本実学派中の大きな存在であるが、以上述べた理由から割愛せざるをえなかった。後輩の諸君に願うことは、ぜひ以上三人の資料・史料を集めて、三人の真の姿を浮かびあがらせてほしいものである。

一　江口栄次郎

江口栄次郎については経歴の一つもわからない。ただ小楠の手紙のなかに四箇所名前が出、さらに他の資料に二、三出てくるにすぎない。江口栄次郎で問題になるのは、彼の渡米問題である。

（1）小楠の一八六六（慶応二）年八月八日付の横井左平太・大平の二甥あての手紙に次のようにある。小楠は熊本にあり、二甥はアメリカへの航海中である。

江口栄治郎アメリカ渡海之打立、いまだ決定はいたし不ㇾ申候。（『遺稿』四八二頁）

ここでは栄治郎とあり、栄次郎と同一人物であるかも疑わしい。栄次郎と書かれた例が多いので、私は栄次郎を取ることにした。

この小楠の手紙で、小楠社中で栄次郎の渡米如何が問題になっていることがわかる。横井左平太・大平兄弟がアメリカに向って長崎を出帆したのは、つい一〇〇日ばかり前の四月二十七日であった。そのとき栄次郎同行の話があったのか、それとも横井兄弟出発のあと栄次郎渡米話が起ったのか、それは詳らかでない。おそらく横井兄弟渡米話と同時にこの話は起り、なにかの都合で栄次郎の渡米は先送りされたのであろう。翌年を越えて六七年四月ごろに、この話は渡航ときまったようである。

（2）滞米中の横井兄弟へ熊本から出した六七年四月二十七日付の小楠の手紙のなかに、栄次郎の渡米が決まったことを報せている。

江口栄次郎弥以アメリカ遊学に相決し、七月初迄には御国立《おくにだち》之筈に候。此節は航海には懸り不レ申、商法脩行に申談じ、当人も夫に重々同意いたし候。横浜にてアメリカ飛脚船出来、不レ遠乗り出し候様子にて大方此にて出帆可レ致候。（『遺稿』五〇五頁）

栄次郎の渡米は決り、それは六七年七月初めと決定した。船もきまり、旅費も準備ができて七月初めを待つばかりになった。

この手紙のなかには注目すべきことが書かれていると思う。渡航の目的が、「渡海」術ではなくて、「商法脩行」になっていることである。これまでの留学目的のほとんどが海軍・航海術であったのが、「商法」に変ったのであって、時勢の変化によるというべきか、それでもまだ藩府体制下の六七年四月の時機に、早くも幕府瓦解後の新日本建設に備えた先見はさすがに小楠であるというべきであろう。

栄次郎の渡米準備は支障なく進められていたと思われる。次の小楠の手紙で知ることができる。

（3）滞米中の二甥へ熊本から出した六七年六月十五日付の小楠の手紙のなかに次のようにある。

先便（六七年四月二十七日付の手紙——花立）にも申候江口来月比には其許にうち立可レ申、其節い才可ニ申入一候。（『遺稿』五〇七頁）

六七年六月中旬の段階では、栄次郎の渡米話は七月初め出発のところで準備は順調に進んでいる。ところが、どうもこの七月初め渡米は実現しなかったようである。なにかの理由で渡米は延期されたと思われる。次の資料があるからである。

（4）田中啓介編『熊本英学史』所収の西忠温「熊本における幕末・明治初期海外留学生」のなかで、西はフルベッキのフェリス宛の手紙にふれ、その手紙のなかでフルベッキが栄次郎を紹介していることを述べて、その紹介文を引用している。冒頭の「同年」というのは一八六八年である。

同年二月二六日付、肥後の江口栄次郎の米国留学に触れ、「本日貴下宛江口君の紹介状を本人に渡しました。同君は横井両君と同藩のもので、友人でもあり、ニュー・ブランズウィックで両君に会いたいとのことです。本人は学資もあるらしく、横井両君の在学している学校に入学できるようお世話願いたいと申しておりました。江口はお会いになればわかるように、温厚で、態度の上品な青年であり、ことに異教徒としては珍しく立派な人物です。同君はこの便船で行きますから、多分この手紙をお届けすると同じ、パナマ汽船でニューヨークに到着するでしょう」と米国での世話を依頼しているけれども、実際に渡米した形跡はない。

（『熊本英学史』五二二頁）

このフルベッキの手紙は六八年二月二十六日付の手紙である。この時期に栄次郎が紹介状をもって渡米するというのであるから、そうすれば六七年七月初めの渡米は実現しなかったわけである。なにかの理由で、この渡米は取り止めとなった。しかし、それで渡米話が取り止めになったのではなかった。その話はつづけられ、今度は新フルベッキの紹介状までもらって、乗るべき船まで決っているのである。前年の七月は駄目だったが、今度は新政府の下であり、まちがいなく渡米できたろうと思われるのだが、西がしめくくったように、「実際に渡米した形跡はない」のである。

肥後藩の洋学受容という視点から肥後藩の幕末史を研究している瀬戸致誠も、江口栄次郎の海外留学は実現しなかったとする。瀬戸は、「幕末期の肥後藩における海外渡航・海外留学」（『近代熊本』第二三号）という論文の終りの方で、「海外渡航・海外留学寸前までいきながら、果し得なかった例をあげて見たい」として、次のような人物の名をあげている。井口呈助・首藤敬助・森井惣四郎・小佐井才八・山田五次郎（武甫）・嘉悦市太郎（氏房）・河上彦斎等がそうであったと列記した最後に江口栄次郎を取り上げている。栄次郎については、小楠の手紙やフルベッキの手紙にもふれて、「これを見る限り、江口の米国留学はほぼ確実に行われたように思えるが、その事実は無いようである」と断定している。

どう考えても栄次郎の渡米は実現しなかったようである。ほぼ二年にわたって、この問題に取りくみながら、とうとう実現できなかったことは残念でならなかったろう。それにしても小楠門下生のなかに渡航・留学熱の強いことは注目してよい。

（5）『国事』九、五七頁に江口栄次郎が中央政府の役人に任ぜられている記事が見える。

八月十三日我藩宮川小源太会計官出仕を、同江口栄次郎軍務官判事試補を命ぜらる。

宮川小源太
江口栄次郎

右御用之儀候間、今日非蔵人口へ同道罷出候様御達有之候付罷出候処、干種前少将様より両人へ御書附御渡に相成、於其藩も左様相心得候様との儀被仰渡候間、則別紙写二通相添此段相達申候。以上

八月十三日

内山　又助

藪作右衛門殿

御雇を以会計官出仕被仰付候事。

八月　宮川小源太

右一通

御雇を以軍務官判事試補被仰付候事。

八月　江口栄次郎

八月十三日

軍務官ニおいて左之通御達有之候由にて当人内山方へ吹聴ニ相見候間扣留置候事。

右兵庫軍務官出張被仰付候間、諸事於彼地曽我準造へ談合可相勤候事。

八月　江口栄次郎

しかし、彼がいつまで軍務官判事試補の職にあって（明治元年十一月十七日免職）、どんな働きをしたか等については、皆目判らない。彼がフルベッキの言によって、まことに好青年であることを知ることができるが、このため小楠にも愛され、社友間にも親しまれたことは疑ない。

彼の渡米が実現していたら、また新しい小楠門下生の型が見られたかもしれないと思われて残念な気がしてならない。

（6）京都在住の小楠から滞米中の二甥へ出した一八六八（明治元）年九月十九日付の手紙がある。その手紙のなかで、明治新政府の参与として在京中の小楠を取りまく小楠社中の面々の名をあげているが、そのなかに栄次郎の名がある。その手紙の末尾のところである。

当地逗留之社中山田五次郎・宮川小源太・河瀬典次・西田八左衛門・能勢道彦・岩男作左衛門・江口純三郎・同英《ママ》次郎皆々無異に居候間安心可ㇾ有ㇾ之候。（『遺稿』五六四頁）

栄次郎は右の手紙の日付より三六日早く新政府に勤務していたので、小楠宅から政庁に通っていたのであろうか。それとも新政府に勤務するようになって、住居も他に移したが、時間があれば小楠宅に集ったのであろうか。このことは宮川小源太（房之）にしても同じことである。宮川も英次郎と同時に新政府に召されて勤務したのである。宮川にしても同じ疑問が残って、どちらとも決められることでないのだが、後に小楠の暗殺の後始末に宮川が主として動いているところを見ると、宮川は小楠宅に住んでいたと思われる。とすれば栄次郎にも同じことがいえるであろう。

山崎正董が『伝記』九二一頁で、小楠が六八年四月熊本を発って入洛するとき随従した弟子は、江口純三郎と下津鹿之助の二名は確実だとしているのを見ると、栄次郎は初からの随従者ではなかったようである。宮川と同じく後から上洛して小楠宅にはいったのであろうと思われる。それも早い機会に小楠の下に入ったのではないかと思う。

二　不破敬之助・源次郎

不破敬之助・源次郎は兄弟である。二人は小楠の兄時明の妻清子（至誠院）の里方の甥になる。小楠にとっては直接の血縁ではないが、左平太・大平にとっては従兄弟になるので、近い親戚である。小楠の弟子だという記述はないが、親戚として、また左平太・大平との親交から考えても小楠に弟子入りしたと考えてよいと思う。小楠の手紙に出てくる両人についての記述は弟子としての取扱である。この兄弟の名は小楠の手紙に見るだけである。以下小楠の手紙によって、一時期の不破兄弟の動きを見ることにする。

一八六三年二月七日付の小楠の福井から宿許への手紙に源次郎が横井左平太とともに福井に到着したことを報じている。「扨左平太・源次郎当月三日に此表に到着、い才御許の御様子承り大に安心仕候」（『遺稿』四〇五頁）この二人の来福を小楠は非常に喜んだ。小楠はつづけて「右出立に付ては何角之御心配被ㇾ為ㇾ成忝候。然しよくこそ参り候事に御座候」と無条件に喜んでいるのである。というのは、このとき小楠の傍には横井大平・内藤泰吉の二人がいたのに、さらに二人加わって、福井の小楠宅は師弟五人のなごやかな、賑わいとなったのである。前年暮の十二月十九日夜暴漢に襲われていわゆる士道忘却事件が起きたため、小楠は急ぎ福井に引き上げたのである。この事件は小楠にとっても弟子たちにとっても非常なショックであった。肥後藩の空気はきびしく小楠の士道忘却を責める様子であり、弟子たちは息をひそめて成行をうかがっていた。小楠も「源次郎・左平太・大平・泰吉は夫迄は此許にさし置、御模様に因り候て御国に帰し可ㇾ申候」（同上書四〇六頁）と不安の態である。

この六三年の三月には将軍上洛し、政務委任の勅許をうけながら、朝廷の強要に屈して攘夷決行を約束する。

一方ではイギリスが生麦事件の補償を迫るなど実に多事多難の状況である。時の状勢を小楠は次のように宿許へ（三月九日付手紙）書き送っている。

将軍様四日に御京着、此末如何参り可レ申哉。何に一両日には御模様分り候事にて、実々心痛千万に御座候。イギリスより三条の申出御取り上げ無レ之候へば直様大阪へ乗り込候か、薩州へ仕懸候か、二ツの間にて誠に無謀成る事に落入申候。

（『遺稿』四〇七頁）

将軍は第一四代徳川家茂、二月十三日に江戸を発して三月四日に二条城に入った。七日将軍参内し政務委任を受けたが、天皇より攘夷を強請される。十一日には上下賀茂神社行幸に供奉する。天皇の攘夷に対する強い意志に対して将軍は幕府の立場を述べることもできず、朝廷に従うだけであった。松平慶永はかくては幕府の立場はなく政事総裁職としての職責も果せないとして、二十一日辞表を提出、無断で帰藩してしまったのである。

この京都の情勢に心配してか、あるいは小楠が呼んだのでもあろうか、敬之助が上京してきた。

敬之助も上京と申事馬淵方より申来、何に十五日頃迄には到着と奉レ存申候。左候へば源次郎早速遣し可レ申候。此後京師之模様に因りては、泰吉を帰し候事に相談仕置候。

（同上、四〇九頁）

状勢は困難を加えるばかりであるので、小楠は源次郎・泰吉を京都に走らせたのである。

然ば京師御所置弥以外国御拒絶に相決し誠に恐入奉レ存候。春嶽様には御役御断にて、明廿一日に京師御発駕と只今申来り候に付、只今より源治郎《ママ》・泰吉を京師に大早にて遣し、私存念を小野殿・敬之助迄申達し候。源治郎《ママ》は直に御国へ帰し候筈にて、泰吉は引返し候事に御座候。源治郎《ママ》不レ遠帰郷可レ仕、委細は御承知可レ被レ成候。左平太・大平は今暫此許に留置申候。

（三月二〇日付、宿許への手紙。同上四一〇頁）

小楠が他郷にあるときは常に弟子数人が随従している。そこで寝食をともにして、学習が行われ、小楠塾が開かれたのである。このような学習がまさに真の学問であり、実学というべきであろう。小楠に近侍して、用があれば直ちに遠近を問わず走るあたり、小楠師弟の親密ぶりがうかがえる。学習とともに、情報集めに真剣なさまが驚くばかりであり、真の実学はここで身についていったのであろう。

三　中西純一

『九州日日新聞』の一九二七（昭和二）年一月二十一日付に、水俣紫水生という人の「水俣の郷土」と題する連載物が載っている。この記事はその連載の第二回である。その記事のなかで、中西四方助について述べた中に、中西は小楠の弟子だと書かれている。

横井先生の門弟であり、松井家の家老の息子に中西四方助なる人があった。東京月嶋の兵学寮、現今の海軍兵学校に学び、卒業間近に佐賀ノ乱突発し、間者として政府から派遣された人が病を養って八代にあった。この人が八代方面で重きをなした第一人者で、薩軍から幾度すすめられても頑として応ぜなかったので、暗殺されんとさしへたことがあった。

右の中西四方助についての記事がどこまで信用してよいかわからないのである。筆者の紫水生について探したが明らかにならなかった。

さて中西四方助だが、この四方助について徳富一敬の末弟徳永昌龍の孫、規矩の長男である徳永新太郎氏に問合せたところ、その新太郎氏より返事があった。新太郎の叔母宮原ヤス（中西純一の妹）の言によれば、「純一は山本からの養子で、元は山本四方助といい、中西に養子に行ってからも、四方助という名を用いていた」ということであった。これで中西四方助と中西純一とは同一人物であることが確定したといってよい。

以上によって、多分に不安を残しながら、中西純一を小楠の弟子として止めておきたい。

右の紫水生の文章で注目したいことは、中西を中心にして八代の横井実学派が薩軍の誘いに応じなかっただけでなく、「一敬翁も此の人たちと相呼応して薩軍を助けなかった」と書いていることである。横井実学派の西南戦争における薩軍に対する態度は反対であったことが証明されているといえよう。水俣・八代の横井実学派が反対であることは、薩軍にとっては鹿児島と熊本の補給路を中断される恐れがあることで、随分不気味なことであったろう。

四　内野健次

内野健次（一八三一—一九一〇）の略歴については、『肥後人名辞書』に次のようにある。

杉合村の人。少にして横井小楠の門に学ぶ。後廻江郷横目役となり、明治三年石坂惣庄屋の頃、浜戸川に水越堰三箇所を築造せし際には、其任に膺りて努力せり。其後八代県小属となり、熊本県と合併の後は熊本県大属に任ぜらる。後又長崎県官を勤め、平戸島司となる。辞官の後熊本に帰り、後県会議員に挙げられ、更に明治二十七年杉合村長に推挙せらる。翌年退職して後は熊本煙草組合長、又は島崎製糸株式会社社長等となる。明治四十三年五月没す。年八十。

一九一〇（明治四十三）年、八十歳で没しているので、これより計算して出生年は一八三一（天保二）年である。

杉合村は現在熊本県下益城郡富合町。廻江《まいのえ》は町の北部、浜戸川左岸。

八代県が存在したのは一八七一（明治四）年十一月四日から七三年一月十四日までであるから、七一年末八代県小属となったのであろう。八代県と白川県とが合併して白川県となったのは七三年一月十五日であるから、そのとき白川県大属となったと思われる。七〇年から七三年までは実学党政権の時期であるから、内野も実学党政権に入り、藩政改革に努力したのである。しかし、七三年五月には中央政府から安岡良亮（一八二五—七六）が権令として着任、実学党を一掃したので、内野の大属としての在任は恐らく七三年十月ごろまでのことであったろう〔八月二十五日に中属に降格〕。八代県少属、白川県大属としての業績は明かでない。因みに白川県は七六年二月二十二日に熊本県と改名される。

一八七九年各府県に議会が設立され、熊本県では三月十日より十六日にかけて郡単位に最初の県会議員選挙が行われた。下益城・宇土両郡の県会議員選挙は県下のトップを切って三月十日に実施された。この選挙に内野は出馬して見事に当選した。七九年三月十六日付の『熊本新聞』に次の記事がある。

　本月十日下益城・宇土両郡の県会議員選挙ありて、下益城郡釈迦堂村の内野健次、同く両仲間村の小田市次郎、堅志田村の嘉悦信之、宇土郡宇土町の川野邦江の四氏は投票多数を以て当選相成りたる由。

釈迦堂村は江戸期より一八八九年までの村名、八九年杉合村大字名となり、一九七一年より富合町の大字となる。

この選挙では、選挙権・被選挙権ともに資格の制限があったので、当選したのはその地方の名望家ばかりであった。いわゆる豪農層（地主）の進出がめざましかった。熊本実学派、すなわち小楠の弟子たちは意外に少ない。おそらく学校党の体勢がようやく整い、優勢の結果を作り出したといえよう。内野のほかには芦北郡出身の能勢政元だけである。一八七六年の県民会には大勢立候補して多くの議員を出現させた実学派であったのに、今回はこのように少なくなったのである。

最初の県会は、『熊本県議会史』第一巻によると一八七九(明治十二)年四月二十五日から六月三日まで約四〇日を会期として開かれた。これより前に正副議長と役員の選出が行われた。七九年四月二十二日付『熊本新聞』に次の記事がある。

昨廿一日県会議員招集議事所にて長・次官・其外掛官員出席、議員番号を定め着席、長官演舌ありて、後次官を仮之議長に請ひ、来る廿三日迄之内会議を開くに付、仮に議長を選挙せしに木下助之其選に当り、続て議員之組合を定め、幹事を選挙せる、左の如し。

熊本・飽田・詫摩・玉名　幹事　坂本淳蔵
山鹿・山本・菊池・合志　同　古庄新吾
八代　下益城・宇土　上益城　同　内野健次
芦北　人吉　天草　同　深水頼寛

右畢て明廿二日より内会議を開くに決議せる。

内野は第四組幹事として役職についた。しかし熊本実学派の人は、他に能勢だけでは非力如何ともしがたく随分歯がゆい思いをしたことであろう。

七九年六月九日の通常県会で、議員の半数改選議員総員の抽籤によって実施した。抽籤の結果、内野は退任することになった(『熊本県議会史』一、六七五頁)。一年ちょっとの在職であった。ところが、同年十月九日に開かれた随時県会の議員表には二五番内野健次の名が明記されている(同上書、六四六頁)。しかも、第四組幹事に再任(同上書同頁)されたことも記載されている。これはどうも理解できないことである。六月九日の抽籤による半数改選の後、十月九日までの間にまた改選が行われている模様はないので、六八六頁の議員一覧に内野の名があることは理解できないのである。そして、同じようなケースが、他にも散見できるので、いよいよ混乱してしまうのである。

一八八四年三月通常県会中に半数改選が行われ、内野は落選した。

一八八七年十二月五日半数改選が行われ、内野は前回八四年三月のときと同じ相手と争って今度は見事に当選した。内野は改進党に属し、議会勢力は紫溟会二八、改進一六で、正副議長はもとより常置委員もすべて紫溟会で独占した。

一八九二年十月二十四、二十五日の両日に半数改選が行われた。『熊本県議会史』第二巻三一三頁によれば、内野は自由党員として再選を期して立候補した。定員二名で相手党国権党は二名を立て、自由党も内野のほかに一名を立て、定員二名を二対二で争ったのである。結果は国権党候補が二名とも当選し、内野および同じ自由党員一名はともに落選した。改選の全体の結果は国権党三二、自由党一一、中立一と、国権党が三分の二以上を占め圧倒的勝利であった。

それまで自由党員として内野とともに活躍していた熊本実学派、小楠の直接弟子であった古荘幹実、江上定雄も落選し、県政界から熊本実学派の名は消えた。

五　上塚実勝

『伝記』一一九四頁に著者山崎正董は、上塚実勝は小楠の弟子の一人であることを記して、農村で農事の改良に尽力したことを報告している。

上塚俊蔵・同実勝・内野謙次・鬼塚佑・緒方三八なども、蚕糸業の普及や農事の改良に力めていたことによって有名である。

上塚実勝については以上の記事をみるだけである。上塚俊蔵とは親戚になり、住所も俊蔵と同じ下益城郡城南町赤見だと思うが、ついにそれ以上のことを調べあげることはできなかった。

六　西田八左衛門

西田八左衛門は内藤貞八の実弟である。

(1) 一八六八(明治元)年九月十九日付の手紙で、在米中の横井左平太・大平の二甥へ京都から寄せたもの。

小楠は新政府の参与の職にあり、長い病気もようやく快方に向い、登庁も始めているころである。小楠の高倉通丸太町の寓居には常に数人の弟子たちが同居して小楠の世話をやいていた。また、別に住居を持って、小楠の寓居に通っている弟子たちもいた。この手紙には、そういった弟子たちの名があげられているのである。そのなかに西田の名も入っている。

当地逗留之社中山田五次郎・宮川小源太・河瀬典次・西田八左衛門・能勢道彦・岩男作左衛門・江口純三郎・同英《ママ》次郎、皆々無異に居候間安心可ㇾ有ㇾ之候。

(『遺稿』五六四頁)

西田の京都における動静はわからないが、小楠には親しい間柄であったようだ。

（2）六八年十月二十五日付の京都から宿許への小楠の手紙。冒頭に、

西田出立にて一書拝呈仕候。（五八二頁）

とある。西田はこの日付の頃に熊本に帰ったのであろう。前便から考えて、西田がいつごろ京都に来たのかわからないが、九月十九日から十月二十五日まで三五日、すくなくとも三五日間以上は小楠寓居にあって、小楠に近侍したことだけは間違いない。

（3）六八年十一月二十一日付、京都の小楠より宿許へ寄せた手紙のなかに西田の名が見える。手紙では、十一月になって出費の整理のためか、大口の出費、借金の返済等を列記した最後に、次のように書かれている。

此外河瀬に三十両、西田に二十両、其外拾両位は何人にも遣し一切返し不レ申候事。（『遺稿』五九三頁）

河瀬は河瀬典次である。河瀬は小楠とは非常に親しく、小楠が河瀬から借りることは一、二度ではなかったであろう。西田もこのように小楠に貸与しているとすれば、その関係が想像されなくはない。また、小楠が金を借りているのは河瀬とか、山鹿の井上甚十郎・江上津直等の郷士などである。これから考えると西田もまた郷士出身かと考えられるのである。*

*西田は、肥後藩外様足軽・内藤忠太の次男、擬作高百石の西田熊次の養子。八代県少属（明治五年八月八日～明治七年二月十六日）、白川県権少属（明治六年五月二十八日～明治七年一月十四日）。

七　永嶺仁十郎

小楠の実弟である。彼についての記事はきわめて少ない。『遺稿』には、「仁十郎は小楠の実弟、出でて永嶺氏を嗣ぐ」（二六八頁）とあり、『伝記』には「母の実家を嗣いで永嶺仁十郎と称した」（三頁）とある。

仁十郎は早死した。一八五八（安政五）年九月十七日のことであった。弟の死を嘆いた九月三十日の日付の福井からの小楠の宿許への手紙に次のようにある。

先以仁十郎事流行急症にて十七日死去之段承り候て、前後忘却、唯々夢の様に御座候て何とも可二申上一様無二御座一候。（『遺稿』二七五頁）

小楠の嘆きは想像を絶するものがあるが、仁十郎が何歳で死亡したかわからない（四十四歳）。一八五八年小楠は数えの五十歳であるので、それから仁十郎の死亡の歳を想像するほかはない。

八　神足十郎助

神足が小楠の弟子であることは、元田永孚の『還暦之記』（元田竹彦・海後宗臣編『元田永孚文書』第一巻、一九六九年九月刊）三二頁に次のようにあることで間違いない。

坪井京町ノ郷党大ニ奮起シテ実学ヲ唱ヘ、就中湯地丈右衛門・津田山三郎・神足十郎助・沢村尉左衛門・原田作助・吉村嘉膳太等横井先生ノ門弟ト為リテ、会読講習、余モ亦交ル所トナレリ。

神足が小楠の弟子であることを示す例が、今一つある。八重野範三郎「咬菜・安場保和先生伝」（『安場咬菜・父母の追憶』所載、昭和十三年十二月）に次のようにある。

　十五歳熊本に帰らるるや、巌君慮るところあり、其の友数名と謀り、小楠横井先生の門人津田山三郎、神足勘十郎等と交を結ばしむ。（四頁）

右の文に「十五歳熊本に帰らるるや」とあるのは、安場が十歳のとき、父安場源右衛門にしたがって玉名郡大島（藩士交代在番の地）に移り、十五歳（一八四九、嘉永二）熊本に帰ったということである。

ところで、咬菜伝では「神足勘十郎」とあって、「十郎助」ではない。津田とならべて書き出されている点、『還暦之記』と相似て、同一人と思われるが、このままでは同一人物とする証拠もない（「先祖附」で明治三年七月に十郎助から勘十郎と改名とある）。

さらに厄介なのは、一八六六（慶応二）年十二月七日付の在米中の左平太・大平兄弟に送った小楠の手紙には、神足十郎の名が出てくることである。『遺稿』四九一頁に次のようにある。

　一体之人心はよ程振り立候内御番頭・組脇別て折合宜敷、組脇は一致いたし講習討論も無二遠慮一場合に至り、必竟は神足十郎が力にて有レ之候。

この小楠の手紙は、一八六六年末の肥後藩の状況を述べたものである。小楠は当時の「政府は全因循、別て政府中一人之人物も無レ之」といった状況だと断じているのである。この場合の「政府」というのは肥後藩庁のことであって、幕府が第二次長州征伐に失敗し、将軍も死んで一橋慶喜が将軍に就いたばかりで、さりとて討幕の勢力もかたまらないといった一時全く混沌としていた時期であった。こんな情態を指導し得べき人物は、まさに道家・米田虎之助等といった人のほかにはなく、世子・良之助は「政府之因循内輪之情実迄具に御承知に相成り」、「実学連にあらざれば人は一人も無レ之」とし見抜かれて、「深く一国之情態を御見ぬき被レ遊」れているのであって、感服の限りである。この「大因循」のなかでも、番頭・組脇では新しい動きが見えるとして、その指導格に神足をみとめているのである。この神足十郎は十郎助と同一人物かがわからないのである。さらに勘十郎とはどうなるのであろうか。

ここに三人の神足が居ることになるが、この三人はどういう関係になるのであるか。

「明治三年転職進階帳」をみると、同年閏十月十三日に熊本藩の常備兵隊長・大砲隊長の任命辞令が出ている。(『国事』10、六六二頁)そのなかで神足も任命されている。

常備兵第二小隊司令申付之　神足勘十郎

今のところ私は、神足十郎助、神足十郎、神足勘十郎が同一人物であるか、別人であるか、それとも少なくとも二人が同一人物であるか、いずれも断定することができないでいる。

九　野中宗育

野中の名は、小楠の手紙のなかに二回出るだけである。

(1)一八五九(安政六)年八月四日付の熊本在住の左平太・倫彦(大平)へあたえた福井からの小楠の手紙である。

兄弟壮健珍重々々、大分はか取悦申候。此上尚以出精無二間断一様祈申候。内藤又は野中に論語にても何にて

も経書の会相頼、解文に心懸け肝要に候。（『遺稿』二九三頁）

右文中の内藤は内藤泰吉、野中とともに医学を学び、医者となった人である。山崎正董によれば、小楠「塾内に起居していながら、内藤・野中は寺倉秋堤……の門に通って医学を学ん」（『伝記』一三九頁）でいたのである。寺倉は当時奥山静叔と並んだ熊本における蘭法医学の大家であった。野中は、内藤や中山至謙とともに小楠塾にあって経書を勉強しながら、医学の勉強もしていたのである。これは当時の医者の教養のあり方として注目すべきことである。

小楠が塾生のなかで、医学・医者への才能を見込んで三人に医学を勉強させたのか。それは小楠の見識が、西洋文明の受容として医学を三人に学ばせたと見てよいであろう。あるいは、右の三人医学勉強に志し、また実際に修業しながら、当時の医学学習には儒学の教養の必要なることを痛感して、小楠塾への弟子入りとなったのか。若い三人に高い見識を要求することはできないが、知識・技術が儒学（堯舜孔子の道）と切りはなされたものではなく、知識・技術も治国平天下のものとして要求されており、三人とも治国の医学、平天下の見識に立つ医者のあり方を志望したのであろう。

小楠のすすめによったのか、自らの考えによってのことか、はっきり決定はできないが、「肥後藩における西洋医術導入の強力な推進者は横井小楠であった」（鹿子木敏範「古城医学校とマンスフェルト」、熊本県立第一高等学校編『隈本古城史』所載、五〇五頁）ことは間違いない。

（2）一八六一（文久元）年三月九日付、福井在住の小楠から宿許へ送った小楠の手紙である。内容は問題でないが、小楠・野中の師弟関係をしのばせるものがある。

二月四日宗育紙面にて、たばこ御遣し難レ有奉レ存候。宗育紙面にい才は別紙御仕出しに相成候段申遣し候へ共、御別紙は今以届き不レ申候。（『遺稿』三五六頁）

ただ、『人名』『先哲』にも、他の文献にもその名が出てこないことが、やや不安である。さらに不安なのは、『還暦之記』一一四頁には実学党の一員として原田晋作という名が出てくることである。原田晋作と原田作助とは別人か、同一人物か。原田晋作についての記事は次の通りである。

取次組脇ノ場家令ヲ原田晋作等、其他ノ官吏皆改撰ニ成リタルナリ。

右の文章は一八七〇（明治三）年藩政改革のときの人選任命の様子を伝えたもの（『還暦之記』）である。さらに次頁一五一頁下段にも原田の名が出ている。引用すれば、

此時人材多ク登用セシト雖トモ、其党派ヲ異ニシ、安場識見議論正大ニシテ時世ノ用ニ適スルモ、沢村・原田固僻ノ論ニ合ハス。大田黒確実ノ見識アルモ原田大ニ非斥スル所トナリ、

と、人物批判まで行われている。これを見ると原田はある程度のやかましやではあるが、人を容れる器ではなく、横井社中で第二級の人物であったろうか。小楠の手紙にもその名が出ないので、それほど近い間柄ではなかったかもしれない。

あたかも原田作助と晋作とは同人物にしてしまった書き方になったが、私は同人物として取扱って行こうと思っている（明治三年七月に新作と改名）。

一〇　伊藤某

『遺稿』一三八頁に、嘉永三（一八五〇）年五月十日付三寺三作宛の小楠の手紙が紹介されている。その手紙の末尾に、

小楠門弟伊藤某筆写本

と注記されている。「伊藤某」なる名が出てくるのは、ここだけである。そして、その「伊藤某」なる人の来歴も事歴も一切わからない。前出の伊藤荘左衛門・同四郎彦のどちらかと同一人物であるか、それとも関係者なのかもわからない。私としては「伊藤某」として、小楠の弟子の列に加えるだけである。

それにしても、小楠の弟子列に「伊藤某」として、その名をとどめるだけというのは、どういう意味があるのだろう。姓名だけで外のことは何もわからないという人物も決して少なくはない。それでも、姓名も残らない万億の数のなかで、こうしてその姓名を残すということは、やはり貴重なことなのであろうか。

一一　安藤弥太

文久元（一八六一）年七月二日付宿許へ寄せた江戸からの小楠の手紙の書き出しに、次のようにある。

安藤彌太出立に付一書拝呈仕候。益御機嫌よく奉二恐悦一候。私も不二相替一無事に罷在り、御安心可レ被レ下候。

（『遺稿』三六四頁）

小楠は万延元（一八六〇）年二月熊本を出発して福井に向った。これは第三回目の福井行で、この年は福井で越年、翌文久元年四月に請われて江戸へ行き、松平春嶽・茂昭父子に講学、約半年在府、九月に福井に着き、十月熊本に帰国したのであった。この行の途中、文久元年四月から九月までの在府期間における手紙である。この在府期間の小楠の生活については審かでない。

安藤の名を見るのは、この一回きりである。その身分・来歴一切わからない。小楠の弟子にするにも不安は多い。疑惑・不安を残しつつ記述を進めるものである。

一二　三村市彦

三村市彦についての小楠側の資料は一つもない。『伝記』一一五八頁にある「(附) 門生」のなかにもその名は見当らず、小楠の手紙のなかにも見ることはできない。

ただ『海舟日記』に見るだけである。一八六四（元治元）年三月二十三日の記に出てくる。

三月二十二日。肥後藩庄村助右衛・河瀬典次・三村市彦、横井先生の著海軍問答の書持参、伝言あり。

（講談社『海舟全集』1、一八九頁）

右の文に出てくる三村が小楠の弟子であるかが問題である。この三人が小楠の使であること、庄村・河瀬は間違いなく小楠の弟子であることを考えると、三村も同様に小楠の弟子ではないかと思われる。そういう意味で、三村の小楠の弟子である可能性は大きいのであるが、三人のうち二人が小楠の弟子であるから他の一人もそうであるという確実性はないわけであるから、三村の小楠の弟子に対する不信はやはり残る。

ただ杉堂の矢嶋姉妹の一番上の娘が三村家に嫁しているので、その関係ではないかと思われ、もしそうだとすれば、小楠の弟子であることに間違いなかろう。

一三　馬淵慎助

馬淵が小楠の弟子であることは、『伝記』一一五八頁に「（附）門生」に弟子の名があげられているが、そのなかに「肥後の門生」として三三名がかぞえられていて、そのなかに馬淵の名がある。

小楠の手紙のなかに二ヵ所その名が出てくる。

（1）一八六三（文久三）年五月二十四日、二十六日付の福井か小楠の手紙、「在熊社中へ」（『遺稿』四二〇頁）の宛先に一一名の小楠社中の名があげられている。その八番目に馬淵の名がある。

（2）一八六八（明治元）年六月十日付、在京の小楠の在坂中の米田虎之助に寄せた手紙のなかに、次のようにある。

　此許之次第い才馬淵に咄し合申候間、夫々御承知可レ被レ成候。（『遺稿』五三九頁）

この文章からすれば、馬淵は六八年の五、六月ころには京都にいたことになる。京都の小楠宅にいたのか、あるいは別の家に居住していたのかわからないが、京都にあって小楠の近くに付《つ》いていたことは間違いない。

次の小楠の手紙ではないが、横井左平太の一八六四（元治元）年八月二十六日付の小楠宛の手紙のなかに、馬淵の動静をうかがわれる記事がある。

段々此表様子も馬淵罷下り候付、十九日前後様子は大体御聞被レ遊候と奉レ存候。（『遺稿』四四五頁）

当時左平太は弟大平とともに神戸海軍操練所に留学中である。六四年には事件相次いだ。

六月五日　池田屋の変
七月十九日　禁門の変
八月二日　長州征討令
八月五　七日　四国艦隊下関攻撃

左平太も手紙のなかで、「京師も漸戦争に相成、一旦は余程此元抔も動揺仕候」と驚きを示しているが、「十九日前後様子」とは禁門の変のことであろう。この時期馬淵が罷下りとあるから、彼は京都か大坂あたりに何かの用事で滞在していたものと思われる。

以上の外、馬淵についての記事はなく、その経歴はわからない（石光真清著『勝海舟日記』第一巻、一四〇頁「城下の人」参照）。

一四　原田作助

原田作助の資料、すなわち小楠の弟子たることを証するものは一つしかない。それも間接資料とでもいうべきものである。

元田永孚『還暦之記』（元田文書研究会『元田永孚文書』第一巻、三一頁）に次のようにある。

坪井・京町ノ郷党大ニ奮起シテ実学ヲ唱ヘ、就中湯地丈右衛門・津田山三郎・神足十郎助・沢村尉左衛門・原田作助・吉村嘉膳太等、横井先生ノ門弟ト為リテ会読講習、余モ亦交ル所トナレリ。

この記事の『還暦之記』は第一級史料として、原田作助が小楠門下だとしてよいであろう。第二に、元田が原田と同席していることから、相当に信用度は高いとしてよいと思う。

あとがき

これで「熊本実学派列伝」を終る。前述したように充分の資料・史料あっての記述であれば自信も生ずるのだが、それは別のこととして、ここに現存の資料・史料をもってまとめることにした。先輩・後輩諸子お許しあって前後をうずめていただいたら幸これにすぎるものではない。

小楠塾全体の門弟が何名であるか、はっきり知ることはできない。ただ現在わかり得るところで一〇〇名は越えるであろう。この一〇〇名を越える門弟の名をながめていて、これは二種に分けることができるのではないかと思った。

前記『還暦之記』に記述している元田の文章中の人名を第一期生とする。湯地・津田・神足・沢村・原田・吉村らがその中心となる。

第二期生が安場保和・山田武甫・嘉悦氏房・矢島源助・宮川房之・岩男俊貞・大田黒惟信らである。その盛んなるときは、安場・山田が第二期生において中心となったようだ。小楠門下生の中心になったのは、どうも安場と山田ではないかと私には思えてきた。それが安場派となり、山田派とはっきりなっていったかどうかは、史料が不足しているので断定できない。安場と山田の対立は、明治一四年の学校党を中心にする紫溟会の結成であろうか。

このときを契機にして実学派は二つに分れる。しかし、はっきりと二派に分れたのか断定はできない。それ以後、安場を中心とする官吏派と、山田を中心とする民権派に分れていった。これは仮説第一であるが、安場の知事としての行動を見るとき、私にはそうとしか思えない。山田、および実学派の民権運動をもっと詳しく調査する必要が大いにあるといえそうである。これによって熊本の民権運動の様相が変ってくることが期待されるからである。

紫溟会分裂のときの実学派の動きについての考察が必要であると思う。これは派閥の争いか、学説の対立か。これも資料不足で断定はできない。単なる勢力争いかとも思えてくる。

第三の仮説は、明治三（一八七〇）年設立の実学党政権である。この政権ともいえないくらい小さい政治的団体を政治的政権と取扱ってよいのか、ということである。たとえ小さい政権であっても、西欧化をねらった国家の樹立ということは、たしかに特異である。その特異な実学党政権の設立を明治政府はなぜ認めたのであるか。

第四の仮説は、初期明治政府のスローガンは何であったかということである。こう考えていけば、従来の明治政府の性格と違った性格の新明治政府が考えられはしないか。

私は今小楠門下で最も調べなければならぬ人物は、山田武甫だと思っている。山田が明らかになることで、熊本の民権運動が明らかになり、ひいては全国の民権運動、それだけでなく日本の民権運動、大日本帝国設立の事情が明らかになるであろう。天皇制絶対主義国家を取るか、それとも協調的共和政治国家への道を取るかの瀬戸際にあるとき、われらの先輩たちは暴力的革命の道を選んだのである。薩長的権力国家の道を選んだのである。

共和的政治体制を主張した山田らの主張は何であったかと思う。山田らの唱える道は選び得なかったのかと思う。どういう事情で選び得なかったのかと考えなければならぬと思う。

近代的教養の成立——若き蘇峰の思想形成

はじめに

徳富蘇峰は、『将来之日本』や『国民之友』で新日本の青年たちを風靡し、一世の指導者たることをえた。そういう新時代の指導者たりうる教養は、いかにして形成しえたか。また、その内容はいかなるものか。この問題はきわめて興味津津たるものがあるのであって、ついに新日本に応じえないで消えさっていった教養もあるのを思えば、いかなる教養がよく新日本の教養たりえたかということになる。その教養のありかたは、その後の近代日本の進展を規制するものとなったのであるから、この問題は、よほど綿密に検討を要することであろう。

蘇峰は、さらにわれわれに大きな課題をなげかけている。彼は、いわゆる大転向をやってのける。『国民之友』に掲げた平民主義があまりに際だっており、新日本の青年たちを魅了しただけに、世人は驚き、失望した。平民主義を主張した彼が、どうして一転して、大日本膨張主義に変ったのか。

とまれ、蘇峰が、明治初期、新日本の指導者たりえた教養は、また他の指導者たちの教養と相通ずるものがあり、したがって、若い蘇峰の教養成立の跡を探ることは、近代日本の精神の内容と、またその精神史を解明することにもなるであろう。

しかし、ここでは充分の紙数と、それにたえうる充分の時間もなかったので、ノート風に書きとめるに止めざるをえなかった。

一　家庭における読書

蘇峰は、読書に縁のある家に生れた。

「予が家には書物があり、父母ともに読書に縁のある者であって、自然予もその雰囲気のうちに成長して来たから、いやでも応でも書物虫とならざるを得ぬような環境に置かれてゐた。[1]」

父一敬は、読書人であった。もともと一敬は横井小楠の門人であり、実学連では読書は第二義であって、横井は学者であったが、門人には書物を読むことをむしろ奨励せずして、なるべく実際についてその知見を磨くことを奨励したため、門人中には、竹崎茶堂のように、『大学』一巻をくりかえし講義して、それで大先生として立ったものもいた。そういった仲間では、一敬はむしろ読書人であったのである。

猪一郎の最初の師は、母久子であった。久子もまた、矢島家の出として、読書に縁のあるものであった。彼は最初に唐詩を習った。「月落烏啼霜満天」（張継「楓橋夜泊」）とか、「雪中松柏愈青々」（謝枋得「初到建寧賦詩竝序」）などという詩は、母の膝の上で習った。『大学』、『論語』も母から習った。

五、六歳になって、もっとも読みふけったのは、家にあった『武王軍談』『漢楚軍談』、『呉越軍談』といった軍談物であった。これらを読むことによって、「自然に中国の上代の歴史は、甚だ杜撰ではあったが、一通り腹に入[2]」れることができたのである。

二　元田塾時代の読書

猪一郎が八歳のとき、すなわち一八七〇（明治三）年一敬は熊本第七等出仕となったため、熊本に出て、本山の三村家に入った。三村家は猪一郎の外祖母の家で、また母久子の長姉にほ子の縁づいたところでもあった。この三村家にある間、彼はにほ子の夫三村伝から『論語』の素読をうけた。彼より一年早い一八六二年に生れた森鷗外は、五歳のとき藩儒米原綱善について漢籍の素読をうけているが、士族や地方豪家の子弟は早いものは五歳、おそくも十歳前に漢籍の素読を始めていた。(3)

それから徳富家は、郊外の託麻郡大江村に移り住んだ。徳富家から三〇〇メートルばかり西の方に元田永孚が居た。そのはなれた隣家の元田塾に猪一郎はさっそく通った。元田から教えられたものは、もとより儒学の基本的古典であったろうが、元田の家には『絵本三国志』、『里見八犬伝』、『椿説弓張月』、『絵本太閤記』などがあって、彼は片っ端からそれらの本を読んでいった。彼は元田夫人に可愛がられ、菓子やミカンの御馳走にあずかりながら、それらの書物を勝手に読むことを許された。こうして、彼は儒学書のほかに、通俗的文学書をも読んでいったのである。彼は後年、小説について、「小説なるものは、むしろその時代の精神、時代の動向、いはばその時代そのものを映し出して、却って歴史以上の歴史を我らに提供するものがある」(4)と評価していて、以上の読書を読んだことに積極的意義を認めていた。「幼年期における素読と絵解きの読書体験は、青少年期における漢学塾での四書、五経、左伝、史記、八家文などの学習、貸本屋から借りた読本、人情本、実録ものの耽読に引きつがれて行く」と、前田愛は『近代読者の成立』に書いているが、猪一郎（一八六三年生）と前後して生れた坪内逍遙（一八五九年生）、片山潜（一八五九年生）、森鷗外（一八六二年生）、正岡子規（一八六七年生）、幸田露伴（一八六七年生）等の人びともこの型の読書経験の持主であるという。(5)

一八七一年になって、元田は明治天皇の待読となるべく上京したので、猪一郎は一時伯父竹崎茶堂の塾に学んだが、やがて飽田郡島崎村の兼坂止水塾に移った。

三　兼坂塾時代の読書

兼坂塾は現在の熊本市島崎石神山の北麓、長命水の上にあり、一八七一年より七六年まで存続した。衆星堂、蔵春堂の二棟があり、多い時には塾生は一二〇〜一三〇人にもなった。

蘇峰は、「先生は漢学者であったが、珍しく進歩主義の人であった。先生の書斎とも言ふべき所は、硝子張りの障子で、又た先生はランプをつけて本を読んでゐた」(6)と書いているが、その進歩主義の止水の教育については、徳冨蘆花が『思出の記』のなかで活写している。小説の西山塾は兼坂塾をモデルにしたものとされているが、その教育法は、「先づスパルタ教育法と、ペスタロッチの教育法と、在来の家塾的教育法と、打て一丸となした様なもので、実に一種特別な教育法であった。」「十五、六歳位までの塾生には、皆筒袖を着さして、衣は骭に至り、袖は腕に至るを厭はず、厳寒に足袋をはかせず、飯は粟四米六で加え、二、三人宛輪番に炊くことになって居た。」こういう硬教育であったが、止水は人徳すぐれた教育者であった。「塾生はかく鍛はれても、よく西山先生に服して居た。何故か。先生は蓋僕等を愛して居られた。身を以て僕等を率ゐられた。(7)」

以上が『思出の記』にえがかれた西山塾の様子であるが、兼坂塾の教育もこのとおりであったろう。猪一郎は、この兼坂塾でなにを学んだであろうか。「少くとも予は先生によって、自治といふこと、平民主義といふことを教へられたやうに思って、今尚ほ感謝してゐる。」「最初に予をして、人間は階級とか、門閥とか言ふものに頼らず、赤裸々の自力に頼らねばならぬと言ふ事を知らせたのは、兼坂先生であり、如何なる仕事も恥しい事は無く、恥しい事は仕事をせずにして、ぶらぶら遊んでゐると言ふ事であると知らせたのも、兼坂先生である。(8)」これからすれば、止水は幕末、明治初期の漢学者としては、世に一歩先んじた合理主義的思想家であったということができ、兼坂塾の生活態度そのままが自治であり、平民主義的であったということであろう。

事実、止水は、それまで句読師、訓導助勤をやってきた藩校時習館が廃止(一八七〇年七月)されると、ただちに武士の身分を捨てた。兼坂家は五五〇石、止水の夫人は一〇〇〇石取りの家から来ていた。止水は五五〇石の知行のうち二〇〇石を弟に分ち、三五〇石の知行を奉還して、帰農したのである。肥後藩士の帰農第一号であった。まもなく止水は前庭に梅樹一〇〇本を植えて百梅園と名づけ、そのうえ伝習生を宇治に送り、さかんに茶業を営んだ。この点、止水は、実弟の熊四郎をして小楠塾に門下生たらしめたが、みずからは小楠にはつかなかったものの、帰農し、実業を興す、進歩的実業者であった。

「全く月並的ではなかった(9)」止水の独特な教育のもとで、猪一郎は、四書五経、『左伝』、『史記』、『歴史綱鑑』、『国史略』、『日本外史』、『唐宋八家文』、『資治通鑑』などの講義をうけ、これらを一通り読んだ。ほかに、細川家の歴史である『藩譜撮要』や、細川家の賢明なる藩主といわれた重賢の一代記『銀台遺事』なども読んだ。彼は「これらの本によって漢籍の知識ばかりでなく、日本文の知識も若干得ることができた(10)」のである。

一八七一年のこの時期、彼が九歳のころ、家庭や元田塾、竹崎塾、兼坂塾を通じて漢籍や和書に親しんできた彼に、まったく新しい風が吹きこんできた。「その時分には文化の風が九州にも吹いて来(11)」て、福沢諭吉の『世界国尽』、『童蒙教草』といった本がやってきた。これらの福沢の本が彼を魅了したことは甚大で、彼は『世界国尽』をくりかえし読みかえして、全部暗記したほどであった。これが彼と福沢の本との接触の最初であったが、彼は福沢の書によって儒学の世界のそとに、欧米文化の世界へつれていかれたのである。これより彼の福沢への傾倒がはじまる。

四　熊本洋学校時代の読書

一八七三（明治六）年猪一郎は熊本洋学校に学んだ。熊本洋学校は七一年、米国退役砲兵大尉ゼーンスを招いて、徹底した洋学教育を施すために建てられた熊本藩立の学校であった。猪一郎は父母の強い希望もあって、あまり気はすすまなかったが、とにかく入学した。ところが、そんな気持のためか勉強に身が入らず、それが真の原因だったと思われるが、年齢不足という理由で退校させられた。退校後の彼は一年半ばかりぶらぶらしていたが、七五年九月ふたたび洋学校へ入学した。そして翌年一月三十日の奉教結盟の行事に参加し、彼もキリスト教入信の誓に署名したため、熊本に居れなくなり、七六年夏、熊本を後にして上京した。

この洋学校在学中の勉強については、あまり書き記したものをみないが、福沢によって開眼された西洋文化への眼は、ゼーンスに直接ふれることによって、一そう理解の程度を深めたに違いない。ただ彼は、ゼーンスについて多くを語らないので、その影響の程度はなんともいえないが、ゼーンスによって彼は初めてキリスト教にふれる経験をもつのである。聖書も初めて手にしたであろうと思われる。それは同志社において深化されていくのであるが、その種をまいた程度以上のことはあったであろう。

東京に出た彼は神田一橋外にあった東京英語学校（一高の前身）に入学した。彼はこの在京の間に、また福沢の雑誌にふれる機会を得た。

熊本にいるときから新聞に多大の興味をよせていた彼は、熊本で発刊されていた白川新聞や、東京から出されていた東京日日新聞を愛読した。東京にきてからも、「新聞とか雑誌とかには、特別の興味をもってゐた。[12]」たまたま七六年九月、福沢が箕浦勝人を編集長として「家庭叢説」という雑誌を始めて、その創刊号が両国薬研堀の報知社から発刊された。彼は神田裏猿楽町から薬研堀まで足駄をはいて汗をかきつつ歩いて購入に行った。「家庭叢談とはいわゆる家庭を目的としたる雑誌であって、きはめて平易なる文句で文章ができてゐて、政治といふよりもむしろ生活を主として書いたものであった。[13]」これがのちに、民友社から「家庭雑誌」を出す機縁となったものであろう。

五　同志社時代の読書

もはや一八七六（明治九）年も秋風がおとずれ、霜が降らんとする頃であった、猪一郎は新島襄のもとに走った。彼は、「学校は書物を読むところと言ふよりも、寧ろ師に就いて学ぶ処であるといふ考をもってゐたから、その場所を東京に於て見出さず、京都に於て見出さんと欲した[14]」からである。

同志社には、彼にもっとも恰好な読書の指導者がいた。それは、熊本洋学校で先輩であった山崎為徳と浮田和民の二人であった。山崎は洋学校第一の秀才とされた人だが、彼は山崎から、「一通り英米に関する文学の知識、しかもその知識のきはめて初歩なるものを得た。[15]」それによって、カーライル、マコーレー、シェークスピア、ミルトンなどの名も知ることができた。浮田はのちに早稲田大学教授になった人だが、彼は浮田から英語を学び、また曲亭馬琴の文章の面白さを初めて教えられた。そのほか、福沢の文章は熊本時代から読んでいたが、浮田によって福沢の文の面白いことも教えられたのであった。

それから、従兄の大久保真次郎に紹介されて、為永春水の『イロハ文庫』『梅暦』を読んだ。また村上作夫という教師から、『文章軌範』、金聖嘆の『才子古文』、『史記』『鳩翁道話』などについて講義をうけた。

猪一郎の新聞雑誌への関心はまえに書いたが、同志社でも、読書室に備えてあった東京日日新聞、報知新聞、朝野新聞、大阪日報や京都の新聞を熱心に読んだ。そのなかで、もっとも熟読したのは福地源一郎の書いた東京日日の社説であった。福地の文章は、「実に精気溌剌たるものであった[16]」ので、彼は「京都の博物館に行って、棚の隅に塵をかぶって堆く積み上げてあるを見出し、それを取出して読んだ。しかして読むばかりでなく、そのうちの文章の面白きもの[17]」は自ら手写した。それらの社説によって、「自由主義の定義」、「米国独立時代の歴史」、「十八世紀下半のジョージ第三世の時代における英国の各政党、各政治家の離合集散」を知ることができた。バーク、フォックス、チャタム、ピット父子、チェールなどの人物をも知ることができた。やがては「福地がシェクスピアの文句などを面白く翻訳して掲げたるを見て、初めてかかる面白きものが英国にもあるかと覚えたほどであった[18]。」福地のシェークスピアの翻訳によほど刺激されたのであろう、彼もみずからシェークスピアの翻訳を試みている。大江義塾の塾生田川秋平の手記集「慷慨文集」に、日本大江逸氏訳の署名のある「ブルトスノ演説」、「マーク・アントニー、シーザル棺前ノ演説」の二編が筆写されている[19]。

猪一郎にとっては、福沢の文章よりも、「いづれかといへば新聞記者の文章としてはむしろ福地の文章」が「理想的」であった。「そのために福地の文章は腹の底まで沁みるほど玩味した[20]。」彼は福地のおもしろい論説を筆写し、それが薄葉紙の小冊子に幾冊かできていた。それは大江義塾時代に塾生のあるものに分配したということであるが[21]、さきの田川「慷慨文集」中にも、福地の文章五編、「辞達而已矣」、「諸君進而討賊」、「チェール伝賛」、「読老ピット伝」、「西郷論」[22]が収録されており、これはおそらく猪一郎の筆写からの転写であろうから、もって彼が興味の如何を知ることができる。そして、塾生たちも、彼の熱心さをうけて、福地の文章にしたしんだであろうことがうかがえるのである。

同志社時代、猪一郎が深く影響をうけた人にラーネドがいた。ラーネドは新英州の名家の生れで、エール大学を優等で卒業し、一八七五（明治八）年十二月末、京都につき、ただちに新島を助けて、同志社の校務にしたがったという。猪一郎は後年、ラーネドを評して、「其の博識にして謙虚なる、其の篤学にして恒行ある、四十年一日の如し」[23]と書いている。彼はラーネドから政治、経済、歴史等について広く深く教えられるところがあった。彼が『国民之友』を発刊するようになった動機は、ラーネドが愛読していたアメリカの週刊雑誌『国民《ネーション》』を転購したことによるのであった。それあってか、彼は、「予個人としても、翁に負ふ多大也」[24]と、新島について大きな謝意を表しているのである。彼は、ラーネドから深く広く西洋文化を吸収したのである。直接西洋人に接することによって、その言行によって西洋の文化にふれたといえる。彼が、西洋人に教えをうけたのは、これが初めてではない。かって熊本洋学校在学中、彼はゼーンスに教えられた。しかし、彼はゼーンスについては、ほとんど語るところはない。彼はゼーンスにうけずして、ラーネドに学ぶところ大きかったのである。それは洋学校の先輩たちと大きく違っていた。

猪一郎が同志社に在学したのは、一八七六（明治九）年末から一八八〇年五月までであり、数え歳の十四歳から十八歳までであった。その間、彼が読書したものとしてあげた前述の書物を列記すれば、次のようになる。

一〈漢籍〉唐宋八大家文　文章軌範　史記　才子古文
二〈洋書〉カーライル文集　シェークスピア　国民《ネーション》
三〈日本文〉里見八犬伝　いろは文庫　梅暦　鳩翁道話
四〈同時代人の文章〉福沢諭吉・福地源一郎の文章

以上の読書リストからみると、色川大吉のいうように、「とくにどういう傾向の何にもっとも興味をよせ、学んでいたかが突きとめられない」[25]といえそうである。のちに彼の精神に非常に大きい影響をもつマコーレーはその名を聞いただけで、まだその文章には直接にふれていない。福沢の影響は、この時期においてもなお強いものがあると思うが、それ以上に福地の東京日日の社説に魅了された。しかし、福地によって彼の立場が確立されるというのではなく、その読書はまだ模索的雑読であったというべきであろう。

最後に書き加えることは、猪一郎が同志社時代、心に残る文章を書き抜いた「名語名文」（一八七九年三月）があるが、そのなかに「近思録抜」[26]がある。『近思録』より一四篇を引いており、その引用は『近思録』全体にわたっており、彼が『近思録』全体を読み通していたことがうかがえる。『近思録』は近世儒教の礎を据えた周程張子の文章から、朱子がその友呂東萊と日用に切なる者を掇い取って編んだもので、「苟も宋学を窺はんとする者の必読の書」[27]となったものである。それだけでなく、横井実学派においては本書は必読の基本図書とされたもので、彼はこの時期にじっくりと読みこんだものと思われる。やはり小楠学派の基礎教養の確立をおこたることはなかったのである。

いま一つ、猪一郎がその書名をあげてはいないが深く読んだものに、聖書がある。同志社時代、一八七八年七月十九日から九月七日までの日記「朝夕工課　第一号」[28]の初めに、漢訳聖書から一〇篇を白文で引き、それから毎日聖書から引いた漢文を書きながら、信仰の思を書きつづっている。この時期は、キリスト教に熱中した時期で、聖書は手からはなさなかった。その後、彼はキリスト教からはなれたとされているが、晩年の枕頭には聖書をおいていたということであるから[29]、やはり聖書、キリスト教は彼の精神の基底に生きつづけていたものといえよう。

それにしても、聖書をよみ、『近思録』も読みふけったという猪一郎の教養は、当時の教養を代表するとはいえ、これをどのように整理することができたかが問題である。

六　大江義塾時代の読書

猪一郎は、一八八〇（明治十三）年五月同志社を退学し、六月東京に出る。十月末熊本に帰り、それから相愛社員として自由民権運動に参加すること一年半ばかり、そして、八二年三月大江義塾を開校する。大江義塾を経営すること五年、八六年大江義塾を閉じて上京する。この八〇年から足かけ七年間は、彼の思想形成にとって、もっとも重要な時期であり、収穫の多かったときさえあった。この時期の彼の読書と勉強はすさまじい。じつに多くの本をつぎつぎに読み破っていくのである。

東京で、彼は彼の思想を形成する決定的要因となった書物、マコーレーのエッセーにぶつかる。

当時、帰郷する少し以前に、神田の古本屋で三十銭を投じて紙表紙のマコレーのエッセイを購ひ得た。これは英国で一シリングで発行するいはゆる普及書の一冊であったと思ふが、ミルトン論より始まりハンプデンで終っていた。予は開巻第一のミルトン論を読んで、新たなる世界が予の前に開けたやうな心地がした。

昔、頼山陽が少年時代は東坡の論策を読んで感じたといふ、おそらくは同様の感じを予もまたしたものと察せられぬ。マコーレの文は予にはあらゆる方面において深甚の影響を与へ、豈ただ文学章句のみと言はんやだ。思想の上においても、また着眼の上においても、いはば予が人生観世界観にも大いなる影響を与へた。(30)
そのエッセーによって、マコーレーへの傾倒心をかきたてられた猪一郎は、「ミルトン論から始まって、やがて一切はマコーレの書いたものを、すべてとは言はぬまでも、それに幾いまでに読破した。(31)」
こうして、マコーレーを読み進んで、彼の主著『英国史』にぶつかる。そして、この書は猪一郎のイギリス史観を変えた。というよりも、彼の歴史観をつくりあげたのである。

其後熊本大江義塾に於て、マコレーの『英国史』を一読したが、予の頭の半分は、此書で出来たと言ふほどに、予は感銘を以て読んだ。其書にはアンダーラインが殆んど真黒く引いてあった。(32)

猪一郎は、ますますマコーレーにはいりこんで、マコーレーに深く深く沈潜していった。そして、彼は、大江義塾時代を通じて、マコーレーにもっとも益されたのであった。「予は出来得る程度に於て専ら歴史、政治、社会、経済、文学等、手当り次第の本を読んだ。その中に於て最も予を益したのは、マコレーの『英国史』、プルタークの『英雄伝』と、トクブウイルの『デモクラシー・イン・アメリカ (Democracy in America)』、趙翼の『二十二史箚記』等であった。(33)」

彼は、大江義塾を開校するまえ一年余の八一年二月九日に、「学問之目的」を誌して勉学の方針をたてるが、その目的を三つあげて、第一に史学を書きだしている。この目的の順位は、大江義塾時代を通じてかわらなかったようであり、その史学なるものは次第にマコーレー史学となっていった。マコーレーに沈潜し、マコーレー史観に立って、イギリス史を考え、イギリス革命史の勉強を深めていったのである。

明治十三年の末より同十九年の末まで熊本に在り、専ら大江義塾を督し、生徒を教へ且つ自ら学びつつあった際、最も関心したるは、英国清教徒革命の時期であり、惹いて更に一六八八年の革命時代に及んだ。[34]

歴史家マコーレー Thomas B. Macaulay（一八〇〇―五九）は二十五歳のとき、『エディンバラ評論』誌上に「ミルトン論」を書いて論壇に登場し、それ以来、つぎつぎと十七、八世紀に題材をとった歴史評論を発表して、これまで正統的な解釈とみなされていたトーリー的な歴史把握に攻撃を浴びせて、若くして名声を博した。[35] ピューリタン革命を叛乱とするトーリー史観をひっくりかえして、マコーレーは一八四八年、その『英国史』の最初の二巻を刊行して、イギリス史の発展過程を、議会に集まったイギリス人民が国王専制に対して自由を求めた闘争と定式化した。これがホイッグ史観とされるものであって、マコーレーはこの史観の確立に貢献し、こうして「悪虐不道ノ君主ガ圧制」に対する「自由ヲ唱エ民権ヲ主張スル議会」という対立パターンに立つイギリス革命観が定着したのである。[36]

くりかえせば、猪一郎が、大江義塾時代に英国清教徒革命から名誉革命に思いをひそめたとき、その視点はマコーレーのホイッグ史観であった。その勉学の過程で、彼の思想に形成されていったのは、専制に対し、専制政府に抗して、自由を唱え民権を主張し、民意を代表する議会政治の確立こそ、これからの日本に実現すべき目標であり、これこそ明治の青年に確持せしむべき信念である、ということであったといえよう。大江義塾時代の彼にはこの一本の支柱が強く太く通っていた、と私は考えるのである。

マコーレーによって知ったミルトンは、その後、猪一郎の思想形成に大きく影を残すことになる。彼はミルトンにますます心ひかれ、熱い思いをよせるにいたるのである。「若夫れ弥耳敦は、明治十三年、マコレーの弥耳敦論によりて紹介せられたるに過ぎず。但だ其紹介者の雄文、快筆に愛著したるの余、更らに其の主題者たる彼に対する、欽慕の情を熾ならしめ、遂に彼の詩集を相見るに到らしめたり[37]。」

『ミルトン詩集』に到達した猪一郎は、大江義塾時代手にとっては読みふけり、事に倦んでは手にして、彼が思想と心情の形成につとめたのである。「当時記者は、熊本城の東郊に村塾を設け、授徒自修に余念なく、偶ま業畢り神疲るれば、単り弥耳敦詩集を携へ、白川枝流に沿うたる小丘、老楓渓を掩ふ村祠の畔に遊び、時に巻を披き、時に冥想に耽り、暮色蒼然、詫摩の平原に満ち、阿蘇山の烟影、復た弁ず可らざるに到り、始めて己に反りて、帰路に就きたる幾回なるを知らざりし也[38]。」

猪一郎は、ミルトンになにを求め、なにを吸収したのであるか。彼がミルトンに学んだもの、それはなんであったか。「総て弥耳敦の諸作を、一貫したる大主脳は、善悪相戦うて、善最後の勝利を得るの一事也。人間弱きも、神によりて強きの一事也。蓋是れ弥耳敦畢生の大本領なれば也[39]。」

こうして、ミルトンは彼が生涯をかけて心をよせつづけた一人となった。一九一七（大正六）年には『杜甫と弥耳敦』を書き、第二次大戦の敗戦後には、敗残者の悲哀を、ミルトンの最後の作である『サムソン・アゴーニステス』を愛誦することによっていやしたほどであった[40]。

イギリス革命への強い関心は、イギリス政体への研究に猪一郎の興味をかきたてていった。彼は、「予は英国の制度、文物などは最も熱心に研究したるつもりである[41]」と書いているが、その関係の読書が精力的につづけられていった。そのなかで、とくに彼の印象に残ったものに、つぎの数書がある。

まず、当時「最も予が愛読したるもの」としてあげているのは、英国史家フリーマンE. A. Freemanの『英国憲法発達史』(*Growth of the English Constitution*, 1872）とバジョットW. Bagehotの『英国憲法論』(*English Constitution*, 1867）である。フリーマンはイギリス十九世紀中期の有名な史家で、その書は彼に「少からざる暗示を与」

えたようであり、バジョットの『英国憲法論』は、「英国の憲法がいかに運用されいかに活動しいかにその本来の面目を失はずして時代とともに進化発達し来ったかを説明した」ものだという。[42]

つぎに常にその「座右を離れなかった」ものとして、グリーン J. R. Green の『英民略史』(*Short History of the English People*, 1874) をあげている。グリーンは、それほどの大家とはいえないが、「その視野きはめて広」く、その書を読んで、猪一郎は「始めて歴史とは血もあり、涙もあり、骨も、肉もある人生の記録」であることを教育せられた[43]のであった。

ミル J. S. Mill の『代議政体 (Considerations on Representative Government)』は、当時盛んに読まれたものだが、猪一郎も同書を読んで、イギリス政体への理解をふかめていた。「予がミルの『代議政体』を読まんとするに、熊本を探し廻っても遂に得ず、やうやく当時熊本中学校の一教諭が所有することを知って、平身低頭してそれを借用したことを覚えてゐる。[44]」このような苦心もあったのである。以上のような数書の読書があって、はじめて大江義塾における「英国憲法史講義[45]」「政学講義[46]」といった授業がなしえられたのであろう。

なによりも大きな感激をうけたのは、トクヴィルの『米国民政』であったろう。小野梓からすすめられていた本書を猪一郎が手に入れたのは、一八八二年九月、東京から熊本に帰ろうとするときであった。書生にとっては高価な八円を投じて求め帰った本書であったが、しばらくは熊本の住居の書棚の隅にうちすてられていた。その年も終ろうとするころに思いたって、第一冊を読み始め、半年ばかりかかって、翌八三年五月十八日に読み上げた。第一冊に心うばわれた彼は、第二冊目の巻頭に、「勉めて倦まざる人は、進んで止まざる人也」と書きつけて、三日後の五月二十一日に読み始めた。今度は一息に読みあげて、四〇日で読み終ってしまった。巻末に思いをこめて、「精励と熱心とを以て読了す。一八八三年六月二十九日」と書きこんだ。それだけでは本書を読んだ感激はおさまらず、さらに別の箇処に、「謹んでトクヴィル先生に謝す。先生の著作を一読して、得る所極めて多し。其の議論の卓越にして、且つ先生の好意、実情に溢れたるを以て、手を措く能はず。予期の如くに読み畢れり。嗚呼楽哉。明治十六年六月二十九日午時半幽竹翠処に於て　大江学人」と書きとめた。青年猪一郎の脳中にあたえた感動の深さが伝わるようである。本書二冊は淇水文庫に現存し[47]、あちこちに下線が引かれ、随所に書き込の語や文があり、彼の熟読の様子を見ることができるのである。大江義塾における彼の講義「政治初歩[48]」「政学講義」は、あきらかに本書に依拠してなかったものであった。猪一郎および大江義塾塾生たちの示すアメリカ、ひいてはワシントンへの尊敬と信頼の念は、本書によって生みだされたものであったといえようし、猪一郎の後年の平民主義はまたトクヴィルの主唱する平等化に示唆されたこと大きいといえるのではないだろうか。

猪一郎がマンチェスター・スクールの立場にたってその所論を展開していったことは、彼自身が、「予の本旨は一言して言へば、マンチェスター・スクールであり、所謂るコブデン、ブライト、グラッドストンなどの論であった[49]」と書き残していることで明かであり、諸家の認めるところである。八二年、彼は馬場辰猪から、「真に政治の運用を知るには、政治家の伝記を読まねばならぬ」といわれて、コブデンとビーコンスフィールドの伝記を与えられた。この二書は、彼にとって「天啓」であった。マンチェスター・スクールへ開眼した彼は、コブデン、ブライトの演説集に読み進んでいった。この演説集は当時彼を最も「感銘せしめたるもの」であった。

政治家の伝記への関心はひろがって、ゴールドウイン・スミス Goldwin Smith の『英国三政治家』（*Three English Statesmen*, 1867）も、彼の心をとらえた小冊子であった。ピム、クロムウェル、ピットの三人についての講演を筆記したものであった。スミスはイギリスの自由主義的歴史家で、文章はすこぶる鋭利、猪一郎は手の届くかぎりスミスのものを読んだという[50]。

以上のほかに、大江義塾時代に猪一郎が感銘をうけたものとして、とくに取りあげているものに、ドレーパーJ. W. Draper の『ヨーロッパの知識発展史』(*History of the Intellectual Development of Europe*, 1862) とワンベリー『インドに向ってまさに来らんとする闘争』がある。ドレーパーの書からは、「大いなる啓示を与」えられた――「個人に生死あるがごとく国家にも生死がある、個人に老少があるごとく国家にも老少がある、われらが個人を取扱ふごとく、国家にせよ民族にせよこれを生物として取扱はねばならぬ[51]」と教えられたのであった。ワンベリーの書からは、「将来アジアがいかに英露の争地となるか」を知らされて、彼は「大いなる刺戟を与」えられた[52]のである。

ワンベリー、ドレーパー、あるいはまえに出たグリーンにしても、今日ではその名さえも知る人は少ない。彼らは決して第一流の人ではない。猪一郎は独学で、かなり行き当り的に読書した様子が見えるので、その手に取った書物や、それを書いた著者はかならずしも第一流のものばかりとはいえなかった。しかし、彼はこれらの著書や書物を充分に読みこなして、まったく自分のものにしていた。大江義塾時代の彼には、その年齢的にも、その知識教養の程度においても、かえってこれらの著者・著書がもっとも彼に適しておって、彼をもっとも早く高く成長せしめることになったのではないか。

猪一郎があげる書物のうちで、西洋の小説は容易に出てこない。そのなかで大江義塾時代に読んだと思われるものに、二冊の小説の名がみられる。一冊は、ディズレーリ B. Disraeli の『エンディミオン』(*Endymion*, 1880) である。彼は、このイギリスの「最も卓越したる政治家」によって「英国政界の楽屋を案内せられたる心地[53]」がして忘れることができないという。小説にしても、政治に関する小説に心ひかれるあたり、彼の関心の対象をはっきりしめしているといえよう。今一冊の小説は、ユゴー V. M. Hugo の『九十三年』(*Quatrevingt-treize*, 1874)

である。彼はユゴーの英訳のあらん限りは読みつくしたというほどの打ち込み方であって、とくに本書では「仏国革命の何ものであるかといふことを知るを得た」[54]として、深い感激を覚えて、本書を新島襄に贈ったほどである。この小説もまた政治関係の小説である。あくまで彼の関心は一貫している。彼は、イギリス革命、アメリカ革命については、大江義塾時代語ること多かったが、フランス革命にはふれることきわめて少いのに、このようなところで、フランス革命にこれほどまで深い思をこめていようとは、いささか意外である。

以上が洋書についての読書状況であるが、大江義塾時代になると、洋書がにわかに多くなる。洋書の読書が多くなり、その影響が大きいというのが、この時期の青年たちの一つの特徴ではないか。猪一郎の父たちの世代の読書と大いに異るところであろう。

洋書についで、読んだ本の名をあげるのが多いのは、漢籍である。そして漢籍こそ、やはり洋書読解の基礎教養としてその基底にあったことは否定できないであろう。それは明治前半ころまでの日本インテリゲンチャの教養一般を示しているのではなかろうか。

猪一郎は、前述したように、もっとも益したものとしてその一冊に趙翼の『二十二史箚記』をあげていた。本書は田口卯吉から中国歴史書として非常に面白いと教えられたのであった。郷里では読んだものはない本で、京都の本屋で求め、「爾来大江義塾に於て之を耽読すること数回」[55]であったという。

中国古典のなかでは、彼は『孟子』と『韓非子』をもっとも愛読した。「愛読中の愛読」といっているから、読書の基本にすえていた本ではなかったかと思う。『孟子』は内容は「貧弱」であるが、文章は「比類まれなもの」[56]があるとして、文章の手本と見ていた。『韓非子』はよく人間の実情を把えて、より実際的な治道を示す点が面白いとし、その文章にいたれば、「その鋭さにおいて、孟子に比ぶれば韓非子は幾層も立ち優ってゐる」

として、「その主なる文章は大江義塾以来これを写して熟読した[57]」ほどであった。しかし、大江義塾の教科書に『孟子』は使ったが、『韓非子』は使用することなかった。

ほかに、彼が愛読したものとしてあげているものに、『左伝』、『孫子』、『戦国策』がある。『孫子』は板垣退助にすすめられて、愛読するようになったものであった。『戦国策』は、「戦国時代の策士が互ひに謀り謀られたるもの」であって、「読むごとに手に汗を握らしむるものがあり、また読むごとに腹を抱へて笑ふがごときもの[58]」があると評価して、彼は本書を大江義塾の教科書に採用した。塾生たちも興味をおこしたのであろうか、松枝弥一郎手記「託摩原」には、本書から三篇が引用されている。

猪一郎は、ジャーナリストとして立とうと志していたので、文章には非常に熱心であった。その文章の範としてもとめたのは、漢籍の方が多かったようであり、当時の教養の内容を示していると思う。「文章のために読んだ」とか、「文章を大いに勉強した」としてあげているものは、漢籍である。その「文章のために読んだ」漢籍として、その名をあげているものには、次の数書があった。

呂東萊『東萊博義』　陳亮『陳龍川文集』

金聖嘆『才子古文』　林西仲『古文析義』

陳白沙の文章

東萊の文章は、文字簡潔、文体明朗、論断明白として「すこぶる敬服[59]」し、龍川の文章は、「維新の志士も概ね熟読し」たもので、「一種情熱のこもりたる迫力ある文章[60]」としてくりかえし読んでいる。とくに『陳龍川文集』は校備書籍として蔵され、塾生もこれを読んで影響をうけている。『才子古文』、『古文析義』は「常に座右を離れなかった[61]」くらい愛読し、前書は大江義塾の本科二年生の教科書に使用していた。

最後に、猪一郎が特異の興味をよせたものに、『水滸伝』がある。本書は、彼に「最も興味を与へたるもの」であって、彼は本書によって、「文章に就て幾許の心解を与へられ」、「支那に就て幾何の洞察を」も与えられ、さらに「歴史的嗜好を長養せしめ(62)」られたのであった。本書は彼の正統的な読書計画にのった書物ではなかったかもしれないが、本書の閲読はかえって彼の学問的欲求を大いに刺激したことになったようである。それだけでなく、「中国の社会機構、からくりに至っては、水滸伝で初めてこれを知ることができる(63)」として、当時の社会の表裏を知るのに小説以上のものはないことを、彼は充分承知していたのである。小説にしても彼の関心は、『水滸伝』といい、『エンディミオン』といい、『九十三年』といい、政治小説とも、社会小説ともいわれる内容のものであり、結局彼はここのところが土台であることを明示していた。

多大の興味をかきたてられた猪一郎は、塾生にも盛んに『水滸伝』を語ったのであろう、大江義塾の塾生の間にも、大いに流行した。八六年一月刊「大江義塾雑誌」雑報欄に、「避寒中水滸伝ノ流行」の一項があり、「誰モ箇モ魯智ヲ知レリ。将ニ其之レ何県ノ者、姓ハ何、名ハ何ト言ハンガカリノ風ナリ(64)」と書かれていて、塾中での流行の様子を知ることができる。「黒旋風李逵(65)」とのペンネームで文章を書いているものもいるほどであった。

洋書、漢籍のつぎは、日本文である。日本文とは、やや不調和な言葉であるが、蘇峰が『読書九十年』に使っているためであって、日本人の書いた文というほどの意味で、ここには和文で書かれたものはもとより、漢文で書かれたものもふくむと諒解していただきたい。

大江義塾時代、猪一郎がもっとも愛読した日本文は、おそらく吉田松陰の『幽室文稿』であったろう。『幽室文稿』には、『丙辰幽室文稿』、『丁巳幽室文稿』、『戊午幽室文稿』の三冊があるが、淇水文庫に現存する猪一郎手択の『幽室文稿』は、『戊午幽室文稿』(一八八一年刊)であって、書き込みはないが、あちこちに朱点が数多くつけられている。本書は漢文が主で、なかに片仮名文も少くないが、門人、友人らに答えたもの、時の政府に建白したもの、随筆体に感想を書いたもの等からなり、松陰二十五歳から三十歳の間にできたものである。猪一郎は、「いづれの文章を読むも、生気潑剌として文字紙上に躍るの勢ひがある」として、その文章を評価し、「もし松陰を今日に起し、日本のジャーナリストとして起たしめたならば、その社説などはおそらく日本ばかりでなく世界を動かすだけの力あるものができたかもしれぬ[66]」と絶讃している。彼は本書を大江義塾の教科書に採用して、みずから講義して聞かせただけでなく、塾生たちに一人ひとり写させさえもしたのである。彼の打ちこみかたがわかるというものであるが、塾生たちも本書を塾の経典[67]のように大事に読み、また講習会等のテキストとして勉強したのであった。「于時明治十九年六月某夜数更、諸子品行論、幽室文稿ノ読声モ消ヘ……[68]」とは塾生勉強の様子である。

『西洋品行論』は、S・スマイルズ S. Smiles の *Character* (1871) を中村正直が訳したものであって、『西国立志編』ほどにはいかなかったが、それでもかなり広く読まれたといわれるものである。蘇峰は、「この『西洋品行論』は予が大江義塾において教科書に使用したる一である。予はその原書を所持してゐたが、むしろ先生の翻訳の方が原書よりも数等立ち優ってゐるのではないかと考へられた[69]」と書いただけで、本書の与えた影響については書き残してはいないが、教科書に採用したほどであるから、彼がうけた感動も並大抵ではなかったろうと想像される。本書のもつ「勤勉刻苦を主軸とする[70]」禁欲主義の道徳律と、青年を刺戟した「立身出世の欲求」が彼をひきつけ、同時に塾生たちへの恰好の読物と考えられたのであろう。本書は、猪一郎手択本として、淇水文庫に所蔵されている。英国斯邁爾斯原撰、敬宇中村正直訳述、明治十一年六月出版、全一二冊の和本である。「下総国東葛飾郡第四拾九番学区公立元町小学校」の朱印が第一巻初頁に押され、それが朱の×印で消されており、傍線も、書き込みもなく、読まれたという形跡は認められない。

ほかに猪一郎が大江義塾時代に愛読したものとしてあげているものに、つぎの数書がある。

新井白石『折たく柴の記』、藤田東湖『常陸帯』、『太平記』、『平家物語』、『源平盛衰記』、北畠親房『神皇正統記』、梁川星巌『星巌集』、斎藤拙堂『拙堂文話』、海保漁村『漁村文話』

『折たく柴の記』には、「生ける白石その人を見出すこと(71)」ができたといい、『常陸帯』はその写本が家に所蔵してあったので幼童の頃から読んでいたが、「実に東湖が水戸烈公の新政を輔翼したる当時の様が眼に見るごとく(72)」であると書いている。『神皇正統記』は愛読したわけではないようだが、本書の神国史観を青年猪一郎はどう受けとったのであろうか。感想を書き残してはいないが、マコーレーのホイッグ史観に立脚していた彼は、本書をその思想形成のなかにどう位置づけたか、彼はただ読んだというだけである。『星巌集』は耽読書の一冊であるが、八六年六月刊『雑誌』中の文章「維新之英雄比較論」のなかに、佐久間象山、横井小楠、吉田松陰とともに星巌をあげて、「維新ノ大事業ヲナサシメ(73)」た人としている。猪一郎の感化をここに見ることができる。『拙堂文話』には、「日本の文学についての歴史(74)」を学び、『漁村文話』によって「中国の文字を読む心得(75)」を知ったとしている。

小説『経国美談』の感動は、青年猪一郎を大きく揺り動かしたようである。「予が少年時代に最も予を動かしたる小説は、矢野文雄の『経国美談』であった。(76)」本書前編が出版されたのは、八三年三月、後編は翌年二月刊であるから、彼は出版されるや早速読みあげたものと思われる。本書は、「当時の青年層を鼓舞して政治的自由と国の独立へのはげしい意欲をかきたてた(77)」もので、「時代の知的大衆の心を深くとらえ(78)」たとされているが、はたして猪一郎だけでなく、大江義塾の塾生もよほど感動させられたとみえ、『雑誌』のなかに、主人公のエパミノンダス、ペロピダスらの名が何回もあらわれ、テーペの民主政治確立の跡に強い関心をよせている。しかし、猪一郎の教養の深いところで基盤となったのは、頼山陽である。「しかし、何と言っても予の大いなるガイドは頼山陽であった」[79]とは、後年の彼の反省であった。

山陽は、彼のきわめて早い時から の読書の対象であった。「山陽の『新策』などは、十歳前後の時に父から講義を聴き、母に従って湯治場に赴いた時なども、『新策』正本の大冊を袋に入れて、担いで行った……」[80]ここで考えられるのは、『新策』が読まれるまえには、当然『日本外史』や『日本政記』を読んでいるであろうから、山陽には十歳よりもっと早く親しんでいたであろうということである。さらに、彼の山陽愛読歴をたどれば、七九年の彼の手記「名語名文」のなかに、山陽「立志論」[81]が書きとめられてあり、末尾に、「明治十二年五月廿七日　西京同志社三善清之氏室ニテ」と添書がある。そして、別の手記集「心乃塩梅　第二号」には、「立志」という一文を書いて、その書き出しを、「余嘗読山陽立志篇、未投巻不嘆也」[82]と始めているのをみると、山陽に打ちこんだ様子を充分に知ることができる。大江義塾の予科では、教科書に『日本外史』『日本政記』の二書が使われていたが、これは当時の学校では普通のことであったろう。猪一郎は、山陽を「批評家」[83]と規定しているが、彼が教養の基礎に山陽の文章があり、さらに批評家としての山陽があることを、われわれは考えておかなければならないであろう。

今度は、大江義塾時代、猪一郎が愛読した新聞雑誌にふれておかねばならない。彼が同志社時代以来、山陽に劣らず読みつづけてきたものに、福沢諭吉と福地源一郎の文章がある。山陽の文にとどまらず、両福の文章を取り入れようとしたところに蘇峰をして新日本の指導者たらしめた所以があろう。「予は同志社以来、熊本においても、福地と福沢の文は常に愛読することを怠らなかった。[84]」彼は時事新報と東京日日新聞を大江義塾時代も愛読しつづけたのである。「この両者は、ジャーナリストとしては、明治時代と言はず現代までも引つ包めて横綱と言っても差支へあるまい[85]」と高く評価して、その傾倒ぶりを示しているが、その影響はおして知るべしである。また彼は、「田口鼎軒の日本経済雑誌を愛読した。」彼は、田口の文章は、「一個の風格があって、いかなる文を書くもいはゆる月並的のものはなかった[86]」と評した。

しかし、この時代、彼がもっとも熱心に愛読したのは、アメリカの『ネーション』であっただろう。「予は大江義塾にある間、米国より当時有名なる『ネーション』といふ週刊雑誌を購読してゐた。[87]」また、このほかに、彼は『ライブラリー・マガジン』も愛読した。これは、彼によれば、今日の『リーダーズ・ダイジェスト』に似たもので、あらゆる雑誌からその最も生粋のものを手短く摘要したものであって、現代のあらゆる問題に関して知見を広めるには最も必要なものであった。彼は後に、「予が明治十九年に世に出して、一個の田舎書生より日本の文壇に地歩を占むるに至った『将来之日本』なるものも、それらのものを数年間愛読もしくは精読したるものが与って力ありと言はねばならない[88]」と書いたが、その教養の成立には大きな力となったわけである。

最後に、猪一郎の教養に占める漢詩にふれておきたい。漢詩は明治前半の知識人にとっては、抜くことのできない教養であった。漢詩は小さい時から親しみ、ただ読むというだけでなく、暗誦し、朗吟し、さらには作詩する、これによって、幼少年時代からの精神の成長をはかってきたのである。彼が最初にふれた漢詩は、山陽の詩であった。「『山陽詩鈔』が予に詩の興味を与へた。予の家には『山陽詩鈔』の初印本があった。……予は父の書物箱からそれを引出して愛読した。固より悉く意味は通じなかったが、通ずる所を愛読した。[89]」彼が山陽に劣らず親しんだものに杜甫の詩がある。「予の家には横井小楠先生が予の父に与へられたる杜工部集があった。予は又たこれを愛読した。[90]」同志社在学のさい、彼はこれを座右からはなさなかった。このほか、白居易の詩、『元遺山詩鈔』について書き残している。陸放の詩約一六〇首を書き抜いた「陸放翁詩鈔」[91]という小冊もつくって勉強していた。そして、彼が大江義塾時代を閉じる年までに作った漢詩は実に四〇〇首をこえるまでになっている。

結論にかえて

若き蘇峰の読書の跡をたどってきて、その教養の内容について全体的整理検討をなすべきであるが、紙数がこれを許さないので、思いつくままを書きつけて、今後の研究に資したい。

彼は早くから山陽の文に親しみ、これを文章の範として、そのうえに福沢諭吉と福地源一郎の文章を加えている。ジャーナリストとしての蘇峰の文章文体は、その基幹において、以上の三者の影響を大きく受けている。

彼の思想の立脚点は、マコーレーに啓発されたホイッグ史観に、マンチェスター・スクールの立場を加味したところにあった。それが、『将来之日本』および『国民之友』の、あの輝かしい役割をなしえたのであった。

しかし、彼の教養の土台を考えてみると、そこにどうしても漢籍的教養のあることを打ち消すことができない。漢籍による知識と心情の形成は、彼の読書歴に明らかである。それは、洋学が受け入れられるまえに、すでに彼に深くはいりこみ、さらに洋学が受け入れられた後も、それには絶えず新しい水が注入されているのである。いわば、漢籍的教養のうえに、洋学的教養が上積みされていったというべきであろう。これは横井小楠や、小楠の直弟子たち――彼の父たちの世代の人びととは異なるところであって、ここに彼が新日本の指導者たりえた原因があった。しかし、そこに彼が転向する秘密もひそんでいるのではないか。

そうなれば、その漢籍的教養を分析し、その洋学的教養の内容を一そう綿密に検討し、さらに両者の思想的整理統合が彼において、どの程度になされ、どのような方向においてなされたか等が、細かに探求されなければならぬのであるが、ここでは以上のことを指摘するだけで終らざるをえなかった。

注

(1) 徳富蘇峰『読書九十年』一九五二年、一一頁。
(2) 同前書、一二頁。
(3) 前田愛『近代読者の成立』有精堂、一九七三年、一四二頁。
(4) 前掲『読書九十年』六〇頁。
(5) 前田、前掲書、一二八頁。
(6) 徳富蘇峰『蘇峰自伝』一九三五年、五一頁。
(7) 以上引用は、『蘆花全集』第六巻より。
(8) 『蘇峰自伝』五一頁。
(9) 徳富蘇峰『蘇翁感銘録』一九四四年、九頁。
(10) 『読書九十年』一五頁。
(11) 同前書、一五頁。
(12) 『蘇峰自伝』七五頁。
(13) 『読書九十年』一七頁。
(14) 『蘇峰自伝』七五頁。
(15) 『読書九十年』一八頁。
(16) (17) 『蘇峰自伝』一八頁。
(18) 同前書、二一頁。
(19) 『同志社・大江義塾・徳富蘇峰資料集』(以下『資料集』と略記)三一書房、一九七八年、七一一頁。
(20) 『読書九十年』二二頁。

(21)『蘇峰自伝』九三頁。
(22)『資料集』七一八頁。
(23)徳富蘇峰『烟霞勝遊記』下巻、一九二四年、二四五頁。
(24)同前。
(25)色川大吉『明治精神史』黄河書房、一九六四年、二六頁。
(26)『資料集』四九頁。「名語名文」は一八七九(明治十二)年三月になったものである。
(27)岩波文庫『近思録』序言。
(28)『資料集』一五頁。
(29)杉井六郎『徳富蘇峰の研究』法政大学出版局、一九七七年、五七頁。
(30)『読書九十年』二六頁。
(31)同前書、二八頁。
(32)徳富蘇峰『愛書五十年』一九三三年、一〇頁。
(33)『蘇峰自伝』九〇頁。
(34)『読書九十年』二七〇頁。
(35)今井宏『明治日本とイギリス革命』研究社、一九七四年、二六頁。
(36)同前書、八一頁。
(37)徳富蘇峰『杜甫と弥耳敦』一九、三頁。
(38)同前書、四頁。
(39)同前書、三七三頁。
一八八四年作の詩に次のものがある。ミルトンにどんな思いをこめていたかが、わかるであろう。

弥耳敦書哥倫剣。自由開拓期君曹。呼号乗暁知誰子。満袖風霜闘竹刀。(『資料集』二四〇頁)
(40)『読書九十年』七〇頁。
(41)同上書、三〇頁。
(42)同前。

(43) 同前書、一八〇頁。
(44) 同前書、三四頁。
(45) 『資料集』に収録。
(46) 『資料集』に収録。
(47) 洪水文庫に現存する本は、Alexis De Tocquevill の原著を、Henry Reeve が英訳した“Democracy in America”であって、二巻からなっている。
(48) 『資料集』に収録。
(49) 『蘇峰自伝』一五五頁。
(50) 『読書九十年』五六頁。
(51) 同前書、五五頁。
(52) 同前書、五七頁。
(53) 同前書、六〇頁。
(54) 同前。
(55) 同前書、三七頁。
(56) 同前書、四四頁。
(57) 同前。
(58) 同上書、四三頁。
(59) 同上書、四〇頁。
(60) 同前。
(61) 同上書、四三頁。
(62) 徳富蘇峰『第二蘇峰随筆』一九二三年、三一頁。
(63) 『読書九十年』六一頁。
(64) 『資料集』六〇四頁。
(65) 同上書、五八九頁。

(66)『読書九十年』四一頁。
(67)『資料集』六一五頁。「大江義塾諸君ニ告グ」（一八八六年五月刊『大江義塾雑誌』）のなかに、「大江義塾諸君ノ信ズ可キ宗教」は、「夫レ只ダ品行論・幽室文稿アルノミ」とある。
(68)同前書、六九八頁。
(69)『読書九十年』四九頁。
(70)前田、前掲書、九六頁。
(71)『読書九十年』四二頁。
(72)同前。
(73)『資料集』六八八頁。
(74)『読書九十年』四八頁。
(75)同前。
(76)同前書、六四頁。
(77)『日本文学小辞典』新潮社。
(78)同前。
(79)『読書九十年』四八頁。
(80)『愛書五十年』八頁。
(81)『資料集』四九頁。
(82)同前書、六五頁。
(83)『読書九十年』四八頁。
(84)同前書、四一頁。
(85)同前。
(86)同前書、四二頁。
(87)同前書、三三頁。
(88)同前。

(89) 『愛書五十年』八頁。
(90) 同前。
(91) 『資料集』一三〇頁。

〈跋〉花立三郎さんのこと

源　了圓

花立三郎さんと、「横井小楠」についての本を出そうと約束したのは、半世紀以上前にさかのぼる。今、ようやくその約束を果たすにあたって、その半世紀の花立さんとの親交を振り返っておきたい。

花立さんとの出会いは、戦後まもなくのことだった。

二十代前半のころ、復員して郷里の熊本県宇土に戻った私が、実家から二百メートルばかりのところにあった母校の宇土高校をのぞきにいったときに、そこの教師だった花立さんが職員室から出てこられて言葉を交わしたのが、最初の出会いである。

話しているうちに意気投合し、「カントを原典で一緒に読もう」ということになった。花立さんは國學院大学の哲学のご出身で、そこで主として神道思想を学んでおられたが、たしか非常勤講師でお見えになっていた京都大学出身の下村教授の哲学の講義を聴くなど、哲学への関心を持たれていたこともあって、拙宅で一緒に『純粋理性批判』の長い序文を輪読した。私はニーチェの『ツァラトゥストラかく語りき』とともにカントの第一批判を戦場に持っていったほどであったので、一緒の勉強が楽しく、実に良い思い出である。

その後、私は京都に帰り、花立さんは同じく熊本県内の御船高校を経て、尚絅高等学校の教師になられた。私の妹が尚絅高校の教師をしていたので、花立さんのご様子を耳にすることが時折あったが、朝型で、出勤前にご自分の研究をしてから学校の仕事に向かっていたとのことだった。尚絅高校では教頭になられ、人間関係でのご苦労もあったようだが、朝型のスタイルは崩すことなく、着実に研究を積み重ねておられたようである。

横井小楠に取り組んだのは、私の方が早かったのではないかと思う。私が小楠について最初に書いた「横井小楠の実学――幕末思想史の一断面」(『哲学研究』一九五五年)の抜刷を花立さんが読んでくれて、ずいぶん刺激を受けられたご様子だった。自分でも小楠の研究をする手がかりを得たという感想をお聞きして、「私(源)が小楠を書くから、あなたは小楠の弟子を書いたらどうでしょう」と勧め、二人は同意した。山崎正董編集の『横井小楠　遺稿篇』を精密に読んでいくのは大変な難業であり、全ての弟子を網羅して書くのは無理だから、花立さんは熊本出身・在住の弟子を中心とすることにして、どんどん研究を進めてゆかれた。これまでに大江義塾や徳富蘇峰、また元田永孚についての研究の成果などをすでに発表してこられた。

また花立さんはたいへん誠実で実直なお人柄であり、研究会を主宰して自分の周囲にいる若い研究者をよく励まされた。その学恩を受けた研究者たちが、いま活躍しているのは私にとっても喜ばしい限りである。

半世紀のあいだ忘れることのなかった私たちの約束の基本にあったのは、横井小楠という普遍的な思想家の魅力であった。その魅力を文字にして論文にするのは簡単なことではないが、花立さんと私と、それぞれのやり方でそれを半世紀以上書き続けてきた。

そして何よりも、お互いに相手との約束を守りたいという誠実な友情こそが、この約束を支えたのだと思う。その二つが重なって、このたび二冊の本がついに生まれることになった。二〇〇七年に花立さんが世を去られたことが実に心残りであるが、自分の命のあるうちにこうして約束を果たすことができたのを、心より嬉しく思う。

二〇一三年四月

〈解題〉師横井小楠の希んだ「人心洗濯」をした門弟たち

堀内徹也

小楠を知るには、その門弟を知るべし

花立三郎先生は、「横井小楠を知るには、その門弟を知ることで明らかにできるところがあるのではないか」という命題に取り組まれてきた。

まだ門弟についての研究がほとんど存在しない時代に、手探りの状態の中から、一人一人と門弟たちの姿を浮き彫りにされている。小楠の門弟といっても、門人帳があるわけでなく、たいへん苦労をされたことであろう。山崎正董著『横井小楠　伝記篇』に明記されている人物以外にも門弟は数多く、現在、九十名を超える門弟が判明している。もちろん彼らは全て肥後藩内の人である。彼ら以外に薩摩藩、柳川藩、鍋島藩、福井藩などにも門弟は多数いるが、より小楠の実像に迫るには、肥後藩内の門弟を知るのが最もよいと考えられる。小楠の言動に直に触れ、書を観、藩内から批判され続けた師の姿にも接していた門弟の生き様を通じて、小楠の幅広い実像に迫れるに違いない。

本書は、肥後藩内の門弟たちについての花立先生の研究を集大成したものである。

肥後藩内における小楠の門弟たちの大半は中下級藩士の子弟であった。けれども他の塾とは違う特色を持っていた。それは地方の有力者である豪農の子弟たちの割合が多かったことである。熊本県の北部・中央部・南

部と各地から小楠の塾舎に寝泊まりして学んでいた。薫陶を受けた彼らの中には明治政府の官僚として地方行政の実務担当に関わった者もいたが、ほとんどの人は辞めて故郷に戻り、地元での殖産興業に尽力している。中には地元で塾を開き青少年を指導したり村々の指導者となったりした者もいる。

本書に収められた花立先生の研究以後も、門弟に関する史料が明らかになっているので、それらも踏まえながら、主要な門弟たちの姿とその相互関係を概観しておきたい。

門弟たちの群像

小楠が松平春嶽への建白書の下書きを京都の山田武甫へ送り、浄書させて提出しているが、その中に「天下一統人心洗濯所希也」と書いている。この小楠の「希」を熊本藩でより具体的に提案したのが、農民層の実情を知っていた豪農の徳富一敬と竹崎律次郎であった。そして、その提案を実現するための方針を策定したのが山田武甫や嘉悦氏房たちであり、その実務を担ったのが豪農出身者の門弟たちであった。

藩士である嘉悦氏房は、初めて小楠に接してその論を聞くや「師父として教を受くるに足る稀世の俊傑」と感銘を受けている。多感な嘉悦が居寮生になった頃には、恐らく小楠に心酔していたであろう。藩の実力者・家老の前での居寮生代表としての嘉悦の講義は、小楠同様の明快な論を展開して同席の人々を唸らせもしたが、同時に藩政批判にまで及んだ。嘉悦の父は譴責を受け、嘉悦自身も居寮生を辞せざるをえなくなっている。同様のことを引き起こした門弟に平川駿太がいる。平川は明治初年に熊本城下に日本でも珍しい法律塾を開いた人である。西南戦争の際には官軍にも薩軍にも与せず、「流民救恤」に取り組んだ。

同じく藩士であった山田武甫は、藩政改革の際に藩内を巡視して農民が苛税に苦しむ姿を見て、豪農層であった徳富たちの改革案を妥当として強く主張し、実学政権への一歩を踏み出している。また平民への差別撤廃を叫び、地方行政の制度を簡素化していき、熊本洋学校と医学校を創立して、熊本の近代化に貢献した。

小楠から「後日天下のために為すもの、必ず安場ならん」と嘱望された安場保和は、後年、他の小楠門弟たちとは違った道を進んだように思われている。小楠の予言通りに「天下のために為」した人である。福島県令時代には中條政恒を登用して郡山の安積原野の開拓に取り組ませ、愛知県令時代には愛知用水開鑿工事を始めるなど、県政のトップでなければできない大規模事業を推進し、現代に至るまでその恩恵を施している。

小楠の後妻、津勢の兄は矢嶋直方で、徳富蘇峰・蘆花兄弟の父、徳富一敬と同様に小楠堂での初めの頃の門弟である。小楠の兄、左平太が芦北郡代をしていた頃、湯浦や佐敷の惣庄屋をしていたのが直方の父と一敬の父である。惣庄屋が郡代の自宅に出入りしていたおり、左平太は常に「俺の弟はエライ」と語っていたため、二人は門人となったと思われる。豪放磊落な直方、真面目で小心の一敬が小楠の許で学んだのである。

矢嶋直方は誰とでも揉め事を起こして小楠や姉妹たちを心配させたが、明治維新政府の官僚となっても上司と揉めて故郷の杉堂に戻った。故郷では村人のために道を拓き、水道を通し、自分の屋敷内に学校を設立し児童を教育した。茶を植えて、宇治に村民を送り茶の製法を習わせたり、自宅の門側に湯壺を設置して畑仕事帰りの農民に自由に入浴させたりしている。この費用のため、伝来の田園二十五町歩を売り払い、晩年はほとんど残す所はなかったと伝えられている。

真面目な徳富一敬は、横島に居た竹崎律次郎と共に熊本藩の改革案を練って、藩庁に提出した。これが下敷きとなって、藩知事名で「村々小前共え」というお触書が領内に頒布された。画期的な減税案に対しては、農民たちによる殿様祭りという感謝の行事が挙行されている。この減税は隣藩の農民たちを羨ましがらせ、暴動が起こるほどであった。これは明治新政府を震え上がらせて、大久保利通は中央から安岡権令を派遣し、藩庁から実学派を一掃してしまった。一敬は藩庁から退くと、県議会議員となって安岡権令と対立するようになった。

小楠は講義を受ける者たちにはあまり筆記することを好まなかった。この点は吉田松陰とは違っていた。徳冨蘆花は小楠の講義について、「講演は古い古い歴史、宋学の書類を借りて、問題は生々しい時のものを捉へました」と述べている。また、溝口蔵人は「兎角何事も當今の有様に引付、乍恐将軍家はケ様、列侯列藩の内何方にてはケ様、自国の政事人物ケ様左様と申形にて相倡候」と語っている。当時指導法の主流であった「記誦詞章」を嫌っていた。非常にユニークな指導法で、竹崎律次郎も布田手永から四時軒に通って来るのに、ワクワクして足取り軽く、帰り道は恍惚としていたという。それほど小楠の講義は魅力があったと言える。その竹崎は後年、塾での教え方は小楠の方法を模倣し、新たに掛図などを活用したという。

竹崎律次郎の後妻は小楠の後妻の姉、順子である。小楠の娘、美屋は後年山崎正董氏に「竹崎順子など最も熱心な弟子の一人であった」と語っている。小楠は女性に対しても対等に接し、安場保和の母、久や、嘉悦氏房の母、勢代なども強く影響を受けた女性である。小楠の薫陶を直接的・間接的に受けた女性の中で、竹崎順子は熊本英学校付属女学校（熊本フェイス学院高等学校を経て現・開新高等学校）を、嘉悦孝子（氏房の娘）は東京で女子商業学校（現・嘉悦大学）を、横井玉子（小楠の甥、左平太の妻）は東京で女子美術学校（現・女子美術大学）を創立した。当時は男性に対し女性の地位は相対的に低かった。身を以てそれを体験していた彼女たちは、女性の地位向上のためその生涯を捧げていった。

「人を残す」ということ

横井小楠の指導法は、ユニークで解り易かったため、門弟たちに大きな影響を与えた。門弟層は多岐に亘ったが、後年、門弟たちがそれぞれの立場に立った時に実践したことは、自己の栄達ではなかったように思える。むしろそれは子弟への啓発であり、万機が公論に基づいた政治活動であり、民のための殖産興業であった。後藤新平の最期の言葉にある「人を残して死ぬのは上である」を、まさに実践した人が小楠だったのである。

小楠の門弟のうち、自分の子弟を育んだ者としては、ブラジル移民の父、上塚周平の父である俊蔵、現在は熊本の繁華街となっている地に牧場を拓き牛乳販売に取り組み体位向上を目指した高木第四郎の父、宮崎真雄、明治期の中国文学者緒方南溟の父、緒方三八、『星の王子さま』の翻訳者でフランス文学者の内藤濯の父、内藤泰吉、東京農大初代学長となった横井時敬の父、横井時教、ジャーナリスト・文学者の徳富蘇峰・蘆花兄弟の父、徳富一敬、嘉悦学園の創始者、嘉悦孝子の父、嘉悦氏房などがいる。

（ほりうち・てつや／横井小楠記念館・前館長）

初出一覧

「横井小楠と弟子たち」（初出「横井小楠とその弟子たち」）横井小楠／花立三郎全訳注『国是三論』講談社学術文庫、一九八六年

「明治初期における中央と地方――熊本実学派の思想と行動」『国際基督教大学学報III-A アジア文化研究』18、国際基督教大学アジア文化研究所、一九九二年

「牛嶋五一郎――肥後藩海軍近代化の推進者」（初出「牛嶋五一郎――熊本実学派の研究」）『熊本史学』第70・71号、熊本近代史研究会、一九九五年五月

「荘村助右衛門――日本最初の受洗者」（初出「日本最初の受洗者荘村助右衛門」）『熊本近代史研究会 会報』200号、一九九七年

「徳富一敬――革新的な藩政改革の提案者」（初出「徳富一敬の研究」）『文部省科学研究費・重点領域研究「東アジア比較研究」平成元年度科学研究実績報告書（十九世紀における日本と中国の変法運動の比較研究――横井小楠と康有為を中心として）』一九九〇年

「徳富一敬の研究」『尚絅短期大学研究紀要』第10輯、学校法人尚絅学園、一九七七年十二月

「内藤泰吉――西洋医学を普及させた苦労人」（初出「内藤泰吉――熊本実学派の研究」）『近代熊本』No.27、熊本近代史研究会、一九九九年二月

「河瀬典次――師の身近に仕えた律儀者」（初出「河瀬典次――横井実学派の研究」）『近代熊本』No.26、熊本近代史研究会、一九九七年十一月

「山田武甫——熊本に明治維新を布いた徳者」（初出「山田武甫——熊本実学派の人びと」）『日本思想史』No.37、日本思想史懇話会編集、一九九一年

「『海西日報』の発刊事情」『近代熊本』No.24、熊本近代史研究会、一九九三年九月（横井小楠特集号）

「大同団結運動と熊本改進党」『近代熊本』No.25、熊本近代史研究会、一九九四年五月

「嘉悦氏房——激論して西郷隆盛を説得した識者」（初出「嘉悦氏房——熊本実学派の研究」）『市史研究くまもと』第10号、熊本市、一九九九年三月

「安場保和——地方行政で実学を実践した智者」（初出「安場保和——熊本実学派の研究」）『近代の黎明と展開——熊本を中心に』熊本近代史研究会、二〇〇〇年八月

「熊本実学派列伝」『近代熊本』No.30、熊本近代史研究会、二〇〇六年十二月

「近代的教養の成立——若き蘇峰の思想形成」『尚絅短期大学研究紀要』第12輯、学校法人尚絅学園、一九七九年十二月

ら・わ行

や　行

ま 行

な 行

は 行

た　行

さ　行

か　行

人名索引

注を除く本文から人名を採り姓・名の五十音順で配列した。

本文中で表記が一貫していない姓名は便宜上，片方の表記にまとめた場合がある（島／嶋，丞／允など）。

あ 行

著者紹介

花立三郎（はなたち・さぶろう）

1919年熊本県三角生。1945年國學院大学卒業。専攻は日本近代史。尚絅高等学校、尚絅短期大学を経て熊本大学教授。横井小楠研究会を開き、最晩年まで横井小楠研究の発展に尽力した。2007年逝去。
著書に『大江義塾――一民権私塾の教育と思想』『徳富蘇峰と大江義塾』（ぺりかん社）『明治の青年――熊本の維新に生きた若者たち』（熊本日日新聞社）、共著に『同志社・大江義塾徳富蘇峰資料集』（三一書房）、訳注書に横井小楠『国是三論』（講談社学術文庫）、近刊予定の訳書として、元田永孚『還暦之記・古稀之記』（共訳）など。

横井小楠《よこいしょうなん》の弟子《でし》たち

2013年6月30日　初版第1刷発行©

著　者　花　立　三　郎
発行者　藤　原　良　雄
発行所　株式会社　藤原書店
〒162-0041　東京都新宿区早稲田鶴巻町523
電話　03（5272）0301
FAX　03（5272）0450
振替　00160-4-17013

印刷・中央精版印刷　製本・誠製本

落丁本・乱丁本はお取替えいたします　Printed in Japan
定価はカバーに表示してあります　ISBN978-4-89434-921-6